주제와 변주
2

주제와 변주 2

Theme and Variations ····

인디고 서원 엮음

쪽빛 지혜의 바다에서 책을 읽으며
사유한 청소년들은 이렇게 진화했다

궁리
KungRee

Theme and Variations

수제와 변주

교수님과 함께 하는

Contents

★14회 도정일 교수 편은 필자의 사정으로 싣지 못하였습니다.

Theme and Variations

여는글

이유도 없이 가슴이 너무 답답해져 크게 소리지르고 싶을 때가 있습니다. 아무 말 없이 그저 하늘만 바라보고 싶을 때가 있습니다. 탁 트인 들판으로, 푸른 바다로 달려가고 싶을 때가 있습니다. 세상 모든 사람들의 손을 붙잡고 힘을 얻고 싶을 때가 있습니다. 너무 슬픈 현실을 이야기하고, 날카로운 비판을 하면서도 웃고 싶을 때가 있습니다. 내 생각을 이해하는 사람이 있는지 확인하고 싶을 때가 있습니다. 주제와 변주는 그런 시간들을 오랫동안 바라고 또 바란 끝에 이루어진 자리입니다. 우리가 함께하는 주제와 변주의 장(場)은 들판과 하늘, 바다가 보이지는 않지만 나의 아픔을 함께 앓을 수 있는 자리입니다. 때로는 질펀하게 눈물을 흘리고, 때로는 소리 높여 노래하고, 때로는 건물이 떠나가라 웃게 되는 사랑이 넘치는 자리입니다.

　삶은 만남의 연속입니다. 배낭을 메고 낯선 길을 걷다가 순식간에 친해지는 만남, 오래전부터 약속을 정하고 학수고대하던 만남, 누군지도 모른 채 그저 스치고 마는 만남. 2년여의 시간을 함께한 우리의 만남, 주제와 변주는 어떤 만남이었는지 생각해봅니다. 모두가 친구가 되는 만남이었고, 그림 같은 만남이었고, 슬픔이 흐르는 가운데 평화로운 만남이었고, 순간을 영원으로 간직하게 하는 만남이었고, '나'와 '너'가 만나 '우리'가 되는 진짜 만남이었습니다.

그렇게 '나'와 '너'였던 각자가 '우리'가 될 수 있었던 매개는 오직 하나, 책이었습니다. 누구나 쉽게 다가갈 수 있고, 같은 책에서 수십 개의 다른 이야기를 만들 수 있는 열려 있는 텍스트가 바로 책이기 때문입니다. 그렇게 책을 읽고 선생님들을 초대하는 가장 중요한 기준은 '우리의 가슴을 얼마나 뛰게 하는가'였습니다. 혁명을 부르짖고 누군가를 선동하는 글이 아니어도 강하고 깊은 울림을 가지고 있는 글이면 우리의 심장은 터질 듯 뛰기 시작했습니다. 그 두근거림이 손끝까지 묻어나와 초대의 글을 보내지 않으면 견디지 못할 것 같을 때, 그때 우리는 선생님들께 정직하고도 절실한 부탁을 드렸습니다. 여기, 바다가 보이는 부산 어느 작은 서점에 선생님과 소통하고자 하는, 좋은 어른들을 만나고자 하는 학생들이 있다고 말입니다.

역사 '를' 배우는 것보다 역사 '에서' 배우는 것이 중요하듯, 우리는 책을 읽고 만났지만 '읽는다'의 의미를 읽는 데서 한정시키지 않았습니다. 각자가 이해한 방식으로 생각하고, 글을 쓰고, 내 삶의 가장 절박하고 중요한 문제와 연관시켰습니다. 선생님들과 약속을 정하고 나면 그때부터 우리는 더욱 바빠집니다. 더 많이 깨어 있고, 더 많이 느껴서 생에 단 한 번 있을 그 자리에서 많은 것을 나눠야 하기 때문입니다. '주제와 변주' 전에는 얼굴도 이름도 몰랐던 이들이 그렇게 한 자리에 모입니다. 그곳에 단지 몸만 앉아 있는 이는 없습니다. 말을 하지 않는 사람은 있어도 영혼이 울리지 않는 이는 없습니다. 가끔은 어색함에 몸을 이리저리 비틀기도 하고, 나와는 다른 견해에 인상을 찌푸리기도 하지만, 마음 한구석은 벌써 한껏 달궈지고 있습니다. 그리고는 곧, 다름을 다름으로 받아들이게 됩니다.

병아리가 알에서 나오기 위해서는 단 하나의 임의의 점에 온 몸을 걸고 집중해서 아직 여물지도 않은 부리로 쪼아대야 합니다. 부리가 부르트도록, 닳아 없어지도록 전부를 걸고 부딪치는 순간, 알은 깨지고 병아리는 밖으로 나옵니다. 두 시간이 훌쩍 넘는 시간 동안 우리 모두는 저마다의 알을 깨려고 애씁니다. 다른 이의 생각에 귀를 기울이고, 질문자의 떨리는 목소리에 호흡을 맞추고, 각자의 이야기를 풀어냅니다. 방안이 뜨거운 열기로 가득 차고, 옆사람의 숨소리에 나의 숨소리를 포개어놓을 때, 아픔에 맞서고 기쁨에 환호하고 열정적으로 탐구하고 날카롭게 비판할 때, 그때 우리는 알을 깨고 한 차례 스스로를 극복합니다.

주제와 변주. 오신 선생님들과 함께 읽은 책이 주제라면, 우리가 불쑥 내던지는, 그러나 결코 가볍지 않은 질문들과 그에 대한 답변은 그 변주입니다. 처음에는 모두 '도' '레' '미' '파' '솔' '라' '시' 와 같이, 한 음만을 가지고 시작합니다. 그리고 제각각 연주를 시작합니다. 서로를 건드리고, 화음을 만들어냅니다. 소리는 선율이 되고, 선율은 곧 음악이 됩니다. 그렇게 주제와 변주는 변화를 겪으며 반복되고, 우리가 함께 하는 음악은 별과 새의 노래를 아우를 수 있는, 진실하고도 아름다운 음악이 됩니다. 높은 수준의 기교나 많은 경험은 다양한 변주를 만드는 데 중요한 것이 아닙니다. 아니, 덜 중요합니다. 음악을 연주하는 우리의 악기는, 깨어 있는 정신과 진심으로 감동할 줄 아는 가슴, 그리고 열린 마음입니다.

이 시대의 꿈꾸는 청소년들과 흔쾌히 마음을 나누고자 하는 어른들이 계시는 한, 언제까지나 이어질 우리의 만남에 횟수를 매기는 것은 무의미해 보이기도 합니다. 우리가 함께한 시간들은 이미 저편 너머로 사라졌지만, 언제 어디서 선생님들을, 그 날 내 옆자리에 앉았던 이를 다시 만나게 될지 모릅니다. 두 시간 남짓한 그 시간 동안, 우리는 난생 처음 보는 이들에게 '진짜' 자신의 모습을 서로에게 보여주었고, 우리만의 음악을 연주했습니다. 특히, 생에서 가장 중요하다고 말할 수 있는 청소년기에 이런 만남을 함께하고, 그 시간에 적극적으로 참여한 청소년들에게는 그런 공간에 있었다는 기억만으로도 삶의 가장 소중한 자산이 될 것입니다.

11회부터 20회까지, 그 열 번의 만남을 두 번째 책으로 펴내는 지금, 당시의 열기를 모두 담아내지는 못하더라도 많은 분의 심장을 뜨겁게 할 수 있을 거라고 믿습니다. 그 동안 주제와 변주에 참석하셨던 모든 붉은 얼굴들, 갑작스러웠던 초대에 기꺼이 응해주신 열 분의 선생님들, 그리고 우리의 대장 아람샘께 깊은 감사를 드립니다. 주제와 변주는 언제나 가슴 떨리는, 설레는 만남이기를 소망하며, 지속적으로 연주할 수 있는 인디고 서원의 아름다운 걸음에 저도 영원히 동행할 것입니다

인디고 서원을 대표하여
이슬아 씀

11회

조병준

『나눔 나눔 나눔』

『제 친구들하고 인사하실래요? : 이 땅이 아름다운 이유』

『제 친구들하고 인사하실래요? : 오후 4시의 천사들』

사람이 사는 길은 한 가지가
아니다. 세상에는 무수히
다양한 삶의 길이 있다.

사회자 오늘은 가슴이 따뜻해지는 글을 쓰시는 조병준 선생님과 행복한 가을 저녁을 함께 보내려 합니다. 조병준 선생님은 연구원, 광고프로덕션 조감독, 자유기고가, 공연기획자, 방송작가, 대학강사, 번역가, 문학평론가, 시인, 작가 등 여러 직업을 가지고 계십니다. 또한 1990년대 인도 콜카타 마더 테레사 수녀의 집에서 봉사활동을 하면서 만난 많은 친구들을 책으로 소개하기도 했습니다.

지난 여름 저는 한 친구와 함께 이틀 동안 자전거를 타고 제주도를 돌아보고 왔는데, 떠날 때 옷과 식량 그리고 조병준 선생님의 책 한 권을 챙겼습니다. 돌아오는 길, 저는 조병준 선생님의 글을 읽으면서 가슴이 설레기 시작했습니다. 그러다 주위를 둘러보니, 외국인 친구들이 두 명 있었습니다. 너무나 행복해 보여서 저는 망설이다 그들에게 말을 걸었고 사진도 찍고 이야기를 나누었습니다. 아직도 그 친구들과 연락을 하는데, 이렇게 제가 먼저 다가가 낯선 사람과 친구가 된다는 것. 이것은 조병준 선생님의 글 덕분이었습니다. 그 후로 저는 낯선 사람을 사귀는 걸 두려워하지 않습니다. 아니, 더 가까이 다가가 말을 건네려 노력하고 있습니다. 그럼 조병준 선생님의 자기 소개를 잠깐 듣고 이야기를 시작하겠습니다.

조병준 자기 소개 하는 게 제일 쑥스러워요. 일단 먼저 감사드릴게요. 특히 박찬표 군이 사회를 보기 위해 서울에서 달려와주셔서 참 고맙고, 이 자리에 모여주신 분들도 참 고맙습니다. 제가 감기에 안 걸리려고 발버둥쳤는데, 너무 긴장해서 그런지 코가 꽉 막혔어요. 참, 여러분, 사람이 어떨 때 감기에 걸리는지 알아요?

학생1 피곤할 때.

학생들 물론 피곤할 때 걸리죠. 또?

학생2 추울 때.

학생3 건조할 때.

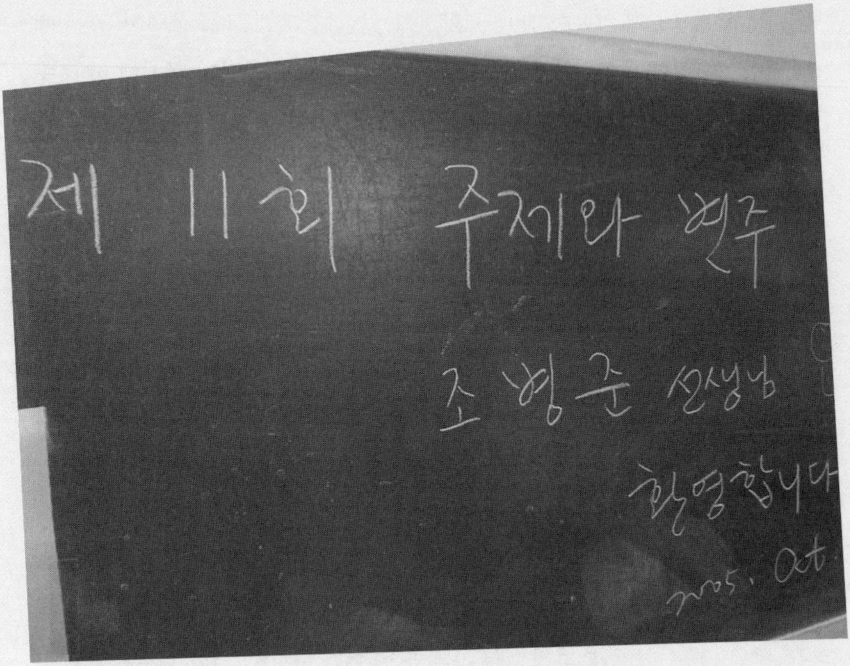
제 11회 주제와 변주
조병준 선생님
환영합니다
2005. Oct.

조병준 또 없어요? 예전에 어떤 동물학자가 인간에 대한 글을 쓰면서 그런 얘기를 했어요. 감기 바이러스는 항상 존재하는데, 사람이 감기에 걸릴 수밖에 없는 이유는 외로워서래요. 외로우면 걸리는 병이래요. 나쁘게 얘기하면 애정결핍증이라고요. 그러면서 어떤 표현을 했냐 하면, 원숭이들이 항상 밥 먹고 놀 때 하는 일 중 가장 대표적인 게 뭐예요? 이 잡는 거죠? 사실 이를 잡는 것은 부수적인 거고 털을 만져주면서 서로의 스킨십을 통해서 위로를 받는 거래요.

그러나 인간은 털이 없잖아요. 옷을 입기 시작했고, 부부간 아니면 연인간이 아니고서는 서로 몸에 손대는 게 금기시되었죠. 그러다보니까 털 고르기가 안 되는 거예요. 육체의 본능은 털 고르기를 원하는데. 그죠? 그래서 감기에 걸리는 거예요. 나 외로워, 나 좀 위로해달라는 뜻이죠. 오늘 여러분이 이 시간에 저에게 털 고르기를 해주세요. 여러분들이 에너지를, 기운을 팍팍 보내주셔야 재밌게 신나게 떠들 수 있거든요.

사회자 예, 그러면 이제 본격적으로 주제와 변주를 시작하도록 하겠습니다. 여행을 계속하면서 자기 자신은 방랑한다고 하셨는데, 가장 처음에 여행을 하게 된 이유가 무엇인지요?

조병준 여행을 하게 된 계기는 저도 잘 모르겠어요. 그냥 어릴 때부터 제일 잘하는 게 뭐였냐 하면 어머니한테 용돈 100원, 10원 받아서 모았다가 버스 타고 종점까지 가는 거였어요. 왜 그랬는지 나도 몰라요. 타고났나봐요. 그것은 어릴 때부터 꿈이었고, 여행을 가면 나도 모르게 좋았어요. 지금 기억으로는 중학교 때 자신이 좋아하는 주제에 대해서 스크랩북을 만드는 숙제가 있었는데, 저는 그때도 생전 가보지도 못할 외국 사진을 모았어요. 언제 가보게 될지 알지 못하는 스페인이나 프랑스 같은 곳을 다룬 잡지를 막 잘라 붙였어요.

어릴 때 삼중당 문고라는 책이 있었어요. 조금 나이 드신 분들은 기억하실 거예요. 책크기가 보통 책의 반만 하고 굉장히 두꺼워요. 또 글

씨가 아주 깨알 같은 책이에요. 그게 200원이었어요. 근데 거기에 김찬삼 씨라고 세계여행을 하신 분이 쓴 『김찬삼 세계일주』가 있었어요. 그걸 사서 보고 또 봤어요. 꿈이죠. 왜 그런 꿈을 꾸게 됐는지는 나도 몰라요. 그건 내 천성이라고 봐요. 나는 그림 그리는 게 좋고, 노래 부르는 게 좋고, 글 쓰는 게 좋고, 설거지 하는 게 좋아. 이런 사람들이 있거든요. 그것을 '왜'라고 묻기 시작하면 끝이 없어요. 하늘이 지어준 운명이라고 생각해요. 운명이라는 게 별게 아니거든요. 그게 부모님의 유전자가 결합되어서 생겨난 것인지, 아니면 교육과정을 통한 훈련인지도 확실치가 않아요. 둘 다겠죠.

그런데 불행하게도, 아니 불행은 아니에요, 지금 생각하면. 그런데 그 당시에는 불행이었죠. 집이 좀 어려웠어요. 하루 벌어 하루 먹고사는 그런 상황이 오래 됐었거든요. 아버지가 10년 넘게 많이 편찮으셨어요. 그래서 어머니 혼자 집안을 책임지셔야 했어요. 그런데 제가 장남이고 동생이 넷이나 있었답니다. 지금하고는 또 달라요. 제가 자랐던 60, 70년대는 우리나라가 별로 잘 살지 못했을 때예요. 그러니까 그 상황에서 어찌어찌하여 대학을 갔지만, 다니면서 어머니와 함께 가족의 생계를 위해서 계속 일을 해야 했어요. 장남이다 보니까 더 그랬겠죠. 여행 같은 거 꿈을 못 꾸죠. 꿈꾸면 안 되는 거였어요. 왜냐하면 꿈꾸면 괴로우니까. '에이, 내 주제에 무슨.' 물론 내 안에 갈망은 있었죠.

어디론가 떠나고 싶은 열망이 솟구 친구들이 여름방학이 되면 기차를 타고 고래를 잡으러 동해로 간다는 둥, 부산으로 간다는 둥 할 때마다 혼자 뒷전에서 친구들을 보내고 나서 왜 내 인생만 이렇게 피곤한 걸까라는 생각을 많이 했어요. 돌이켜보니까 사람을 가장 슬프고 아프게 하는 게 바로 그 단어더라구요. '왜, 나만.' 남들은 다 편하게 살고 있고, 남들은 가고 싶은데 다 가고 사는데, 왜 나만 이렇게 어머니를 도와서 장사를 하고 있을까. '왜 나만.' 이 세 글자. 나중에 한참 세월이 지나니까, 그게 결코 '왜 나만'이 아니었다는 걸 알게 되었어요. 그 당시에는 그걸 몰라요. 살고 있는 세계가 너무 좁거든요. 집, 학교가 전부잖아요.

지금은 그 결핍이, 남들이 갈 때 가지 못한 그 결핍, 그게 나를 키운 가장 큰 에너지였다는 것을 알게 되었어요. 그래서 오히려 고마워요. 내가 남들처럼 스무 살 때 하고 싶은 것을 다 했다면 서른 살이 되었을 때 비로소 할 수 있었던 그 여행이 그렇게 감미로웠을까. 할 수 없었기 때문에 나중에 그것을 했을 때 그때 내가 받아들였던 선물이라는 게 어마어마했거든요. 그래서 저는 요즘 특히 젊은 후배들에게 이렇게 얘기해요. '결핍, 내가 갖지 못하는 것, 박탈, 이런 것들이 너를 키울 것이다.' '너는 이거이거 원하는데 안 된다고? 그래, 당연히 괴롭지. 하지만 잘 버텨라. 언젠가 지금 네가 느끼는 그 고통스러운 결핍이 너를 살찌울 것이다.' 이렇게 얘기하거든요.

처음 여행을 떠나게 된 게, 서른 살 때였어요. 착한 범생이로 참 열심히 살았어요. 어머니를 위해서라도. 부모님이 원하는 대로 대학도 가고, 졸업하면 돈도 벌 계획이 있었는데, 문제는 이 안에 요만한 씨앗이 하나 떨어져 있다는 거죠. 여행의 꿈도 그거였고, 이제 내가 평생을 걸어야 할 일이 무엇인가 고민도 했죠. 왜 이렇게 어렸을 때부터 글 쓰는 게 좋았는지, 책 보는 게 왜 이렇게 좋았는지 모르겠어요. 책벌레였거든요. 내가 책을 읽다보면 그 어린 나이에도 막 떠오르는 거예요. '앗, 이런 얘기는 나도 쓸 수 있을 텐데.' 어릴 때 본 책이라봐야 『15소년 표류기』, 『빨강머리 앤』, 『소공자』, 『소공녀』 등이었죠. 이런 얘기를 나 혼자 막 쓰는 거예요. '아, 내가 주인공이야. 난 고아야'라고 중얼거리면서. 지금 그 어린이 공책에 썼던 글들은 다 사라졌지만, 어떤 이야기를 썼을지 가끔 보고 싶어요.

그렇게 중·고등학교 다니는 내내 글 쓰는 사람이 되는 꿈이 자라기 시작했어요. 이제 막상 대학을 가려니까 부모님이 원하는 것은 그게 아

어디론가 떠나고 싶은 열망이 솟고 친구들이 여름방학이 되면 기차를 타고 고래를 잡으러 동해로 간다는 등, 부산으로 간다는 등 할 때마다 혼자 뒷전에서 친구들을 보내고 나서 왜 내 인생만 이렇게 피곤한 걸까라는 생각을 많이 했어요. 돌이켜보니까 사람을 가장 슬프고 아프게 하는 게 바로 그 단어더라구요. '왜, 나만.' 남들은 다 편하게 살고 있고, 남들은 가고 싶은데 다 가고 사는데, 왜 나만 이렇게 어머니를 도와서 장사를 하고 있을까. '왜 나만.' 이 세 글자. 나중에 한참 세월이 지나니까, 그게 결코 '왜 나만'이 아니었다는 걸 알게 되었어요. 그 당시에는 그걸 몰라요. 살고 있는 세계가 너무 좁거든요. 집, 학교가 전부잖아요.

니더라구요. 몇 번의 마찰이 있었죠. 문과와 이과를 나눌 때 부모님은 너는 가난한 집안의 장남이니 취직 잘 되는 이공계를 가라고 하셨죠. 수학이 빵점이 나오는데 무슨 이공계예요.(웃음) 차마 아버지한테 그렇게 말씀은 못 드리죠. 그래도 '아버지 저는 이과 못 가요. 문과 갈래요.'라고 하면서 문과를 가서 대학을 갔어요. 과를 결정할 때도 아버지가 '기왕이면 취직이 잘 되는 경상대를 가거라.' '아버지, 저 숫자에는 젬병이에요.'

그래서 타협책으로 신방과를 가겠다고 했어요. 그래서 신문기자나 방송국 PD를 하면 월급도 받을 수 있고 이모저모 좋잖아요. 내가 좋아하는 글도 쓸 수 있을 것 같았거든요. 대학을 졸업하고 취직을 하고 공부를 더 하고 싶어서 대학원을 갔어요. 그러다 방송 관련 연구소에서 이 년 동안 일했어요. 한창 잘 나갈 때에도 내 안의 요만한 귀뚜라미 한 마리가 계속 살아 있더라구요. 내 안에서 이 귀뚜라미 친구가 이러는 거죠. '너 이렇게 살려고 지금까지 그렇게 버텨왔니?'

그러던 어느 날, 참 이것도 운명이라고 생각해요. 여행을 꿈꾸기만 했어요. 대개 직장에서 일년에 휴가를 일주일 정도 주죠? 그 일주일 동안 혼자 배낭 하나 메고 열심히 어딜 가는 거예요. 돌아오면 마음속이 허하죠. 그런 생활을 하고 있는데, 한 친구가 저녁에 술이나 한잔 하자고 하더군요. 그 친구가 자기가 받은 편지라면서 편지를 하나 보여주는 거예요. 지금 기억에는 거친 누런 종이에 쓴 편지였어요. 인도를 여행했던 소설가 강석경 씨가 친구에게 보낸 편지였어요.

근데 제 기억에 그분이 거의 최초는 아니지만 우리나라 작가로서는 인도에 관한 여행기, 기행문을 쓴 최초의 작가라고 알고 있는데, 그분이 책을 펴내기 전에 인도를 여행하면서 친구한테 보낸 편지였어요. 둘이 앉아서 우리는 언제 인도 가지? 이런 한탄을 했어요. 그런데 그 알량한 술 한 잔의 힘이었는지 모르겠는데 친구가 갑자기 뜬금없이 야, 우리도

조
벌
준

언젠가 가자고 하는 거예요. 그래서 둘이 같이 '그래. 가자.' 그런데 직장은 어떻게 하지?' '아, 때려치우는 거지 뭐.' 물론 농담이었죠.(웃음) 다만 그렇게 몇 달씩 여행을 할 수 있는 사람을 부러워했어요. 그리고 '언젠간 가자. 그래 약속해. 정말 우리 언젠간 꼭 직장을 때려치우고 둘이 떠나자.' 약속 아닌 약속이죠. 그러나 얼마 후 그 친구가 갑자기 세상을 떠났어요.

어느 순간부터 사는 게 참 재미가 없더라구요. 친구의 죽음이 큰 상실감을 가져다주기도 했어요. 그 친구 역시 힘든 집안에서 열심히 공부해서 기자생활도 하고, 시인도 되고, 시집 낸다고 막 좋아하던 그 찰나에 갑자기 세상을 떠나버렸단 말이에요. 열심히 살아도 저렇게 하루아침에 갈 수 있는데, 열심히 살아서 뭐하나, 그냥 되는 대로 살자고 생각한 거죠. 많이 힘들었어요. 그러다 '에이 그냥 남들처럼 살아버려야지' 했는데, 그게 말처럼 돼나요. 안 돼죠. 어느 날 갑자기 폭발을 해요. '이건 사는 게 아냐. 이건 사는 게 아냐.'

어느 날 정말 출근하기 위해 버스를 탔다가 내리지 않기도 했어요. 때로는 지금 저기 오는 버스를 안 타면 지각을 하니까 뛰어가서 타면 되는데 뛰어가기가 싫어요. 몸은 달려가고 싶어하는데 뭔가가 막고 있는 거예요. 그리고 회사에 전화를 했어요. 아파서 하루 병가로 처리해달라고 했죠. 그리고 넥타이 메고, 양복 입고 남산을 올라갔어요. 남산에서 서울 시내를 쫙 내려다보면서 '이게 사는 걸까? 내가 뭘 위해서 살고 있는 거지? 내 어릴 적부터의 꿈은 어디로 갔지? 시인이 되고 싶었고, 작가가 되고 싶었는데 그건 다 어디로 갔나?'

그날 결국 어떤 계기로 회사에 사표를 내고, '그래, 내 평생의 꿈을 이때 한번 펼쳐보자. 처음이자 마지막이 될 수도 있을 거야' 하면서 그때 여권을 만들고 비행기 표를 사고, 배낭을 사고, 모든 것을 다 새로 사면서 여행을 떠났어요. 그게 1990년 10월. 딱 이맘때네요. 15년 전 그때

거기 갔더니, 세상에, 굉장히 아름답고 우아하고 멋져 보이는 배낭 멘 여자가 이렇게 갈기머리를 휘날리면서 다니는데, 너무나 아름다워서 '야, 얘는 굉장히 부잣집 딸인가봐' 라고 생각하며, 어디서 왔냐고 물었더니 프랑스에서 왔대요. 웨이트리스를 했다고 하더군요. 일 년 동안 열심히 일해서 지금 여행하고 있다고 하더라구요. 그 외에 대학교수도 있었고, 정말 다양한 사람들이 다양한 방식으로 여행을 하고 자신의 삶을 살아가고 있었어요. 그때 용기를 얻은 거예요. '그래, 쟤들도 하는데 나라고 못할 게 뭐 있어?' 그들과 우리 사회 시스템이 다르긴 하지만, 일단 해보자, 하다가 안 되면 할 수 없는 거라고 생각했어요.

저는 만 서른 살 생일을 한 달쯤 앞두고 있었어요. 20대의 마지막이었죠. 비장한 각오로 떠났습니다. '그래, 내 청춘은 이제 끝이다. 청춘이여 안녕' 하면서. 내 청춘에 바치는 마지막 선물이라면서 길을 떠났습니다. 그렇게 된 거예요.

사회자 여행의 이유나 목적에 대해 선생님의 경험을 들려주셨습니다. 또 다음 분 질문해주세요.

우선아 그렇게 바라던 여행을 많이 해보신 지금, 선생님께서 가장 갈망하는 것은 무엇인지, 또 다시 꿈꾸는 것은 무엇인지 궁금합니다.

조병준 다시 여행하는 거예요.

우선아 그렇다면 이제는 어디로요?

조병준 다시 조금 얘기를 하자면 그렇게 여행을 처음 출발할 때는 한 달만 갔다 오겠다고 집에 허락을 구했는데, 석 달 반을 거기서 개기다가 왔어요. 집에서는 난리가 났죠.(웃음) 그리고 그때 결심한 게 '이제 다시는 직장을 갖지 않으리라'였어요. 왜? 그 석달 반 여행을 통해서 배운 게 있었거든요. 그게 뭐냐. 사람이 사는 길은 한 가지가 아니다. 세상에는 무수히 다양한 삶의 길이 있다. 각자에게 맞는 삶의 방식이 있다는 걸 알았죠. 근데 대한민국의 교육은 안 그렇잖아요. 고등학교를 나오고 대학을 나오면 직장을 가져야 되고 돈을 벌어야 하고, 나이가 되면 결혼을 해야 되고, 결혼을 하면 아이를 낳아야 되고, 아이를 낳으면 아파트 평수를 늘려야 되고……. 그걸 따라하지 않는 사람은 뭔가 문제가 있는 것으로 여겨지잖아요. 그런 공식이 와르르 무너졌어요.

거기 갔더니, 세상에, 굉장히 아름답고 우아하고 멋져 보이는 배낭 멘 여자가 이렇게 갈기머리를 휘날리면서 다니는데, 너무나 아름다워서 '야, 애는 굉장히 부잣집 딸인가봐'라고 생각하며, 어디서 왔냐고 물었더니 프랑스에서 왔대요. 웨이트리스를 했다고 하더군요. 일 년 동안 열심히 일해서 지금 여행하고 있다고 하더라구요. 그 외에 대학교수도 있었고, 정말 다양한 사람들이 다양한 방식으로 여행을 하고 자신의 삶을 살아가고 있었어요. 그때 용기를 얻은 거예요. '그래, 쟤들도 하는데 나라고 못할 게 뭐 있어?' 그들과 우리 사회 시스템이 다르긴 하지만, 일단 해보자, 하다가 안 되면 할 수 없는 거라고 생각했어요.

그래서 새로운 직장에 대한 제안을 과감하게 물리쳤죠. 물론 속으로는 아까웠죠. 다행히 돌아오는 그 해에 얼마 안 있어 시인으로 등단을 했어요. 그런데 누가 신인 시인에게 청탁을 하겠어요? 그냥 손가락 빨고 있는 거예요.(웃음) 지금 생각하면 참 슬픈 일이죠. 여기저기서 돈 벌게 해준다고 일거리를 갖다줘요.

그후 조금씩 글을 쓰기 시작했고, 세상이 인정하는 글쟁이는 못 됐어도 몇 사람은 좋아해주는 그런 글쟁이가 됐어요. 참 고맙게 생각하죠. 저를 도와주신 분들이 많이 있고, 책에도 썼지만 가난했던 시절에 이렇게 주머니에 손을 넣어주시면서, 손이 아니고 돈을 넣어주시면서 가난한 글쟁이에게 주는, 미래의 작가에게 주는 장학금이라고 하시면서 도와주셨던 선배들이 아니었다면 아마 중도에 포기했을 수도 있다고 생각해요. 왜냐하면 밥벌이가 안 되면 사람이 참 힘들어지거든요. 자꾸 포기하게 되고요. 그런데 그때 그런 고비마다 도와주신 분들이 있었고, 나중에 조금 더 돈을 모았을 때 여행을 다시 떠났고, 그렇게 해서 다시 세상을 배웠어요.

두 번째 여행을 떠났을 때 여러분 잘 아시는 마더 테레사 수녀님을 만나게 됐어요. 전혀 계획하지 않았던 일이었는데, 그때 6개월 정도 여면서 지냈죠. 인간 드럼 세탁기가 돼서요.(웃음) 즐겁게 행복하게 3개월을 보냈어요. 그리고 돌아와서 유럽도 가게 되고 드디어 저의 30대가 꽃피기 시작했어요. 10년 동안 역마살 긴 자의 화려한 인생이 시작되었죠. 그때 생각했던 게 일년에 9개월은 열심히 일하고 열심히 글 쓰고 열심히 살자. 그 대신 일년에 3개월만 내가 살고 싶은 대로 살자였어요.

이렇게 살기 위해서는 한 달에 백만 원만 벌면 된다고 생각했어요. 그렇게 10년을 잘 살았는데, 2001년에 어머님이 중풍으로 쓰러지셨어요. 『내게 행복을 주는 사람』이라는 책에 잠깐 나오지만, 그때 어머니가 쓰러지신 상황에서 무슨 대책이 있겠어요. 어머니가 최우선이에요. 물론 제가 결혼을 해서 제 자식이 있었다면 자식이 가장 우선이었겠죠. 하지만 다행히도 제가 아직 결혼을 안 한 상황이어서 어머니에게 전념할 수 있었어요.

마지막 여행을 2000년에 했는데 그때 소망이 뭐였냐 하면 어떤 한 곳에 가서 오래 머물고 싶다였어요. 물론 콜카타에서 6개월 머문 적은 있지만, 낯선 곳에 가서 1년 정도 살아보면서 그 도시의 시민이 되어보고 싶은 생각이 들기 시작하더라구요. 그래서 머물 장소는 스페인의 마드리드 정도로 잡았어요. 친구들도 많이 있고 재미있으니까요. 일년 동안 살아보기로 했어요. 이걸 이루기 위해서 돈이 필요하니까 돈을 벌고 있었는데, 어머니가 쓰러지시는 바람에 번 돈은 물론 다 쓰고 더 많이 벌어야 했죠. 그러다 어머니가 지난 7월에 제 곁을 떠나셨어요. 지금은 아버지가 또 편찮으세요. 그래서 지금 소망은 아버지가 빨리 괜찮아지셔서 거동을 좀 하시면 5년 만에 콜카타에 돌아가 보고 싶다는 거예요.

사람의 몸이란 에너지 통로거든요. 저한테 콜카타는 그런 점에서 굉장히 소중한 곳이에요. 일종의 LPG충전소라고나 할까요. 항상 가면 힘이 생기고, 또 힘을 받아 와서 글도 쓰고, 바닥나면 또 가는 곳인데 거기를 5년 동안 못 갔어요. 지금 당장은 콜카타에 가서 다시 빨래하고 싶은 게 제 소망입니다.

송다혜 콜카타에 자원봉사를 가셨잖아요. 거기서 느끼는 거랑 한국에 들어오셨을 때 느끼는 거랑 참 많은 괴리감이 있을 거라는 생각이 들어요. 제일 힘든 게 뭔지, 그리고 사람들의 마음이 어떤 면에서 다른지가 궁금해요.

콜카타에서 돌아와서 한국에서 하는 사회복지 관련, 불우한 사람들을 돕는 일에 여러 번 참여했어요. 그리고 심지어는 캘커타를 함께 경험했던 사람들끼리 또 모였거든요. 거기서 작은 모임을 같이 했으니까 여기서 또 한 번 해보자고 했죠. 변명일 수도 있지만 결국 안 가게 됐어요. 마음이 안 편했어요.

꽃동네를 한번 가보고 싶었어요. 어느 날 명동성당 앞에 꽃동네 사무실이 있다는 걸 알고 찾아갔는데, 사무실 앞에 갑자기 시커먼 체어맨 승용차가 딱 서면서 오웅진 신부님이 그 차에서 내리시더군요. 화가 무지 났어요. 마더 테레사 수녀는 일이 있을 때 항상 앰블런스를 타고 다니시거든요. 환자들을 싣고 앰블런스를 타고 움직이세요. 그 다음에 또 나를 절망케 했던 일이 있었어요. 꽃동네 사무실 앞에 전단지가 있어요. 집어들었어요. '기부금을 모집합니다. 기부금을 내주십시오'라는 글이 한 면을 장식하고 있더군요. 기부금은 당연히 내야 돼요. 기부금 없이 운영이 안 되니까요. 근데 저를 절망케 했던 것은 기부금을 낸 사람을 추첨해서 승용차를 준다는 거예요. 이건 아니다. 이건 아니야. 물론 승용차도 기부받았겠죠. 그렇다면 그걸 팔아서 환자들 먹여야죠. 그걸 누굴 주는 겁니까? 그리고 가난한 사람들을 위해서 일한다는 신부님이 어떻게 고급 승용차를 타고 다닙니까? 아무리 신도들이 기증을 했어도 그건 말이 안 되거든요.

테레사 수녀는 노벨상 받으러 가실 때 그러셨답니다. 노벨상 시상식 후에는 항상 파티가 있잖아요. 그때 그랬다는거죠. "저를 위해서 만찬을 베푸신다구요. 제발 부탁입니다. 그 돈으로 가난한 사람들을 위해 쌀을 사주십시오." 만찬을 취소하고 그 비용을 다 기부했죠. 이게 살아 있는 정신이죠. 어떤 선배님이 저보고 '아, 조병준 씨 콜카타에서 그렇게 훌륭한 일을 하고 오셨다면서요' 하더라구요. 그래서 제가 '아니 훌륭하긴 뭐가 훌륭해요. 내가 좋아서 한 일인데요. 전 굉장히 이기적이에요. 내가 행복해서 한 거예요'라고 얘기했어요. 만약에 거기서 지겨웠으면 안 했을 거예요. 내가 행복하니까 했습니다.

아는 신부님이 양로원을 지으셨다면서 '같이 가서 일할까' 하셔서 가봤죠. 신부님께서 여기저기 다니시면서 돈을 모으셔서 양로원을 지었는데 건축비만 40억이 들어갔다고 자랑을 하시는 거예요. 왜 건물을 짓는 데 40억을 쓰죠? 또 한 군데를 찾아갔어요. 원장선생님이 정말 열심히 일하세요. 개도 기르시고, 밤마다 유흥가 돌아다니시면서 빈 깡통과 빈병을 수집해 팔아서 기금을 만들거든요. 그분은 너무 고맙고 존경하는 분이었어요. 그런데 그분의 마지막 말 한마디가 저로 하여금 또 한번 실망하게 만들었어요. 그분은 열심히 여기서 일해서 지금 가건물에 있는 우리 형제들을 위해 번듯하게 집을 지어놓고 자기는 또 딴데 가서 일을 시작할 거라더군요. 그렇게 건물이 중요한가요? 지금 중요한 건 이 사람들을 데리고 평생 살 정신이 있느냐 없느냐일 텐데요.

하지만 우리나라 사람들이 다 그런 건 아니에요. 한국에서 제일 힘든 게 그거예요. 눈에 보이는 것부터 제일 먼저 신경쓴다는 것. 그러니까 언제부턴가 제가 자꾸 불편해지는 거예요. 몰랐으면 될텐데 콜카타에서 그거를 다 봤기 때문에 자꾸 비교하게 돼요. 그리고 이쪽이 나를 불행하게 할 때 내가 여기서 불행을 견디고 있어야 할 이유가 별로 없더라구요. 콜카타에서도 그랬거든요. 누가 와서 하소연을 하는 경우가 있어요. '콜카타가 내가 생각했던 곳이 아니에요.' '그럼 가. 네가 여기서 행복하지 않으면 있을 이유가 없어. 네가 여기서 불행하면 그 불행이 다른 사람에게 전염될 거다.' 행복도 전염되지만 불행은 전염이 더 빨라요. '네가 잘못된 게 아니라 네가 여기하고 안 맞는 것이다. 그렇다면 딴데 가서 찾아라. 어딘가 네가 행복할 수 있는 곳이 있을 것이다. 모든 사람이 다 자원봉사를 해야 되는 것도 아니다. 그걸 내가 해서 행복하면 하는 것이고 괴로우면 할 필요 없다.' 저는 그렇게 얘기했거든요.

그러다 보니까 저의 한국에서의 자원봉사 활동은 아무래도 흐지부지되고 말았어요. 남들이 욕을 해요. 한국에도 일할 데 많은데, 한국에도 가난한 사람 많은데, 꼭 그렇게 콜카타까지 가야 되냐? 네. 왜? 그게 제 첫사랑인데요. 그리고 그곳에 가면 제가 행복해지고, 거기서 내에너지를 받아서 여기 와서 내가 뭔가 할 수 있는데요. 좀 더 젊은 사람들이, 여러분 같은 세대가, 무엇이 정말 적절하게 타인들과 함께 사는 방법인지를 배워서 다시 새롭게 시작해도 된다고 생각해요. 좀 더시간이 걸리겠죠. 아직까지 한국 문화라는 것이 그렇게 만만치가 않으니까요.

김하늘 저도 선생님처럼 가끔씩 버스를 타고 혼자 종점을 돌아서 집에 올 때도 있고, 그냥 생각 없이 집에 걸어올 때도 많고, 선생님 말씀 들으면정말 멀리 떠나고 싶더라구요. 그러나 저희는 학교를 다녀야 하고, 주위에 저희가 해야 할 일이 많다고 생각해요. 그런 상황에서 저희가 접할 수 있는 건 책이라든지 선생님을 이 자리에서 이렇게 만나는 것밖에 없다고 생각하는데, 선생님께서는 저희에게 하고 싶은 말씀이 있으신지요?

조병준 이제 저의 아킬레스건을 보여드릴 시간이 되었군요. 저도 고등학교 시절을 거쳤어요. 솔직히 말하면 여러분이 참 불쌍해 보여요. 왜? 제가 고등학교 다닐 때는 이렇게 힘들지는 않았거든요. 그때는 학교 도서관에서 마음 편하게 책을 빌려 읽을 수 있었거든요. 그래도 막판에 열심히하면 대학을 갈 수 있었어요. 지금은 그런 것이 무척 힘들잖아요. 글쎄요. 원칙은 하나입니다. 제가 어느 책에 썼을 거예요. 시스템을 욕하고, 학교를 욕하고, 사회를 욕하고, 선생님을 욕하고, 학부모를 욕해도 좋아요. 저를 포함한 기성세대들 욕먹을 만해요. 하지만 욕한다고 해서 여러분에게 돌아오는 보상이 있나요? 없죠? 궁시렁거려봐야 결국 궁시렁밖

저도 선생님이 아까 말씀하셨던 것처럼 가끔씩 버스를 타고 혼자 종점을 돌아서 집에 올 때도 있고, 그냥 생각 없이 집에 걸어올 때도 많고, 선생님 말씀 들으면 정말 멀리 떠나고 싶더라구요. 그러나 저희는 학교를 다녀야 하고, 주위에 저희가 해야 할 일이 많다고 생각해요. 그런 상황에서 저희가 접할 수 있는 건 책이라든지 선생님을 이 자리에서 이렇게 만나는 것밖에 없다고 생각하는데, 선생님께서는 저희에게 하고 싶은 말씀이 있으신지요?

에 안 돼요. 여러분 스스로 대안을 찾으세요. 방금 말씀하셨죠? 혼자 버스를 타고 다니는 것. 그게 대안이에요.

또 이 사회에 가장 나쁜 교육 중 하나가 대안이라는 것을 너무 크게 막 부풀린다는 거예요. 대안은 그런 게 아니거든요. 대안은 언제나 작은 거예요. 아람샘처럼 처음엔 조그맣게 시작하는 거예요. 대안은 언제나 개인이 시작하는 거예요. 시스템에 대해 개인이 도전하는 거거든요. 이건 다윗과 골리앗 정도가 아니죠. 에베레스트에 계란 던지기죠. 계란을 던지는 건 의미가 없잖아요.

어떤 방법이 있습니까? 모든 사람에게 한꺼번에 통용되는 방법은 없다고 봐요. 각자가 처한 환경이 다르고 각자가 좋아하는 취향이 다르고 모든 게 다 다를 거란 말이죠. 해답은 항상 자기 안에 있을 거예요. 저는 그렇게 믿어요. 기차를 탈 수도 있고, 버스를 탈 수도 있어요. 꼭 물리적인 여행만 생각하지 마세요.

여행의 방식은 굉장히 다양해요. 콜카타에서 6개월 동안 있었지만 저한테는 그것도 여행이었어요. 사람들 속으로 자박자박 걸어들어가는 여행. 그때 영어가 엄청 늘었어요. 어떻게 늘었느냐. 그냥 다니다 보면 만나는 사람들이 매일 바뀌잖아요. 그러면 대화가 매번 똑같아요. 어디서 왔니? 뭐하다 왔니? 여기서 끝나죠. 그러고 나서 바이바이. 6개월 동안 매일 본다고 생각해봐요. 매일 어디서 왔는지만 물어볼 수 없잖아요. 매일 다른 얘기가 나와요.

유명한 얘기가 있어요. 혹시 등정주의와 등로주의를 들어보셨나요? 에베레스트에 오르는 것만이 목적인 사람들이 있어요. 일단 오르는 게 중요하죠. 8,000미터급 14개좌를 올라야 하니까 이미 남들이 다 닦아놓은 편한 길로 가는 거예요. 일종의 성과주의죠. 이게 등정주의예요. 등로주의는 길 路 자를 쓰죠. 길을 스스로 찾아서 올라가는 경우를 말해요. 남들이 가지 않은 루트를 찾아갑니다.

어느 게 더 재미있을까요? 물론 등로주의가 위험하고 죽을 가능성도 더 높아요. 남들이 이미 다 박아놓은 데로 가면 더 안전하고 쉽죠. 인생은 선택이에요. 안전하게 남들이 해놓은 것을 따라갈 것인가? 아니면 떨어져 죽는 한이 있어도 내 길을 갈 것인가. 삶이 지금 고달프고 괴로울지라도 그 안에서 찾아내세요. 그것은 여러분의 책임입니다. 사회의 책임 아니에요. 학교의 책임도 아니고요. 약한 자들이 바깥을 욕해요.

시대가 암울할수록 위대한 시인이 태어난다는 이야기를 들어봤을 거예요. 위대한 예술가는 시대가 암울할 때 태어나요. 그건 그 사람이 가진 힘이에요. 다른 99명의 사람들이 숨죽이고 있을 때 한 사람이 뛰쳐나가는 거거든요. 그게 위대한 사람이고 위대한 개인이에요. 누구나 다 위대한 개인이 될 씨앗이 있다고 생각해요. 그걸 찾아내느냐, 못 찾아내느냐는 각자의 몫이죠.

공하원 선생님의 『나눔 나눔 나눔』이라는 책에서 '서울, 애틀랜타' 라는 부분을 보고 제가 인상 깊었던 것이 선생님께서는 서울엔 문화가 없다고 말씀하셨거든요. 아직도 그렇게 생각하시는지 궁금합니다. 제가 지금은 서울에 살지만 작년까지 19년 동안 부산에서 살았어요. 처음 서울에 갔을 때는 다른 게 많이 느껴지더라구요. 일단 말씨가 다르잖아요. 좀 살다 보니까 서울은 동네 동네의 분위기가 다 다르더라구요. 이태원은 외국인들이 많고, 강남은 다 비싸 보이고, 제가 사는 신림동은 고시생들이 분위기를 잡고요. 부산은 특별히 제가 많이 안 다녀봐서 그런지 모르겠지만 별다른 분위기가 없어요. 제가 생각하기에는 그런 것도 서울의 문화라고 할 수 있을 것 같은데 선생님은 어떻게 생각하시는지요?

조병준 그때, 『나눔 나눔 나눔』에서 올림픽과 관련 있는 내용을 썼죠. 물론 지역문화가 다른 건 분명히 존재해요. 제가 얘기하는 건 굉장히 지역적인 문제거든요. 물론 지역적이 아닐 수도 있어요. '이랬니 저랬니' 하는 남자들의 말투를 예로 들어보면 부산 같으면 '어휴, 닭살 돋아' 라고 할 텐데, 서울 사람들에게는 그게 문화의 일부일 수 있어요. 그런 문화의 차이가 당연히 존재해요.

오늘 KTX 타고 오는데 광고가 나오더라구요. 경상북도 공동브랜드 '신라리안'이라고 나오는 것을 봤는데, 전혀 신라 분위기는 안 나던데요. 지방자치시대가 그나마 시작된 게 얼마 안 됐잖아요. 이게 진행되면서 조금씩 바뀌고 있는 건 사실이에요. 각 지역마다 지역축제가 시작되는 것들은 분명히 좋은 신호인데, 사실은 아직 멀었어요. 여러분 혹시 지역축제 가보셨나요? 어딜 가도 전국노래자랑이고, 어딜 가도 똑같은 동동주에 파전을 팔아요. 진짜 숨 막혀요. 그리고 예를 들어 광주에서 비엔날레 성공했다고 하면 사방에서 또 비엔날레를 만들려고 해요. 부산국제영화제 성공하면 전부 영화제를 만들려고 하고요.

여러분은 지금 들으면 우습겠지만, 제가 대학 다닐 때만 해도 꽹과리 치는 애들은 경찰 블랙리스트에 올라 있었어요. 그때는 민족을 얘기하면 곧 빨갱이로 여겨졌었거든요. 그렇기 때문에 자기 문화가 없어요. 미국에서 들어온 기묘하게 왜곡된 민주주의 문화만이 남아 있는 거예요. 사실 미국식 민주주의는 민주주의가 아니에요. 아주 병든 귀족주의거든요. 돈 많은 자가 귀족이 되는 거죠. 그런데 우리는 그것을 민주주의라고 잘못 배우고 있어요. 조그만 지역문화가 살아 있는 나라가 선진국이라고 하긴 좀 뭐하지만 잘 사는 좋은 나라예요. 작은 지역들이 각자의 목소리를 내고, 스스로 자부심을 느끼면서 사는 게, 이게 우리 문화예요.

허아람 앞의 이야기에 이어서 잠깐 말씀드리려구요. 제가 한국에 도착한 지 네 시간 밖에 안 됐거든요. 한국이 주빈국이었던 프랑크푸르트 도서전에 잠깐 다녀왔는데요. 거기서 느낀 것과 관련해서 문화에 관한 얘기로 여기 있는 우리 모두가 뭔가를 생각할 만한 문제가 떠올라서요. 여기 있는 사람들이 다 측은지심이 느껴지는 건 서로 인지상정이니까 이해가 돼

조병준

시대가 암울할수록 위대한 시인이 태어난다는 이야기를 들어봤을 거예요. 위대한 예술가는 시대가 암울할 때 태어나요. 그건 그 사람이 가진 힘이에요. 다른 99명의 사람들이 숨죽이고 있을 때 한 사람이 뛰쳐나가는 거거든요. 그게 위대한 사람이고 위대한 개인이에요. 누구나 다 위대한 개인이 될 씨앗이 있다고 생각해요. 그걸 찾아내느냐, 못 찾아내느냐는 각자의 몫이죠.

요. 그런데 측은지심으로는 우리 이 거대한 시스템을 극복해낼 수 없어요. 그 다음에 사회적 책임이 없다고도 결코 말할 수 없어요.

조병준 예, 그렇죠.

허아람 그러니까 여기에 있는 우리 모두 각 개인의 내셔널리티를 벗고 자유인으로서 자기의 개성을 발휘하는 시대라 할지라도 그것을 가로막고 있는 게 너무나 큰 공포라는 거죠. 그래서 저도 생각했던 게 문화란 말이 나와서 말인데요. 전 세계 1만 2천 명의 기자가 몰리는 문화올림픽인 프랑크푸르트 도서전에 한국이 명예스러운 주빈국으로 초대받아서 한국의 책 1백 권을 전시해놓고, 한국의 대표 작가들이 와서 여러 방송국과 인터뷰를 하고, 그것을 문화가 성장한 것이라고 언론이 보도하고 작가들만의 잔치로 생각하는 걸 문화라고 하지는 않는다는 거예요.

문화의 성장이라는 것도 우리 경제와 정치가 그래왔듯 성장주의의 결과론적인 것, '우리가 주빈국으로서 도서전을 열었어. 우리도 문화가 굉장히 우수한 나라야'라고 생각하기 쉽죠. 천만에 말씀이에요. 착각이죠. 절대로 아니라는 것을 제가 그 현장에서 느끼고 왔어요. 제가 만난 작가들이 다 그랬던 것은 아니지만 내 개인의 이름을 걸고 한 작가와의 일을 이야기하고 싶은데, 그분은 바로 황지우 시인입니다. 오늘처럼 이렇게 황지우 시인이 독자들과 만나는 자리였어요.

질문을 해야 되는 상황인데, 아무도 얘기를 안 하는 거예요. 토론장이 너무 조용해서 그 조용함이 너무 싫어서 벌떡 일어나 황지우 시인에게 질문을 했어요. 선생님, 당신은 80년대 시인이기도 하고, 90년대 시인이기도 했지만, 2000년대 시인이세요. 80년대 암울한 우리 정치와 사회를 풍자했던 〈새들도 세상을 뜨는구나〉와 같은 그런 작품들로 약간은 우리의 속이 풀리게 해준 업적이 있긴 하지만, 2000년대를 살아가는 시인으로서의 역할이 무엇인지 궁금합니다.

그 다음에 여전히 문학이라고 하는 것이, 시라는 것이 진실을 가로막고 있는 것을 깨부술 수 있는 항체가 될 수 있어야 한다고 생각하는데, 당신이 갖고 있는 그 측은지심만 갖고 그렇게 할 수 있다고 생각하시는지요. 이런 역사적인 자리에서 젊은 사람들에게 어떤 얘기가 하고 싶으신지요?라고 질문했어요. 물론 한국말로요.(웃음) 외국 사람들은 못 알아듣죠. 아무도 통역을 안 해줘요. 다른 청중들도 제가 어떤 질문을 했는지 알아야 하잖아요. 그러니까 아무 개념이 없는 거예요. 황지우 시인이 결국 '나의 가장 아픈 부분을 찔렀군요. 대답을 피하겠습니다' 라며 끝을 맺더군요. 저는 허무했어요.

그 순간 내가 환상을 가졌던 문화의 대표인이라고 하는 사람들이 가진, 황지우 씨 개인을 두고 하는 이야기뿐만 아니라 프랑크푸르트라고 하는 그 많은 세계인들이 모인 곳에서 대한민국을 대표하는 문화의 주체라고 하는 출판인, 문화인, 작가들이 모인 그곳에는 우리나라 문화가 없다는 걸 느꼈어요. 그렇게 그들이 주장하는 문화라는 것은 은밀한 암실에서 자기들끼리 나누는 밀실 담론에 불과한 거예요. 그리고 가끔 조명을 비춰주는 그런 행사들에 참가해서 '아, 나는 작가입니다' 하고 한마디 하는 것이 정말 안타까웠습니다.

우리가 일상에서 도대체 그런 작가들과 만나서 얘기하고, 얘기 듣고, 또 느껴보고 들어본 적이 있어요? 가난한 이 시대의 청년들에게 아무것도 해주는 것 없는 작가들이, 또는 문화인들이 그곳에는 그렇게 많은 거예요. 그러니까 아까 한 말씀과 똑같은 말인 거예요. 그 돈으로 더 좋은 문화, 더 많은 이들과 함께할 수 있는 문화, 이 안에서 새로운 것을 만들어내고 생산할 수 있는 시스템이 되어야 하는데 말이죠.

인디고 서원은 그 거대한 문화 에베레스트 산의 달걀이 아니라 모래알도 안 돼요. 선생님 말씀은 '개인적 대안을 가져야 한다. 우리 스스로의 대안을 찾아서 살아야 한다' 인데, 이 문제는 그렇게 하기에는 제가 숨이 막히는 거죠. 물론 선생님도 선생님 나름대로 저도 개인적으로 행

그게 제가 생각했을 때에는 선생님 개인의 담론과 내 개인의 담론과 또 여기 앉아 있는 진실한 사람들의 담론이 모여서 그게 정치적 권력이나 힘을 발휘하자는 것이 아니라, 그 자발적인 공동체가 힘을 가질 수 있는 새로운 시스템이 생겨나야 된다는 거죠. 그런데 그렇게 하기에는 또 방법이 없는 거예요. 말씀하신 대로 저도 위대한 개인으로서 그것이 굉장히 행복하고 좋았어요. 하지만 그것만으로는 거대한 권력이 어느 순간 힘을 발휘하거나 그 시스템이 사그라들거나 또는 갉아먹히면 그건 그냥 위대한 희생에 불과한 거죠. 그래서 바로 그곳에서 우리가 접점을 찾는 어른들이 되어야 되고, 접점을 찾을 수 있는 청년들이 되어야 되고, 접점을 찾을 수 있는 진실한 인간들이 되어야 된다는 것이 제 생각이에요.

복할 가능성이 높아요. 그렇지만 측은지심만으로는 안 되는 것이어서 그 접점에서 할 수 있는 그 무엇이 필요한 거예요. 그게 제가 생각했을 때에는 선생님 개인의 담론과 내 개인의 담론과 또 여기 앉아 있는 진실한 사람들의 담론이 모여서 그게 정치적 권력이나 힘을 발휘하자는 것이 아니라, 그 자발적인 공동체가 힘을 가질 수 있는 새로운 시스템이 생겨나야 된다는 거죠. 그런데 그렇게 하기에는 또 방법이 없는 거예요.

말씀하신 대로 저도 위대한 개인으로서 그것이 굉장히 행복하고 좋았어요. 하지만 그것만으로는 거대한 권력이 어느 순간 힘을 발휘하거나 그 시스템이 사그라들거나 또는 갉아먹히면 그건 그냥 위대한 희생에 불과한 거죠. 그래서 바로 그곳에서 우리가 접점을 찾는 어른들이 되어야 되고, 접점을 찾을 수 있는 청년들이 되어야 되고, 접점을 찾을 수 있는 진실한 인간들이 되어야 된다는 것이 제 생각이에요.

'그럴 수 있는 방법은 뭐가 있을까요?' 를 우리 여기서 얘기해요. 그리고 이 자리에서 아주 오랫동안 '어떻게 하면 우리 재미있게 놀지? 학교생활 힘들게 하는데 우리 뭐하고 놀까?' 날마다 쉬지 않고 얘기했어요. 그런데 다들 학교로 가자마자 언제 내가 그 얘기했냐고 하죠. 귀뚜라미를 내 안에 가두고 까맣게 잊어버리는 거죠. 그렇게 개인의 삶이 여전히 억압받고 있다면 각 개인이 여전히 정치적이 될 수밖에 없는데 정치적인 것은 절대로 온당한 방법이 아니라고 생각하거든요. 그러면 다른 방법이 뭐가 있을까. 온당한 개인들이 그런 담론을 나눌 수 있는 장이 여기였으면 좋겠어요. 그래서 얘기가 듣고 싶고, 하고 싶고, 해야 하는 것 같아요.

조병준 　방금 말씀하신 게 저한테도 굉장히 큰 숙제입니다. 그런 글을 잠깐 짧게 썼었어요. 공동체와 개인. 이게 이제 화두거든요. 아마 영원한 제 삶의 화두가 될 거예요. 저는 공동체를 지향해요. 혼자 있으면 너무 외로워요. 그런데 이 공동체가 많은 경우 툭하면 억압으로 다가와요. 아무리

드높은 이상과 꿈을 가지고 시작한 공동체도 거의 예외 없이 인간을 억압한다는 거죠.

대표적인 게 종교예요. 억압하지 않는 종교는 이 세상에 단 하나도 없거든요. 그렇게 사랑을 얘기하는 기독교에 얼마나 많은 증오가 있는지, 그렇게 자신에 대해 얘기하는 불교의 실태는 얼마나 비자비적인지 말입니다. 종교가 그러할진대, 인간의 공동체는 믿을 게 없다고 저는 생각을 했어요. 그래서 철저하게 나 개인으로 가려고 했죠. 그런 게 저의 20, 30대 초반의 사고체계였는데 조금이나마 방향 선회를 할 수 있었던 계기가 된 게 콜카타 공동체에서였지요. 거긴 커뮤니티나 공동체란 말 자체가 없거든요. 오직 수녀님들의 공동체만 있을 뿐이에요. 자원봉사자 공동체라는 말 자체가 없어요.

제가 처음 갔을 때는 뭘 하라고 아무도 지시를 안 하는 거예요. 저기 가서 봐, 그리고 네가 할 수 있는 일을 해. 이게 전부예요. 지금까지 살아오면서 이런 경우는 처음이었어요. 빈자리가 있기는 했어요. 청소를 하고 일단 빨래를 했죠. 한 이틀만 해보니까 금방 파악할 수 있겠더라고요. 처음에 놀랐던 것은 자원봉사를 같이 하는데 잠도 각자 알아서 돈 내고 따로 자고, 식사도 각자 알아서 돈 내고 먹는다는 거였어요. 뭐 이런 데가 다 있나 싶었어요. 우리 사고체계에서는 이해가 잘 안 돼죠. 제가 서울에서 공연을 위해 여러 기업들을 찾아다녔을 때, 잠을 안 자도 밥은 항상 거기서 먹여주거든요.

그런데 콜카타 공동체는 아무런 규율이 없는 거예요. 내가 와서 있고 싶은 만큼 있는 것이고, 내가 그날 일어났을 때 몸이 안 좋거나 기분이 안 좋으면 안 가도 돼요. 일종의 규율이라는 게 없어요. 이런 걸 볼 때 과연 공동체가 유지될 수 있을까. 흔히 규율과 제약은 공동체를 살리기 위한 필요악이라고 하죠. 그런데 거기는 그 필요악이 없어요. 물론 아예 없진 않죠. 아주 약간 있긴 있었어요. 그걸 보면서 이게 가능할 수 있겠다는 실마리를 얻고서 그 다음부터 고민하기 시작한 게 흩어진 개인들의 공동체여서 이런 것을 『나눔 나눔 나눔』에 썼습니다. 위대한 개인 얘기를 쓰면서 인터뷰도 실었어요. 하지만 동시에 그 생각도 해요. 공동체가 없이 개인은 너무 외롭거든요. 책제목 『나눔 나눔 나눔』을 정하면서 그런 얘기를 했어요. 나누기를 제일 먼저 하자. 왜? 대한민국이 지금은 지금은 많이 나아졌지만, 여전히 모든 것이 다 똑같아야 되잖아요.

두 번째로, 나눠주면 너무 외로우니까 일단 얘기를 합시다. 커뮤니케이팅. 소통을 해야 하지 않겠냐. 그러다 보면 자연스럽게 긍정적이고 온전한 의미에서의 공유가 가능할 것이다. 제가 그런 의미에서도 책을 썼는데, 어떤 선배님이 이런 주문을 하시더라구요. 이것은 분명히 모순어법이다. 흩어진 개인들의 공동체라니, 원심력과 구심력을 하나로 묶었단 얘기인데, 그러면 뭐가 되겠냐. 자칫하면 정체될 수 있다. 밖으로 돌려는 힘과 안으로 모으는 힘이 플러스 마이너스가 되면 0이 될 것이다. 이것은 너무 위험하다. 오갈 데 없이 딱 멈출 수가 있을 것이다. 그래서 고민을 해야 할 것이다. 지금도 그 고민중이에요.

사실, 대부분은 좌절하고 쓰러져버릴텐데, 내가 계속 그 얘기만 주장할 것인가. 이건 무책임한 일이죠. 그런데도 계속 주장을 합니다. 왜? 먼저 개인으로 나눠진 다음에야 소통이 가능하거든요. 소통을 하나로 뭉쳤을 때는 오감이 없어요. 이렇게 붙어 있는데 거기서 뭐가 오가겠어요. 나눠져야 되거든요. 나눠진 게 위대한 개인이에요. 위대한 개인을 너무 크게 생각하지 마세요. 나 혼자 있어 외롭지만 그래도 나는 갈 수 있다고 하면서 외로워도 슬퍼도 안 우는 캔디가 위대한 개인이에요.

제가 지금 생각하는 대안은 네트워크예요. 커뮤니티는 사실 시효소멸된 개념으로 봅니다. 왜, 어떤 커뮤니티도 억압하지 않을 수가 없거든요. 지금까지의 그 흘러온 역사를 보건대 말입니다. 그렇다면 흩어진 개인들의 공동체가 가능하다는 것은 결국 네트워크가 아니겠는가. 흩어져 있을 때, 각자 있을 때, 일이 필요할 때, 서로의 힘이 필요할 때 뭉치는 자들이 저는 네트워크라고 보거든요. 선생님이 방금 말씀하셨는데 여기서 우리 함께 놉시다. 콜카타에서 그렇게 서로 똑같이 땀 뻘뻘 흘리면서 일하고, 인간 세탁기가 되어서 일하지만, 각자 오후에 돌아가면 또다시 자본의 노예가 돼요. 회사 다니는 사람들이 콜카타에서처럼 헐렁헐렁한 삼천 원짜리 치마 못 입고 나가요. 정장 입고 가야 해요. 그리고 거기 자본주의 시스템에서 일해야 됩니다. 물론 불행이죠. 하지만 저는 동시에 그들이 똑똑한 자들이라고 봐요. 이렇게 뛰쳐나올 수 있다는 게. 여기서 이 일을 하고 저기서 저 일을 하는 멀티태스크가 윈도의 개념 아닌가요? 그렇다면 우리의 삶도 멀티태스크로 가야 되지 않는가.

모든 사람을 일체화하는 것. 내 삶은 처음부터 끝까지 일관성이 있어야 된다는 것. 이런 시대도 이미 지나간 것 아닌가 싶어요. 다양한 내 정체성을 가질 수 있다고 생각해요. 이 순간 이 자리에서는 이 옷을 입은 조병준이 나올 수 있는 것이고, 그리고 어떤 자리에 가서는 넥타이를 맨 조병준이 있을 수 있어요.

그래서 학교에서의 내 정체성, 아람샘과 여러분이 함께한 이 자리에 동료들과 함께했을 때의 정체성, 집에 가서의 정체성. 이게 조금씩 달라도 된다고 생각해요. 그러면서 각자가 있는 곳에서 내가 서로 소통할 수 있는 자들과 연대하면 된다고 생각해요. 그 연대가 이제 시작이죠. 그리고 뭔가를 함께 도모하고, 함께 프로젝트 단위로 해보는 거예요. 평생을 거는 게 아니에요. 평생을 걸고 목숨을 매달 일은 각자의 일이고, 함께 하는 일은 프로젝트 단위로 하는 게 좋아요. 프로젝트가 길어질 수도 있죠. 장기 프로젝트 단위로 모이고 흩어지고, 모이고 흩어지는 거예요. 이것이 그래도 좀 괜찮은 대안이 아닐까요?

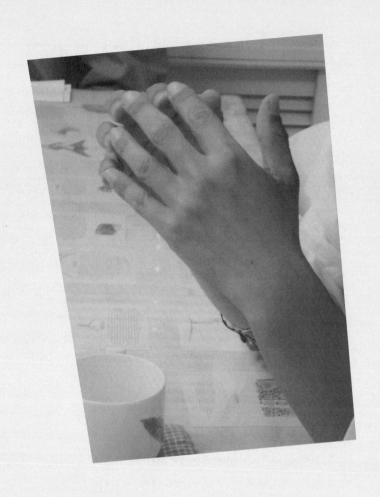

제가 지금 생각하는 대안은 네트워크예요. 커뮤니티는 사실 시효소멸된 개념으로 봅니다. 왜, 어떤 커뮤니티도 억압하지 않을 수가 없거든요. 지금까지의 그 흘러온 역사를 보건대 말입니다. 그렇다면 흩어진 개인들의 공동체가 가능하다는 것은 결국 네트워크가 아니겠는가. 흩어져 있을 때, 각자 있을 때, 일이 필요할 때, 서로의 힘이 필요할 때 뭉치는 자들이 저는 네트워크라고 보거든요.

제가 다음에 네트워크를 만들자면 꼭 하실거죠?

그럼요. 감사합니다.(웃음) 네트워크. 제 책에는 거의 일관된 흐름이 있다는 걸 아실 거예요. 결국 다 사람 얘기거든요. 시스템은 사람이 만드는 건데도 결국 사람을 소외시켜요. 그런데 여기에 대항할 힘은 사람밖에 없더라구요. 제가 볼 때 네트워크하는 사람은 사람끼리 네트워크를 해야지 별수 있겠어요? 아마, 제 책의 주제는 영원히 사람일 거예요. 연말에 나올 새로운 책도 결국 또 사람에 대한 얘기가 나올 것이고, 아마 평생 그럴거예요. 사람이 꽃보다 아름답다는 말은 거짓말이라고 봐요. 꽃보다 아름다운 사람은 이 세상에 없거든요. 농담 반, 진담 반인데, 때로는 사람만큼 추악한 존재가 없으니까요. 그럼에도 불구하고 또 세상을 살게 하는 힘은 사람이에요. 그건 뭐냐, 나로 하여금 살아 있음에 감사하게 만드는 사람들이 있어요. 하늘이 역마살이라는 저주를 내려주신 대신 그 역마살 저주를 조금 보완해주시려고 좋은 사람들을 만나는 행복을 참 많이 주셨거든요.

기프트(gift)란 말 아시죠? 이게 재능이라는 뜻으로도 쓰이잖아요. 하늘이 준 선물이 재능이거든요. 각자 그게 있을 거예요. 저한테는 그게 있어요. 누구한테도 스스럼없이 다가가는 두꺼운 철판 얼굴을 가지고 있지요. 여행을 하면서 느낀 가장 큰 교훈이 뭐냐하면 세상 사람은 다 똑같다는 거예요. 사람이니까 다 외로워하는 존재들이고, 내가 마음을 열면 그쪽도 열더라구요. 아무리 종교가 다르고 문화가 다르고 교육이 달라도 그것은 그 다음이에요. 인간의 원초적인 것은 분명히 존재해요. 내가 마음을 열 때 그 사람이 닫아버리는 경우도 물론 있지만 대부분은 같이 마음을 연다는 것. 그래서 여행이 소중한 겁니다.

인생을 여행처럼 살 수 있다면 참 좋겠지만, 쉬운 일은 아닙니다. 여행은 여행이고 일상은 일상입니다. 분간하는 지혜도 길러야 돼요. 삶의 방식이 다양한 거고, 내 안에서도 삶의 방식이 다양할 수 있다는 것. 내 안에서도 다양한 삶의 길을 구축할 수 있어요. 이때는 이런 길. 저때는 저런 길을 갈 수 있는 게 그게 현명한 자죠. 지나친 일관성은 사람을 망쳐요. 우리의 잘못된 교육 중 하나가 '한 우물을 파라'는 거예요. 매란국죽의 대나무 같은 절개. 절대로 변함이 없는 자세. 이거 잘못된 거거든요. 사람이 어떻게 그렇게 살아요.

질문자 저는 학부모인데요. 선생님께서 기존의 틀을 벗어나기 전에 기성세대의 어떤 경험적인 틀이랄까, 만약에 그런 경험 없이 세상에 나가셨을 때 그 차이점은 어떤 것이 있을지 궁금합니다.

조병준 특히 글을 쓰고 싶어하는 후배들이 가끔 많이 찾아오거든요. 그럴 때마다 직장생활을 2년 정도 해보라고 충고를 합니다. 꼭 그래야 해요? 하기 싫으면 하지 마. 하지만 하는 게 좋아. 왜? 99퍼센트의 사람이 이렇게 살아가고 있거든. 그것을 모르면서 타인의 미래를 네가 이해한다고 뻥치고 다니지 좀 마. 보편적인 삶에 대해서 알아야 된다고 생각해요.

그래야 측은지심도 갖게 되는 거고, 그래야 문제도 발견하게 되는 거고, 정말 내 문제가 되거든요. 그때는 남의 문제가 아니에요. 열심히 시 쓰고 열심히 시집만 내고 사는 사람들도 있긴 있어요. 그러면 좋겠지만 직장생활이란 걸 안 해본 시인들이 삶의 애환을 알면 얼마나 알겠어요. 현실이 그렇지 않습니까? 저도 짧게 해봤지만, 그때 지하철로 출근하면서 겪었던 그 과정을 연작시로 쓴 것도 있거든요. 저한테는 굉장히 소중한 시예요. 아마 그 시를 읽는, 넥타이를 메고 출근해봤던 모든 사람들이 공감할 수 있는 내용이거든요. 그런 것들이야말로 진정한 예술이 아닐까라는 생각을 해요.

제가 만약에 그런 범생이 생활, 착한 아들, 내 욕망을 억눌렀던 그 시절이 아니었다면 자유롭게 여행을 떠났을 때 그렇게 행복하지 않았을 거예요. 평소에 하던 일인데 뭐. 시스템이 시키는 대로 살아왔던 삼십 년. 이것이 저로 하여금 두 개를 확실하게 비교할 수 있게 했고, 어느 게 더 나한테 더 맞는 것인가를 선택할 수 있게, 틀린 판단이 아니라 정확한 판단을 내리게 했다는 것이죠. 물론 모든 사람이 그 과정을 똑같이 따라갈 필요는 없어요. 각자의 선택이 조금씩 다를 거예요.

경험은 가능하면 다양하게 해보는 게 좋다고 전 생각합니다. 그럼으로써 그 과정의 문제를 내 문제화할 수 있어요. 내 문제 아닌 문제를 왈가왈부하는 것은 사실 뻥이에요. 그게 내 문제일 때, 나를 아프게 할 때 고치려고 드는 게 그때 진짜 힘이 생기는 거거든요. 그 다음에 어떤 게 좋은 거고, 어느 게 나쁜 건지 분간할 수 있는 힘도 생기죠. 시스템을 경험해볼 필요는 있다고 생각합니다.

사회자 국제 빈대 조병준 선생님이라고 책에 나와 있었어요.(웃음)

조병준 아니, 바뀌었어요. 슈퍼 빈대로 격상됐어요.(웃음)

사회자 여러분과의 네트워크가 형성되었으면 좋겠어요. 그리고 현실적인 면과 이상적인 면을 잘 조화시킬 수 있으면 더 나은 삶을 살 수 있다는 선생님의 메시지를 잘 기억합시다.

학생4 저의 얘기를 잠깐 하자면, 제가 절망하고 힘들 때, 그 어려운 상황을 극복하게 했던 게 바로 종교였거든요. 선생님께서는 종교에 실망했던 얘기를 하셨지만, 저에게는 종교가 큰 힘을 주었지요. 선생님을 가슴 떨리게 하고 살아 있게 하며, 많은 역동적인 친구를 만나고 그렇게 구체적으로 행동하시는 원동력이 뭘까. 저에게는 그것이 종교라고 생각했는데 선생님께서는 과연 그것을 무엇으로 삼고 계시는지요?

조병준 사람이에요. 저는 제도권 종교에서는 몇 번이나 왔다갔다했어요. 콜카타에서 수녀님이 저를 불러요. '네, 뭘 도와드릴까요 수녀님?' 하면 '내가 너를 계속 지켜봤는데 말야, 너 정말 열심히 일하고 있구나.' '네, 근데요. 뭘 도와드려요.' '너 어차피 이렇게 열심히 일하는데 우리 수도회에 들어와서 신부나 수사가 될 생각 없냐.' 차마 그 앞에서 저, 가톨릭 신자 아니거든요. 할 수 없더라구요.

인생을 여행처럼 살 수 있다면 참 좋겠지만, 쉬운 일은 아닙니다. 여행은 여행이고 일상은 일상입니다. 분간하는 지혜도 길러야 돼요. 삶의 방식이 다양한 거고, 내 안에서도 삶의 방식이 다양할 수 있다는 것. 내 안에서도 다양한 삶의 길을 구축할 수 있어요. 이때는 이런 길. 저때는 저런 길을 갈 수 있는 게 그게 현명한 자죠. 지나친 일관성은 사람을 망쳐요. 우리의 잘못된 교육 중 하나가 '한 우물을 파라'는 거예요. 매란국죽의 대나무 같은 절개. 절대로 변함이 없는 자세. 이거 잘못된 거거든요. 사람이 어떻게 그렇게 살아요.

남들은 마더 테레사 하면 위대한 성녀라고 생각하죠. 제가 본 마더 테레사는 새벽 6시에 미사를 드려요. 그럼
맨 뒷자리에 앉아서 할머니가, 지금 생각하면 가끔 눈물이 나요. 제가 본 마더 테레사는 위대하신 분이지만 동
시에 작고 가냘프고, 미사시간에 꾸벅꾸벅 조시는 할머니였다는 거죠. 저는 그 모습을 제가 볼 수 있었다는 게
너무 감사해요. 힘이 됐거든요. 천사가 한 일이 아니고 나폴레옹, 광개토대왕이 한 일도 아니고 저렇게 작고
연약한 여자가 한 일이구나. 그러면 나도 할 수 있는 거예요.

왜냐하면 기도하는 거 다 따라하고, 오직 성체만 못 모시니까요. 수녀님들이 보기에는 당연히 가톨릭 신자라고 여기시는 거예요. 글쎄요. 종교적인 것은 특히 젊을 때 반발이 있었어요. 왜냐하면 주변 종교인들의 행태가 사람을 속상하게 하는 게 많으니까요. 그러다가 콜카타에 가서 많이 바뀌었어요.

마더 테레사께서 살아계실 때 그분을 9개월 동안 매일 아침 저녁으로 뵈었지요. 참 하늘이 내려주신 큰 복이라고 생각해요. 남들은 마더 테레사 하면 위대한 성녀라고 생각하죠. 제가 본 마더 테레사는 새벽 6시에 미사를 드려요. 그럼 맨 뒷자리에 앉아서 할머니가, 지금 생각하면 가끔 눈물이 나요. 제가 본 마더 테레사는 위대하신 분이지만 동시에 작고 가냘프고, 미사시간에 꾸벅꾸벅 조시는 할머니였다는 거죠. 저는 그 모습을 제가 볼 수 있었다는 게 너무 감사해요. 힘이 됐거든요. 천사가 한 일이 아니고 나폴레옹, 광개토대왕이 한 일도 아니고 저렇게 작고 연약한 여자가 한 일이구나. 그러면 나도 할 수 있는 거예요.

이건 건방진 생각일지 몰라도 가끔 저도 그런 꿈을 꾸게 돼요. 내가 할 수 있는 어떤 일이 있을 때 그것이 누군가를 통해서 내 다음 세대, 어린 후배들이 아, 저 별볼일 없는 조병준 씨도 하네, 그럼 나도 할 수 있어. 이러길 바래요. 그렇다면 그것이 또 이어져서 누군가에게 또 다른 샘플이 될 것이고 샘플은 네트워킹이고 이것은 네트워킹의 영원한 프로세싱이죠. 이게 끊어지면 인류의 종말이라고 보죠, 지금까지 인류가 살아온 힘은 바로 그거라고 생각해요.

예수가 그렇게 해서 갔을 때, 부처가 그렇게 떠났을 때 그리고 사람들이 그걸 잊어버릴 만할 때, 성 프란체스코가 나타나서 헐벗고 굶주린 배를 보이면서 세상에 나타났을 때. 그것이 하나의 전형이 되는거죠. 물론 우리 사회에도 그런 분이 존재하고. 어떤 분야에서건 그런 것들이 계속 이어진다면 우리는 잘살 수 있어요. 종교에 대한 불만이 아니라, 그 종교 시스템을 이용해서 사리사욕을 채우는 자들에 대한 분노입니다. 저는 제도권에 들어갈 때 거기에 따라야 되는 모든 제약과 억압들을 못 견뎌요. 그래서 종교를 못 가집니다. 나는 사람을 믿어요. 사람만큼 징그럽고 사람만큼 무서운 존재도 없지만 동시에 사람을 믿습니다.

저의 지금 제일 큰 문제가 말도 안 되는, 서로 연결이 안 되는 두 가지 용어를 항상 섞어 쓰는거거든요. 예를 들어 느리게 가면서 빨리 가자. 그런데 어쩔 수 없어요. 지금까지 인류가 저지른 가장 큰 실수는 이거거든요. 분간해놓은 것. 이것 아니면 저것. 빠르거나 늦거나 남자거나 여자거나. 이거 다 뻥이거든요. 생물학적으로 남녀의 양상을 가지고 태어난 존재가 분명히 있거든요. 남자의 몸에 여성의 정신을 가진 사람도 있고, 여성의 몸에 남성을 가진 사람도 있어요. 인류의 실수예요. 모든 것을 그렇게 구분해버리니까 그 중간에 속하는 사람들은 갈 데가 없어지고, 추방당하고, 희생당해야 돼요. 앞으로 여러분의 세대, 인디고 세대에는 여러분의 파란 물감을 이제 물들여야 할 때가 됐습니다. 그것을 없애세요. 우리 인류의 실수, 모든 걸 딱 반으로 나눠서 이 반에 속할래? 죽을래? 이것을 이제 여러분 세대에서 없애주세요. 답이 됐습니까?

학생4 네.

사회자 조병준 선생님께서 친구들에 대해서 글을 많이 쓰시는 것처럼 우리도 주변 사람들에 대해 한 편씩 짧게 글을 써보면 좋을 것 같습니다. 지금요. 한 예로 준섭이 형의 글 읽어드릴게요. 제목이 '내 친구 아람이' 입니다.(웃음)

허아람 내 친구 아람이?(웃음)

사회자 이걸 예로 들면 될 것 같아서요. "내 친구 아람이는요 운동을 게을리 합니다. 하지만 제법 날쌔게 달린답니다. 신기하게도요. 밥을 적게 먹습니다. 그런데 또한 뚱뚱해요. 근데 있잖아요, 약은 많이 먹어요. 그래서 뚱뚱한 것 같아요. 그래서 나는 아람이가 약을 안 먹었으면 좋겠어요. 나는요 아람이는 동화책을 많이 읽어서 머리가 크다고 생각했는데요 그런데요 있잖아요 이건 정말 비밀인데요. 글쎄 아람인 머릿속에 새를 키운대요. 그래서 머리가 큰 것 같아요. 아마 동물을 사랑하라고 선생님이 그러셔서 그러나 봐요. 그런데 머릿속에 동물을 키우는 건 사랑하는 게 아니고 못살게 구는 거잖아요. 그래서 나는 내일 아람이 손을 잡고 뒷산 가서 새를 날려 보내자고 할 거랍니다. 히히. 만약 싫다고 하면 어쩔 수 없죠. 뭐 어때요? 운동을 게을리 하건, 뚱뚱하건, 머리가 크건 아람이는 내 친구인걸요. 근데 운동도 열심히 하고 약도 조금 먹고, 새도 파닥파닥 날려줬으면 좋겠다. 정말로 속상한건 따로 있어요. 아람이는 맨날 좋아하는 남자애가 바뀌어요. 미워. 쳇. 나는 태어나서 이렇게 글자를 많이 적은 건 처음이에요. 쳇, 나는 그래도 아람이가 좋아요. 그래서 내일도 아이스케키 할 거예요. 우와, 태어나서 이렇게 글자를 많이 적은 건 처음이에요. 그래서 손가락이 아프니까 이제 좀 자야겠군요. 오늘은 세계지도를 그려야지. 귀신은 안 나왔으면 좋겠다." 이거 군대 간 준섭이 형이 쓴 편지거든요. 이런 식으로 해서 쓰면 좋을 것 같습니다.

허아람 이 편지를 쓰고 함께 발표하는 걸로 하되 각자가 내 친구를 소개하죠. 그건 어때요? 10분 정도 그걸 쓰면서 노래를 하나 들을 거예요. 선생님 책 제목 중에 『내게 행복을 주는 사람』이라는 책이 있어요.

조병준 아람샘이 문제라니까요. (웃음)

허아람 제가 중학교 때쯤 해바라기가 불렀던 노래 제목이잖아요. 그런데 세대는 이어지고, 노래는 영원한 것. 가수 김현철이 아주 신나는 버전으로 이걸 다시 불렀어요. 이 노래를 우리 인디고 위크의 마지막 파티 때 배워서 다 같이 합창하려고 했거든요. 그런데 오늘 처음 오신 분들도 계실

테니까 자기 수첩 꺼내서 내 친구에게 편지를 쓰면서 노래도 잘 들어보세요. 참 좋아요.

조주영 사실 이게 제 아이디어였거든요.(웃음) 제가 왜 이런 생각을 하게 되었냐 하면요. 제가 선생님 책을 읽은 지는 사실 조금 시간이 흘렀는데요. 그때 이렇게 책을 읽으면서 우리도 그 자리에서 자기 친구를 소개했으면 좋겠다고 생각했었거든요. 제가 버스에서 책을 읽었는데 눈물을 글썽글썽거리면서 울듯 말듯한 표정을 지었어요. 너무 감동받았어요. 그 책에서 말하는 진실함이 제일 좋은 것 같아요. 이 자리에서 진실되게 만글을 쓴다면 우리도 이 공간 사람들에게 감동을 줄 수 있을 것 같아요.

〈행복을 주는 사람〉

내가 가는 길이 험하고 멀지라도 그대 함께 간다면 좋겠네
우리 가는 길에 아침 햇살 비치면 행복하다고 말해주겠네
이리저리 둘러봐도 제일 좋은 건 그대와 함께 있는 것
그대 내게 행복을 주는 사람
내가 가는 길이 험하고 멀지라도 그대 내게 행복을 주는 사람
때론 지루하고 외로운 길이라도 그대 함께 간다면 좋겠네
때론 즐거움에 웃음 짓는 나날이어서 행복하다고 말해주겠네
이리저리 둘러봐도 제일 좋은 건 그대와 함께 있는 것

그대 내게 행복을 주는 사람
내가 가는 길이 험하고 멀지라도 그대 내게 행복을 주는 사람

이리저리 둘러봐도 제일 좋은 건 그대와 함께 있는 것

내가 가는 길이 험하고 멀지라도 그대 함께 간다면 좋겠네
우리 가는 길에 아침 햇살 비치면 행복하다고 말해주겠네
이리저리 둘러봐도 제일 좋은 건 그대와 함께 있는 것
그대 내게 행복을 주는 사람
내가 가는 길이 험하고 멀지라도 그대 내게 행복을 주는 사람
때론 지루하고 외로운 길이라도 그대 함께 간다면 좋겠네
때론 즐거움에 웃음 짓는 나날이어서 행복하다고 말해주겠네
이리저리 둘러봐도 제일 좋은 건 그대와 함께 있는 것

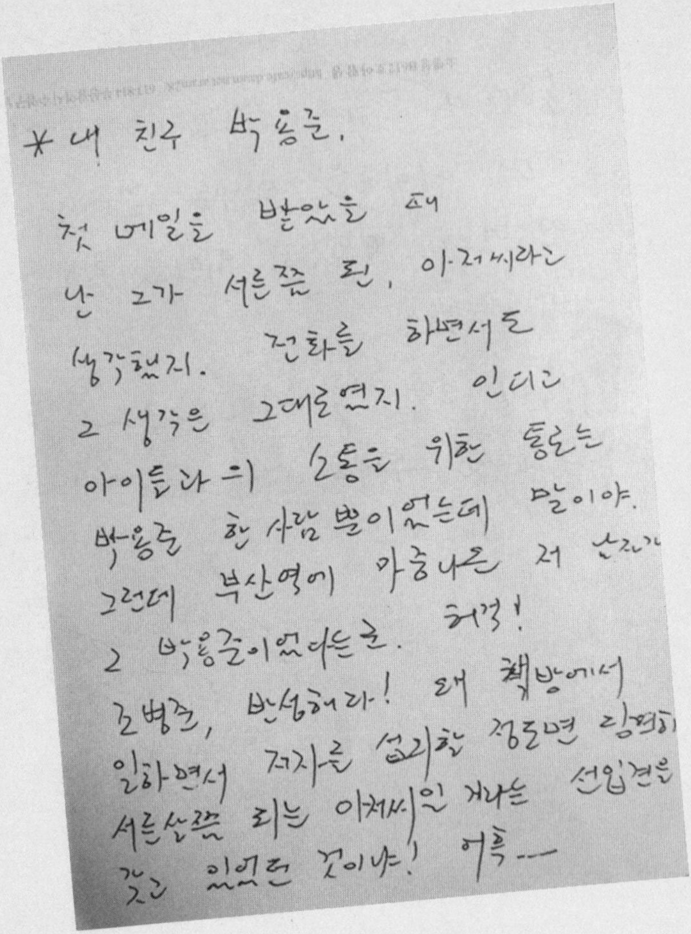

＊내 친구 박용조,

첫 메일을 받았을 때
난 그가 서른쯤 된, 아저씨라고
생각했지. 전화를 하면서도
그 생각은 그대로였지. 인터넷
아이들과의 소통을 위한 통로는
박용조 한 사람 뿐이 있는데 말이야.
그런데 부산역에 마중나온 저 신사가
그 박용조이었다는 걸. 허걱!
조병조, 반성해라! 너 책방에서
일하면서 저자를 섭외한 정도면 당연히
서른산쯤 되는 아저씨인 거라는 선입견을
갖고 있었던 것이냐! 어휴——

그대 내게 행복을 주는 사람

내가 가는 길이 험하고 멀지라도 그대 내게 행복을 주는 사람

그대 내게 행복을 주는 사람

그대 내게 행복을 주는 사람

그대 내게 행복을 주는 사람

사회자 네, 이거 발표 하고 싶은 사람. 시간이 없어서 한두 분 정도만 할게요.

이슬아 『제 친구들과 인사하실래요?: 오후 4시의 평화』, 다들 읽어보셨죠? 이걸 참고해서 썼습니다. 제목은 오후 7시의 평화입니다. 오늘까지 전에는 안 읽던 책에 손이 가고, 보지도 않던 TV가 보고 싶고, 몇 달간 안 본 사람이 막 보고 싶은 그런 시험기간이 되었습니다. 그리고 오후에 내게 행복을 주는 그대들을 만났습니다. 외로우니까 사람이라고요? 맞을지도 모릅니다. 아니오. 그것도 외로움의 표현일 것입니다. 여기 모인 그대들 이 공기를 통해 우리 모두 친구가 되었겠지요. 고맙습니다. 그럼 제 친구들하고 인사하세요, 서로.(웃음)

사회자 한 분 더 할게요. 일어서서 그냥하세요.

박소민 친구를 소개하라니까 많은 사람들이 떠오르는데요. 오늘은 저와 같은 반인 두 명의 친구를 소개하려고 하는데요, 한 명은 작년부터 친했지만 껄끄러운 느낌이 있던 아이구요. 한 명은 작년까지는 단순히 인사만 하는 친구였어요. 그런데 이번에 세 명이 같은 반이 되어서 친해지게 됐는데, 그 둘이 맨날 절 울리거든요. 그래서 지난번에는 학교에서 세 번이나 운 적이 있어요. 왜냐하면 너무 웃기기도 하고, 좋기도 해서요. 너무 웃기면 눈물이 막 흐를 때 있잖아요. 그래서 셋이서 학교에서 맨날 선생님한테 미움받고 있거든요. 심지어는 탈의실에서 급식이 맛없어서 피자 시켜먹고 그랬어요.(웃음) 이번 중학교 3학년 시절에 그들을 못 만났으면 너무 재미없는, 범생이 생활을 했을텐데 개네들이랑

	만나서 친해져서 고맙고 너무 웃겨서 흘릴 수 있는 눈물을 선사해줘서 고마워요.
사회자	노래 부르기 전에 사회자 마지막 특권으로 저도 할게요. 저는 조병준 선생님한테 썼거든요. '나는 그를 오늘 처음 만났다. 그는 책 속에서 만났던 사람과 같았다. 나는 그를 내가 아는 준섭이 형과 닮았다고 생각했다. 오늘 직접 이야기를 들으니 더 그렇다. 나는 그가 지금 있는 사람들과 함께 네트워크했으면 좋겠다. 나는 그가 좋다. 아주 많이. 앞으로도 많이 좋아할 예정이다. 우선 예약 버튼 눌러놨다. 내 머릿속에. 나는 이미 콜카타 홍보 대사이고 싶다. 마치 오늘 처음 본 그처럼 3년 후 나는 꼭 그래야지. 내 친구 조병준처럼. 조병준은 앞으로 내 친구다.
조병준	좋아 좋아.
사회자	이제 널 내 친구로 임명했다.
조병준	기왕이면 '너는 내 운명'은 안 될까?(웃음)
사회자	친구 병준이. 친구 병준이의 꿈인 1천 명 친구 소개하기에 나도 속했으면 좋겠다.
허아람	선생님도 소개하세요.
조병준	내 친구 박용준. 첫 메일을 받았을 때 난 그가 서른 살쯤 된 아저씨라고 생각했지. 전화통화를 하면서도 그 생각은 그대로였지. 인디고 아이들과 소통을 위한 통로는 박용준 한 사람뿐이었는데 말이야. 그런데 부산역에 마중 나온 저 남자가 그 박용준이었다는군. 허걱! 조병준, 반성해라. 왜 책방에서 일하면서 저자를 섭외할 정도라면 당연히 서른 살쯤 되는 아저씨일 거라는 선입견을 갖고 있었던 것이냐. 어흐. 통쾌하다. 내게 남아 있던 또 하나의 선입견이 깨진 날. 인디고 아이들을 만나는 길에서 연락병으로 열심히 뛰어준 친구 박용준. 서울에 오면 꼭 전화하삼. 밥과 술 무제한 제공.
사회자	그럼 이제 노래 부르겠습니다.

조병준

허아람 목청껏 불러야 돼요. 인디고 서원이 터질 때까지. 계속 부르는 거예요. 계속 부르면서 사인을 받을건데, 만약에 목소리가 작아지면 선생님은 사인하시는 걸 멈추셔야 돼요. 자, 볼륨을 높여보세요.

〈다 같이 노래〉

황경신

『그림 같은 세상』

2005년 11월 4일 오후 7시

창을 열면 늘 최초로 보는
세계가 있다. 세상의 좋은
일들은 모두 창 너머에서 온다.

(음악) 별이 많은 밤입니다.

팔레트에 파란색과 빨강을 칠하세요.

내 영혼에 깃들인 어둠을 알고 있는 눈으로 여름날의 바깥을 바라보아요.

언덕 위의 그림자들 나무와 수선화를 그리고 미풍과 겨울의 찬 공기도

화폭에 담으세요. 눈처럼 하얀 캔버스 위에 색을 입히구요.

당신이 무얼 말하려 했는지 나는 이제 압니다.

당신의 광기로 당신이 얼마나 고통 받았는지 그리고 얼마나 자유로우려

노력했는지 사람들은 알지도 못했고 들으려고 하지도 않았지만 아마 그

들은 이제 듣고 있을 거예요.

별이 많은 밤입니다.

이글거리는 듯한 꽃들의 색이 불꽃같이 여겨집니다.

보랏빛 연무 속에 소용돌이치는 불꽃들은

빈센트의 푸른 눈빛을 나타내는 것 같아요.

색조를 바꾸는 빛깔들 황금색의 아침 평야 고통 속에 찌든 얼굴은

예술가의 사랑스런 손길로 달래지네요.

사람들은 당신을 사랑할 수 없었지만 하지만 아직도 당신의 사랑은 진

실합니다.

이 별이 빛나는 밤, 내부에는 아무 희망도 남아있지 않을 때

당신은 연인들이 종종 그러듯 자살을 택했죠.

그러나 우리들을 이끌던 또 다른 그림 같은 세상을 꿈꾸려고 합니다.

Don McLean - The Starry Night(별이 빛나는 밤에)

사회자 제12회 주제와 변주 사회를 맡은 이해미입니다. 여러분, 우리가 살고 있
는 이 세상이 그림 같다고 생각하십니까? 이렇게 한 분 한 분 모인 이
자리가 바로 그림 같은 세상이 아닌가 하는 생각이 듭니다. 오늘 제가
소개하고 싶은 분은요, 샤갈의 블루(파랑색)와 그린(초록색)을 좋아하시

고요, 사과나무를 사랑하시는 분입니다. 삶의 순간순간들을 한 폭의 그림으로 담아두셨을 것만 같은 그림 같은 삶을 살고 계시는 황경신 선생님을 소개합니다.

황경신 소개를 어떻게 해야 하나. 우선 《PAPER》라는 잡지를 10년째 만들고 있어요. 지금이 11월이니까 꼭 10주년이 됐네요. 10년 전에는 다른 잡지사에서 기자로 일을 했고, 그 전에는 대학생이었고, 그 전에는 부산에서 살았어요. 여기서 태어나 동신국민학교, 중앙여중, 삼성여고를 졸업했습니다. 그리고 지금은, 이 자리에서 무슨 일이 벌어질지 몰라서, 두려움에 떨며 앉아 있습니다. 잘 부탁드립니다.

사회자 선생님의 책 『그림 같은 세상』에, 파울 클레의 〈튀니지의 남쪽 정원〉이라는 그림이 있더라구요. 그 그림에 이런 글이 쓰여 있습니다. '자연 속에는 서로 어울리지 않는 색깔이 없다. 아름답지 않은 색깔도 없다.' 저는 이 구절을 읽으면서 여기 있는 분들 중 아름답지 않은 사람은 없고, 그래서 정말 이 시간에는 어떤 완성됨이나 특별함은 필요치 않다고 생각합니다. 마음껏 이 자리를 즐기시구요. 자유롭게 얘기 나누시기 바랍니다. 그럼 저부터 질문을 하나 할까요? 선생님 책에 보면 '우리는 모두 자신만의 창을 가지고 있다.'라는 구절이 나오는데요.

황경신 마티스 그림이었죠?

사회자 예. 그 창의 크기가 어떻든, 그 창이 어떤 모양을 하고 있든 우리는 다 각자의 창을 통해서 세상을 바라보는데, 선생님도 이 자리에서 선생님만의 창으로 아이들과 학부모님들을 바라보고 계실 거 아니에요? 처음 보신 소감을 얘기해주시면 좋겠어요.

황경신 사실은 아주 오래전에 인디고 서원의 초청을 받았어요. 1년도 더 된 것 같은데요. 아까 허아람 선생님하고도 잠깐 얘기를 나눴지만, 몇 달 전까지만 해도 다른 사람 앞에 나서서 얘기할 만한 걸 내가 갖고 있을까,라는 생각을 했었어요. 특히 여러분처럼 이렇게 열심히 자라고 있는 청소년들에게는 무슨 얘기든 한마디 하는 게 정말 조심스러워요.

《PAPER》 독자들 중에도 중고등학생들이 많은데, 가끔 교지 편집부 같은 데서 저를 인터뷰하러 오거든요. 그런데 인터뷰가 끝날 때쯤 '청소년들에게 해주고 싶은 이야기가 무엇이냐'고 꼭 물어봐요. 저는 그 질문이 너무 무서워요. 제가 제일 싫어하는 책이 『20대에 꼭 하지 않으면 안 될 몇 가지』 같은 거예요. '난 이런 거 20대 때 안 했는데, 그럼 인생을 잘못 살았단 말인가?' 싶어서요. 인생에는 정답이란 게 없잖아요. 있다고 해도 저는 아직 모르고. 그래서 언젠가 인디고 서원을 방문하겠다는 약속을 굉장히 늦게야 지키게 됐어요. 마음에 계속 남아 있었던 약속이었고, 언젠가 지켜야 될 텐데 하고 늘 생각했거든요. 하지만 한편으로는, 모든 것이 다 알맞은 때가 있다는 생각도 들어요. 아마 2005년 11월 4일이 우리가 만나기에 가장 알맞은 때였을 거예요.

사회자 그런데, 지난번 박홍규 선생님이 오셨을 때도 그런 말씀을 하셨거든요. 할 수 있을 만큼 반항하라고요. 그렇기 때문에 오늘은 선생님 마음속에 있는 이야기, 진심으로 하고 싶은 이야기를 하셔도 될 것 같아요.

황경신 이렇게 무서운 자리에서?

사회자 지금 많이 반항하고 온 아이들이지 않습니까?

황경신 서로 자연스럽게 이야기를 나누는 자리였으면 좋겠어요.

조주영 선생님은 책과 드라마 대본을 쓰시고 키보드 연주도 하신다고 들었고 잡지 편집장도 맡고 계시잖아요. 하고 있는 일들에 대해 듣고 싶어요.

황경신 저는 《PAPER》에서 일하기 전에 두세 군데의 잡지사에서 기자 생활을 했어요. 《PAPER》보다 기반도 탄탄하고 큰 회사들이었어요. 그 당시에는 여성지나 패션지가 대부분이었는데, 저는 패션에도 그다지 관심이 없었고, 연예인들 만나서 아파트 평수가 몇 평인지 물어보는 것도 지겹고, 그래서 일이 별로 재미가 없었어요. 그 후 《PAPER》를 만들면서 '아, 내가 이런 걸 좋아하는구나, 이거 해보니까 재미있구나, 계속 하고

그 후 《PAPER》를 만들면서 '아, 내가 이런 걸 좋아하는구나, 이거 해보니까 재미있구나, 계속 하고 싶다'는 생
각이 들었고, 비로소 제 삶의 방향이 정해진 것 같았어요. 비록 회사가 어려울 때도 많았고, 당장 문 닫을 뻔한
적도 여러 번 있었지만, 하고 싶은 일을 한다는 게 중요하잖아요.

싶다' 는 생각이 들었고, 비로소 제 삶의 방향이 정해진 것 같았어요. 비록 회사가 어려울 때도 많았고, 당장 문 닫을 뻔한 적도 여러 번 있었지만, 하고 싶은 일을 한다는 게 중요하잖아요.

이 일을 10년 동안 해오다 보니까 일의 성격도 조금씩 다양해졌어요. 아까 키보드 얘기를 하셨는데, 제가 몇 년 전부터 아마추어 밴드를 하고 있어요. 《PAPER》를 통해 알게 된 사람들 중에서 음악 좋아하는 사람들끼리, 우리도 밴드 하나 만들어보자, 하고 의기투합한 거죠. 같이 어울려서 곡도 만들고 가사도 쓰고, 작은 카페에서 공연도 하면서 놀아요.

드라마 역시 《PAPER》를 통해 알게 된 감독님이, 새로운 형식의 드라마를 구상하면서 작가를 구하다가 제게 연락을 하신 거였어요. 제가 속해 있는 집단 중에 '스토리밴드' 라는 게 있는데, 시나리오 창작에 관심 있는 사람들끼리 모여서 장난 비슷하게 대본 작업을 하는 거거든요. 그 친구들이랑 같이 MBC에서 방영되었던 〈한뼘드라마〉 1시즌과 2시즌 작업을 했고, 베스트극장도 두 편 하게 된 거죠. '이런 일을 꼭 해보고 싶다' 하고 시작한 일보다는, 내가 좋아하는 일이 뭔지 알게 되면서 자연스럽게 그 방향으로 일들이 흘러가는 것 같아요. 그러니까 자신이 정말 좋아하는 일이 뭔지를 아는 게 중요하죠.

저는 제가 하고 싶은 일을 서른 살 지나서 찾았어요. 가끔 대학생 친구들이 찾아와서 '앞으로 뭘 해야 할지 모르겠어요. 너무 초조해요. 어쩌면 좋죠?' 하고 고민을 털어놓아요. '지금 몇 살이야?' 물어보면 스물하나, 스물둘이래요. 그럼 저는 '아직 멀었어, 앞으로 한참 더 헤매도 괜찮아' 라고 말해요. 이십 대라는 건 뭐든지 다 해보는 시기잖아요. 그러다 보면 그게 자신에게 맞는지 안 맞는지, 그 일을 하면서 행복할 수 있을지 없을지 알게 돼요. 나와 별로 어울리지 않을 거라고 생각되던 일도, 막상 해보면 좋아지는 경우도 있어요.

제가 『그림 같은 세상』 서문에도 썼지만, 대학 때 화실 다니면서 제일 처음 하고 싶었던 게 유화였어요. 제 적성에 맞을 것 같았거든요. 그런데 막상 제일 좋았던 건 펜화였어요. 전 제 성격이 섬세한 펜화보다 대범한 유화와 맞을 줄 알았는데, 그게 아니더라구요. 서른 정도까지는 그렇게 살아도 괜찮지 않을까 싶어요. 다른 사람보다 잘하고 못하고는 별로 중요하지 않잖아요? 자신이 해서 즐거운 일을 재미있게 하면, 주위에 있는 사람들도 다 같이 즐거워해요. 그 일이 무엇이든, 진짜 좋아하는 일을 하고 있는 친구를 만나면 행복해지잖아요? 우리의 삶은 타인이 판단할 수 있는 것도 아니고, 다른 사람의 삶과 비교할 수 있는 것도 아니에요. 그런 것에 연연해하지 말고, 자신을 행복하게 만들어줄 일이 뭔지 찾아가면서, 여러 가지 경험들을 해보는 게 좋다고 생각해요.

사회자 한 우물을 파지 말고 여러 우물을 파보고 자신의 길을 택하라는 말씀인 것 같아요.

학생1 저는 이 책을 수업시간에 읽었는데, 그림도 너무 예쁘고 맘에 들었어요. 그중에서 저는 〈황금방울새〉라는 그림이 가장 인상적이어서, 수업시간에 그 그림을 추천했어요. 그림도 그림이지만 황경신 님께서 쓰신 글이 더 와닿더라고요.

황경신 그 그림을 그린 카렐 파브리투스는 많이 알려진 화가는 아니에요. 인터넷에서 찾아봤는데 그림이 몇 점 없더라고요. 〈황금방울새〉도 우연히 발견한 건데, 이중섭의 〈묶인 새〉라는 그림이 기억나서 아주 인상적이었어요. 그런데 수업시간에 그림을 추천했다구요?

사회자 선생님 책의 그림들을 가지고 친구들 앞에서 자기가 가장 좋아하는 그림을 경매에 내놓는 수업이었지요.

허아람 『그림 같은 세상』은 학생들이 사유할 수 있는 틈이 많아서 좋았어요. 음악적으로 시적으로 감성적으로 풀어놓으셨기 때문에 그 빈 공간을 우리가 비집고 들어갈 수 있었던 거죠. 책의 목차가 봄·여름·가을·겨울 순서로 되어 있잖아요. 지금은 가을이니까 '가을' 부분에 있는 그림 중에서 가장 마음에 드는 그림을 하나 고르는 거예요. 그걸 가지고 시를 쓰고 싶은 사람은 시를 쓰고, 소설을 쓰고 싶은 사람은 소설을 쓰고, 그림이나 대중가요나 영화나 무엇이든 다른 장르로 표현해보는 수업을 했지요. 그렇게 4주가 끝나면 이 공간이 뉴욕의 소더비경매장이 되는 거예요. 앞으로 나와서 '제 그림을 사주세요.', '이 그림을 사셔야 연인과 헤어지지 않습니다' 하면서 경매를 하는 거예요. 상한가는 만원이에요. 만원에 낙찰이 되면 그날 제가 만 원어치의 선물을 줘요. 저도 경매에 나갈 수 있는데, 파울 클레의 〈금빛 물고기〉를 팔았어요. 학생들이 만원에 낙찰을 시켜줘야 내가 선물을 갖는데, 학생들 하는 말이 "그렇게 좋은 걸 왜 팔아요. 선생님 갖고 계세요. 집에 두고서 보세요. 안 살래요"라는 거예요. 그래서 제 그림을 한 명도 안 샀어요. 제가 해마다 책을 바꿔서 수업하지만 향후 5년 동안은 여전히 이 책으로 수업할 예정입니다.

황경신 아주 재미있네요. 다음에 경매할 때는 저도 불러주세요.

이정민 먼저 '고맙습니다' 라는 말을 하고 싶습니다. 제가 처음으로 접한 그림책이거든요. 그런데 만약에 이 책이 재미없었으면 저는 정말 그림을 싫어했을 것 같아요. 아까 말씀 중에 자기가 좋아하는 것을 찾아야 되고, 그게 늦든 빠르든 상관이 없다고 하셨잖아요. 그런데 선생님…… 서른 살 때 자신이 좋아하는 걸 찾으셨다고 하셨잖아요. 그런데 저는 그런 경우가 굉장히 드물다고 생각하거든요. 점수가 되면 일단 좋아하는 것과 상관없이 대학을 가게 되고, 대학이라는 관문을 통해서 어느 정도 길이 정해지거든요. 그래서 자기가 진짜 원하는 것을 하는 청소년들은 거의 없다고 생각해요. 진짜로 원하는 걸 찾는 학생들도 없을 뿐더러 '요새 초등학교 교사가 안정적이라는데 그쪽으로 가볼까' 이런 식으로 생각하는 친구들이 너무 많거든요. 좋아하는 것이 무엇인지도 모르고 말이에요. 좋아하는 것을 찾으라고 하셨는데, 학생 입장에서는 그게 더 어려운 일인 것 같아요. 그런 점에서 청소년들 특히 대학입시를 준비하는 고등학생들에게 한 말씀 해주시면 고맙겠습니다.

황경신 충분히 인정해요. 지금 중·고등학교는 제가 다닐 때하고 많이 다를 거예요. 그렇죠? 그러니까 이런 얘기는 어쩌면 굉장히 무책임한 얘기예요. 저는 운이 좋아서 여기까지 왔는데 그걸 가지고 "이렇게 해보니까 되더라, 그러니까 해봐"라고 장담할 수는 없잖아요. 제가 처음에 얘기했던 것처럼, 이런 식의 이야기는 조심스러울 수밖에 없어요. 각자의 상황이 다 다르고, 우리가 앞으로 만나게 될 운명도 다 다르고, 어떤 갈림길 앞에 섰을 때 순수하게 자기 의지로 선택할 수 있다는 보장은 전혀 없잖아요. 운명이라는 건 그 틀은 이미 정해져 있는 건지도 모른다는 생각도 들어요. 예를 들어 우리가 물을 마시는 것은 정해져 있는 운명이고, 우리가 선택할 수 있는 건 기껏 지금 당장 마시느냐, 조금 있다 마시느냐, 이 정도일 수도 있다는 거죠. 물론 그 작은 선택이 향후에 운명을 바꿀 수도 있겠지만, '마신다' 라는 사실은 변하지 않는 거예요.

우리가 뚜렷하게 하고 싶은 것, 되고 싶은 것이 있다면 모든 희생을 감수하고 뛰어들 수 있겠지만, 우리의 꿈이란 건 너무 막연하잖아요. 아주 막연하게 되고 싶은 것을 위해 뭘 준비해야 할지, 어디에서 시작해야 할지 알 수 없는 게 당연하죠. 게다가 그 막연한 꿈이 현실이 되었을 때, 자신이 바라던 것과 완전히 다른 것일 수도 있어요. 기자가 되고 싶다는 친구들을 가끔 만나는데, 구체적으로 기자라는 직업이 어떤 일을 하는 건지 아는 사람은 열 명에 한 명 될까말까예요. 그렇게 불확실하고 막연한 꿈이다보니 미래도 명확하게 그려지지 않고, 그래서 모든 것을 거기에 던질 수가 없는 거예요. 주위와 조금씩 타협하게 되고, 그러다가 점점 자신이 그리고 있는 그림을 잊게 되고, 멀어지게 되죠.

누군가 꿈에 대해 질문을 하면, 저는 늘 '꿈은 아주 가혹한 것' 이라고 대답해요. 우리는 꿈이란 게 맑고 밝고 예쁘고 아름다운 거라고 오해하고 있어요. 하지만 꿈의 실체는 맺고 끊음이 분명하고, 이것 아니면 저것이고, 그래서 가혹한 거예요. 꿈이란 이루느냐, 이루지 못하느냐, 갖느냐, 가지지 못하느냐, 둘 중 하나예요. 살짝 발을 담갔다가 빼낸다거나, 아주 조금 맛만 본다거나, 이런 건 없어요. 그리고 뭔가를 쟁취하려면 항상 뭔가를 희생해야 하는 거고, 모든 것을 버릴 각오까지 해야 하잖아요. 모든 것을 버렸는데도, 그것을 반드시 가질 수 있다는 보장이 없어요.

꿈이란 때로는 한 사람의 인생을 완전히 망가지게 할 수도 있기 때문에 가혹하다는 표현을 썼어요. 꿈은 좋은 것, 행복하고 즐거운 것이라고 생각했는데, 그 실체는 그렇지 않기 때문에 배신감도 느끼고 절망도 하는 거죠. 그런데 가능한 한 실체를 제대로 보고 방법을 생각해보면 뭔가 길이 있지 않을까요? 하지만 그런 생각도 들어요. 인생에서 우리가 얼마나 대단한 걸 이룰 수 있겠어요? 음악을 작곡한다고 해도, 이미 다 나와 있잖아요. 바흐도 있고 모차르트도 있고 비틀스도 있고요. 그들보다 잘할 수 있을까요? 글을 아무리 잘 써도, 셰익스피어 이상의 것을 쓸 수 있을까요? 그냥 그런 일을 하는 게 좋으니까 하는 건데, 그러기 위해 희생해야 할 게 너무 많으니까, 어떻게 생각하면 굉장히 억울한 거예요.

사회자 꿈이 가혹한 걸 생각하기 이전에 자신이 정말로 뭘 원하는지 생각해보는 게 더 중요한 거 같습니다.

박용준 메일 보내드렸던 박용준입니다. 경신이 누나는, 뭐랄까 글을 써야겠다, 라고 생각한 순간이 있을 것 같거든요. 음악이나 미술이 아니라, 꼭 글이어야만 내가 가진 생각들을 담아낼 수 있을 거야, 내가 꼭 글을 쓰면서 죽어야지, 라고 생각을 했기 때문에 지금 그렇게 글을 쓰고 계실 것 같아요. 《PAPER》라는 잡지가 무려 10년간, 물론 고생을 많이 겪었다고 알고 있지만, 이렇게 굳건히 10주년 기념호를 낼 수 있었던 것은 자신의 글에 대한 자신감 같은 게 있었기 때문이라고 생각하거든요. 그게 없이는 글을 쓸 수가 없을 테니까요. 그런 글쓰기가 언제부터 시작됐는지,

꿈이란 때로는 한 사람의 인생을 완전히 망가지게 할 수도 있기 때문에 가혹하다는 표현을 썼어요. 꿈은 좋은 것, 행복하고 즐거운 것이라고 생각했는데, 그 실체는 그렇지 않기 때문에 배신감도 느끼고 절망도 하는 거죠. 그런데 가능한 한 실체를 제대로 보고 방법을 생각해보면 뭔가 길이 있지 않을까요?

또 글을 어떻게 쓰게 되셨는지 궁금해요.

황경신 처음에는 학교에서 선생님이 시키니까 쓰지 않았을까요? 글짓기, 일기, 독후감 같은 거 쓰라고 하잖아요. 그런데 저는 특별히 초등학교, 중학교, 고등학교 시절에 책을 무지 많이 읽었다거나 열심히 글을 썼다거나 글짓기 대회에서 상을 휩쓸지는 않았어요. 진짜 책 많이 읽는 친구들, 문학적인 재능을 가지고 있는 친구들이 제 주위에 많이 있었어요. 저는 그냥 선생님이 시키면 독후감 쓰고, 백일장 나가면 장려상 정도 받는 수준이었어요. 그러다가 대학에 들어가서 문학회라는 동아리에 가입했어요. 거기서도 열심히 글을 썼다기보다는 사람들이랑 놀러 다녔죠. 졸업한 후에는 나름대로 전공을 살린다고 외국인 회사에 들어갔다가 너무 재미가 없어서 금방 나왔어요.

그때 제 친구가 어느 잡지사에서 기자를 뽑는데 원서를 넣으러 간다며 같이 가자는 거예요. 그 친구 따라갔다가 저도 원서를 내게 되고, 뽑히게 되어서 잡지사를 다니게 됐어요. 6개월 후 그 잡지사가 망해버리는 바람에 몇 달 다른 잡지사에서 아르바이트로 일을 하다가, 입사를 했는데, 그 후 3년 동안 요리책, 인테리어책, 육아책을 만들었어요. 기사다운 기사는 전혀 안 썼죠. 그때 제가 만든 요리책이 지금도 팔리고 있어요. 그걸 3년 하고 났더니 좀 지겨워져서 대책도 없이 회사를 그만둔 후, 또 다른 잡지사에 들어가게 됐어요. 그게 《행복이 가득한 집》이라는 잡지였어요. 보통 여기자들은 생활부에서 주로 일을 하는데, 저는 패션이나 뷰티 같은 거 모르니까 취재팀에서 일하고 싶다고 했고, 다행히 제 바람이 받아들여져서 비로소 인터뷰 기사 같은 걸 쓰기 시작했죠.

그러다가 우여곡절 끝에 《PAPER》를 만들게 되었는데, 《PAPER》를 만들면서 '아, 이 일이 재미있네' 하고 처음 느낀 것 같아요. 똑같은 인터뷰라도, 내가 좋아하는 사람을 만나서 이야기를 하면 훨씬 재미있잖아요. 상대방에게 애정이 있으면 물어보고 싶은 것도 많고, 그 사람이

하는 이야기도 열심히 듣게 되고. 난 별로 관심도 없는데 위에서 시켜서 누군가를 인터뷰하게 되면, 아무래도 흥미가 떨어지잖아요. 《PAPER》에서는 그게 가능해진 거죠. 좋아하는 사람들 만나서 인터뷰하고, 좋아하는 영화와 음악과 책에 대해 글을 쓰고, 그게 좋았던 거예요. 그러면서 점점 스토리를 만드는 것, 픽션을 만드는 것의 즐거움을 알게 되고, 자연스럽게 드라마와 소설 쪽으로 분야가 넓어진 거죠. 자신감? 그런 생각은 별로 해본 적이 없어요. 자신감이 없다고 하면 거짓말이겠지만, 있다고 생각해본 적도 없어요. 저는 그냥 이야기를 만들어내는 그 과정을 굉장히 좋아해요. 그 순간을 재미있어 해요. '내일이 마감인데 글이 안 써져, 괴로워, 어떡해, 미치겠어' 이런 적은 거의 없었어요. 조금 전까지는 이 세상에 없었던 이야기인데 내가 쓰니까 뭔가 얘기가 막 생겨요. 내가 막 만들어낸 주인공이 이런 짓도 하고 저런 짓도 하고, 이런 얘기도 하고 저런 얘기도 해요. 어렸을 때 친구들이랑 소꿉장난하고 인형놀이 할 때처럼 말이에요.

지금도 꼭 그런 기분이에요. 그래서 그냥 노는 거예요. 《PAPER》 같은 잡지가 아니면 그런 글을 누가 실어주겠어요? 그런데 그런 글을 실어주는 책이 있고, 그걸 보고 좋아하는 사람들이 있는 거예요. 그러니까 행복한 거죠. 누군가를 위해 어떤 포맷에 맞춰서 글을 쓴 것도 아니고, 그냥 즐거우니까 썼는데, 그걸 읽고 운이 좋게도 좋아해주는 사람이 있었죠. 그런 분들이 없다면 저는 글을 써서 먹고살 수 없는 거죠. 더 이상 책을 내자는 사람도 없을 거구요. '어느 날 갑자기 내가 글을 못 쓰게 되면 어떡하지?'라는 생각을 해본 적은 있어요. 정말 어느 날 갑자기, 더이상 아무 생각이 안 날 수도 있잖아요? 어떤 얘기도 만들어내지 못할 수가 있잖아요. 그렇지만 별로 걱정은 안 돼요. 그런 상황이 오면 맛있는 스파게티와 빵을 파는 카페 같은 거 하고 싶어요. 잘할 수 있을 것 같아요. (웃음)

지금 또 새로운 우물을 하나 파려고 하는 거 같은데요.(웃음) 글을 쓴다는 것은 이렇게 서로 공유하는 것 같아요. 행복을 말이죠. 말씀하시는 동안 그런 모습을 봤습니다.

학생2 저는 미술에 조예가 없어서 그림 보는 걸 꺼려했는데요, 이 책은 잘 읽히더라구요. 《PAPER》라는 잡지를 보면서 그런 생각을 많이 했죠. 어떤 형식이 없는 참 독특한 잡지. 《PAPER》는 저 같은 경우도 아무 거리감 없이 읽게 됐어요. 책에 대한 저의 느낌이라든지 언니에 대한 저의 느낌, 그러니까 책을 통해서나, 이렇게 직접 듣는 것 모두 참 신선하고 좋아요. 지금까지 살아오면서 인생에 영향을 준 분이 있으면 소개 좀 해주시고 앞으로는 어떻게 살고 싶으신지에 대해 얘기해주세요.

황경신 혹시 제가 『그림 같은 세상』 다음에 낸 『초콜릿우체국』이란 책, 아시는 분 계세요? 그 책의 마지막에 보면, 그 시기에 저한테 정신적으로 많은 도움을 주신 여덟 분의 선생님이 나와요. 거기서 제가 '나의 왼손들'이란 표현을 썼는데, 바흐의 말에서 따온 거예요. 바흐는 '통저주음'이라는 음악적 기법에 대해 '왼손은 악보를 따라 연주하고 오른손은 협화음과 불협화음을 모두 아름답게 우리는 화음을 만들어야 한다'라고 말했는데, 그 여덟 분의 선생님들은 저의 왼손이 되어, 제가 멋대로 뛰어노는 동안 묵묵히 악보를 따라 연주하면서 화음을 만들어주신 분들이에요. 그 분들 외에, 개인적인 친분은 없지만 제가 정신적인 지주로 삼고 있는 사람들은 조금 전에 얘기한 요한 세바스찬 바흐와 라이나 마리아 릴케예요. '이 세상의 모든 악보가 불태워져도 바흐의 악보만 있으면 음악은 다시 시작될 수 있다'라는 얘기가 있어요. 이 사람이 모든 음악의 근본이기 때문이죠. 저는 바흐의 삶과 음악을 너무나 존경해요. 얼마 전 독일의 라이프치히에 가서, 바흐가 삼십 몇 년 동안 재직했던 토마스 교회도 보고 왔어요. 그의 음악을 듣고 있으면 아주 본질적인 것, 뭔가 영원에 맞닿아 있는 것, 그런 게 느껴져요. 여러분은 살아가면서 제일 힘든 게 뭐예요? 배고픈 거? 졸린 거? 숙제 하는 거?

청중 아침에 일어나는 거요.

황경신 아침에 일어나는 것. 네, 그거 힘들죠. 하지만 그런 힘듦은 오래가진 않 잖아요? 일어나서 조금 지나면 그냥 사라지잖아요. 배고픈 건 밥 먹으 면 사라지고, 졸린 건 자면 되잖아요. 제일 힘든 건, 제 생각에는 외로움 인 것 같아요. 그건 어떻게 해결이 안 돼요. 친구를 만날 수는 있어요. 뭔가에 열중할 수도 있어요. 하지만 근원적인 해결이 안 되는 거예요. 인간이란 도대체 왜 외로운 걸까요? 저한테 어떤 갈망이 있어요. 절대 적인 것에 대한 갈망이죠. 그게 채워지지 않아서 계속 외로움을 느끼는 거예요. 일종의 결핍이죠. 한때는 그런 결핍을 잊으려고 음악을 들으러 다녔어요. 스피커가 찢어져라 틀어주는 록카페 있잖아요. 그런데 별로 도움이 안 됐어요.

그러다가 바흐를 듣게 되었는데, 본질, 근원, 영원에 닿아 있는 어떤 것이 그의 음악 속에 있고, 그것이 저의 갈증을 해소해준다는 느낌이 들 었어요. 릴케도 마찬가지예요. 가끔 베스트셀러라고 하는 책들을 읽기 도 하는데, 뭐 재미있게 읽어요. 하지만 그런 책들은 본질에 대한 갈망 을 채워주지 못해요. 릴케를 읽으면, 읽는다는 말보다 느낀다는 말이 정 확한데, 그럴 때면 제가 삶의 본질과 접촉하고 있다는 기분이 들어요. 그리고 제가 글을 쓰는데 가장 직접적인 영향을 준 사람은 대학 선배이 자 문학회 선배였던 기형도, 성석제, 두 분입니다.

사회자 앞으로 어떻게 살고 싶은지에 대한 답변은요?

황경신 지구에 해롭지 않은 인간으로 살아가는 거요. 인간은 쓰레기를 만드는 동물이잖아요. 가능하면 쓰레기 덜 만들고, 가능하면 환경 파괴하지 않 으면서 살고 싶어요. 거기서 조금 더 욕심을 내면, 제가 죽은 후에 사람 들이 '그때 내가 이 사람을 만나서 다행이야'라고 얘기할 수 있었으면 좋겠어요. 예를 들면 그 사람이 굉장히 배고플 때 내가 만나서 밥을 사

지구에 해롭지 않은 인간으로 살아가는 거요. 인간은 쓰레기를 만드는 동물이잖아요. 가능하면 쓰레기 덜 만들고, 가능하면 환경 파괴하지 않으면서 살고 싶어요. 거기서 조금 더 욕심을 내면, 제가 죽은 후에 사람들이 '그때 내가 이 사람을 만나서 다행이야'라고 얘기할 수 있었으면 좋겠어요. 예를 들면 그 사람이 굉장히 배고플 때 내가 만나서 밥을 사줬다거나, 그런 거 있잖아요. 아주 사소한 것.

줬다거나, 그런 거 있잖아요. 아주 사소한 것.

한지섭 타이밍이 좀 안 맞을 수도 있는데요. 아까 하신 말씀 중에 물어보고 싶은 것이 있습니다. 음악에 끝이 있다고 생각하십니까?

황경신 네?

한지섭 음악이나 미술 같은 예술에, 끝이 있다고 생각하세요? 저는 아니라고 생각하는데, 아까 하신 말씀 중에서 음악도 그림도 글도 나올 게 다 나왔으니 더 해봤자 그보다 훌륭한 작품이 나올까라는 말씀을 하셔서요.

황경신 아, 만들 것 다 만들었다는 말이요?

한지섭 다 나왔으니까 우리는 해봤자, 라는 말씀이 아직 어린 저로서는 수긍이 되지 않습니다.

황경신 받아들이기 힘들다는 얘기죠?

한지섭 그렇죠. 그렇게 생각하시는 분들도 있고 저처럼 생각하는 사람도 있겠지만, 저 같은 생각을 하는 사람들에게 해주고 싶은 말씀이 있으시면 해주시면 고맙겠습니다. 그리고 한 가지 더 질문이 있는데요, 같은 음악이라도 아주 큰 감동으로 다가올 때가 있는가 하면, 그렇지 않을 때도 있잖아요. 그림도 마찬가지구요. 그건 왜 그런지 궁금합니다.

황경신 아까 제가 말한 건 '우리'의 이야기가 아니라, 제 얘기라고 하는 게 정확하겠네요. 왼손이 악보에 따라 정확하게 움직여줘야 오른손이 그 위에서 자유롭게 놀 수 있다고 말씀드렸잖아요. 음악이나 문학, 철학, 그림에도 클래식이 이미 만들어놓은 기반이 있다고 생각해요. 그 베이스 위에서 우리가 다양한 변주를 할 수 있다는 건 굉장한 행복이죠. 지금 이 시간의 타이틀도 '주제와 변주' 잖아요? 그 기반을 처음부터 우리가 닦아야 한다고 생각해보세요. 평생 닦기만 하다가 놀아보지도 못하고 죽어야 될걸요? 저는 저에게 튼튼한 기반을 닦을 만한 능력은 없다고 생각해요. 다만 그 위에서 즐겁게 놀 수 있고, 그게 행복한 거죠. 그러기 위해서 고전을 열심히 공부하는 거구요. 여러분들 중에서 그렇게 뛰어난 사람이 나와 주면 얼마나 멋있겠어요? 너무 자랑스러울 것 같아요.

두 번째 질문에 대해서는, 열정의 문제라고 생각해요. 모든 열정에는 주기가 있잖아요. 아시죠? 올라가면 내려오고, 내려가면 다시 올라가고. 연애도 마찬가지잖아요. 친구들과도 가까웠다가 멀어지고, 다시 가까워지고. 갈증의 시기가 있고 그 갈증을 채우기 위해 애를 쓰는 시기가 있고, 그러다가 메마르고 건조한 시기가 오기도 해요. 그럼 어떻게 하지? 노력한다고 되는 건 아니잖아요? 마음이 식었는데 어떻게 하겠어요? 사람이 변했는데 어떻게 하겠어요? 근데 뭔가 다른 이유도 있을 것 같아요. 프랑스의 루브르 박물관에 갔을 때, 다리도 아프고 배도 고프고, 원래 길도 잘 잃어버리는데 박물관이 너무 커서 어디가 어딘지도 모르겠고, 그런 상태에서 그 유명하다는 〈모나리자〉를 봤더니 감동이 안 왔어요. '이 조그마한 그림이 뭐가 좋다고 난리야?' 싶었다니까요.

사회자 그 감정이 메마르고 건조할 때 이렇게 다시 올리는 거잖아요. 황경신 님만의 방법이 있나요?

황경신 그게 있으면 제가 여기 있겠습니까.(웃음) 그런데 그냥 이렇게 좀 메말라 하면서 건조해 하면서 그런 상태로 있는 것도 그렇게 나쁘진 않은 것 같아요. 그러다가 또 다시 상황이 좋아지면, 그런 시기를 기억하면서 지금의 좋은 시기를 더 감사하게 느낄 수 있으니까요.

김정희 원래 제가 이렇게 분위기가 절정에 올랐을 때 멋지게 얘기하고 싶었는데…….

황경신 그래서 지금 모두들 기다리고 있는 거예요.(웃음)

김정희 《PAPER》에서 '19금(禁) 특집'을 한 적이 있었거든요. 그걸 너무 재밌게 봤다는 얘기를 하고 싶었구요. 그 다음에 선생님이, 아니 언니가 즐겁게 산다고 하셨잖아요. 그래서 젊어 보이는 것 같아요. 그리고 아까 왼손에 대해서 얘기하셨잖아요. 제 왼손에 대해서 얘기하면요, 지금 저희 담임선생님께서 총각이시거든요. 그 선생님이 라이너 마리아 릴케를 되게 좋아하세요. 이번에 이 주제와 변주에 꼭 참석했으면 좋겠다고 얘기했는데, 바빠서 못 오셨거든요. 언니가 릴케를 좋아하는 줄 몰랐는데 아까 그 얘기하실 때 저희 담임선생님이 생각났어요.

황경신 잘 생기셨나요?(웃음)

김정희 아, 네. 호남형이에요. 아까 왼손 위에서 오른손처럼 놀고 싶다고 얘기하셨잖아요? 근데 전 왼손이 되고 싶어요. 저희 학교 영어 교과서에 모차르트가 나오는데요. 지금은 우리가 모차르트를 고전 음악가라고 얘기하잖아요. 근데 모차르트는 그때 당시에 곡을 쓰고 연주를 하면서 자기 자신이 고전음악가라고 생각을 하지 않았잖아요. 자신은 지금 현재 음악을 하고 있고 음악을 연주하는 건데 우리가 지금에 와서 고전이라고 말을 하는 거잖아요 그래서 저는 왼손이 되고 싶거든요? 선생님은 왼손이 되고 싶지 않으세요?

황경신 네, 안 되고 싶어요. 별로 생각해본 적이 없어요. 이를테면 삶의 이력? 경력? 업적? 이런 것들을 잘 쌓고 정리하고 만들어서 다음에 올 세대들에게 어떤 하나의 샘플을 보여주고 싶다는 생각이, 저한테는 없어요. 어떻게 설명해야 될까? 이상해요? 없으면 안 되나요? 그런 건 아니죠? 그런 작업을 하려면 책임감도 강해야 하고 공부도 많이 해야 되고 뭘 하나 알아도 정확하게 알아야 되니까, 그게 귀찮은 건지도 모르겠어요. 전 글을 쓰면서 혼자 재밌게 놀고, 글하고 같이 놀고, 그걸 누가 봐주면 기쁘고, 좋아해주면 좋고, 이거 같아요.

신다혜 지난번에 작은 주제와 변주에 서강대 장영희 교수님께서 오셨어요. 그때 제가 교수님께 문학이라는 과목을 왜 배워야 하는지 모르겠다는 질문을 드렸거든요. 솔직히 그냥 내 나름대로 어떤 시를 찾아서 읽을 때는 '아, 이 시 정말 좋다' 라고 느낄 수 있는데, 학교 교과서에 들어 있는 그 장을 펴기만 하면 머리가 아파오는 거예요. 이걸 또 얼마나 외워야 하나, 막 이런 생각부터 들기 시작해서 문학이 재미없어지는데 그걸 왜 학교에서 꼭 문학이란 이름으로 배워야 하나? 그냥 내가 좋은 대로 해석하면 안 되는 거냐고 여쭤봤을 때 선생님께서 '아, 자기 나름대로 생각하는 것도 물론 작품을 감상하는 방법 중 하나지만 그래도 작가가 그 글을 썼을 때는 나름의 의도가 있을 테고, 자기 나름대로 작품을 해석하기 위해서는 어느 정도 기반이 있어야 되지 않겠냐'라는 말씀을 하셨어요.

처음에 『그림 같은 세상』을 봤을 때 이것도 미술에 대한 이야긴데 너무 어렵지 않을까라는 생각을 먼저 했어요. 제가 미술에 대한 공포가 있어서 약간 무서워하면서 책을 폈는데 정말 재미있는 거예요. 그래서 황경신 님께 묻고 싶은 것은 미술 작품을 감상할 때 필요한 기반은 무엇이며, 그걸 위해서 저희는 어떤 준비를 해야 할까요?

황경신 전들 알겠습니까?(웃음) 전 학교 다닐 때 미술시간을 별로 안 좋아했거든요. 그림도 잘 못 그렸지요. 우리는 그림이라고 하면 최소한 그 화가가 어느 나라에 살았는지, 언제 살았는지, 그 사람이 인상파인지 무슨 파인지 알아야 한다고 생각하잖아요. 그러나 누구 그림인지 무슨 파인지 잘 몰라도 그림 자체에는 나와 소통하는 부분이 있다는 이야기를 하고 싶었어요. 그런데 책을 보신 분들이 '이 사람은 잘 모르는 화가였는데 알게 되어서 좋았어요.', '이 그림은 처음 보는 그림인데 정말 마음에 들어요.', '저에게도 좋아하는 화가가 생겼어요'라고 얘기해주시면 정말 고마워요. 그걸 계기로 해서 찾아가는 거죠. 그림을 보면 그 화가가 궁금하잖아요? 이 사람 어떻게 살았지? 어디서 살았지? 뭐 하고 살았지? 궁금하니까 무작정 찾아가는 거고, 찾아갔더니 그 화가하고 친했던, 같은 시대에 살면서 서로 영향을 미쳤던 화가를 또 발견하게 돼요. 그러면 그 사람은 또 누구지? 그 사람이 그린 그림, 그 그림에 나오는 집, 이런 게 다 궁금해지잖아요.

제 책은 이런 식으로, 의무감이 아니라 자발적으로 좋아서 그 발자취를 따라가게 되는 첫 번째 발자국이면 좋겠어요. 그림에 대해서는 아마 저보다 여러분이 더 많이 아실 거예요. 미술시간에 배우잖아요. 저는 다 까먹었어요. 각 장마다 화가에 대한 간략한 설명이 나오잖아요. 그거 제가 쓴 거 아니에요. 출판사에서 찾아준 거예요. 아는 건 없지만 그 사람 그림 한 장은 너무 사랑할 수 있잖아요? 그 얘기를 하고 싶었어요. 창피하지만 그래도 세상에는 나 같은 사람이 있을 거야, 아무것도 모르는 나도 그림에 대한 얘기를 하니까, 다들 그림을 좋아하면 좋겠다……. 이런 바람에서 무모한 짓을 했답니다.

질문자1 책하고 관련 없는 이야기를 해도 될까요?

황경신 네, 네. 결혼은 왜 안 했나 이런 것만 물어보지 마세요.(웃음)

질문자1 제가 오늘 어떤 선생님이 오시는지 물어봤거든요. 황경신 씨라고 하는데… 어디서 한번 꼭 들어본 것 같은 거예요. 그래서 출근해서 곰곰이 생각을 해봤는데 어디서 찾았냐면요, 옛날에 《PAPER》에서 favorite song이라고 좋아하는 노래들 모아서 앨범을 냈잖아요. 제가 그 앨범을 사서 들었던 때 세상사를 조금 귀찮아했어요. 열대어처럼 살면 얼마나 좋을까? 하던 시기였는데, 선생님께서 다시 태어나면 열대어가 되고 싶다고 그 앨범에 쓰신 걸 봤어요. 나하고 같은 마음을 가진 사람이 여기 있구나 하는 생각이 있었거든요. 그 노래의 멜로디나 느낌 같은 걸 보고 굉장히 감각적이고 감수성이 예민하시고 천진난만하신 분이 아닐까 그런 생각을 많이 했거든요. 요즘도 그런 앨범을 만들고 계시는지요?

황경신 아니요. 결국 그 열대어 때문에 오늘 오셨군요.

질문자1 그때는 인터넷도 보급이 안 된 PC통신 시절이었잖아요. 그때 제 아이디가 열대어였거든요.

황경신 네, 7, 8년 전일 거예요. 어느 음반사에서 《PAPER》 사람들이 추천하는 곡들을 모아 컴필레이션 앨범을 만들자는 제의가 왔어요. 그런데 우린 다들 취향이 너무 달라서 고른 곡들이 천차만별인 거예요. 자기 전에 그 앨범을 들으면 정신 사나워서 잘 수가 없다고, 사람들이 그랬어요.(웃음) 발라드가 나오다 갑자기 헤비메탈이 나오는 식이에요. 그런 앨범을 딱 한 장 만든 적이 있었어요.

사회자 『그림 같은 세상』책 149쪽에 보면, 파울 클레의 〈튀니지의 남쪽 정원〉이라는 그림 아래 이런 글이 있어요. '따뜻함이 마음으로 번진다. 이런 경우, '모르겠다'는 말은 정확하지 않다. 그곳에 뭔가 마음을 움직이게 하는 것이 있다, 라는 것은 분명하니까.' 이 책을 통해서 그림을 접하는 10대 소녀들에게도 외우고 공부해야 하는 미술이 아닌 느끼는 미술이었어요. 또 40대 어머니께도 열대어가 되고 싶다는 꿈을 지닐 수 있는 그런 책이었던 것 같아요.

질문자2 그림에 대한 책을 쓰실 때는 정말 조심스러운 부분이 있었을 것 같다는 생각이 들어요. 예를 들면 샤갈의 blue를 굉장히 좋아한다고 하셨는데 인쇄된 책의 blue는 내가 본 blue가 아니다, 라는 경우는 없습니까? 그리고 샤갈의 blue를 왜 그렇게 좋아하시게 됐는지요?

황경신 당시 아트북스에 있던 손경여 씨가 이 책의 편집자였는데, 이 책 만들 때 많이 고생했어요. 일을 꼼꼼하게 잘하는 친구예요. 인쇄 상태 좋은 화집을 구하느라고 정말 전국을 뒤지고 다녔어요. 이 책 인쇄 들어갔을 때도 계속 체크하고. 물론 진짜 그림하고 비교가 되겠습니까만 저는 아무 불만이 없어요. 그림의 컬러보다는 느낌이 더 중요하잖아요. 인터넷에서도 찾아보면, 똑같은 그림인데 색깔이 다 달라요. 어떤 그림이 원본에 가까운 색을 갖고 있는 건지 알 수가 없어요. 하지만 비틀스를 아무리 이상하게 리메이크해도 원곡의 아름다움은 살아 있거든요. 저는 샤갈전을 고등학교 때, 부산에서 처음 봤어요. 그때만 해도 부산은 문화의 불모지라고 그랬어요. 전시회도 거의 없었는데, 샤갈전과 이중섭전을 했죠. 원래 초록색하고 파란색을 좋아하기도 하지만, 전시회에서 샤갈을 봤을 때 아주 인상적이었고, 굉장히 행복했어요. 부드럽고 말랑말랑하고 따뜻한 기분이 드는 초록과 파란색이잖아요.

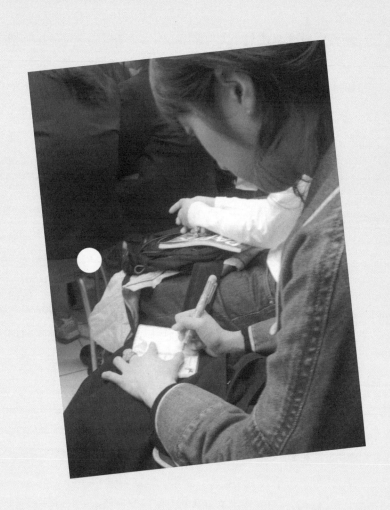

어떤 시에도 나오듯이 자기 앞에 두 가지 길이 있다면 그 두 가지 길 중에서 한 가지 길을 선택해 가는 것 또한 큰 용기인데, 자기 인생에서 30대까지 뭔가 특별하게 정해지지 않은 상태에서 하고 싶은 일들을 한다는 건, 불안해서라도 못할 수 있는데, 정말 대단하다는 생각이 들어요. 그런 용기를 갖게 하는 힘의 원천이 무엇인지 궁금하구요, 자신이 정말 하고 싶은 걸 하기 전까지 많은 갈등이나 시련이 있었을 것 같은데 그런 것들을 이겨내는 방법이 있다면 말씀해 주세요.

질문자2 이렇게 그림에 관한 책을 내는 사람은 정말 용감하다고 전 생각해요.

황경신 무모하죠? 뭘 몰라서 이런 거 내는 거예요.(웃음)

김아름 저는 고등학교에 들어가기 전에 다른 사람들이 인정해주지는 않았지만 나름대로 미술을 잘 한다고 생각을 했고 미술 쪽으로 공부를 하고 싶었어요. 그랬는데 부모님 의견도 있고 해서 인문계 학교로 진학을 하게 되었어요. 그래서 이 책이 더 마음에 들었는지 모르겠습니다. 계속 얘기를 듣다 보니까 정말 부러워요. 자기가 하고 싶은 일을 하고 살아간다는 건 큰 용기가 필요하다는 생각이 들어요. 어떤 시에도 나오듯이 자기 앞에 두 가지 길이 있다면 그 두 가지 길 중에서 한 가지 길을 선택해 가는 것 또한 큰 용기인데, 자기 인생에서 30대까지 뭔가 특별하게 정해지지 않은 상태에서 하고 싶은 일들을 한다는 건, 불안해서라도 못할 수 있는데, 정말 대단하다는 생각이 들어요. 그런 용기를 갖게 하는 힘의 원천이 무엇인지 궁금하구요. 자신이 정말 하고 싶은 걸 하기 전까지 많은 갈등이나 시련이 있었을 것 같은데 그런 것들을 이겨내는 방법이 있다면 말씀해 주세요.

황경신 열심히 하는 거죠 뭐.(웃음) 여기 두 가지의 길이 있어요. 하나는 좀 평탄한 길인데 왠지 내 삶과 미묘하게 어긋나는 듯한 느낌이 들어요. 다른 길은 척 보기에도 험해 보여요. 이리로 가면 내가 좀 고생 좀 하겠구나, 라는 느낌은 드는데, 그 고생을 하고 나면 마음이 편할 것 같기도 해요. 그 길을 택하려면 용기가 필요하죠. 항상 어려운 길을 택하지는 못하는 것 같아요. 내가 대충 타협하는 게 아닌가, 하는 느낌은 있지만 그게 너무 미약해서 그냥 쉬운 길을 가게 되는 경우도 있어요. 그런데 처음에는 아주 요만큼 다른 방향이라고 생각했는데, 가다 보면 그 차이가 자꾸자꾸 벌어져서 나중에는 자신이 원하던 길과 엄청나게 달라지기도 해요. '더 멀어지기 전에 돌아가자, 그게 원점일지라도.' 이렇게 생각하고 돌아설 때도 있지만 돌아가기에는 너무 늦었다고 생각하고 그 길을 계속

갈 수도 있어요. '이 정도는 괜찮을 거야. 큰 차이는 없을 거야.' 이렇게 자신을 속이면서요. 그러다 보면 결국 그게 자신의 삶이 되는 거예요.

어떤 길을 선택하느냐? 정답은 없어요. 어려운 길을 선택해 힘들게 걸어간다고 해서 행복해진다는 보장도 없어요. 죽을 때까지 한 길만 걸어간다고 해서 우리의 삶이 가치 있고 행복해지는 것일까요? 어쩌면 길을 정하는 것 자체는 중요한 것이 아니라는 생각도 들어요. 자신의 마음속에 중심을 가지는 것, 어떤 기준을 세우는 것이 더 중요한 거죠. 중심과 기준이 있다면 두 갈래의 길 앞에서 어느 쪽을 선택해야 할지 알게 되겠죠. 여러분은 그 기준을 어디에 두실 건가요? 그건 자기 스스로 정해야 하는 거잖아요? 어떤 사람은 그 기준을 돈에다 둘 수도 있어요.

그럼 두 개의 길 중에서 돈을 더 많이 벌 수 있는 길을 선택하는 거죠. 자신이 선택했으니까 책임도 자신이 지면 되는 거예요. 명예가 중요하다면 명예를, 사랑이 중요하다면 사랑을 선택하는 거죠. 타협을 한다고 해서 비겁한 것도 아니고, 어려운 길을 택한다고 해서 그 용기를 우리가 항상 칭송해야 하는 것도 아니라고 생각해요. 그 선택이 옳은지 그른지…… 우리가 죽고 나면 알게 될까요? 그런데 죽은 후에 알아봤자 소용없잖아요. 어쨌든 살아가면서 '그때 그럴걸, 저럴걸, 저 사람 말 들을걸, 저 사람 말 듣지 말걸' 이렇게 계속 후회한다면 괴로울 것 같아요. 내 마음의 중심에 어떤 기준이 있다면, 어떠한 길을 가든 어떤 삶을 살든 '이게 내 삶이야.' 할 수 있고, 죽을 때도 '아, 나는 최선을 다했어.' 이렇게 생각하지 않을까요?

사회자 언니의 힘의 원천은 그런 확고한 중심에서 나오는 긍정성이 아닌가 생각을 합니다.

김지홍 일 년 동안 《PAPER》 애독자였는데, 한 번도 애독자 엽서가 채택이 안 됐어요. 궁금한 것이 있는데요, 《PAPER》에 보면 굉장히 다양한 분들이 많이 모여 있잖아요? 어떻게 해서 그분들이 같이 모였나요? 또 혹시 미

저한테 '그림 같은 세상'은 현재예요. 지금 이 순간. 미래는 누구도 알지 못하고, 과거는 이미 지나간 것이니까 요. 세상이 아름답고 그림 같다고 해서 우리가 행복해지는 건 아니잖아요? 아무리 좋은 곳으로 여행을 가도, 그 풍경이 아무리 아름다워도, 마음이 어지럽고 복잡하면 행복해질 수가 없잖아요. 그래서 스스로 그런 순간을 만들어나가는 게 제일 중요하지 않을까, 생각해요.

래에 여기 있는 친구 중에 《PAPER》 식구가 되고 싶다는 꿈을 가진 분이 계실지 모르겠는데, 어떻게 하면 될까요?

황경신 애독자 엽서는 제가 뽑는 게 아닙니다.(웃음) 김원 대표가 직접 고르십니다. 《PAPER》 식구들은 따지고 보면 이렇게 저렇게 인맥으로 엮여 있어요. 독자였다가 필자가 되는 일도 종종 있지만 역시 《PAPER》 덕분에 만들어진 인연이잖아요. 일을 잘하고 못하고, 글을 잘 쓰고 못쓰고, 이런 것보다는 일단 마음이 서로 맞아야 같이 즐겁게 일을 할 수 있으니까, 그걸 가장 중요하게 생각해요. 일이야 배우면 되잖아요. 《PAPER》가 NASA도 아니고 CSI도 아닌데 일을 못하면 얼마나 못하겠어요. 하지만 마음이 안 맞으면 같이 일하는 것 자체가 괴롭잖아요. 마음이 통하니까 개인적으로도 친해지고, 그러다 보니 가족처럼 되어서 기자들도 10년째 바뀌질 않았어요. 《PAPER》가 갑자기 증면이 된다거나 자매지가 생긴다거나 하면 자리가 날 텐데 그것도 아니고, 누가 나가지 않는 이상 새로운 사람이 들어올 수 없으니까 계속 같은 식구들인 거죠.

어떻게 하면 《PAPER》 기자가 될 수 있느냐는 질문을 많이 받는데, 그럴 때면 저는 우리 기자들에게 물어보라고 해요. 이력서 같은 게 오면 자기들이 어디다 숨겨놓기도 한다니까요.(웃음) 그런데 저는 《PAPER》 기자가 되고 싶다는 친구들에게 이런 이야기를 하고 싶어요. 《PAPER》에 안 들어오셔도 돼요. 《PAPER》는 벌써 열 살이나 돼서 우리 마음대로도 잘 안 돼요. 이미 자아가 생겨서 자기 혼자 가는 거죠. 그러니까 《PAPER》에 들어와서 귀한 젊음과 재능을 여기에 쏟지 마시고 더 좋은 책을 만드세요. '《PAPER》, 이것밖에 못 만들어? 난 더 잘할 수 있어' 하는 생각으로요. 저도 서른 살 때 그런 생각이 있었을 거예요. '우리나라에 왜 이런 잡지는 없는 거야? 왜 아무도 안 만드는 거야? 그런 게 있으면 돈 내고 사서 읽을 텐데, 아무도 안 만드니까 내가 만들어야겠어.' 여러분은 지금의 저보다 훨씬 많은 가능성을 갖고 있으니까, 훨씬 좋은 책을 만들어주시면 좋겠어요.

이윤정　저는 백지상태로 이 자리에 왔는데, 옆에 계신 분이 책을 보시는 걸 보고 느낌이 오는 거예요. 아, 저 『그림 같은 세상』이라는 책으로 오늘 이야기가 진행되나보다, 했어요. 제일 처음에 꿈에 대한 이야기를 하시고, 이렇게 저렇게 서른이 넘어서 하고 싶은 일을 하신다는 이야기를 들었을 때, 제 앞에 앉아 있는 학생들을 보면서 '이 아이들은 참 불쌍하다. 선생님이 하는 이야기와 아이들이 가지고 있는 현실 사이의 괴리감이 얼마나 클까' 싶어서 가슴이 아팠어요. 그런데 계속 듣다 보니까, '이 아이들은 정말 행복하다. 중·고등학생이 되면 자기가 뭘 해야 될지 결정할 수 있으니까'라는 생각이 들었어요. 아까 한 학생이, 성적에 의해 전공을 결정해야 한다는 것에 대해 굉장히 강박감을 느낀다고 이야기했는데, 사실 별로 행복해하지 않으면서 공부하잖아요? 그런데 전공이 무엇이든, 꿈을 갖고 있으면 문은 항상 열려 있는 거잖아요. 아까 선생님 글을 잠깐 보니까, '창을 열면 늘 최초로 보는 세계가 있다. 세상의 좋은 일이란 모두 창 너머로부터 오는 것이다'라는 구절이 있더라구요. 우리가 어떤 전공을 선택하든, 창만 열어놓으면 많은 걸 볼 수 있고, 좋아하는 걸 추구하다 보면 지금 앞에 계신 언니처럼 자기가 좋아하는 일을 정말 즐기면서 할 수 있을 것 같아요. 만약 전공을 선택하더라도 꼭 그 길로 가야만 되는 건 아니니까, 삼십이 되든 사십이 되든 자기가 항상 창을 열어놓고 세상을 보고, 정말 좋아하는 일이 있으면 그걸 하면서 행복하게 살 수 있잖아요. 오늘 저는 백지상태에서 들어왔기 때문에 아는 것이 없지만, 황경신 선생님의 이야기를 듣는 이 시간이 정말 행복합니다. 앞으로 우리 애들도 그렇게 세상을 살면, 정말 자기가 좋아하는 일을 하면서 살 수 있지 않을까라는 생각도 들구요.

황경신　고맙습니다.

이남경　황경신 선생님의 『그림 같은 세상』 너무 잘 읽었어요. 그걸로 지난 여름에 중학생들이랑 경매도 하면서 재미있게 수업했거든요. 근데 황경신 씨는 인생에 있어서 '그림 같은 세상'이 언제였는지 궁금해요. 그리고 저희가 여러분들께 이제 종이를 나눠드릴 텐데요, 음악이 나오는 동안 에 여러분이 꿈꾸시는 '그림 같은 세상'이 어떤 것인지에 대해서 뒷면 에 적어주시기 바랍니다. 앞면에는 노래 가사가 있으니까 노래 들으시 면서 나중에 같이 불러보면 좋을 것 같아요.

황경신 저한테 '그림 같은 세상'은 현재예요. 지금 이 순간. 미래는 누구도 알 지 못하고, 과거는 이미 지나간 것이니까요. 세상이 아름답고 그림 같다 고 해서 우리가 행복해지는 건 아니잖아요? 아무리 좋은 곳으로 여행을 가도, 그 풍경이 아무리 아름다워도, 마음이 어지럽고 복잡하면 행복해 질 수가 없잖아요. 그래서 스스로 그런 순간을 만들어나가는 게 제일 중 요하지 않을까, 생각해요. 저도 그 종이 한 장 주시겠어요?

〈오, 사랑〉

고요하게 어둠이 찾아오는 이 가을 끝에 봄의 첫날을 꿈꾸네
만 리 너머 멀리 있는 그대가 볼 수 없어도 나는 꽃밭을 일구네
가을은 저물고 겨울은 찾아들지만
나는 봄볕을 잊지 않으니
눈발은 몰아치고 세상을 삼킬 듯이
미약한 햇빛조차 날 버려도
저 멀리 봄이 사는 곳
오, 사랑

눈을 감고 그대를 생각하면
날개가 없어도 나는 하늘을 나르네

눈을 감고 그대를 생각하면

돛대가 없어도 나는 바다를 가르네

꽃잎은 말라가고 힘찬 나무들조차

하얗게 앙상하게 변해도 들어줘 이렇게

끈질기게 선명하게 그대 부르는

이 목소리 따라 어디선가 숨 쉬고 있을 나를 찾아

네가 틔운 싹을 보렴

오, 사랑

네가 틔운 싹을 보렴

오, 사랑

사회자 〈오, 사랑〉이란 노래를 들으면서 그림 같은 세상을 꿈꾸신 분들, 그림 같은 얘기들을 이 자리에서 풀어주셨으면 좋겠어요.

김정은 내가 하고 싶은 일, 내가 좋아하는 일을 하면서 평생을 사는 것. 내가 좋아하는 사람과 그리고 좋아하게 될 것 같은 사람과 평생을 사는 것. 내가 좋아하는 노래를 즐겁게 부르면서 평생을 사는 것. 내가 좋아하는 걸 내 목소리로 내 손으로 내 눈으로 내 발로 누리며 평생을 사는 것. 그냥 가만히 앉아 있어도 좋아서, 뭔가 느껴서 눈물을 흘리는 것. 노래 한 곡을 하루 종일 반복해서 들어도 질리지 않는 것. 사람들. 계속 그 사람들과 있어도 지겹지 않은 것. 이런 세상, 너무너무 그림 같죠?

학생2 모든 사람이 하고 싶은 일을 할 수 있는 세상. 너무 행복해서 주위에 그 행복 바이러스를 마구 퍼뜨릴 수 있는 세상. 세상에 반대되는 목소리를 내뱉는 사람도 하나의 또 다른 사회라는 마음으로 감사하며 살 수 있는 세상. 살기 위해 일하지 않고, 하고 싶어서 일할 수 있는 세상. 그래서 눈물까지 한바탕 흐느낌을 쏟아 붓는 빗줄기까지 예쁜 세상. 슬픔마저

황경신

가슴 아린 아름다움으로 가슴 적시는 그런 그림 같은 세상. 내가 꿈꾸는 세상. 그림 같은 세상.

학생3　그림 같은 세상. 그것은 역시 내가 살고 있는 이곳. 그리고 이곳에 있는 여러분들. 겨울에 따뜻함을 느꼈던 바다. 아까 봤던 바다가 불쌍해보였던 것을 기억한다. 좋은 사람들과 노래를 들으면서 글을 적고 있는 지금. 이곳은 아마 그림 같지 않은 세상에 뛰어들더라도 또 그곳을 그림 같은 세상으로 느낄 수 있을 것만 같은 나는 지금 여기에 있다.

사회자　더 발표하실 분 없으세요?

허아람　그러면 이제 노래를 들어봅시다. 가사를 음미하면서요. 너무 아름다운 가사거든요. 서정적이니까 소리를 높여서 같이 부르는 거예요.

사회자　네. 함께 그림 같은 이야기도 나눠보고 노래도 불러보았습니다. 오늘 선생님 어떠셨는지 궁금합니다. 이 시간들이 정말 그림 같은 시간인 것 같아요. 여러분의 꿈이 담긴 이 종이는 인디고 서원에서 간직하겠습니다.

황경신　오늘 이렇게 만나서 너무 반가웠구요, 너무 감사드립니다. 제가 이런 자리를 잘 안 가지려고 해요. 이런 자리에 있다 보면 제가 뭔가 잘난 것 같고, 자만을 하게 되는 것 같아서요. 요즘 제 삶의 화두가 겸손입니다. 여러분들이 이렇게 제 책을 열심히 읽고 참석해주신 것 감사한데요, 이런 부탁을 드리고 싶어요. 아까도 말씀 드렸듯이 여기 많은 문이 있잖아요? 창 또는 문. 저는 이 책을 통해서 아주 살짝, 이런 창도 있습니다, 이 정도로 말씀드린 것 같아요. 그렇게 생각해주시고, 제가 알고 있는 것과 또 다른 창들을 많이 찾으셨으면 좋겠어요. 그 창 너머에 있는 세계를 발견하신 다음에 저에게도 꼭 알려주시구요. 여러분이 발견한 창을 제가 또 가 보고, 이렇게 서로 소통하면서 세상을 살면 좋겠습니다.

사회자　너무 감사하구요. 이 시간도 분명히 여러분께 그림 같은 세상을 보여준 하나의 창이 되었다고 생각이 됩니다. 이로써 제12회 주제와 변주를 마치겠습니다.

윤정은
박기범 &어린이와 평화팀

『슬픔은 흘러야 한다』
『어린이와 평화』

정말 평화가 뭘까?
진정으로 평화를 가꾸는 일은
어디서부터 시작될까?

사회자 안녕하십니까? 추워서 꽁꽁 얼어버린 손과 볼을 후끈하게 녹여줄 제13회 주제와 변주 사회를 맡은 이윤영입니다. 반갑습니다. 오늘 주제와 변주에서 다룰 책은 윤정은 선생님의 『슬픔은 흘러야 한다』입니다. 미국을 지독하게 싫어하던 저는 이 책을 읽고 더욱 화가 났습니다. 어떤 기회에 잠시 대화를 나누었던 미국 청년들이 "미국이 이라크와 전쟁하는 것은 이라크를 후세인의 독재에서 벗어나게 해주고 민주와 평화를 실현하기 위한 정당한 행동"이라고 당당하게 말하는 것을 듣고 역사책에서나 존재하는 줄 알았던 제국주의적 발상을 평화와 자유를 외치는 현재에도 볼 수 있다는 것에 놀랐던 기억이 있습니다. 전쟁을 일으킨 미국의 본래 목적을 알고 있음에도 불구하고 힘과 돈에 눌려 아무런 목소리도 내지 못하는 세계의 모습에 분노했었는데 언론에서 보도되는 것보다 훨씬 더 잔인하고 무차별적인 전쟁의 진짜 모습을 이 책에서 낱낱이 보여주니 가슴이 터질 만큼 화가 났기 때문입니다.

가만히 자고 있다가 '오폭'이라고 밝혀진 로켓이 덮쳐 산산조각이 나야 했던 어떤 여인의 이야기와 미군 탱크가 폭발해 죽은 전우를 생각하며 현장에 있는 무고한 민간인을 향해 총을 마구 쏘아대던 미군들의 이야기를 듣고 분노하지 않는다면 과연 심장을 가진 인간이라 할 수 있을까요? 이러한 잔인한 만행들이 저질러지는 현장의 모습을 들려준 『슬픔은 흘러야 한다』의 저자 윤정은 선생님이 오늘 주제와 변주에 오셨습니다.

윤정은 선생님은 대학을 졸업한 해부터 중국에서 북한사람들을 돕는 일을 시작으로 베트남과 스리랑카 등을 다니면서 전쟁에 대해 보도하셨고, 2004년 3월부터 6월까지 106일간 이라크 전쟁을 직접 체험하며 기록 보도하신 평화운동가입니다. 대학을 막 졸업한 젊은 나이에 그리고 여자의 몸으로 그런 분쟁지역에 발을 디디신 건 정말 큰 용기와 의지가 없었다면 불가능한 일이라고 생각합니다. 하지만 그녀의 그런 용기가 아니었다면 많은 사람들이 이라크의 아픔과 슬픔을 절실하게 느낄 기회가 과연 있었을까요? 오늘 주제와 변주는 윤정은 선생님께서 고민하고 계셨던 그리고 책에서 미처 하지 못했던 이야기들을 나누는 시간이 되었으면 합니다. 바로 앞에서 폭탄이 떨어져도 눈 하나 깜짝하지 않을 만큼 전쟁이 일상이 된 이라크에서 직접 보고 듣고 느끼고 오신 윤정은 선생님의 생생한 목소리를 듣는 것으로 제13회 주제와 변주를 시작하겠습니다.

윤정은 사회자가 잘 설명해주셨네요. 저는 처음에 북한이 식량난을 겪는다는 사실을 알게 되면서 중국에 가서 남한사회에 이 소식을 알리고 배고픔 때문에 국경을 넘어서 제3국을 떠돌 수밖에 없었던 사람들을 만나게 됐었어요. 이분들을 만나면서 우리 사회가 사람들의 이야기가 제대로 전달되는 사회가 아니구나라는 생각을 했어요. 남한사회에 북한의 식량난이나 탈북자들의 존재에 대해 알렸을 때 대부분은 그 존재에 대해 믿으려고 하지 않거나 북한의 식량난에 대해서조차 부정을 하는 모습을 보였습니다. 그래서 대량으로 식량이 지원되지 않으면 수많은 사람들, 특히 아이들과 여성이 굉장히 많이 고통을 받을 거라고 했는데도, 그때 당시 대부분의 한국 언론들이나 정치인들은 만약 식량지원을 하면 군량미로 쓰일 거라고 얘기했습니다.

이런 걸 보면서 기록을 해야겠다는 생각을 굉장히 많이 했어요. 기록되지 않는 것과 기록되는 것 사이의 어떤 차이라든가, 기록되는 것과 기록되지 않는 사이에서의 권력이나 힘, 그리고 사회의 가치관 등에 대해 생각하게 됐지요. 그러면서 기록되지 않는 역사들, 이제까지 우리가 몰랐던 현실들에 관심을 많이 가지게 됐습니다. 후에 스리랑카나 베트남은 일을 하면서 간혹 가기도 했구요. 가장 중요한 것은 밖에 나가보니까 한국이라는, 한반도라는 이 지형이 세계 분쟁지역의 한 곳이라는 생각이 굉장히 많이 들더라구요.

그리고 분명히 문제가 있음에도 불구하고, 저는 우리의 어떤 정치적 상황이나 역사에서 왜곡된 문제들에 대해 관심을 가진 사람들을 별로 만나지를 못했어요. 그런 것들이 참 안타까웠죠. 왜 우리는 우리의 분쟁 문제를 같이 얘기하고 해결하려 노력하지 않는지, 또 우리 스스로 문제를 해결할 언어를 갖지 못했는지. 이런 생각들을 굉장히 많이 했습니다. 저는 이라크나 스리랑카나 가끔 조금씩 봐온 분쟁지역들이 있긴 하지만, 지금은 우리의 분단 문제, 그것이 이제까지의 이념지향적인 것보다는 현실의 실제적인 문제를 가지고 어떻게 해결할 수 있을지 등에 훨씬 더 관심이 많습니다.

그리고 저는 전쟁이 일어나는 먼 곳에 꼭 가야 된다고 생각하지는 않습니다. 지금 이곳에서 어떤 권력의 문제라든가 약한 사람들이 어떻게 피해를 입고, 권력의 메커니즘이 어떻게 작동하는지 등에 더 관심이 있습니다. 어느 지역이나 근본적으로는 마찬가지인 것 같아요. 그래서 책 말미에도 썼는데 피스저널리즘에 대해 관심을 가지고 여성주의 저널 《일다》라는 곳에서 기자로 일하고 있습니다. 반갑습니다.

사회자 아까 개인적으로 질문을 드렸죠. 우리나라 사람들이 개고기를 먹는다고 유럽 여러 나라에서 우리나라를 생명을 경시하는 나라, 야만적인 나라라고 비판했는데, 이라크에서 미국인들이 사람을 동물 죽이듯 그렇게 쉽게 죽이는 데는 강한 비판을 하지 않는다고 생각하거든요. 미국이라는 힘이 어떻게 작용했길래 우리가 아는 이라크의 모습은 아주 작은 부분일 수 있었는지, 어떻게 그렇게까지 묵인될 수 있었는지에 대해서 이야기해주세요.

윤정은 미국 군인들이 이라크에 가서 많은 피해를 입혔는데도 사람들은 왜 잘 모르게 되었는지를 묻는 질문인 것 같아요. 이 얘기를 하려면 우선 언론과 권력, 그 다음에 자본의 메커니즘에 대해서 설명해야 될 것 같습니다. 그전에 한국 사람들이 개고기를 먹는 문제는 문화적인 차이에 대한

분명히 문제가 있음에도 불구하고, 저는 우리의 어떤 정치적 상황이나 역사에서 왜곡된 문제들에 대해 관심을 가진 사람들을 별로 만나지를 못했어요. 그런 것들이 참 안타까웠죠. 왜 우리는 우리의 분쟁 문제를 같이 얘기하고 해결하려 노력하지 않는지, 또 우리 스스로 문제를 해결할 언어를 갖지 못했는지. 이런 생각들을 굉장히 많이 했습니다. 저는 이라크나 스리랑카나 가끔 조금씩 봐온 분쟁지역들이 있긴 하지만, 지금은 우리의 분단 문제, 그것이 이제까지의 이념지향적인 것보다는 현실의 실제적인 문제를 가지고 어떻게 해결할 수 있을지 등에 훨씬 더 관심이 많습니다.

이야기를 할 때 해야 할 것 같습니다. 지금의 이라크에서 이라크 사람들의 생명을 빼앗고, 피해를 입히는 것은 미국이지만, 이것이 어떤 민족주의로, 미국이라는 점만 부각시켜 '반미' 이렇게만 보여질 문제는 아니라고 생각했어요.

언론과 권력과 자본의 관계를 설명하도록 하겠습니다. 제가 이 책에서 가장 많이 언급했던 팔루자라는 지역의 이야기인데요. 이 팔루자가 당시 미군정이 봤을 때는 저항세력의 거점이 되는 도시였습니다. 팔루자에는 수니파, 그러니까 후세인 정권하의 바트당원들이 많이 거주하는 지역으로, 미군정이 후세인 정권의 잔당들이 많이 남아 있는 지역으로 얘기하고 있지요. 그러니까 미군정이 통치를 하는 데 가장 골치가 아팠던 지역으로 간주되었기 때문에 이 지역에 남아 있는 저항세력들을 꺾어야 전체 이라크를 통치하는 데 효율적이겠다고 생각했던 곳이죠. 그러다 보니까 미군정에 의한 민간인 피해가 가장 많이 났던 지역입니다. 그래서 저 또한 민간인 피해가 가장 많이 났던 지역이어서 관심을 가지고 조사를 하기 시작했습니다.

조사를 시작할 무렵인 2004년 3월부터 민간인 피해가 극심해지고 미군정에 대한 분노가 극단적인 방법으로 표출되기 시작합니다. 특히 팔루자 사람들이 미 경호업체에서 일하는 직원 네 명을 죽이고, 그 시체를 다리 위에 걸어두었죠. 미군정에 대한 반감을 극도로 표출하는 사건이었습니다. 그래서 4월 5일부터 미군정이 이에 대한 보복으로 팔루자를 완전히 봉쇄하고 공중폭격에 들어갑니다. 공격에 들어간 8일째 되는 날 미군정이 팔루자에서 거주하는 사람들을 대상으로 오늘 하루만 길을 터줄 테니까 다 나가라고, 남아 있는 사람들은 저항세력으로 간주하겠다고 발표한 뒤 절반 이상이 빠져나가게 됩니다. 그 과정에서도 사막으로 난 길만 터줘서 그쪽을 건너가면서 특히 아이들이나 몸이 아픈 사람들의 희생이 굉장히 많았습니다.

이러한 공격을 할 때 기자들 또한 접근을 하지 못하게 합니다. 이런 걸 두고 일종의 보도 통제가 이루어진다고 하지요. 그래서 저를 비롯한 많은 저널리스트들이 차량을 동원해서 들어갈 수 있는 방법들을 계속 찾았죠.

당시 제가 개전 1년 후에 들어갔는데, 그때까지만 해도 미군에 의해 사살된 기자가 21명에 달한다는 얘기가 공식적으로 있었습니다. 미군 탱크가 수시로 시내를 지나다니거든요. 기자라면 본능적으로 사진을 찍고 싶어진다구요. 이게 하나의 그림이 되잖아요. 그러나 사진을 찍으려고 카메라를 들었을 때 전차 위에 탄 미군에 의해 발각되면 그대로 발포가 이루어집니다. 미군이 자기들의 이미지가 찍히는 데 대해 굉장히 민감한 거죠. 그 정도로 보도통제가 이루어지는데, 미군정 같은 경우에는 어떤 기준에 의해서 입맛에 맞는 몇몇 기자들을 선정합니다. 그렇게 선정되어 전투 현장에 투입되면 기자들이 "임베드받는다"고 해요.

그 기자들이 어떻게 그 현장에 들어가는지를 봤더니, 몇 날 몇 시에 어느 건물에 옥상으로 올라오라고 합니다. 그러면 그 사람들이 차량을 가지고 거기까지 가는 거죠. 미군 헬기가 와서 그 기자들을 태우고 현장에 가는 거예요. 대부분의 기자는 현장에 가까이 접근도 못할뿐더러 도시 내에서도 카메라를 가지고 잘못 들어갔다가는 죽임을 당하는데, 몇몇 기자만 현장에 투입되어 한쪽 군대의 전투력을 과시하거나 그들이 보여주는 이미지를 찍는 거죠.

그렇게 해서 찍힌 필름들이 방송사로 이송되어 나름대로 편집된 후 전세계로 유포가 되는 거예요. 그냥 유포되는 것이 아니라 그 전투 현장을 못 찍은 다른 전 세계의 방송사들과 계약을 하고, 돈을 주고 판매하게 되는 것입니다. 우리는 가만히 앉아서 저 먼 나라 이라크에서 일어나는 전투장면을 보는 거죠. 아무런 고통도 느끼지 않고 말입니다. 그러나 실제로 CNN 같은 방송사에 막대한 돈을 지불하고 사게 되는 필름들이 저는 자본-언론과의 메커니즘이라는 것이 굉장히 견고하다는 생각이 들어요. 우리는 그저 전쟁이미지를 소비하고 마는 거죠. 남의 얘기로 생각하고 맙니다. 다른 사람들의 고통이나 아픔들이 그냥 유포되고, 사람들은 그걸 마냥 보고 마는 상황에 대해 '소비한다'는 얘기가 적절하다고 생각하는데요. 이 안에서의 자본 구조와 규모, 또 사람들은 보고 소비하고 말아버리는 메커니즘이 있다는 사실을 말씀드린 겁니다.

죠. 우리가 안방에서 이라크전쟁을 시청하지만, 남의 고통을 우리가 원래 못 느끼는 존재라거나 사람들이 양심이 없어서라고는 생각되지 않아요. 그 화면에는 고통을 못 느끼도록 장치가 되어 있습니다. 처음부터 그렇게 찍힌 사진들이거든요. 미군병사들이 어렵게 생활하는 모습 등이 미국 언론사들을 통해 미국사회로 유포가 되고 전세계 방송사로 전달되는 거죠. 어마어마한 자본이 왔다갔다합니다.

우리나라만 하더라도 아침 뉴스, 저녁 6시 뉴스, 저녁 9시 뉴스, 심야 뉴스, 그 다음 각종 시사프로들이 있죠. 우리는 안방에 앉아서 끔찍한 전투장면에 무감각한 채로 그대로 노출됩니다. 한국의 방송 3사가 미국의 이라크 침공 장면을 보도하면서 과연 돈을 얼마나 썼을까라는 것이 요즘 저의 관심사입니다. CNN에 지불했을 자본의 규모가 얼마나 될까요? 그러다보니 AP나, CNN이나 이렇게 임베드를 받는 기자들의 경우에는 재미를 톡톡히 본다구요. 더구나 이런 방송사들은 전쟁을 통해 어마어마한 돈을 벌어들입니다. 그런 방송사와 기자들이 전쟁에 대해서 반대하겠습니까. 또 재미를 톡톡히 본 건 이번 전쟁만이 아니잖아요? 아프간 전쟁과 걸프전이 있었죠. 그러니까 CNN은 전쟁을 통해 이미 어마어마한 재미를 봤던 곳이라구요.

저는 자본-언론과의 메커니즘이라는 것이 굉장히 견고하다는 생각이 들어요. 우리는 그저 전쟁이미지를 소비하고 마는 거죠. 남의 얘기로 생각하고 맙니다. 다른 사람들의 고통이나 아픔들이 그냥 유포되고, 사람들은 그걸 마냥 보고 마는 상황에 대해 '소비한다'는 얘기가 적절하다고 생각하는데요. 이 안에서의 자본 구조와 규모, 또 사람들은 보고 소비하고 말아버리는 메커니즘이 있다는 사실을 말씀드린 겁니다.

사회자 언론에 그런 숨겨진 사실이 있다는 것을 까맣게 몰랐습니다. 만약 우리가 관심을 가지지 않는다면 우리는 정말 그들이 만들어낸 이미지를 고스란히 받아들일 수밖에 없겠군요.

박용준 그렇다면 언론의 자유가 엄연히 존재해야 하는 당위에도 불구하고 언론 자체 내에서 반대 목소리가 일어나 자체적으로 사실을 보도할 수 있는 권한을 만들 수는 없는지 궁금하거든요? 언론의 자유가 완전히 묵살당하는 상황에서 일종의 노조처럼 언론이 단합해서 미군의 잔혹함을 찍을 수 있는 힘이나 방법은 전혀 없는지요?

윤정은 그러한 활동들이 있긴 하죠. 그 얘기를 하기 전에, 황우석 줄기세포 연구 관련 사건을 보더라도 언론들이 여론을 얼마나 속여왔고, 또 잘못된 정보들이 흘러나가면서 사람들이 어떻게 영향을 받는지 분명히 볼 수 있었습니다. 물론 언론인들 자체의 반성이 전혀 없지는 않은 것 같습니다.

특히 중동지역에서는 서방언론에 당한 경험이 너무나 커서 특히 알 자지라 같은 아랍방송들이 맹렬하게 활동하기 시작했죠. 나중에 특히 알 아라비아 방송의 경우도 이라크 사람들한테 굉장히 신뢰를 많이 받던 곳이었습니다. 그리고 팔루자가 보도통제가 이루어지고 완전히 봉쇄된 상황에서 그 안에서 도대체 무슨 일이 일어나고 있는가가 초미의 관심사였습니다. 그러나 오늘 미군이 사원을 공격했는데 거기에 있던 무장 세력 몇 명이 죽고 민간인 피해는 한 명도 없었다, 이런 식의 언론보도가 전부였거든요. 그러나 나중에 전모가 밝혀지면서 전세계가 팔루자에 대해 학살이라고 규정하면서 미군정에 대해 압박을 가하기 시작했습니다.

처음으로 드러났던 증거가 민간인들 특히 여성과 어린이들이 사원에서 기도를 드리는 중에 미군이 아파치 헬기를 동원해서 무차별 폭격을 가했다는 것입니다. 그날 미군 측에서는 무장세력 한 명이 죽고 민간인 피해는 단 한 건도 없었다고 했어요. 그런데 팔루자 안에는 큰 병원이 두 개가 있는데 국립팔루자병원의 한 의사가 양심선언을 합니다. 최소한 40명의 민간인 사망자가 있었다고 발표한 것입니다. 그 다음에 알 자지라를 통해서 아이들이 폭격에 의해 죽은 사진들이 공개가 됩니다. 그러면서 많은 저널리스트들이나 평화운동가들이 이 사실을 알려나가면서 세계 여론들이 바뀌어가고 있습니다. 그 과정에서는 팔루자에서 가까운 아부 그라이브 포로수용소에서 미군이 성학대와 성고문을 하는 사진들이 미국의 CBS방송을 통해 보도가 됐었죠.

이 사진들은 기자들이 찍은 사진들이 아니라 그 고문을 직접 했던 미군 병사들이 찍은 사진들인데, 그것이 유출되었죠. 그러다보니까 미군 쪽에서 봤을 때 이라크 민주주의를 위해서 가서 전쟁을 했다고 얘기했는데 이러한 사진들이 알려지면서 도덕적으로 큰 타격을 입고 압박을 받는 거죠. 그래서 미군은 팔루자의 치안권을 일단 팔루자에서 자생적으로 형성된 저항세력들에게 넘겨줍니다. 그렇게 넘겨준 치안권을 11월에 다시 빼앗기 위해 미군은 한 번 더 폭격에 들어갑니다.

그때는 전세계 저널리스트들이 거의 다 나온 상황이어서, 완전히 '카더라' 통신 수준이었습니다. 특히 아브무사브 알 자르카위라는 존재를 둘러싸고 많은 이야기들이 있었습니다. 이라크의 많은 성직자들이나 사람들은 알 자르카위라는 사람은 이미 죽었다, 그 존재는 미국이 만들어낸 유령이라는 얘기를 굉장히 많이 했었습니다. 그러나 미군은 끊임없이 자르카위를 생포하기 위해서 팔루자 폭격에 들어간다고 얘기하곤 했습니다. 그리고는 폭격하기 바로 이틀 전에는 아브무사브 알 자르카위는 이미 팔루자를 떠난 듯하다고 했습니다. 알 자르카위를 생포하는 게 작전의 목적이었다면 떠났다고 판단이 되었을 때 공격에 안 들어가야 되는 것이 마땅하지 않습니까? 근데 이미 떠났다고 발표한 뒤 민간인에 대해 무차별 폭격을 했어요. 그러니까 이런 식으로 서방 언론들은 끊임없이 정보를 흘리고 공격에 들어가고, 이것들이 계속 반복되는 것을 봤어요.

이라크 전쟁 자체가 그랬어요. 처음에 후세인과 알 카에다와의 연계

그러면 전쟁은 뭘까요? 더 많이 가지려고 하는 욕심에서 시작된다는 생각이 들었어요. 그전까지 저는 욕망이나 더 많이 가지는 것에 대해 그렇게까지 두려움을 가진다거나, 어떤 결과를 낳는지에 대해서 상상을 해보진 않았습니다. 그런데 이라크를 빠져나오면서 유한한 자원을 가진 지구라는 공간에서 사람들의 욕망 구조가 변화하지 않는 한 전쟁이 계속 일어나겠구나라는 생각을 했습니다.

설이 있었잖아요? 후세인과 알 카에다가 관련이 있어서 9·11에 대한 보복으로 이라크 침공을 감행하죠. 그 연계성이란 것은 확인된 바가 없습니다. 근데 언론들은 마치 후세인과 알 카에다와 연계했다는 것처럼 보도를 해요. 그것이 사실인 것처럼 사람들은 받아들이죠. 또 이라크에 대량살상무기가 있다고 했는데, 아직까지도 증거를 못 찾았잖아요. 하지만 언론들은 마치 '있는 것'처럼 썼습니다. 많은 의혹들을 그런 식으로 서방언론이 먼저 흘리고 미국은 군사력을 동원해 전쟁을 하게 되는 거죠. 물론 저널리스트들이 다른 목소리들을 내야 되는데, 그 어떤 거대한 시스템 안에 있는 방송사의 한 기자로서는 힘든 것 같아요. 그래서 이라크전쟁을 기점으로 인터넷 매체들의 활동이 두드러졌고, 또 이라크에 들어가서 평화활동을 하던 운동가들이 실어나르는 정보들, 뉴스들이 많은 영향을 주기도 했습니다. 이런 활동들이 더 활발해져야 한다고 생각합니다.

사회자　우리가 정신을 차리지 않으면 언론인들이 만들어낸 진실 아닌 허구에 언제까지 갇혀 있을 수밖에 없을 것 같네요.

주성완　윤정은 선생님은 혹시 합의독재라는 말 들어보셨습니까?

윤정은　합의독재요?

주성완　저희가 같이 책을 읽고 토론을 하면서 고민했던 내용인데요. 간략하게 말하면 이런 것입니다. 우리가 이렇게 선생님한테서 듣고 또 여러 매체를 통해서 어느 정도 잘못된 사실을 알아갑니다. 이라크 내에서도 그렇고 그 이라크전에 국한시키지 않아도 이 사회와 관련된 많은 잘못된 일들을 알아갑니다. 하지만 아무리 가슴에 분노를 갖고 있더라도 거기에 대해서 저항하지 않는다면 현실은 변하지 않습니다. 결과적으로 우리는 억압적인 현실에 대해 동의한 셈이 되는 것입니다. 그런 개념을 합의 독재라고 합니다.

　사실 미군이 이미지를 중시한다고 보는 건 그들이 자신들의 도덕성에 대해서 어떤 치부를 감추고 싶어한다는 뜻임을 알 수 있습니다. 하지만 개개인의 입장 또는 어떤 작은 단체의 입장으로, 아무리 그런 것들을 많이 알아도 당장 우리가 어떠한 행동을 취해서 어떤 도움을 줄 수 있는지 등에 대해서 막연하니까 움직이지 않게 되고, 결국 다시 우리조차도 합의독재하에 있게 되는 사이클을 반복합니다. 그렇다면 이런 시간을 통해서 몰랐던 것들을 알게 된 우리는 그것을 앎으로써 어떠한 움직임을 펼칠 수 있는지요?

윤정은 지금 얘기를 들으면서 다음 전쟁을 예방할 수 있는 방법들이 어떤 게 있을까라는 생각을 했어요. 저는 유엔에서 예정되어 있던 6월 30일 정권 이양식 이틀 전에 바그다드를 떠났는데, 그때 육로로 빠져나오는 곳곳에서는 저항세력과 민군들의 전투가 있어서 나오기 힘들었습니다. 그래서 비행기로 빠져나갈 수밖에 없는데 표를 구할 수가 없는 거예요. 간신히 한국대사관에서 표를 구해 나올 수 있었는데, 나오면서 머릿속에 강하게 드는 생각이 '소비'라는 것이었습니다. 그러니까 이것은 전쟁이 아니라 '더 많이 가지고 더 많이 쓰려고 하는 사람들의 욕심이다'라는 생각밖에 안 들었어요.

물론 이라크 사회 자체가 가지는 문제점들도 있었겠죠. 오랫동안 후세인 정권하에서 고통을 받는 사람들도 많았고 불만들도 꽤 있었고 정치적·사회적인 여러 문제들을 안고 있었지요. 하지만 그건 그 사회가 해결해야 하는 것들입니다. 근데 전쟁이 일어난 배경은 어쨌든 미국이라는 거대한 소비사회가 계속 유지되기 위해선 전쟁이 필요하다는 겁니다. 이라크 사람들이 전쟁을 필요로 했던 것은 절대로 아닙니다. 전쟁을 필요로 했던 사람들이 따로 있었던 거죠. 전쟁을 통해 자신들의 문제를 해소해서 얻을 것이 있는 사람들, 그 사람들에 의해 전쟁이 일어납니다. 그러면 전쟁은 뭘까요? 더 많이 가지려고 하는 욕심에서 시작된다는 생각이 들었어요.

윤정은

그전까지 저는 욕망이나 더 많이 가지는 것에 대해 그렇게까지 두려움을 가진다거나, 어떤 결과를 낳는지에 대해서 상상을 해보진 않았습니다. 그런데 이라크를 빠져나오면서 유한한 자원을 가진 지구라는 공간에서 사람들의 욕망 구조가 변화하지 않는 한 전쟁이 계속 일어나겠구나라는 생각을 했습니다. 지금 성장위주의 경제는 어디까지 가능한가. 미국이라는 사회가 끊임없는 성장을 추구하는 사회이고, 끊임없이 성장할 수 있을 거라는 신화를 사람들이 가지고 있죠.

이제 나누어 쓰는 경제시스템이라든가, 대안적인 에너지 정책에 대해서 생각해야 할 때가 되었습니다. 어쨌든 이건 자원전쟁이었고, 미국 사회의 소비를 계속 유지하기 위해 일어난 전쟁이죠. 제가 이라크에서 돌아와서 얼마 후 미국 대통령선거가 있었는데 부시가 재당선이 됐습니다. 그러면서 이런 생각이 더욱 강해졌습니다. 부시정권의 문제만이 아니라, 부시라는 정권을 필요로 하는 사회의 문제라는 생각을 했습니다. 그러면 우린 다음 전쟁을 어떻게 예방할 것인가? 저는 단순히 전쟁이 '너무 끔찍하지 않아?' 라는 것만으로는 안 된다고 생각해요. 전쟁 반대 구호만으로 안 된다고 생각합니다. 정말 지금의 전쟁이 일어나는 것은 이라크가 문제가 있어서가 아니라 여기서 파병하는 우리 사회의 문제이고, 전쟁을 필요로 하는 미국사회가 문제인 거죠.

우리 사회가 이라크 파병을 하면서 국익이라는 얘기를 계속했습니다. 그러면 우리 사회는 어떤 문제를 가지고 있는지, 지금 사람들이 가지고 있는 성장위주의 신화라든가 소비주의 등이 전쟁을 어떻게 부추기고 있는지, 어떻게 전쟁이 가능하도록 만들어진 사회인지에 대한 분석이 있어야 합니다. 그렇다면 이 사회가 어떻게 조금 더 자립할 수 있는 방향으로 가야 할지라는 문제가 연결되는 거죠. 어떤 국가가 다른 사회나 국가를 침략하여 문제를 해결하는 것이 아니라, 어떻게 하면 서로 나누고 상호협조 할 수 있는 구조로 갈 것이냐를 생각해야 합니다.

우리가 어떻게 자립할 것이냐. 우리가 자립을 한다는 건, 남의 것을 빼앗아서 살지 않겠다는 뜻이지 않습니까? 우리가 주어진 자연환경과 지역사회 내에서, 또 국가시스템 안에서 어떻게 자립할 것이냐, 우리 문제를 어떻게 풀어나갈 것이냐가 가장 중요하다고 생각해요. 다음 전쟁을 예방하는 방법들은 단순히 전쟁반대 정도가 아니라 에너지 문제부터 시작해서 경제구조 그리고 지역과 국가의 문제, 그리고 사람과 사람의 관계 문제, 우리의 소비 문제 등 여러 부분에서 분석되고 다시 얘기되어야 합니다.

사회자 전쟁에 대한 근본적인 문제라든지 현재 일어나고 있는 전쟁, 또 일어날 전쟁에 대비해서 우리가 해야 할 일이 무엇인지에 대해서 얘기를 해보고 싶습니다.

학생1 방금 전에 에너지 문제에 관해서 말씀하셨는데, 저희가 생활을 하면서 할 수 있는 작은 실천 하나 하나가 힘을 가질 수 있다고 생각합니다. 저희가 정책적으로 무엇을 할 수 있는 힘이 현실적으로 없잖아요. 어떤 종류의 개인적인 실천을 하는 게 가장 바람직하다고 생각하시는지요?

윤정은 막연하겠지만 저는 타인에게 피해를 입히지 않고, 보다 독립적인 관계 속에서 인적 자원이든 정보든 유기적으로 잘 소통되는 사회는 어떤 사회일까라는 생각을 해봐요. 문득 저는 '보다 작은 곳에서 시작되겠다'는 생각이 들었습니다. 지금 우리가 생각하는 규모 또한 국가 위주로 어떤 정책이 구상되는 부분들이 있잖아요? 우리 사고 구조 또한 너무 거시적이지 않은가요? 그러니까 어떤 정책을 얘기할 때 국가 단위로 아니면 전세계적인 단위로 보는 보편성도 굉장히 중요합니다만, 실질적으로 자기의 삶의 문제들을 가지고 삶에 필요한 것들을 얘기를 할 때는 훨씬 더 작은 단위로 생각해보았으면 해요.

거시적인 사업, 국가 규모의 정책 수준으로 생각하다 보면 언제나 통치와 지배 문제가 생기고, 누구는 따라야 하고 누구는 다스리는 입장이어야 하는 문제가 생깁니다. 저희가 예전에 공부할 때 '자치'라는 단어를 얘기한 적이 있었어요. 책을 읽고 열심히 이야기하지만, 자치가 현실에서 어떤 모습으로 존재할지 그건 잘 몰랐던 거예요. 그래서 아주 작은 문제 하나가 터지더라도 서로 경쟁적이었고, 그 문제를 풀어가는 방식들이 솔직하지 못했거나, 힘에 의해서 해결을 해버리는 경우들을 많이 봤거든요.

저도 예전에는 거시적인 문제들, 사회 문제들 중에서 굵직굵직한 이슈들을 막 따라다녔거든요. 어느 순간에는 개인으로서 무력감이 느껴지더라구요. 내가 해결할 수 있는 건 아무것도 없는 거예요. 당장 이 사람들이 내 발목을 붙잡고 살려달라고 하더라도 제가 해줄 수 있는 건, 어마어마한 국가권력 속에서 해결해줄 수 있는 것이 없더라구요. 지금 생각해보면, 한 사람과 보다 더 잘 소통하고 이해하고, 이 문제를 어떻게 바라볼 것인지에 대해서 같이 합의하고, 또 힘을 모으려 할 때에는 일이 제대로 시작되는 것 같아요.

이희동 저희는 항상 이라크에서 미군이 잘못하고 있다, 피해 입은 사람들을 도와줘야겠다는 생각을 합니다. 하지만 저희는 행동으로 옮기지 못하거든요. 근데 기자님은 이라크에 상주하는 동안 그 호텔에서 민간인들과 함께 하셨잖아요. 개인적으로 보면, 그런 힘은 어디서 나올 수 있는지, 생각하는 것만이 아니라 움직일 수 있는 힘이 어디서 나오는지 정말 궁금합니다.

윤정은 아까 합의독재에 대해 말씀하셨는데, 맨 처음에 제가 이라크 갈 때 친구들이 왜 가냐고 자꾸 물어서, '이너 투어'라는 제목으로 편지를 써서 메일로 보낸 적이 있었어요. 책 앞에도 보면 잠깐 나올 텐데 '히틀러 같은 독재자의 문제만은 아니다, 그를 묵인했던 많은 당대 사람들의 생각이 가장 문제'라는 얘기로 시작했었죠. 물론 이라크로 갈 때 그러한 생각들을 했어요. 이라크 사회는 전쟁을 어떻게 극복하는지, 그리고 이 전쟁의 숨겨진 모습들을 보자, 그 다음에 평화운동은 어떠해야 하나와 같은 여러 가지 생각들을 하긴 했지만 직접적인 동기는 아니었습니다.

그것은 저한테도 어떤 목적의식의 일부분이었을 뿐이었죠. 직접적인 동기라고 한다면 어쨌든 저는 사진이나 글 등에서 힘을 얻었고, 이 힘은 기록이라는 부분에 대해서 많이 생각해온 결과입니다. 그것을 꼭 다량으로 많은 사람들한테 전달하지 않더라도 제가 시간이 있을 때 기록을 계속 해두는 것이 중요하다고 생각했습니다.

이상하게 카메라를 들고 있을 때는 하나도 안 무서워요. 그때 평화활동을 했던 분들도 개전 당시에 들어갔다가 나오신 분들이 많이 있었죠. 반전평화팀이 이라크에 들어갈 당시만 하더라도 이분들은 어떤 생각을 가지고 갈까라는 생각을 저도 막연히 했었어요. 당시 저한테 이라크에 다녀왔던 사람들이 뭐라고 얘기했냐 하면, 이제는 전쟁을 개시한 지 1년이 지났으니까 이라크 사회가 안정될 것이다, 너는 들어가면 자전거도 타고 다닐 수 있을 것이라고 했어요.

근데 막상 가서 호텔에서 기자들하고 매일 상대하니까 이라크 사람들을 대상화해서 얘기하게 되는 것 같고, 더 이상 저한테 도움이 안 되는 것 같았습니다. 그게 견딜 수 없을 만큼 답답했고 '이라크 사회 속으로 들어가면 답답함을 해소할 수 있을 것 같아서 무엇이 문제인지 겪어봐야겠다는 생각을 했죠. 그것은 용기라기보다 저한테 필요한 작업들이었고 굉장히 좋은 경험이었습니다. 그러면서 특히 이라크 사람들한테 실제로 도움을 많이 받았었죠.

이윤정 방금 에너지와 관련해서 우리가 현실적으로 어떤 일을 할 수 있는지 질문을 드렸잖아요? 그리고 선생님께서 거시적인 시야를 조금 좁혀 내 주위의 문제부터 살펴보는 게 필요하다고 하셨고요. 우리가 살면서 선생님께서 말씀하신 것처럼 어떤 식으로 평화운동을 할 수 있을까라고 했을 때 우리 삶 자체에서 어떤 것을 실천해야 한다, 시야를 좁혀야 한다

어른이라는 사람들, 아니면 남들보다 좀더 권위 있는 사람들이 '너 요만큼만 하면, 행복해질 수 있어' 라고 하는 것이 정말 나한테 필요한 말일까? 그리고 내 문제를 해결할 수 있는 방법일까라는 생각이 들거든요. 문제는 내가 가장 잘 안다고 생각해요. 그러니까 만약에 어떤 시위가 있어서 촛불 하나 들고 서 있는 것이 도움이 될 것 같다고 진심으로 생각한다면 저는 그것이 도움이 된다고 생각합니다.

라는 말은 누구라도 할 수 있다고 생각합니다. 그보다는 좀더 구체적인 사례를 말씀해주셨으면 해요. 평화운동하면 촛불 들고 시위하는 것, 서명운동 하는 것밖에 떠오르지 않는데, 우리가 생활 속에서 좀 더 구체적으로 실현할 수 있는, 현실 가능한 방법을 제시해주셨으면 좋겠습니다.

윤정은 개인적으로 저한테는 현실적인 방안이 있는 것 같아요. 그래서 이라크를 다녀와서 피스저널리즘에 대해 이야기하고 지금 제가 일하는 매체에서 기자로 계속 활동하는 것들이 저한테는 같은 선상의 움직임이거든요. 그리고 전쟁의 문제들을 언어화하는 작업들을 하고 있는 거고요. 저한테는 이것이 현실 방안이에요. 그리고 제가 에너지 문제를 조금 언급했습니다만, 독일에서 시도되고 있는 풍력발전소라든가 태양력에너지 발전소 등에 대해서 관심을 가지고 있습니다. 그러나 각자에게 필요한 현실적인 방안으로는, 때로는 촛불시위 나가는 것도 하나의 방법일 수 있습니다. 저 또한 그런 시위에 가끔 동참할 때도 있거든요. 각자 나름대로 고민하고 결정하고, 그 결단에 따라 충실하고 정직하게 해나가는 것 외에. 천편일률적인 어떤 해결책이라는 것은 없는 것 같습니다. 어떤 사람에게는 지금 이 책을 읽는 것이 필요하다면 그것이 해결 방안이 될 수 있을 겁니다.

진정한 평화운동은 마음속에서 자발적으로 우리 사회가 보다 평화로워질 수 있으면 하는 부분에서 동참을 하고 싶은 만큼 하는 것이라고 생각합니다. 그리고 다양한 방법이 있을 수 있고, 각자가 알아서 어느 정도 행동을 결단하는 것이고, 수위를 조절하는 것이라고 생각합니다.

김수영 학교에서 세계 지리 시간에 서남아시아에 대해서 배웠거든요. 근데 서남아시아 분쟁지역이라고 하면서 이라크가 나오고 크메르족도 나왔는데 보통 학생들은 그런 걸 접하면, 어디가 어딘지도 모르고, 그 분쟁의 원인도 잘 모르는 경우가 많습니다. 그리고 그 지역에서 일어나는 전쟁에 대해 알았다고 해도 그 참혹함에 대해 많은 관심을 두지 않으니까 곧 잊혀지는 것 같습니다. 방금 우리가 절실하게 느껴서 행동하는 것이 현실적인 방안이라고 하셨는데, 실제로 여기 모인 사람 학생들은 전체 학생들에 비하면 정말 소수잖아요? 그러니까 이 자리에 오지 못한 학생들은 대부분 전쟁에 대해 생각만 하고 있지 제대로 실감나게 못 느낀단 말이에요. 이라크 전쟁이 일어났을 때도 우리끼리 전쟁의 참혹함을 이야기한 게 아니라 '이번에 논술시험에 나오겠다' 이런 얘기만 했거든요. 어떻게 하면 이런 상황을 바로잡을 수 있을지요?

윤정은 입시 위주 교육이 문제죠? 교육문제는 저보다 지금 학생이신 여러분이 더 절실하게 느끼실 거라고 생각해요. 그렇지만 어쨌든 교육문제는 지금의 교육체계 내에서 밖으로 나오기도 힘드니까 '인디고 서원' 같은 곳에서 활동을 하면서 나름의 희망을 찾아보려는 노력들을 해야 한다고 생각합니다. 이라크 전쟁은 저런 것이야라고 얘기하는 데는 언론의 책임이 굉장히 크죠.

역사를 기술하는 데 있어서 누구의 손에, 누구의 시각에 의해서 씌어진 것일까? 이런 질문을 하는 것이 시험 문제에 안 나오잖아요? 그러니까 그런 질문을 하는 것보다는 외워서 어느 대륙에, 무슨 나라가 있다든가, 어떤 사건들이 존재했다는 것을 많이 알면 시험보는 데는 좋겠죠. 이 교실에서 어떤 희망들이 있을까라는 생각도 하게 돼요. 그렇지만 곳곳에서 노력들과 희망들이 있다고 생각합니다. 또 그런 희망들이 조금 더 커졌으면 좋겠고요.

사회자 우리의 이야기는 늘 대학입시로 흐르는군요. 방향을 바꿔서 책의 마지막에 나오는 피스저널리즘에 대해 얘기해보고 싶습니다. 피스저널리즘이란 전쟁에서 누가 승리하느냐가 관심이 아니라 전쟁으로 인한 갈등이 사람들의 일상에 어떤 영향을 미쳤는지, 또 어떤 고통을 주는지 등을 보여주고 알리는 일이라고 생각합니다. 피스저널리즘의 정확한 정의나 활동에 대해서 얘기를 해주시면 좋겠습니다.

윤정은 저는 오래전부터 언론의 문제점들에 대해서 생각을 했고 또 다른 종류의 저널리즘에 대해서 관심을 가지게 됐죠. 분쟁지역을 다녀온 저널리스트들에 의해 피스저널리즘이라는 얘기들이 있긴 하지만, 아직은 뚜렷한 실체가 있지는 않은 것 같습니다.

지금 얘기되고 있는 부분은 전쟁보도를 하는데 어느 쪽을 선한 자 혹은 악한 자라고 규정하지 말 것. 두 번째, 전쟁을 전투 중심이라기보다는 민간인의 피해나 사람들의 일상의 문제들로 볼 것. 세 번째, 테러리스트라든가 그 누군가가 규정한 단어들보다는 그들이 어떻게 규정되고 싶어하는지를 한 번 물어보라. 이 정도의 간단한 몇 가지 원칙들이 제시되어 있습니다. 그러나 실제로 분쟁지역에서는 몇 가지 안 되는 원칙이라 하더라도 지키기가 굉장히 힘들어요.

당장 누가 어느 언론사에 소속되어 있느냐, 필요한 경비들을 어디서 조달받느냐, 인간관계에서 이쪽이라고 규정된 사람들보다 저쪽이라고 규정된 사람들하고 조금 더 친하지 않은가? 여러 가지 부분에서 굉장히 쉽지 않은 문제예요. 그래서 저는 그러한 원칙들이 현장에서는 굉장히 중요하다고 생각합니다. 그리고 자기가 신변의 위협을 받을 때는 공격적으로 나가기도 하구요. 그것이 인간의 생존 본능인 것 같아요. 그러니까 그런 위험 상황에 직면했을 때는 드러나지 않았던 여러 가지 욕망의 문제 등이 드러나기 때문에 그런 원칙들을 지켜내기가 굉장히 힘들죠. 그래서 심지어 사진 한 장을 팔더라도 나는 그걸 목숨을 걸고 찍었다는 생각으로, 어떤 사람은 1백만 원 준다는데, 여기는 취지는 좋지만 10만 원밖에 안 준다고 했을 때 결정하기가 쉽지 않은 문제입니다.

그러니까 그런 원칙들을 써놓고 '현실에서는 누구나 다 아는 얘기예요'라고 하지만 현실에서 실천할 때에는 상당히 힘들고 결단력이 필요하다는 겁니다. 그래서 그런 피스저널리즘의 몇 가지 안 되는 원칙이지만 굉장히 중요하다고 생각합니다. 피스저널리의 관점으로 기록이 되는 것과 그러한 원칙 없이 기록되는 부분은 굉장히 다르다는 생각이 듭니다. 저는 이 책에서 민간인 피해라는 것이 단순히 전투장면에서 사람이 죽는 정도가 아니라, 사회가 그 이후에 겪는 후유증, 정신적 피해, 수도와 전기시설이 복구되지 않아서 사람들이 겪는 고통 등을 모두 포함하는 것이라고 생각해요. 전투장면 중심으로 기록하는 것과는 전혀 다른 생산물들이 나오잖아요.

그리고 이 책을 쓸 당시에는 총을 들지 않는 사람들, 평범한 사람들이 겪는 전쟁은 무엇인가, 우리는 그 동안 전쟁이라는 것은 총을 든 사람들만 하는 거고, 이 전투 장면 이외에 다른 지역에 사는 총을 들지 않은 사람들, 민간인들은 어떻게 전쟁을 겪어내는가, 어떤 고통을 당하는가에 대해서는 관심이 없었잖아요. 저는 이제 그러한 관점에서 쓰려 합니다. 저는 제가 한국사회에서 기록활동을 계속 하는 것 또한 피스저널리즘의 일환이라고 생각합니다.

권력이 언론과 결탁해서 작동되는 방식은 어디나 거의 비슷한 것 같아요. 돈의 문제가 굉장히 또 심각하구요. 어느 정도로 건강할 수 있는 자본의 구조나 방법론이 있을까라는 생각이 들고, 권력이 작동하는 방식이나, 강한 사람이 약한 사람을 괴롭히는 방식, 피해 양상은 어떠한 형태로 일어나고, 그리고 우리는 어떻게 봐야 하는지 그리고 어떻게 해결할 수 있는지 등이 모두 피스저널리즘에 근거한 정신이라고 생각합니다.

이민석 아까 개인의 무력감에 대해 말씀하셨잖아요. 그래서 그런 것들에 대해 저도 책을 읽고 여기서 친구들과 이야기를 나누고 생각하고 개인의 성장을 위해 노력하고 있지만, 저도 아주 단단한 벽 같은 사회 메커니즘을 바꿀 수 없다는 무력감을 많이 느끼거든요. 윤정은 선생님은 그러한 무력감을 이겨냈다고 하셨는데, 자기 극복을 하는 데 일상을 어떻게 이끌어가시는지 궁금하거든요.

윤정은　저를 이끌어가는 것이요?

이민석　네. 한 개인으로서 무력감을 느낄 때, 그것을 이겨내는 방법에는 무엇이 있는지요? 어떤 공적인 힘 말고 개인으로서 어떻게 자신의 존재를 가꿔 나갈 수 있는지요?

윤정은　가끔 일을 하다 소진된다고 느낄 때 저는 예전부터 여행을 많이 다녔어요. 저는 했던 생각을 반복하는 건 바보라고 여기는데, 어느 정도 결정을 한 뒤에는 실천을 하면 되는데 예전에 했던 생각을 계속 하는 것은 원칙을 허물어뜨리고 싶거나 자기 정당화를 계속 하고 싶다는 뜻이거든요. 그러다 보면 점점 더 어두운 생각만 하게 되는 것 같아요.

　세상도 살기 싫고, 모든 게 귀찮고 화나는 상황으로 가더라구요. 그럴 때 저는 운동을 한다든가 여행을 가면서 생각들을 좀 털어냅니다. 그래야 또다시 뭘 하고 싶다는 의욕으로 다시 머릿속이나 마음을 채울 수 있더라구요. 특히 자연이 주는 힘이 가장 컸어요. 자연 속에서 하나하나 살아가는 것들, 작은 새싹도 있고, 숲속에 들어가면 여러 가지 움직이는 동물들이나 자연의 모습이 있잖아요 그런 것들이 주는 위안이 굉장히 컸던 것 같아요.

이윤정　피스저널리즘은 사건 현장보다는 전쟁의 피해자인 민간인을 중심으로 보도를 한다고 하셨잖아요? 책에도 주로 민간인에 관한 얘기를 많이 다루셨는데, 갑작스럽게 폭탄이 날아와서 하룻밤 사이에 엄마를 잃은 아이나, 한 노모가 자신의 큰아들은 다리를 잃고 둘째아들은 팔을 잃고 사촌은 죽었다며 울부짖는 모습을 보면서 눈물도 흘렸습니다.

　제가 대학생이 되어서 한 학기 동안 많은 곳에 봉사활동을 다녔는데 실제로 조그마한 곳보다는 큰 재단에서 하는 봉사단체에 들어가서 해보니까 실질적으로 제가 보았던 신문이나 TV 속의 굉장히 좋은 이미지들보다는 제가 잘 모르던 것들, 예를 들어 비리들을 많이 알 수 있었거든요. 윤정은 선생님께서도 민간인 피해의 모습을 담아내긴 했지만 책과

진정한 평화운동은 마음속에서 자발적으로 우리 사회가 보다 평화로워질 수 있으면 하는 부분에서 동참을 하고 싶은 만큼 하는 것이라고 생각합니다. 그리고 다양한 방법이 있을 수 있고, 각자가 알아서 어느 정도 행동을 결단하는 것이고, 수위를 조절하는 것이라고 생각합니다.

뉴스보도에서는 말씀하시지 않았던 이야기들도 많을 거라고 생각하거든요. 알려지지 않은 이야기 몇 편 들려주시면 감사하겠습니다.

윤정은　막상 전쟁이 일어난 지역에 가보니까 우리가 생각하는 것보다 더 무섭게 느껴지더군요. 그래서 이 책을 써서 주위 분들한테 주니까 과거에 우리가 겪은 전쟁을 만나는 것 같다는 이야기를 하셨어요. 이라크 전쟁을 통해서 저는 한국전쟁을 사람들하고 좀 새롭게 얘기하게 됐습니다. 이 책도 뉴스보도에 나가지 않은 전쟁 사진과 이야기들을 중심으로 해서 펴냈구요. 이 책에서도 좀더 섬세하게 설명할 수 없었던 전쟁의 모습은 예를 들면 이런 거예요. 인간관계가 파괴된다는 얘기를 했는데 어떤 현실로 드러나냐 하면, 80퍼센트의 실업률이 몇 달이 아니라 몇 년째 지속됩니다. 그러면 상상할 수 있는 것들이 여러 가지 있습니다. 일을 해서 돈을 벌 수 있는 안정된 사회가 될 수 없지요.

이라크에서는 사람들을 위한 정부가 언제 세워질지도 모르고 서로 권력 나눠먹기만 하고 있는 상황인데다, 실업률은 80퍼센트가 넘고, 전기 수도시설은 복구가 되지 않고 있습니다. 아이들은 학교에 갈 수 없고, 가다가 납치되어 범인들이 내거는 액수만큼 준비해서 아이를 찾아오는 경우도 있고, 못 찾는 경우도 있어요. 그리고 여성들이 아무도 모르게 사라지는 경우가 많이 생기니 여성들이나 아이들은 무서워서 집 밖에 나가지를 못합니다. 정말 낮에도 개미새끼 한 마리 안 다니는 것 같아요. 제가 살던 집의 어머니 같은 경우에도 중학교 선생님이셨는데, 아침에 출근할 때 여자선생님들 몇 분이 돈을 모아서 차량 한 대를 빌립니다. 그래서 아침에 정확히 몇 시에 차를 타서 아이들을 학교에 데려다 줍니다. 그래도 이건 돈이 있는 집에서나 가능한 일입니다.

미 경호업체 네 명이 살해되어 시체가 다리 위에 걸렸는데, 팔루자 사람들이 'CIA요원이다' 라고 얘기했어요. 미군이 팔루자에 대해서 저항세력을 색출한다는 명분으로 밤낮을 가리지 않고 한 분대가 매일 그 부족이 사는 집안으로 들어가서 사람들을 색출하고 잡아갔습니다. 만일 오늘 하루 이 지역을 소탕해야겠다고 하면 그 지역에 투입되는 거예요. 다음날은 이 마을, 그 다음날은 저 마을을 마구 돌아다니는 거지요. 그러니까 집들이 쑥대밭이 돼요. 이러한 형태로 민간인 피해가 생겨납니다. 아들이 잡혀가자 미군 다리를 잡고 우리 아들은 죄 없다고 호소하다가 발길질당해서 무릎을 다쳐 라마드병원에 가 있는 어머니도 있었고, 그 아버지 같은 경우에는 '우리 윌리두는 농사만 짓던 애다. 학교도 못 다니고. 내 손 한 번 봐라. 여기 굳은살 있지 않냐? 농부다. 우리 애가 무슨 저항세력이냐? 열일곱 살밖에 안 된 애가 여기 이 감옥에 있다' 라며 울부짖습니다. 그 사람들이 받은 심리적인 정신적인 피해도 어마어마합니다. 이러한 형태로 민간인 피해라는 것은 단순히 전투 장면을 보여주는 것만으로는 설명할 수 없습니다.

학생2 개인적인 질문인지도 모르겠는데요. 대학을 졸업하자마자 바로 분쟁지역에 가서 기록활동을 하셨다고 했는데, 그런 활동을 해야겠다는 생각을 언제부터 하셨는지요?

윤정은 저한테도 계기는 갑자기 다가왔어요. 북한이 굉장한 식량난을 겪고 있고 또 탈북자들이 중국에 굉장히 많이 떠돈다, 변경을 건너다가 변경 수비대의 총에 맞아 죽더라도 먹을 걸 찾아서 떠도는 사람들이 많다는 사람들의 증언들을 담은 보고서를 보게 됐죠. 아직 한국사회는 북한이 식량난을 겪고 있다는 것이 알려지지 않았을 때였구요.

　　그래서 그런 계기가 왔을 때 보러 가야겠다는 생각을 했습니다. 그때 당시에 그 보고서를 하룻밤만에 다 봤을 때 내용이 너무나 처절해서 내가 뭐라도 했으면 좋겠다는 생각을 했고, 이런 일을 하는 과정에서 앞으로 생명의 위협을 받을 수도 있겠다는 것을 알았지만 막상 저한테는 큰 어떤 두려움으로 다가오지는 않았어요.

학생3 저는 다시 작은 실천에 대해 얘기하고 싶습니다. 대학생들 중에서 필리

저는 사회운동에서는, 물론 단순한 작은 실천들이 모여서 어떤 거대한 흐름들을 만들기도 하지만, 목적의식적인 부분들이 있어야 된다고 생각합니다. 한 사람의 행동과 실천이 어떤 영향을 가져오고, 주변에 어떤 영향을 끼칠 것인가를 정확히 봐야 한다는 거죠. 그렇지 않고 그냥 하는 것들은 사회운동이라기보다는 자선행위일 수도 있어요. 그런데 저는 이것이 사회운동이 되기 위해서는 우선 시선 자체도 점검해야 된다고 생각해요. 내가 저들을 그냥 불쌍한 사람, 도와줘야 하는 사람으로 규정하고 있지 않은가? 만일 그렇게 규정했을 때는 이러한 과정들에 대한 결과가 어떻게 나올 것인가라는 것도 생각해야 한다는 거죠.

핀 빈민지역에 봉사활동을 갔다온 분들이 있습니다. 그런데 쓰레기 매립지에서 물품들을 건져 생계를 유지하는 마을에 갔다온 뒤 울면서 자신이 여기서 너무 낭비하면서 살았다며 마음 아파하더군요. 사실 저는 그런 걸 보면서 그냥 마음으로 아파할 수는 있고, 잠깐 방학 때 도와줄 수도 있지만, 그게 실질적으로 그 사람들의 삶에 어떤 변화를 주지는 않는다고 생각했습니다.

예전에 효순이와 미선이 추모집회에 가고, 이라크 파병 반대 촛불집회도 가면서, 이런 작은 목소리가 중요한 건 머리로는 알겠지만, 커다란 정책에 변화를 줄 수 없다면 그리 큰 반향을 일으키지 못한다는 것을 깨달았습니다. 솔직히 마음으로는 와닿지가 않아요. 정말 왜 그렇게 해야 되는지?

윤정은 그러한 실천들이 어떻게 사회운동이 될 수 있는지에 대한 질문이군요. 이게 단순히 그냥 작은 실천에 머물지 않고 사회운동으로 전개될 수 있었으면 좋겠다는 바람에서 그렇게 말씀하신 것 같습니다.

저는 사회운동에서는, 물론 단순한 작은 실천들이 모여서 어떤 거대한 흐름들을 만들기도 하지만, 목적의식적인 부분들이 있어야 된다고 생각합니다. 한 사람의 행동과 실천이 어떤 영향을 가져오고, 주변에 어떤 영향을 끼칠 것인가를 정확히 봐야 한다는 거죠. 그렇지 않고 그냥 하는 것들은 사회운동이라기보다는 자선행위일 수도 있어요.

그런데 저는 이것이 사회운동이 되기 위해서는 우선 시선 자체도 점검해야 된다고 생각해요. 내가 저들을 그냥 불쌍한 사람, 도와줘야 하는 사람으로 규정하고 있지 않은가? 만일 그렇게 규정했을 때는 이러한 과정들에 대한 결과가 어떻게 나올 것인가라는 것도 생각해야 한다는 거죠. 만약 어떠한 관점과 자기 나름대로의 시각이 결정됐을 때 실천을 하는 겁니다. 그러면 실천을 할 때 어떠한 방법을 써야 하는가? 그리고 어떻게 관계를 맺을 것이냐라고 했을 때 이 당사자가 어떤 관계를 맺고 있고, 나중에 이 고통의 문제를 어떻게 들을 것이냐라는 주제로 한 부분을 썼습니다.

그러니까 저에게는 기록의 문제에서는 어떻게 듣느냐라는 문제가 굉장히 중요했거든요. 그런 것처럼 어떤 실천을 할 때 당사자와의 관계가 어떻게 될 것이냐라는 고민들은 해야 된다고 생각합니다. 그것이 자선 행위에서 머물지 않기 위해서는 더욱 필요하지요.

저도 필리핀 빈민지역 얘기를 들은 적도 있었고, 그 지역의 이야기가 한국의 어떤 모임에서도 다큐멘터리로 상영된 적도 몇 번 있었던 것 같습니다. 사회운동에서 가장 중요한 요소가 저는 자치와 자립이라고 생각합니다. 일단은 자립의 문제들을 굉장히 중요하게 생각해야 될 것 같습니다. 그리고 자치의 문제는 단순히 내가 이 사람을 도와준다는 차원이 아니라, 그들이 만약 지금 어떤 경제적인 문제를 겪고 있다면 이 문제를 어떻게 스스로 해결할 수 있게 할까라는 문제도 같이 고민해야 된다고 생각합니다. 그리고 우리가 동원할 수 있는 여러 가지 방법들을 생각해서 문제를 해결해야 하는 것이죠.

김승현 주제와 변주에 참석한 것은 이번이 세 번째인데요. 오늘처럼 심장이 터져버릴 것 같은 느낌이 드는 건 처음인데, 제가 만약 이라크에 간다고 한다면 선생님께서는 말리실 건지 아니면 잘 갔다 오라고 응원해주실 건지요?

윤정은 만약 지금 간다고 하면 못 간다, 가지 마라, 죽는다, 무모하다고 얘기하겠습니다. 근데 조금 시간이 지난 다음에 간다고 하면, 어떤 도움을 줄 수 있을지 고민해볼 것 같아요. 근데 같이 가지는 않을 것 같아요. (웃음) 지금은 굉장히 위험한 상황이라 외국인들의 경우에는 가더라도 전혀 활동도 못 한답니다. 어떤 목적을 가지고 있든지 간에.

사회자 벌써 마칠 시간이 되었네요. 오늘 어떠셨어요?

윤정은 저는 정신없이 얘기한 것 같아요. 이곳 저곳에서 굉장히 난감한 질문들이 날아와서 조금 당황했습니다. 그렇지만 굉장히 제 내부에서도 생각하고 정리해야 하는 문제들이 많이 나와서 저에게도 많은 도움이 되었던 것 같습니다.

사회자 시험이 끝난 뒤라서 준비를 충분히 하지 못해 미흡한 점이 많았던 것 같습니다. 제13회 주제와 변주를 마치도록 하겠습니다. 감사합니다.

"이 아이들이 원하는 것은 군대와 총이 아니라 빵과 의약품"

NO WAR

전쟁은 끝나야 합니다
아이들은 부모님 품으로 돌아가야 합니다

하고싶은 **말**

나는 친구의 죽음을 볼 용기가
없습니다 평화를 원해요
당신들의 젊겨 마음과 천박한
자본에 대한 욕심이 얼마나
비열하고 비인간적인지 어서 깨달으세요
반성하세요 제발 차이든 부대원들
가족의 품으로 돌아가게 해주세요

보내는 사람   박용준
부산 수영구 남천동 16-2 미디어센터

받는 사람   서울시 영등포구 여의도동 1번지
국회의원 회관   의원님 앞

1 5 0 7 0 2

사회자 이번 주제와 변주에서는 박기범 선생님과 함께 얘기하는 시간을 가져보겠습니다. 좀전에 윤정은 선생님도 왔다가셨지만 오늘은 이라크전과 관련하여 평화에 관한 이야기를 이어볼까 합니다. 박기범 선생님의 책 『어린이와 평화』를 다 읽으셨을 테니까 제가 더 설명하지 않아도 될거라 믿고, 하고 싶었던 질문들을 통해서 좋은 이야기들을 나눌 수 있는 자리가 되었으면 합니다. 또 윤정은 선생님께서 보는 이라크와 박기범 선생님께서 보는 시각은 많이 다를 수 있다고 생각해요. 그래서 여러분께서 질문할 거리가 참 많을 것 같습니다. 우선 선생님의 소개를 들으면서 시작하겠습니다.

어린이와 평화팀 안녕하세요? 어린이와 평화팀입니다. 이번 자리는 인디고 서원에서 박기범 선생님을 초대하여 만든 만남의 자리로 알고 있는데요. 저희는 자이툰 부대 또는 이라크 파병과 관련해서 길거리에서 평화의 행동을 해왔던 사람들입니다. 그런 저희가 박기범 선생님과 만난 뒤 우리만의 만남이 아니라 평화를 위해 여러 지역을 다니면서 이야기를 나눠보자 해서 '어린이와 평화'라는 이름의 팀으로 지금 다니고 있습니다. 박기범 선생님과 이야기도 하시고 또 저희의 노래도 같이 들으면서 서로 대화하는 시간을 가졌으면 합니다. 그래서 어린이와 평화팀에서 준비를 하는 동안 박기범 선생님의 이야기를 먼저 듣고 진행하면 좋겠습니다.

박기범 아까 세 시부터 윤정은 기자하고 만나 이야기를 하면서 그분이 겪은 그곳에서의 이야기들을 많이 들어서 제가 따로 '이라크에서는 이랬어요'라든지 '지금 이렇게 흘러가고 있어요' 하는 얘기를 굳이 하지는 않겠습니다. 워낙 이야기를 잘 못 하기도 하지만 제가 얘기를 하는 것보다 인터넷 검색창에서 두드리는 게 더 빨리 더 많은 얘기들을 찾아볼 수 있을 것 같거든요. 실은 다른 자리에서도 그랬었어요. 제가 하는 얘기는 어떤 강연도 되지 못한다고요. 아까 보니까 많은 분들이 윤정은 기자한테 참 많은 질문들을 하시던데, 지금은 제가 질문을 드리면 어떨까 싶어요. 제가 이제 할 얘기는 제가 저한테 한 질문이기도 하고 제가 정말 곁에 있는 사람들한테 하고 싶은 질문이기도 해요. 또 어떤 대목은 여태그저 헤매고만 있는 제 고백 같은 얘기일 거예요. 아까 학생들이 많이들 그렇게 물어봤던 것 같아요. '그럼 내가 할 수 있는 평화행동이 뭐겠습니까?' '내가 할 수 있는 실천이 뭘까요?' 실은 저도 내내 그 고민을 스스로한테 던지고 지냈어요. 그리고 제가 여러분한테 이거다라고 말할 수 있는 게 실은 아직 없어요. 제가 할 수 있는 건 기껏 '어떡하지? 어떡하지?' 하고 고민하는 것뿐이에요.

여기 앞에 나와 같이 있는 세 사람 말고도 같이 다닌 여러 사람이 있었지만 저희끼리도 그렇게 계속 물어요. 정말 평화가 뭘까? 아니면 평화를 가꾸는 일은 어디서부터 시작될까? 또는 그런 고민 중에서도 비폭력 운동이라는 건 또 뭘까? 전쟁을 일으키지 못하게 하는 길은 또 뭘까? 글쎄요. 전쟁이 터져서, 아니면 여기 부산이 고향인 김선일 씨가 그렇게 아프게 죽는다면.

이런 질문은 어때요? 지금 바그다드 하늘에 퍼붓는 미사일과 길 위를 질주하는 자동차가 똑같이 여겨진다면. 가자 지구뿐 아니라 아프가니스탄, 팔레스타인 그 어디가 되었든 진주하고 있는 탱크들과 천성산에 멈추어 선 포크레인은 어떤 점에서 다른가. 2003년 전쟁이 나기 전 미군 점령이 있었던 때 그곳에 있다 집으로 돌아와서는 내내 그 전쟁에 우리나라 군대까지도 침략군으로 가는 것만은 막아달라고, 침략전쟁을 일으킨 나라에 백성으로 살고 싶지 않다고 기도했어요. 그렇게 한 2년을 격렬하게 살다가 어느 순간 돌아보니 그런 질문이 무섭다는 생각이 들었어요. 이 전쟁은 왜 일어났을까?

저는 집이 경북 울진입니다. 전쟁을 막자는 촛불을 들 때마다, 광장에 모일 때마다, 혹은 이런저런 이야기가 필요한 자리에 갈 때 전에는 정말 평화가 뭘까? 아니면 평화를 가꾸는 일은 어디서부터 시작될까? 또는 그런 고민 중에서도 비폭력 운동이라는 건 또 뭘까? 전쟁을 일으키지 못하게 하는 길은 또 뭘까? 글쎄요. 전쟁이 터져서, 아니면 여기 부산이 고향인 김선일 씨가 그렇게 아프게 죽는다면. 이런 질문은 어때요? 지금 바그다드 하늘에 퍼붓는 미사일과 길 위를 질주하는 자동차가 똑같이 여겨진다면. 가자 지구뿐 아니라 아프가니스탄, 팔레스타인 그 어디가 되었든 진주하고 있는 탱크들과 천성산에 멈추어 선 포크레인은 어떤 점에서 다른가.

주말마다 울진에서 차를 몰고 서울로 달려갔어요. 그 광장에 가서 나도 촛불 하나 더 들어야지. 그러다가 무섭게 되돌아봤을 때, 누구나 다 알 겠지만, 석유 때문에 벌인 전쟁인데, 내가 3백, 4백 킬로미터를 소변을 참으면서 달려가 촛불을 들 때, 이 촛불이 세계전쟁을 멈추라고 켠 촛불 이 될 수 있을까? 그 질문부터 시작하니까 제가 살았던 삶들이 늘 소비 하는 것 없이는 아무것도 없는 거예요. 옷, 먹을 것, 내가 쓰는 모든 것, 내가 누리고 이용하는 모든 것. 여러분도 조금만 관심을 가졌다면 다 알 텐데, 이제는 전쟁이 결국은 자본이 일으킨 것이고, 자본이 자신들의 그 물망을 넓혀 더 많이 장사하려고, 더 많이 빼앗으려고, 더 많이 팔아먹 고 그 위에 서려고, 돈 내고 사지 않고는 삶을 지탱할 수 없도록 사람들 을 조각조각 내놓았잖아요. 결국은 내 삶이 온통 전쟁의 근거가 되어버 렸구나라는 생각이 들었어요.

이제 답은 나왔는데, 과연 내 삶을 바꿀 수 있을까? 제가 요즘 하는 고민이 그거예요. 삶을 바꾸는 것. 아프가니스탄에서 전쟁이 나면 그곳 까지 가서 전쟁반대 피켓 들고, 팔레스타인과 가자 지구에서 아이들이 죽어갈 때 팔레스타인 가서 이스라엘을 점령하지 말라고 피켓 들고, 이 라크에 전쟁이 나서 팔루자에 엄청나게 쏟아부을 때, 팔루자 공격하지 말라고 피켓 들고……평화운동은 이렇게 피켓 들고 전쟁이 일어난 지 역을 다니면서 하지 마라, 하지 마라, 또 다른 곳에서 전쟁이 나면 쫓아 가서 하지 말아라라고 말하는 것인가. 그런데 과연 이것만으로 전쟁의 악순환을 막을 수 있는 걸까? 지금 전쟁의 구조 자체를 깨뜨릴 수 있는 건 뭘까. 전쟁을 벌이려고 하는 자들이 결국에는 어떤 그물로 우리를 꼼 짝 못하게 가둬놓는 걸까. 전쟁을 벌이려고 하는 자들, 생명을 짓밟으면 서라도 우리 삶을 그들 손아귀 속으로 종속 시키려고 하는 그곳에서 어 떻게 벗어날 수 있는 걸까?

그래서 저는 그렇게 피켓 드는 분들, 기타 하나 들고, 촛불 하나 들고, 엽서 한 장 들고 일년 내내 길거리에서 사람들하고 있을 때, 부끄러운 고백인데 정말로 상대적으로, 자학적으로 살고 있다는 생각을 시골집에서 혼자 했었어요. 그냥 내가 뽑을 수 있는 플러그들을 뽑아보자. 될 수 있는 대로 기름을 덜 써보자. 나는 이걸로 저항할거야. 전쟁을 벌인 자들이 석유 때문에 저 아비규환을 만들어놓고, 죄 없는 아이들의 생명을 꺾을 때 어쩌면 내가 죽이는 것이 아닐까. 내 삶이, 내가 살아가는 방식이, 내 삶의 양식이.

어린이와 평화팀 아까 윤정은 님도 '우리가 우리 삶을 바꿔야 된다. 그리고 그 길은 자립의 길이어야 된다.' 이런 이야기를 하셨잖아요. 저희도 그 생각에 동의합니다. 지금까지는 사회를 바꾸기 위해서 많은 사람들이 노력을 해왔는데, 이제는 사회뿐만 아니라 동시에 그 사회에 물들어 있는 우리 자신도 한번 돌아봐야 할 것 같아요. 원하든 원하지 않든 우리는 전쟁시대에서 오랫동안 살아왔고, 그것에 중독되어 있기 때문에 사회 자체를 바꾸려는 노력이, 우리가 일상생활을 어떻게 살아가고 있는가를 생각하고 그를 바꾸려고 하는 노력과 분리된다면 힘을 잃을 것이라고 생각해요. 그래서 일상의 삶을 이런 전쟁체제로부터 벗어나게 하는 노력을 펼침과 동시에 피켓을 들고 힘을 가진 자들을 비롯한 많은 사람들에게 이런 상황을 알리려는 시도도 중요하다고 생각합니다.

이런 우리 일상의 삶을 자립적으로 가꾼다는 것은 많은 사람들이 이야기를 했지만 점점 더 많은 에너지를 소비할 수밖에 없게 만드는 체제, 이윤을 위해서 모든 것들을 값어치 없는 것들로 바꿔버리는 이 체제를 우리가 거창하게 말하자면 거부해야 된다는 겁니다. 물론 전면적으로 실천하기에는 힘들긴 하죠. 왜냐하면 거기서 완전히 떨어져서는 살 수가 없기 때문이에요. 이러한 생각을 조금 조금씩 자기 삶에서 실현해 나가는 것이 바람직하지 않을까 싶습니다. 노래를 부르는 것도 역시 그런 실천 중 하나라고 생각하고 있습니다. 또 박기범 님이 올해 멀리 떨어져서 플러그를 뽑으면서 사는 삶이 자폐적이라고 했는데, 저는 그런 삶 역시 중요하다고 생각합니다.

2003년에 이라크 전쟁이 시작되어 그때 많은 사람들이 그것에 반대해서 거리로 뛰쳐나오기는 했지만 우리가 평화운동이라는 것이 진짜 전쟁을 막을 수 있는 힘이 되기 위해서는 우리의 좀 더 개인적인 그리고 사회적인 곳에서부터 새로 조직이 이루어져야 된다고 생각합니다. 그래서 우리가 자이툰 부대 파병도 막지 못했고, 이것이 연장되는 것도 막지 못했고, 재연장되는 것도 지금 막지 못할 상황에 놓여 있는데 그런 상황에서 우리가 찾을 수 있는 희망은 어디에 있는가?

저는 박기범 님 같은 사람도 그렇고 더 많은 사람들이 지금 전쟁을 일으키는 체제, 이윤을 위해서 사람의 생명, 혹은 수많은 생명들이 가치 없는 것으로 여겨지는 이 체제를 조금씩 바꿔나가는 데에 평화의 힘이 있지 않을까. 그래서 이러한 힘이 모인다면 앞으로 일어날 전쟁은 최소한 우리가 막아낼 수 있는 힘은 키울 수 있지 않을까라고 생각하고 있습니다. 그래서 이러한 일상에서의 평화 혹은 이것이 사회 전체적인 차별, 혹은 억압의 구조들을 바꾸어내는 힘을 가진 평화를 위해서 많은 사람들이 다양한 행동들을 할 수 있다고 생각합니다.

나름대로 평화가 무엇이냐에 대해 고민하고 있을 텐데요. 작년에 평택에서 많은 어려움을 겪고 있는 농민들, 그리고 평화활동가들과 같이 지냈는데, 문정현 신부님이 평택에서 열렸던 평화축제에서 '평화가 무엇이냐'라는 제목으로 짧은 연설을 했어요. 그 말을 듣고, 아, 저런 게 평화겠구나라고 생각해서 제가 만든 노래가 〈평화가 무엇이냐〉입니다.

〈평화가 무엇이냐〉

공장에서 쫓겨난 노동자가 원직복직 하는 것이 평화

두꺼비 맹꽁이 도롱뇽이 서식처 잃지 않는 것이 평화
가고 싶은 곳을 장애인도 갈 수 있게 하는 것이 평화
이 땅을 일궈온 농민들이 더 이상 빼앗기지 않는 것이 평화
성매매 성폭력 성차별도 더 이상 존재하지 않는 세상
군대와 전쟁이 없는 세상 신나게 노래 부르는 것이 평화
배고픔이 없는 세상 서러움이 없는 세상
쫓겨나지 않는 세상 군림하지 않는 세상
배고픔이 없는 세상 서러움이 없는 세상
쫓겨나지 않는 세상 군림하지 않는 세상
새 세상이 찾아온다 노래하며 춤을 추자

박기범 실은 그 얘기를 꼭 하고 싶었는데 잘 안 되네요. 제가 자신이 없어서 안 되나봐요. 아니면 저 스스로한테 정직하지 못해서 안 되는지도 모르겠어요. 생명에 대한, 목숨에 대한 감수성이랄까? 이런 것도 한 번 물어보고 싶었어요. 사람을 죽일 수 있을까요? 내가 찌른 칼에 그 사람이 피를 흘리고 아파하는 얼굴을 볼 수 있을까요? 어떤 상황에서 어떻게 해서 그럴 수 있을지 몰라도 칼로 찌른 사람은 평생을 아마 괴로워하겠지요. 그 얼굴, 그 눈빛, 그 눈동자를 못 잊겠지요.

멀리서 총을 쏴서 사람을 죽이는 일은 아마 조금 다를 거예요. 또 다른 건 비행기를 타고 가면서 폭탄을, 빵을 떨어뜨리듯이 돌멩이를 떨어뜨리듯이 몇 개 떨어뜨리고 윙 날아갈 때, 그건 또 다를 거예요. 저 밑에 어느 집 위에 떨어질지, 그 집안에 내 아기와 같은 눈빛을 가진 아기가 있을지, 내 아내와 같은 사람이 어떻게 다치게 될지……. 혀와 머리로 얘기하는 거라 제가 이렇게 자신 없게 얘기하는 건지 몰라요. 그냥 자기 암시처럼 요즘에 중얼중얼거리는 게 있어요. 요즘에 이렇게 어디 어디로 만나러 가는 때가 아니면 서울 광화문에 촛불을 켜기 위해 사람들하

"이 아이들이 원하는 것은 군대와 총이 아니라 빵과 의약품입니다"
Bring the Troops home!!
Revenu la soldatojn hejme!!

그냥 내가 뽑을 수 있는 플러그들을 뽑아보자. 될 수 있는 대로 기름을 덜 써보자. 나는 이걸로 저항할거야. 전쟁을 벌인 자들이 석유 때문에 저 아비규환을 만들어놓고, 죄 없는 아이들의 생명을 꺾을 때 어쩌면 내가 죽이는 것이 아닐까. 내 삶이, 내가 살아가는 방식이, 내 삶의 양식이.

고 같이 가는데, 크리스마스 때라고 반짝반짝 꼬마전구들이 켜져 있어요. 그러면 저것 때문에 전쟁이 나는 거라고 혼자 중얼거려요. 괜히 휴대전화 가게 보면 저것 때문에 전쟁이 나는 건데 싶어요. 무슨 놈의 신제품이 저렇게 많은지. 점점 생명 감수성이 옅어지는 것 같아요.

지난달엔가 울진에 한 스님이 오셔서 초등학생 아이들을 모아놓고 이런 얘기를 했어요. 얘기는 사실 별거 아니에요. 첫 번째가 생명을 살려야 된다. 생명을 살리는 일이 뭐가 있을까? 농사짓는 일이 생명을 살리는 일이다. 우리 농촌을 지키고 가꾸어야 된다. 아이들은 그냥 끄덕끄덕. 이런 얘기 얼마나 많이 들었겠어요. 교과서에도 많이 나오고, 텔레비전에서도 많이 얘기하잖아요. 그러다 그 스님이 이젠 얘기를 마치겠다면서 '그러니까 여러분은 농사꾼이 되세요'라고 하니까 아이들이 '아니에요, 아니에요, 그건 아니에요' 그러는 거예요.

실은 그건 저한테도 당황스럽고 충격적이었어요. 생명을 살리는 게 중요하다, 사람이 생명 살리는 일은 농사짓는 일이다, 생명을 가꾸는 일이다, 곡식을 거두는 일이다. 여기까지는 아무렇지도 않은데 '그러니까 여러분은 농사꾼이 되세요'라는 이야기는 사실은 너무나도 자연스러운 말인데, 이미 저조차도 내 안에 모순을 갖고 있었던 거죠. 그게 그렇게 도발적인 말이 되고, 급진적인 말처럼 들려왔던 게 오히려 이상한 거잖아요. 요새 황우석 교수가 문제가 되고 있지만, 물론 과학자가 와서 '과학은 정말 중요한 거예요, 과학이 세상을 바꿀 수 있어요, 그러니까 여러분은 모두 과학자가 되세요'라고 했으면 아이들이 그렇게까지 반응하지 않았을 것 같아요. 설사 '아니요, 나는 피아니스트가 될 거예요.' '아니요, 나는 비행기 조종사가 될 거예요'라면서 다른 꿈을 말하더라도 그냥 과학자는 좋은 일을 하니까 되라고 하나보다라고 생각했을건데, '농사꾼이 되세요'라는 말에 정말 알레르기처럼 이미 '그건 나쁜 건데, 천한 건데'라는 생각이 있었던 거죠.

여러분, 권정생 선생님을 많이 알고 계실 거예요. 일본에서 대동아전쟁과 한국전쟁을, 정말 평생을 전쟁이라는 문제를 끌어안고 사시는 분인데, 잘 모르겠어서 선생님을 찾아갔을 때 하시는 말씀이 늘 그랬어요. 그냥 농사지으면 된다. 시골에 가서 농사지으면 된다. 늘 한결같으셨어요. 33년 살아오면서 내가 생명을 살리는 일을 한 가지라도 했을까? 내가 먹고 입고 자고 쓰는 모든 것은 그것 중 하나라도 나는 생명을 살리는 일을, 생명을 가꾸는 일을 한 게 정말로 하나도 없거든요.

생명 감수성이란 그런 걸까? 정말 머리로 '똥은 좋은 거야'가 아니라 밭을 일구면서 곡식을 거둬본 사람만이 정말 마음에서 '똥은 이렇게 고마운 거, 소중한 거야'라는 생각이 들게 되고 흙에게 나쁜 거, 하늘에게 나쁜 거, 땅에게 나쁜 거, 생명에게 나쁜 거, 그게 나쁜 게 되는 세상을 꿈꿔요. 생명을 가꾸면서 사는 것, 곡식을 거두면서 사는 것, 그건 단순히 또 곡식을 거두는 것, 거기까지만이 아니라 삶의 양식 자체, 의식 자체, 감수성 자체가 흙은 하나도 더러운 게 아니라고 받아들이게 되면 삶 자체가 바뀌는 거잖아요.

오히려 더러운 건 제과점에 진열되어 있는 빵에 보들보들하게 보이려고 하는 것들이 더러운 거지. 흙 묻은 빵은 툭툭 털어서 먹어도 되는, 그런데 우리는 흙 묻은 빵이 더럽다고 안 먹고 빵 속에 넣은 생명을 죽이는 뭐가 들어 있을지, 색소가 들어 있을지 몰라도 그것은 깨끗하다고 먹어요. 제 감성은 거기까지예요.

학생1 질문 하나 드려도 될까요? 오늘 시간 내서 이렇게 와주셨는데, 궁금한 게 있어서요. 시간 내주셔서 저희 초대에 응해주신 이유가 뭔지 궁금해하고, 다른 공연 가실 때도 어떤 마음으로 가시는지 궁금합니다.

박기범 엉뚱한 말만 앞에서 해서 그러시는 것 같아요.(웃음) 저는 전쟁에 대한 문제가, 전쟁을 반대하고 막는 문제가 결국 생명의 문제라고 생각하거든요. 아까 말씀드렸다시피 올해는 자폐적·자학적으로 살았다고 했는데, 그렇게 지내다가 올 11월부터 시민들하고 그 아픔을 나누려고 길거리로 나왔는데 길을 가던 분들이 제 손을 잡아 일으켜주셨어요.

한국 군대가 이라크 파병을 연장한다는 것은 침략을 연장한다는 것이고 점령을 연장한다는 것입니다. 결국 돌이킬 수 없는 죄악을 연장한다는 것인데 한국 군대가 침략군대로 가는 것을 결정하는데 정말 놀라울 정도로 이상할 정도로 우리 사회에 의제가 전혀 되지 못하고 있어요. 아마 사흘 뒤가 될지, 나흘 뒤가 될지 국회의장이 의사봉을 땅! 땅! 땅! 세 번 내리치고 나면 그 엄청난 죄악이 또다시 연장되는 셈입니다. 침략전쟁의 주범인 미국만 해도 벌써 예순일곱 개나 되는 시의회에서 철군 결의안을 냈거든요. 그리고 부시가 '이 전쟁은 잘못된 전쟁이다' 라고 시인을 했어요. 우리나라는 대통령이든 정치인들이든 끝까지 우기고 있지요. 해야 하는 전쟁이었다고 하면서요.

부시가 침략전쟁을 시인한 건 이제는 시인해도 되겠다고 생각해서일까요? 예순일곱 개나 되는 시의회에서 철군 결의안을 내고 사실은 미국에서는 9·11테러 이후에 아프가니스탄을 침공할 때 거의 80, 90퍼센트나 되는 국민들의 지지를 받았어요. 그러나 침략전쟁의 주범인 미국에서도 이제 시민들이 그 전쟁을 멈추게 하려고 해요. 부시가 '잘못된 전쟁이었다' 라고 시인한 건 갑자기 양심이 생겨서가 아니라, 결국 그것 또한 시민들의 목소리를 반영했다는 겁니다. 그런데 다른 나라들은 모두 철수를 하고 있는데, 이렇게도 조용히 파병기간을 또다시 연장해서, 이 나라 군대를 침략군으로 보내는데, 외면하거나 그냥 그대로 말없이 있는 게 저는 더 무서웠어요.

파병이 결정되는 것보다 이 무서운 일 앞에서 우리가 슬퍼하는 힘마저도 잃어가고 있는가. 부끄러워하고 안타까워하는 힘마저도 잃어버리면 뭐가 남을까. 적어도 이 질문만큼은 기억해야 되는 것 아닌가. 이라크에서 돌아온 뒤로 거의 3년째 아침이면 이라크 관련 신문을 뒤적였어요. 혹시 여러분 알아요? 침략군으로 가 있는 한국 병사가 이라크 청년을 쏘아 죽였어요. 신문기사에는 정확히 이렇게 나왔어요. '평소처럼 장난으로 방아쇠를 당겼다.' 그것도 죽인 지 4개월 뒤에 아주 조그만 단신 기사로 났지요.

그거 읽으면서 바로 떠올랐던 게 미선이와 효순이였거든요. 장갑차 운전병에게 미선이와 효순이가 그렇게 아깝게 죽었을 때 얼마나 많은 사람들이 아파했습니까? 그리고 그 장갑차 운전병을 얼마나 미워했어요. 아니, 죽인 것뿐만 아니라 최소한의 미안함도 없이 아주 뻔뻔함으로 일관했던 장갑차 운전병뿐만 아니라 거기에 대해서 누구도 미안하다고 말하지 않는 미국 사회, 미국 시민 전체까지도 미울 정도로요.

그렇다면 거꾸로 우리는 뭔가. 그 촛불은 정말로 전쟁으로 희생된 그 여린 목숨을 위했던 촛불이었던가 아니면 내 안에 있던 어떤 복수심으로 그랬던 건가. 위치만 바뀌었던 거 아닌가요? 평화를 실현하고 전쟁을 막는 일의 근본은 정말로 전쟁을 일으키고자 하는 그 자본이 만든 삶의 그물망에서 자립과 생명의 삶으로 바탕을 옮기는 것입니다.

사회자 끝내시기 전에 어떤 마음으로 여기 오셨는지에 대한 답변을 듣고 싶은데요.

어린이와 평화팀 음. 그 질문엔 제가 답변할게요. 박기범 씨 이야기를 들으면 괜히 마음이 무거워지죠? 저도 앞에 있으면서 어떤 표정을 지어야 할지 모르겠어요. 보통 이렇게 이야기하세요. 어디 가서 이렇게 이야기하면 듣는 분들은 무장해제 되는 것 같다고도 말씀하시고, 그래서 반발감도 든대요. 근데 박기범 씨의 말에서는 진심이 전달하는 그런 힘이 있는 것 같아요. 말의 기술이나 현란함이 있는 건 아니지만요.

올 연말에 자이툰 부대가 또 1년을 연장하지 않습니까? 그런데 저희들은 이게 백번 양보해도 중요한 주제일 것 같아요. 그런데 사회적으로는 의제 자체가 안 되어 있지 않습니까? 이라크 전쟁과 관련된 문제는

박
기
범

논의 자체가 이루어지지 않고 있는 상황입니다. 그래서 서울과 수원에 있는 사람들이 매주 이런 '자이툰 돌아오라'라는 플래카드를 내걸고 노래를 부르고 캠페인을 벌이고 있습니다. 이 일을 지난 일년 동안 매주 목요일에 뜻을 같이하는 직장인들과 시민단체에 계시는 분들하고 꾸려왔습니다.

아까 윤정은 님이 이야기할 때 저쪽에서 저는 꽤 인상깊게 들었는데요. 우리가 촛불을 들든 어떤 행동을 하든 문제가 되는 사안이 잘 안 바뀌지 않습니까? 그런데서 오는 무력감이 있다고 봅니다. 저부터도 일년 동안 계속 목요일에 나와 노래를 부르는데, 과연 내 행동이 무엇을 바꿀 수 있을까라는 의심을 늘 해왔어요. 그럼 왜 행동을 하게 되는 건가 하는 부분에 대해서는 제 스스로는 그렇게 정해봐요. 평화 엽서 쓰기나 '자이툰은 돌아오라'라는 내용이 담긴 엽서를 실제로 길거리에서 받으면, 전국 어디서나 공통된 현상인데 중학생하고 고등학생 여러분이 제일 많이 씁니다. 가장 적극적으로 호응해주세요.

그 다음에 여학생들이 상대적으로 많아요. 제 또래 아저씨들이나 어른들은 딱 보고 마음이 동요하더라도 무시를 하죠. 그런다고 바뀌는 게 뭐가 있냐는 분도 있고, 국익 때문에 어쩔 수 없다고 이야기하고 가시는 분들도 있어요. 그런데 여러분이 좀더 성장했을 때 과연 여러분은 안 그럴 거라고 말할 수 있는가. 그래서 더 '어린이와 평화'라는 주제는 아주 중요한 것 같아요. 그런 감수성을 많이 갖는 것.

예를 들면 효순이와 미선이의 죽음에 내 친구 같으니까 촛불을 들지 않았습니까? 혹시 여기 있는 분들은 관심을 가졌는지 모르지만, 이라크에서 지난 여름에 티그리스 강 시아파 신도 행사에서 폭탄테러범이 있다는 말만 듣고 대피하다가 아수라장이 된 이야기를 들으셨을 겁니다. 거기 노약자와 어린아이들 중심으로 1천 명이 죽었어요. 폭탄테러로 죽은 게 아니고 폭탄테러범이 있다는 말에 순식간에 수만 명이 서로 살겠다고 강물에 뛰어들어서 죽었다는 거예요. 즉, 이라크에는 그런 전쟁에서 오는 공포, 아까 일상의 공포가 얼마나 사람을 움츠러들게 하는가를 보여준 사례라고 생각합니다. 그런데 우리 사회에서 과연 그런 죽음을 추모할 힘이 나에게 있는가. 전쟁의 희생자일 수 있는데, 우리 사회는 그러한 힘이 있는가. 그걸 돌이켜봐야 한다고 봅니다.

미국인 신디 시핸을 아시나요? 지난 여름 부시 대통령의 별장이 있는 텍사스 크레포드 앞에서 촛불시위를 벌인 사람입니다. 신디 시핸의 아들은 미군 병사였는데, 2004년 4월 이라크 저항세력에 의해 죽었어요. 그럼 한번 생각을 해보세요. 자기 자식이 이라크 사람에 의해 죽었다고 하면 일반적으로 이라크인에 대해 적개심이 더 들지 않겠어요?

그런데 미국의 대통령은 그의 죽음을 애국적인 죽음이고 고귀한 죽음이라고 말하잖아요. 그런데 어머니가 보기에는 알카에다와 연계도 없고, 그때 마침 미국 국회에서 대량살상무기도 없다는 조사가 나왔거든요. 그래서 잘못된 거짓말로 시작된 전쟁이기 때문에 자기 아들은 고귀한 죽음이 아니라 거짓말로 시작된 전쟁의 희생자라고 하면서 부시 대통령을 만나기 위해서 촛불을 들었어요. 그 얼마나 진심 어린 말이겠습니까? 자기 아들이 죽은 데 대해 이라크 사람들에 대한 분노가 아니라 그 전쟁을 일으키는 사람들의 주역인 자기 나라 대통령에게 항의한거죠.

그게 미국 전역을 울려 지지 촛불 시위가 있었는데 인터넷에 가보면 그 장면이 나옵니다. 대도시에서는 광장에 모여 촛불 시위를 하기도 하고, 작은 곳에는 세 명이 모인 데도 있습니다. 그 다음 어느 집에는 '우리 가족은 전쟁이 대안이 아니라고 생각한다'고 붙여놓았더라구요. 이 모습을 보면서 미국사회가 저희보다 훨씬 평화 가능성이나 감수성이 뛰어나다고 느꼈습니다.

지금은 오히려 이라크에서 죽어가는 사람들이 더 많아지고 있거든

33년 살아오면서 내가 생명을 살리는 일을 한 가지라도 했을까? 내가 먹고 입고 자고 쓰는 모든 것은 그것 중 하나라도 나는 생명을 살리는 일을, 생명을 가꾸는 일을 한 게 정말로 하나도 없거든요. 생명 감수성이란 그런 걸까? 정말 머리로 '똥은 좋은 거야'가 아니라 밭을 일구면서 곡식을 거둬본 사람만이 정말 마음에서 '똥은 이렇게 고마운 거, 소중한 거야'라는 생각이 들게 되고 흙에게 나쁜 거, 하늘에게 나쁜 거, 땅에게 나쁜 거, 생명에게 나쁜 거, 그게 나쁜 게 되는 세상을 꿈꿔요.

요. 그리고 한국 군대가 언제, 지금 불행히도 이라크 사람을 직접적으로 총을 난사해서 죽이지 않았지만 만약에 그런 일이 있었을 때 우린 어떻게 하겠습니까? 이라크 사람에 의해 우리 군인이 어떤 문제가 생겼을 때, 생각만 해도 아찔하거든요. 김선일 씨가 죽었을 때 우리는 안타까운 마음으로 촛불을 들었잖아요.

저는 길거리에서 노래를 부르게 된 것도 나중에 누군가가 희생되었을 때 가서 추모 촛불 드는 것은 이미 늦었다고 생각하고, 그 미안함을 덜 수 있는 방법을 하나 찾아보자고 해서 시작된 것인데, 각자 이 문제에 대해선 고민을 더 많이 해봐야 될 것 같아요. 자기 삶을 바꾸는 것이 그렇게 말처럼 쉬운 게 아니니까요. 그런데 저는 그런 고민을 제기하는 것으로 충분히 많이 느끼거든요. 소비를 하고 사는 사람이다. 그래서 그런 걸 바꾸기 위해서 어떻게 살지? 막 이렇게 고민을 한다는 거죠. 정답이 따로 있는 것은 아니니까 그런 고민을 나눠보자. 그런데 아까 어떤 학생은 행동이 즉각 변화되지 않는다는 이야기를 했는데 조금 위축된 시선을 가지고 있다는 느낌을 받았습니다.

저희가 지난 여름부터 자이툰이 돌아오기를 기원하면서, 여러분, 시민의 이름으로 직접 국회의원한테 '평화의 엽서'를 보내고 있는데요. 한 초등학교에서 아이들에게 평화와 전쟁과 관련해서 그림을 그리는 시간을 줬나 봐요. 그래서 그린 것 중에 이런 그림이 있어요. 이라크 국기하고, 한국 국기하고, 미국국기하고 손잡고 평화라고 표현한 게 있더라구요. 저는 그 그림을 보고 되게 뭉클했어요. 아이들의 시선으로 바라보면 이라크 사람이나 미국 사람이나 똑같은 사람이거든요. 그리고 그렇게 싸우지 말았으면 좋겠다는 소박한 마음이 담겨 있잖아요.

이런 초등학생에 비하면 여기 있는 분들은 좀 더 이성적 사고를 많이할 텐데 저는 아이들의 이런 마음이 퍼지고 다른 생명이나 다른 나라 사람들의 죽음에 대해서 안타까워하고 우리가 미군들한테 죽어가는 효순이와 미선이에 대해서 안타까워했던 것처럼 우리가 저지르는 일은 없는지 되돌아봐야 할 것 같아요. 우리가 이주 노동자들한테 피부 까맣다고 차별하는 경우도 있잖아요. 그리고 우리가 이라크 전쟁에 적극적으로 동참하는 세계 3위 파병국가인데, 이런 자이툰 문제도 그중 하나일 거라고 생각합니다.

그래서 저희가 하고 있는 것 중에서 이런 작은 사람들의 마음을 모아 국회의원들에게 엽서를 보내서 이번 결정을 할 때 철회시켜달라고 하는 이런 행동이 직접 그 변화를 가져올 수 없지만 그 행동을 하는 내 마음 속에 이런 행동을 냉소적으로 바라볼 게 아니라 따뜻한 시선으로 바라봐서 좀 더 고민을 나눌 수 있는 시간을 가졌으면 좋겠습니다. 우리 사회에 이런 따뜻한 시선이 있어야 따뜻한 마음이 흘러야 진정한 평화행동이 꽃피울 수 있지 않을까라는 생각을 해봅니다.

학생2 아까 사회자가 말씀하셨던 것처럼 여기도 평소엔 평화가 넘치는 공간이거든요. 우리가 현실에 적극적으로 대항하지는 못하지만, 저런 책들을 보면서 어떻게 생각하며 살 수 있을까, 우리가 어떻게 평화를 실현할 수 있을까라는 고민도 많이 해요. 그런데 제 개인적인 생각인지 모르겠지만 평화적인 분위기가 너무 가라앉은 것 같아요.

그런 공연을 보지 못해서 평화를 못 느끼는 것이 아니라, 선생님의 지친 모습을 보면서 그렇게 생각한 것 같습니다. 우리 청소년들이 원하는 것은 선생님들의 평화스런 모습이거든요. 그런데 선생님들은 너무 지치신 것 같아요. 그래서 오히려 우리가 우울해지더라구요. 평화라는 것은 우리가 이렇게 소통하면서 평화의 감정을 느낄 때 이루어진다고 생각하거든요.

박기범 저보다는 같이 다니시는 분들이 애쓰면서 정말 지치신 것 같아요. 제가 미안하다고 말씀드릴 일인 것 같아요. 그냥 내 고민을 날 것 그대로 보여드리면 그 고민이 혹 여기 계신 분들 마음에 닿아서 여기 계신 분들의 고민으로 나눌 수 있다면 좋겠다 싶었는데 미안해요.

학생3 물론 저렇게 느끼는 친구들도 있지만 저는 선생님 이야기를 들으면서 평화는 진짜로 이런거다라고 정말 깊이 생각했거든요. 그래서 전달하는 방식이 다를 뿐이지 저는 충분히 좋았다고 생각합니다.

학생4 저도요. 평소에 길거리를 다니면서 반전시위를 하면서 이렇게 피켓 들고 사진 같은 것을 보여주잖아요. 그런 것보다 오히려 이렇게 작게 생각하고 새롭게 생각해보니까 더 마음에 와닿고 이런 생각을 남들과 나누고 싶다는 생각을 가지게 되었고, 좋았습니다.

박기범 갑자기 위로해주시니 고맙네요.(웃음)

학생4 위로하는 거 아니에요.

어린이와 평화팀 지난번에 실상사의 작은 학교라는 곳에도 갔었습니다. 사실 지쳐 보인다고 하셨는데, 전반적으로 무거운 건 어딜 가나 전국 공통입니다. 해명을 하면, 전체적으로 무거운 건 분명하지만, 지친 거 하고는 좀 다른 것 같네요. 길거리에서 자이툰 부대 이야기를 할 때 시민들이 어떤 반응을 보이냐 하면, 지나가면서 네가 뭘 말하려는지 다 알아라는 태도를 보이세요.

그런데 기억하기 싫은 일을 자꾸 기억해야 되기 때문에 말이 어떻게 보면 조금 무겁고 진중해지는 면이 분명히 있는 것 같아요. 그런데 그 표현하는 방식, 이렇게 하자 이런 게 아니고 우리 안에 있는 이런 마음을 본능으로 해소되는 것이 아니라 노래 아니면 몸짓이나 극으로 표현하는 것으로 해왔고, 저희가 구성이 전반적으로 그렇게 되어 있기 때문에, 무거운 건 사실인 것 같습니다. 지쳐 보여서 죄송해요. 사실, 그렇게 보셨다고 하면. 그건 진실일 것 같아요.

박용준 그리 친하지는 않지만 미국 친구 한 명이 이라크에 가 있거든요. 지난 3월에 제 친구까지 포함해서 한 50명 정도가 이라크로 파병이 되었어요. 그래서 편지도 오고 막 그랬어요. '나 가슴에 총 맞았는데, 이 방탄복 때문에 살았다. 기쁘다.' 이렇게 오기도 하고 제가 있었던 곳의 중대장 팔에 맞아서 부상을 좀 입었다든지 하는 얘기들을 전해 들었어요. 오늘 이렇게 들으면서, 보면서 저는 남 얘기가 아니라고 생각했거든요. 제 옆에 같이 어제까지 농구하고 놀았던 친군데 내일 간다는 거예요.

우리 주위의 작은 것부터 하자고 우리가 얘기했잖아요. 그런데 박기범 선생님은 절대 작은 것부터 생각하시지 않는 것 같아요. 그래서 저렇게 지쳐 보이고, 힘들어 보이고, 모든 슬픔을 안고 있는 것 같은 느낌이 들어요. 사실이니까. 모두 그렇게 느끼지 않아요? 저만 그렇게 느끼는 건 아닌 것 같거든요. 그래서 마치 박기범 선생님을 보면 박기범 선생님이 이라크에서 있었던 2년의 시간을 지금 제가 보고 있는 것 같아요. 마치 내가 이라크에서 있었던 것 같은 느낌. 그래서 평화라고 하는 것은 아주 맑고, 밝고, 향기롭고 기쁘게 느낄 수도 있지만 이런 어떤 자숙과 어떤 고요한 시간 속에서도 충분히 느낄 수 있다고 생각하거든요.

그래서 저는 죄송한 말씀이지만 노래를 별로 안 듣고 싶어요. 그냥 이렇게 좀 있었으면 좋겠거든요. 그냥 침묵하고 고요하고 조용하게 좀 있었으면 좋겠어요. 그래서 우리가 이 자리에서 바로 엽서를 써보는 건 어떨까요? 만들 순 없으니까 이렇게 아기들처럼 우리가 참 예쁘고 아름답게 지금 만들 수 있으면 좋은데 지금 여건이 안 되니까 이건 집에 가서 꼭 해보세요. 지금은 여기 아름다운 사진이 있으니까 보시면서 10분이면 되겠지요. 이걸 써서, 쓰는 게 이분들께 저희가 힘을 실어 드리는 것 같아요. 지금 하는 건 어때요?

어린이와 평화팀 마음이 움직일 때 하면 될 것 같아요.

사회자 이거 쓰지 말까요? 쓸까요?

학생들 써요.

사회자 지금 나눠드릴테니까 10분 정도면 쓸 수 있을 것 같아요. 여기 하고 싶은 말 쓰는 장소가 있거든요. 예. 나눠드릴게요. 그러면 노래 들으면서 우리가 평화를 원하는 힘이 바로 총을 막을 수 있다. 저는 이런 믿음을 갖고 있어요. 우리가 같이 한 목소리로 우리는 전쟁을 원하지 않는다, 가장 구체적으로는 지금 이라크에 가 있는 한국 부대가 전쟁을, 점령을 계속 유지시키는 것이 아니라 한국으로 돌아오게 해야 한다. 이렇게 힘이 있는 목소리를 하나로 모아서 내는 것, 이것이 바로 이라크인들에게 가해지고 있는 총알을 막을 수 있는 힘이 되지 않을까 싶습니다.

쓸까요?

어린이와 평화팀 네, 노래 한 곡 하겠습니다. 아는 분이 총알을 가슴에 맞았다는 소리를 들으니 가슴이 아프네요. 방탄복이 과연 총알을 막을 수 있을까 하는 생각이 지금 들었구요. 그렇다면 과연 그 총을 막을 수 있는 건 무엇인가? 무엇이 이 싸움을 완전히 끝내게 할 수 있는가 이런 생각이 들었습니다. 그게 제가 말했던 진정으로 비기는 그런 것이 아닌가 하는 생각이 드는데요. 다시 말하자면 우리가 평화를 원하는 힘이 바로 총을 막을 수 있다. 저는 이런 믿음을 갖고 있어요.

우리가 같이 한 목소리로 우리는 전쟁을 원하지 않는다, 가장 구체적으로는 지금 이라크에 가 있는 한국 부대가 전쟁을, 점령을 계속 유지시키는 것이 아니라 한국으로 돌아오게 해야 한다. 이렇게 힘이 있는 목소리를 하나로 모아서 내는 것, 이것이 바로 이라크인들에게 가해지고 있는 총알을 막을 수 있는 힘이 되지 않을까 싶습니다. 그런 의미에서 〈우리의 노래는 총보다 강하다〉라는 노래를 지금 만들었는데, 역시 쓰시면서 들어보세요.

〈우리의 노래는 총보다 강하다〉

우리의 노래는 총보다 강하다
우리의 노래는 탱크보다 강하다
아~ 이 땅을 울리는 함성 소리를
처절한 외침을 들어보아라

우리의 노래는 심장을 달군다
우리의 노래는 무쇠를 녹인다
아~ 이 땅을 울리는 함성 소리를

처절한 외침을 들어보아라

전쟁은 끝난다 우리가 원하면
평화는 온단다 우리가 원하면

천성산 살리자 우리의 뜻 모아
새만금 살리자 우리의 힘 모아

우리의 노래는 총보다 강하다
우리의 노래는 탱크보다 강하다
아~ 이 땅을 울리는 함성 소리를
처절한 외침을 들어보아라

전쟁은 끝난다 우리가 원하면
평화는 온단다 우리가 원하면

평택을 지키자 우리의 힘 모아
이 땅을 지키자 우리의 뜻 모아

우리의 노래는 총보다 강하다
우리의 노래는 탱크보다 강하다
아~ 이 땅을 울리는 함성 소리를
처절한 외침을 들어보아라
처절한 외침을 들어보아라

어린이와 평화팀 저희가 심지어 피곤해 보이기까지 해서 정말 너무 죄송했어요.

박
기
범

사실 피곤한 거 전혀 없는데 없으면 저희 노래 〈총을 내려라〉라고 하는 노래 혹시 들어보셨나요? 안 들어보셨어요? 여기 오늘 안 오셨는데요. 저희하고는 다르게 서울 길거리에서 계속 노래 부르시는 별음자리표라는 분이 만든 노래인데, 가사 한 번 들어보고 그 다음에 '총을 내려라'라고 하는 건 계속 같이 하면 되거든요. 처음부터 끝까지 따라하면 됩니다. 하면서 저희 시간 마치도록 하겠습니다. 감사합니다.

〈총을 내려라〉

총을 내려라 총을 내려 총을 내려라 총을 내려
총을 내려라 총을 내려 총을 내려라 총을 내려
총을 내려라 총을 내려 총을 내려라 총을 내려
총을 내려라 총을 내려 총을 내려라 총을 내려
지금 여기 바로 이 순간에 존재하는 세상 모든 것들
살아 있어 한 번 외침인 것 죽어 있어 다시 울림인 것
내가 보지 못한다 해도 내가 알지 못한다 해도
나를 둘러싸고 있는 것들 내 몸을 구성하는 모든 것들

총을 내려라 총을 내려 총을 내려라 총을 내려
총을 내려라 총을 내려 총을 내려라 총을 내려

내가 살아가는 동안에도 내가 죽어 먼지 된 후에도
어떻게든 이어지는 삶들이 어떻게든 지속되는 관계가
내가 할 수 없다 해도 내가 살아낼 수 없다 해도
내 안에서 돋아나는 꿈이 가슴에서 자라나는 노래가

총을 내려라 총을 내려 총을 내려라 총을 내려
총을 내려라 총을 내려 총을 내려라 총을 내려

디엠지(DMZ)의 녹슨 철조망이 총을 겨눈 제국의 군대에게
반세기 전 노근리 총탄 자국이 바그다드 미사일 자국에게

총을 내려라 총을 내려 총을 내려라 총을 내려
총을 내려라 총을 내려 총을 내려라 총을 내려

베트남에 내리는 소나기가 이라크에 부는 마른 바람에게
마르지 않는 그라운드 제로의 눈물이 살고 싶단 마지막 절규가

총을 내려라 총을 내려 총을 내려라 총을 내려
총을 내려라 총을 내려 총을 내려라 총을 내려

1달러로 하루를 사는 목숨이 수억 달러 죽임의 무기에게
피울음에 치떠는 사람들이 전쟁으로 뺏는 이익에게
젖먹이는 엄마 가슴이 엄마 얼굴 뚫는 눈망울이
피 흘리는 우리의 꿈들이 죽어 가는 우리의 미래가

총을 내려라 총을 내려 총을 내려라 총을 내려
총을 내려라 총을 내려 총을 내려라 총을 내려

존재만큼 다양한 삶들이 하나 밖에 없다는 믿음에게
다른 채로 손잡고 보듬어 보자고 다른 채로 더불어 살아가자고
풀 한 포기 작은 벌레 한 마리 물 한 방울 하늘땅 먼지 한 톨까지

박
기
범

관계하는 세상 모든 것들 협동으로 기대어 살아내자고
총을 내려라 총을 내려 총을 내려라 총을 내려
총을 내려라 총을 내려 총을 내려라 총을 내려

15회

김홍희

『나는 사진이다』

사진이 무엇인가라는 말은
인생이란 무엇인가라는
물음과 같다.

사회자 안녕하십니까? 저는 인디고 서원 청년 김태완입니다. 오늘 제가 『나는 사진이다』의 저자이신 김홍희 선생님과 함께 하는 주제와 변주의 사회를 맡게 되어 진심으로 영광이라고 생각합니다. 선생님을 소개하는 방법이 여러 가지가 있겠지만, 그래도 인디고 공간에서만 할 수 있는 게 무엇이 있을까 고민을 했습니다. 제가 『나는 사진이다』를 읽고 글을 적었는데, 선생님 낯이 좀 뜨거우시더라도 이해해주시기 바랍니다.(웃음)

김홍희 벌써 낯이 뜨거워지고 있습니다.(웃음)

사회자 제가 책을 읽고 선생님에 대해서 느낀 점은 카메라를 자기 목숨만큼 사랑하고 아끼는 마음의 소유자, 하지만 또 사랑을 위해서 그 카메라를 과감히 버릴 수 있는 사람이라고 생각했습니다. 그리고 담배를 잠깐이라도 피지 못하시면 금단현상이 오지만, 또 필름이 손에 만져지는 감촉, 그 앞에서는 바로 담배를 버리시는 분이 김홍희 선생님이신 것 같습니다. 선생님 소개는 이렇게 짧게 하고 주제와 변주를 시작하도록 하겠습니다.(박수)

김홍희 감사합니다. 서서 할게요, 불안해서.(웃음) 제가 담배를 손에서 놓은 사진이 거의 없는 것 같아요. 하루에 담배를 두 갑에서 세 갑 정도 피우거든요. 술은 1년 365일 중 며칠 마실 것 같아요?

학생1 366일.

김홍희 어느 놈이야?(웃음) 예, 맞습니다. 매일 술을 마시는데다가 담배도 많이 피우는데, 어떻게 사진을 찍으면서 손을 안 떠느냐, 수전증이 없느냐고 묻지요. 그래서 내가 늘 '전 카메라를 들지 않으면 떨어요'라고 말합니다.(웃음) 인디고 서원이라는 공간이 생길 거라는 소식을 어디서 들은 적이 있어요. 그리고 생겼다는 것을 알면서도 여기 있는지는 몰랐어요. 아마 지도를 안 보내줬으면 제가 못 왔을 겁니다. 한국에 처음 들어왔을 때 제 작업실이 바로 이 옆에 있었어요. 맞은편, 육교 있는 데 있죠? 그 건물에 있었기 때문에 지도를 보는 순간, 어딘지 감이 잡히더라구

제15회 주제와 변주

<시간을 베다>
<방랑>
<나는 사진이다> 외

– 김홍희 선생님

"나에게 사진이란,
내가 떠돌아다니며 뜨겁게 사랑한 열병의 흔적 같은 것이다."

일정 : 2006년 1월 21일 토요일 오후 1시
장소 : 인디고 서원(장소변경가능)

인디고 서원에 오셔서 초청장을 수령하셔야 입장이 가능합니다.

문의:인디고 서원(051.628.2897) indigo-book@hanmail.net

요. 쏜살같이 달려와보니 아주 많은 학생들이 저를 기다리고 있고, 또 인디고 간판이 보이는 순간 기분이 참 좋았습니다. 그래서 오늘 오면서 제 마음속으로 제 책 중에 『나는 사진이다』 외에 『방랑』이라는 책도 준비했습니다. 여러분이 『나는 사진이다』 또는 『방랑』을 읽어보고 궁금했던 것들을 질문하시면 성심성의껏 제가 아는 한도 내에서 답을 할 수 있을 것 같습니다. 단 어려운 질문을 하면 답을 못 할지도 모릅니다.(웃음)

사회자 선생님께서 이 책에 쓰신 글 중에 어느 부분인지는 정확히 모르겠지만 사진의 가장 중요한 특징이 바로 시간이 흐르는 것을 사진 속에서는 멈추게 할 수 있다는 말을 본 기억이 나거든요. 그리고 『논어』를 보면 어진 사람은 산을 좋아하고 지혜로운 사람은 바다를 좋아한다고도 나옵니다. 제가 이 구절만 읽고 왜 그럴까 하고 생각을 해보았는데, 바다는 동적인 요소가 굉장히 많은데도 산과 같이 어느 한순간 시간이 정지된 느낌을 받았거든요. 그래서 이러한 동적인 것 속에서도 정지된 것을 발견하는 것이야말로 사람을 어질고 지혜롭게 만드는 것이 아닐까, 이런 생각을 해보았습니다. 순간의 정지성이 가장 많이 드러나는 사진을 찍으시는, 그래서 시간의 정지성을 가장 많이 느끼신 선생님은 어진 사람이십니까?(웃음)

김홍희 이럴 때 평소 실력이 드러나는 거거든요.(웃음) 제가 공부를 좀 많이 하면 멋있는 답을 할 건데, 저는 산도 좋아하고, 물도 좋아합니다.(웃음)

사회자 사실 이것은 그냥 물꼬를 트는 이야기였구요. 진짜 질문은 선생님이 생각하시는 시간의 정지성이 잘 녹아들어 있는 사진의 특성이 어떠한 것인가라는 것입니다.

김홍희 저기 뒤에 사진들이 걸려 있네요. 여러분이 치렀던 행사라든지, 오신 손님들, 작가 선생님의 모습이라든지 이야깃거리가 있는 사진들인 것 같습니다. 그렇습니까? 근데 저기에 자기 얼굴이 안 나온 사람은 사실 전

혁 관계도 없고, 관심도 없을 수 있습니다. 사진이라는 것은 어떤 개인의 시간과 공간이 담겨 있습니다. 우리가 흔히 '시공'이라고 붙여서 이야기하죠. 시간과 공간. 공간 속의 시간이고, 시간이 흘러가면서 공간의 변화가 일어나고, 또 공간의 변화를 통해서 여러분이 시간을 인지할 수 있다는 겁니다. 공간이라는 것은 물질이라고 얘기를 많이 하는데 물질의 변화가 없는 그런 공간에서는 시간이 흐르지 않습니다. 그리고 그 시간을 느끼는 개인적인 공간이라고 하는 것.

사실 공간이라는 것은 대단히 개인적일 때 의미를 더욱 가질 수 있죠. 자기한테 의미 있는 시간 속 공간. 예를 들어 여러분 백 명이 기념사진을 찍었어요. 근데 여러분 사진을 보면서 자기 얼굴이 나와 있으면 남이 어디 있는가는 잘 안 봅니다. 내가 어디 있나를 먼저 보죠. 세상의 중심은 자기한테 있어요. 사진을 보면서 자기를 찾고 그 다음에 자신이 잘 나왔나 못 나왔나를 보죠? 그러니까 우선 내가 있나 없나 확인하고, 자기가 어딨는지 확인하고 잘 나왔으면 집에 보관하고 안 나왔으면 앨범 깊숙이 넣죠.(웃음)

그런데 시간이라는 것은 사회적인 시간도 있고 개인적인 시간도 있습니다. 사회적 시간에 관심 있는 사람들은 저널리스트죠. 신문기자, 잡지사 기자들은 사회적인 시간을 가지고 있습니다. 저는 사회적인 시간에는 별로 관심 없어요. 텔레비전도 잘 안 보고, 신문도 잘 안 읽고, 책도 잘 안 읽습니다. 죄송합니다.(웃음) 책을 잘 안 읽는 이유는 여러 가지가 있습니다. 여러분과 비슷한 나이거나 여러분보다 어릴 때는 정말 부지런히 책을 읽었거든요. 그런데 어느 정도 책을 읽고 나면 발췌해서 읽게 됩니다. 저희집에도 책이 좀 있는데 학생들이 와서 물어봅니다. '선생님, 이 책 다 읽었습니까?' 그런 질문하는 사람은 책을 안 읽은 학생입니다.(웃음)

제가 사진을 전공하니까 사진과 관련된 책을 물론 읽게 될 것이고,

저는 혼자서 사진 찍으러 다니는 걸 좋아하는데 서울에서는 판자촌 쪽으로 많이 다녔거든요. 한번은 그 지역
을 돌아다니는데 어떤 아주 낡은 집에서 들리는 아주머니들의 웃음소리가 너무 행복하게 느껴져서 그 소리를
찍고 싶었거든요. 근데 그걸 열심히 찍었는데 나중에 인화를 하고 현상을 해보니까 마음에 드는 것이 별로 없
더라구요. 그래서 선생님께 드리고 싶은 질문은 뭐랄까 소리를 찍는 방법이랄까, 과연 사진에 소리를 어떻게
담을 수 있는지 궁금합니다.

사진과 관련된 철학서도 읽게 됩니다. 자기하고 관련된 무엇, 내가 관심을 가지고 있는 것을 펼쳐가다 보면 자연스레 딴것도 또 보게 되겠죠. 그런 식으로 책을 읽는데, 결과적으로 보면 개인적인, 즉 자신과 개인적으로 관계 맺어지는 시공이 남게 됩니다. 이것은 표현의 세계까지는 아니지만 아주 원초적인 기록, 그 상황을 복사하게 되는 거죠.

'기록은 기억을 지배한다'는 말 들어보셨죠? 사진 한 장은 여러분의 기억을 지배합니다. 친구들의 얼굴이나 영화배우들의 얼굴은 기억하지 못합니다. 근데 영화 포스터에 있는 얼굴은 기억합니다. 아무튼 그 사람을 여러분이 기억한다는 것은 사진이 그것을 기록했다는 것을 뜻하거든요. 사진으로서 고정된 이미지가 자기한테 박혀 있는 거거든요. 그래서 그런 고정된 이미지, 기억을 지배하는 어떤 이미지가 개인적으로는 대단히 큰 의미를 지니고 소통을 위해서는 필요한 것들인데 조금 더 사회적으로 확대되면 사회성을 가지기 시작하는 거죠. 그쯤 되면 이제 작품으로 승화될 가능성이 높다고 볼 수 있는 거죠. 여러분이 개인적으로 찍어서 집에 가지고 있는 기념 사진은 개인적인 사진일 뿐입니다.

그런데 실제로 많은 사진가들 중에 기념사진을 찍기 위해 사진을 찍는 사람들이 많이 있어요. 브루스 데이비슨이라고 하는 미국의 사진가가 있는데 그 사람은 뉴욕의 100번가에서만 사진을 찍었습니다. 할렘가 쪽인데 흑인들의 기념사진을 찍어요. 예를 들면 거인 남편과 난쟁이 아내, 할렘 부락에 사는 흑인 엄마와 흑인 아이. 그런 사진들은 개인적으로 그 사람들한테는 기념사진입니다. 그런데 사회성을 띠고 할렘 100번가라는 이름을 붙이고 세상에 나오면서 사회적 병리 현상을 고발하게 되고 사회적 관심을 증폭시키기 시작하는 거죠. 그게 1900년도 또는 1960, 70년대의 어떤 특정한 시간, 그때 그 시간이 갖고 있던 또 특정한 어떤 공간입니다.

이렇게 시간이 흐르긴 하지만 이런 시간을 분할하는 다양한 공간들이 있지 않습니까? 상위 공간도 있고, 하위 공간도 있어요. 공간에는 그런 것이 없다고 하지만 그 당시에는 계급사회였으니까 잘 먹고 잘 사는 사람들의 공간이 있고, 또 소외받은 사람들이 사는 공간이 있을 것입니다. 그렇게 보면 이 사진은 1960, 70년대의 소외받은 공간의 엄밀한 기록이죠. 그런 기록이 단순한 기록에서 끝나지 않고 사회성을 가지기 시작하면서 우리한테 질문을 해대기 시작하는 겁니다. 질문을 해줄 수 있는 기록적 사진의 힘을 가지게 되었을 때 시간에 대한 개념이 정립되고 또 어떻게 그러한 시간을 사진에 잘 담아낼 것인가를 고민하게 되면서 사진에 자연스럽게 시간성이 담기게 되지 않을까요? 그렇게 생각합니다.

박찬표 평소 사진을 좋아해 세종대학교 흑백사진 동아리에 가입해 활동하는 박찬표라고 합니다. 저는 혼자서 사진 찍으러 다니는 걸 좋아하는데 서울에서는 판자촌 쪽으로 많이 다녔거든요. 한번은 그 지역을 돌아다니는데 어떤 아주 낡은 집에서 들리는 아주머니들의 웃음소리가 너무 행복하게 느껴져서 그 소리를 찍고 싶었거든요.

김홍희 와~ 오~ 대단합니다.(박수)

박찬표 근데 그걸 열심히 찍었는데 나중에 인화를 하고 현상을 해보니까 마음에 드는 것이 별로 없더라구요. 그래서 선생님께 드리고 싶은 질문은 뭐랄까 소리를 찍는 방법이랄까, 과연 사진에 소리를 어떻게 담을 수 있는지 궁금합니다.

김홍희 인디고 서원의 수준을 겁나게 드러내는 고난이도 질문이네요.(웃음) 네, 일단 혼자 사진을 찍으러 다니신다구요? 방금 『논어』가 나왔으니 말인데, 공자님 말씀 중에 '삼일 밤낮을 식음을 전폐하고 궁리해본들 스승의 말 한 마디를 듣는만 못하다'라는 말이 있습니다. 독학하는 사람들, 사진도 마찬가지고 다른 것도 마찬가지지만 독학하는 사람들 있죠? 독학하시는 분들은 자칫 아집이 생기기 쉽습니다. 아집이 한 번 생기면 꺾어지기가 굉장히 어렵습니다. 자존심이 걸려 있으니까요. 이것을 절에 가면 '탁마' 라고 하는데 감자 깎을 때 껍데기를 어떻게 벗기는지 아세요? 요즘 '다라이' 라는 용어를 씁니까? 큰 대야에 감자를 막 넣고 물을 부어서 맨발로 푹푹 밟습니다. 그럼 감자와 감자가 서로 문질러져서 깨끗하게 벗겨집니다. 그것을 '탁마' 라고 하거든요.

'도반' 이라는 개념도 그런 겁니다. 절집에 가서 공부하면 혼자 안 보내고 꼭 그와 수준이 비슷한 사람을 함께 보내죠? 그래서 한 친구가 도가 터지면 옆에 있는 친구도 도가 같이 트는 거예요. 그러니까 혼자 공부하지 마세요.(웃음) 제 홈페이지가 www.kimhonghee.com입니다. 인터넷에서 김홍희를 검색하면 나오죠. 거기 오시면 저 외에 한 4천 명 정도의 사진에 관심 있는 분들이 홈페이지에서 이런저런 인연을 만들어 갑니다. 다른 사람들이 찍은 것도 한번 보고 가세요. 결국 인생이라는 것은, 또 공부를 한다는 것은 내가 지금 어디쯤 와 있는가 하는 좌표분석이 안 되면 끝없이 헤매는 거예요. 내가 뭘 하고 있는지 모르는 거죠. 자기가 뭘 하고 있는지를 명확하게 파악하는 것이 가장 우선되어야 하는 겁니다. 책 읽는 것도 마찬가지고요.

자, 본론으로 돌아오겠습니다. 소리를 찍는다는 것은 대단히 3차원적인 생각입니다. 그런 질문은 내가 수없이 강의를 하면서 처음 들어본 아주 멋진 질문입니다. 찍는 기법으로 보면, 기법상 너무 날카로운 명징한 이미지를 안 찍습니다. 핀은 정확하게 맞춰야 하지만 셔터가 조금 느려져야 됩니다. 로우 샷. 셔터 속도가 길어지면 사람들의 움직임이 보이잖아요. 만약에 하하하 웃는 표정만 늘 셔터에 찍혀 있으면 느낌이 별로 전달되지 않습니다. 느낌이 전달되려면 죄송한 말이지만 모델이 여자여야 하고 예뻐야 됩니다. 어쩔 수 없는 거예요.(웃음) 아니면 할머니가 지나가시는데 할머니의 주름 그 자체가 말해주는 세상의 깊이라든가 이런 것이 있어야 돼요.

기법상으로는 조금 자세히 보면 약간 슬로 모션으로 찍어서 카메라 피사체가 약간 흔들릴 정도, 약간 흔들리면 소리가 들립니다. 베이스 기타를 친다든지 가수의 사진을 보면 대체로 약간 흔들린 것을 볼 수 있죠? 그럼 소리가 들리기 시작해요. 약간 셔터 속도를 늦추면 소리가 들린다. 기술적으로는 그렇죠. 그런데 가장 중요한 것은 그 사람들과 동화되어 있지 않으면 소리가 안 들립니다. 『사람은 무엇으로 사는가?』에 보면 이런 얘기가 나와요. 자기를 태우지 않으면 남도 밝힐 수 없다. 양초가 자기를 태우지 않으면 남도 못 밝힙니다. 그 자리에도 웃음 짓고 떠드는 아줌마들과 동화되지 않은 상태에서는 소리가 들리는 사진을 찍기가 사실 어렵습니다. 사진을 찍는다는 것을 여러분들은 카메라를 능숙하게 다루어서 사물을 적재적소에서 탁 찍어내는 걸로 오해를 하시는데 그건 아닙니다. 실제로 현장에 들어가서 그 아줌마들과 친해져서 이 카메라를 든 아저씨가 있든지 없든지 깔깔거려야만 그런 사진이 나와요. 저는 투명인간이 됐다고 표현하거든요. 존재가 있어도 무감해질 정도의 친밀감, 상호간의 소통이 있어야만 멋있는 사진이 나와요. 솜씨가 아니라 마음가짐이라는 거죠.

사회자 다른 분들이 질문하시기 전에 제가 또 해서 죄송합니다. 선생님께서 말씀하시는 동안 문득 생각이 나서요. 최민식 선생님의 사진집 『우리가 사랑해야 하는 것들』을 보면 주로 소외받고 가난한 사람들을 대상으로 사진을 찍었는데, 왜 최민식 선생님의 따님은 '아버지는 다른 사람의 가난을 팔아 이렇게 유명해졌다'고 했다고 하지 않습니까? 그 말이 당신께서 가장 가슴이 아프다고 나와 있던데요. 그렇다면 사진을 찍을 때 피사체와의 동화가 그러한 질문에 대해서 도덕적으로 답변을 해줄 수 있는 건지 궁금합니다.

김홍희 제가 사진가로서 가장 존경하는 분이 최민식 선생님이세요. 저는 최민식 선생님의 직계제자도 아니고, 사사를 받은 적도 없고, 제 개인적인 의견이긴 하지만, 여든의 나이에도 정정하게 작업을 하고 계시는 그런 근성, 사진가로서 살아가는 그 태도는 아주 귀감이 될 만한 분이시죠. 그런 분이 이렇게 카메라를 들고 겉멋 부리지 않고 사진을 찍으러 다니실 때 피사체에 대고 셔터를 누를 때의 태도는 극명하게 두 가지로 나뉜다고 생각합니다.

하나는 대단히 폭력적인 태도입니다. 카메라가 거의 정말 사살용 기관총처럼 무기화되어 있는 경우죠. 아까 말한 따님 얘기는 아마 그쪽을 강조한 거예요. 아버지는 남의 가난을 팔아서 유명해졌다라고 하는 부분. 사회 고발적이라기보다는 정말 무모하고 무자비하게까지 카메라를 드셨다고 생각이 듭니다. 또 하나는 그것을 넘어서 승화된 사진을 발표하셨어요. 그것이 반반 정도 되는 것 같아요. 최민식 선생님께서 젊은 날 혈기 왕성하셔서 한국 사회가 가지고 있는 가난과 사회적 부조리 등에 대해 솔직하게 말할 수밖에 없기 때문에 중앙정보부에 잡혀가서 고통을 좀 받으셨죠.

여러분도 최민식 선생님 책을 다들 보셨죠? 기억나는 게 하나씩은 있을 겁니다. 외발이 아저씨가 신문을 들고 뛰어다니면서 파는 사진. 그것은 정말 폭력이라고 생각합니다. 거기에는 그 사람에 대한 애정 같은 것이 거의 없죠. 그런데 그러한 폭력적 사진이 남에게 주는 충격은 또 매우 커요. 그런데 그런 것 말고도 많아요. 한 엄마가 다라이를 머리에 인 채 업고 있는 아이에게 젖을 먹이거든요. 그런데 엄마가 40대쯤으로 보여 자세히 보면 그런 사진들은 폭력적이라기보다는 대단히 애정이 담겨 있는, 애잔한 느낌이 있어요. 그래서 선생님에게 있어서는 태도가 굉장히 분명하게 구분이 되고, 또 사진집이 여러 권 나오고 했는데 그런 두 가지 태도가 모두 담겨 있는 여러 사진들을 정리하실 수 있었다면 더 좋았겠죠. 근데 50, 60년대가 정리하기는 힘든 시절이었던 것 같습니다. 또 그것을 그렇게 정리해서 발표할 만큼 사회적인 의식이나 환경 같은 것들이 성숙되지 않았다는 것일 수도 있겠죠. 근데 아마도 그건 최민식 선생님의 개인적인 성향이기도 할 거란 말이에요. 대단히 직선적인 분이시고, 지금도 카메라를 붙들고 열심히 찍고 계시는 걸 보면 그분의 살아가는 태도의 일관성이 보이기도 해요.

또 한 명의 예를 더 들자면 일본에 도몬겐이라고 하는 히로시마 원폭 피해 이후에 히로시마에서 피해를 받은 사람들이 수술하는 장면들을 찍은 사진이 있습니다. 왜 사람이 수술을 하면 꿰맨 자국이 있지 않습니까? 그것을 그대로 적나라하게 찍어놓은 사진이 있습니다. 최민식 선생님의 폭력성과는 조금 다르지만, 그때 많은 사람들이 잔인한 사진을 찍었다고 얘기했을 때 그 사람이 '이렇게밖에 말할 수가 없었다'라고 자기의 태도를 분명히 합니다. '이 외의 방법은 난 쓸 수가 없다.' 작가가 이런 식으로 자신의 태도가 완전히 규명되는 거잖아요. 자기 입장이 정리되는 거죠. 근데 그러한 것을 두고 좋다 나쁘다를 말할 수 있는 것은 아닌 거죠. 그러한 것이 사회적으로 영향을 가질 때 다양한 말들이 나올 수가 있는 것이겠죠.

조주영 선생님께서는 사진을 많이 찍으시는 분이시잖아요. 저는 개인적으로 사진이 찍히면 제 맘에 안 들게 나오는 경우가 더 많더라구요.(웃음) 근데 찍으시는 분 입장이시겠지만 거꾸로 사진이 잘 나오려면 어떻게 해야 할까요?(웃음)

김홍희 증명사진 얘기하시는 거죠?(웃음) 어떤 사진이든지 사실 굉장히 중요한 의미를 지닌다고 생각합니다. 자기가 머릿속으로 생각하고 또 어떻게 하고자 하는 것은 몸으로 드러나고 물질로 드러납니다. 자기가 사유하고자 하는 것은 결국 행위로 드러납니다. 행위는 곧 물질, 인간에게 있어 물질인 몸으로 드러나거든요. 요즘 3천 원 넣으면 사진이 찌익 나오는 기계 있잖아요. 자신같이 나오지도 않는 그런 사진, 빛 조절도 안되고 해서 그냥 막 나오는 사진들을 여권이나 신분증에 붙이고 다니는 사

소리를 찍는다는 것은 대단히 3차원적인 생각입니다. 그런 질문은 내가 수없이 강의를 하면서 처음 들어본 아주 멋진 질문입니다. 찍는 기법으로 보면, 기법상 너무 날카로운 명징한 이미지를 안 찍습니다. 핀은 정확하게 맞춰야 하지만 셔터가 조금 느려져야 됩니다. 로우 샷. 셔터 속도가 길어지면 사람들의 움직임이 보이잖아요. 만약에 하하하 웃는 표정만 늘 셔터에 찍혀 있으면 느낌이 별로 전달되지 않습니다. 예를 들어 할머니가 지나가시는데 할머니의 주름 그 자체가 말해주는 세상의 깊이라든가 이런 것이 있어야 돼요.

람을 보면, 자기 인생을 그냥 그렇게 보는 사람이라는 생각이 들어요.

작품사진이 잘 찍히고 싶다면 아까 말씀드렸지만 평소에 실력을 닦아야 되는데 카메라를 의식하기 시작하면 굳어져서 사진은 잘 안 나옵니다. 카메라에 잘 찍히는 가장 좋은 방법은 자주 찍히는 수밖에 없어요. 자주 찍혀서 카메라를 무시하는 경우가 되면 가장 좋긴 하지만, 카메라를 든 사람을 신뢰하는, 마음이 있으면 반드시 좋은 사진이 찍힙니다. 여러분이 생각할 때 자신의 포즈가 좋아서 사진이 잘 나온다고 생각할 수도 있겠지만, 사실은 그 주위 상황과 절묘하게 맞아떨어져야 잘 나옵니다. 저희는 사람 또는 대상을 그런 상황으로 몰고 가죠. 그래서 그런 작품사진들이 찍히는 거고요.

조주영 『인디고 서원, 내 청춘의 오아시스』라는 책의 표지를 제가 찍었는데, 어떻게 생각하세요?

김홍희 아, 끝내준다고 생각합니다. 나도 아까 그걸 보고 조주청 씨가 찍은 줄 알았어요. 여러분 조주청 씨 모르죠? 만화가? 모르는군요. 세대가 다르군요. 요즘은 여행 관련 책을 많이 쓰는 걸로 아는데. 아무튼 잘 찍었어요. 센스 있게 찍었다고 생각했어요.

이윤정 제가 지난 학기에 여러 가지 매체에 관련된 강의를 들으면서 사진을 잠깐 배웠거든요. 그래서 여러 가지 사진은 프레임이라든가 시퀀스와 같은 어떤 틀과 연속성에 의해서 무한한 상상력을 촉발시키는 매체라는 걸 배웠어요. 그리고 거기서 좀 더 나아가 사진기법에는 '푼크툼과 스투디움'이 있다는 것을 배웠거든요.

푼크툼이라는 것은 송곳이라는 말로 내가 어떤 사진을 딱 봤을 때 확 다가오는 사진의 어떤 느낌. 예를 들면 분명히 사진작가는 그냥 아파트를 찍었어요. 그런데 그 아파트를 보고 저는 돌아가신 할머니를 생각하는 거예요. 그러니까 이 사진작가는 단순히 아파트를 찍으면서 도시문명의 폐해 등을 나타내려고 했지만 나는 그 사진을 보고 돌아가신 할머니를 생각한 거예요. 그러니까 전혀 의도하지 않은 바를 나는 사진을 보고 느끼게 되고 가슴 아파하고, 나아가 그것을 보고 회상에 잠기게 되고, 생각을 하게 되는 게 푼크툼적인 요소입니다. 일반적으로 신문에서 보는 사진, 전쟁사진이라든가 정치 사진이라든가 또는 세계 기아사진 등을 보면서 우리가 느끼는 것은 '참 불쌍하다' 뭐 이런 거잖아요. 그러니까 모든 사람이 일반적이고 보편적으로 느끼는 그런 감정을 '스투디움'이라고 배웠거든요. 사진이 그런 두 가지 감정을 나타내게 할 수 있다고 했는데 혹시 선생님께서 그런 푼크툼적인 사진, 그러니까 남들과 다르게 모든 사람들이 각각 하나의 사진을 보고 다르게 느낄 수 있는 그런 감정을 나타낼 수 있는 선생님의 어떤 특별한 의미가 담긴 사진이 있는지요? 혹은 선생님의 애정이 특별하게 담긴 사진이 있는지 궁금합니다.

김홍희 헤겔의 예술철학에 보면 개인적인 경험이 사회성을, 즉 개별성이 보편화되었을 때 그것이 감동으로 이어진다는 것이 헤겔이 말한 예술철학의 기본입니다. 그게 지금 푼크툼과 스투디움에 관계되는 얘기입니다. 그것을 조금 다르게 풀어보면 누구나 개인적 트라우마, 그러니까 트라우마라고 하는 것은 상처라는 말이기도 하고 개인적인 기억의 통로 쪽에 있는 아픔 같은 것을 말하니까 그것을 통해서 개인적 트라우마가 사회적 트라우마로 넘어가면 이제 공감대가 이루어진다고 흔히 말하거든요.

　개인적 트라우마가 쉽게 말하면 푼크툼이고, 사회적 트라우마가 스투디움인 거죠. 근래에 하도 한국 사회 사진을 이해하는 데 대단한 방법론처럼 생각하고 사람들이 말하고 있는데 사실 좀 오래전 얘기입니다. 같은 상처라도 김홍희가 말하는 상처와 조주영이 말하는 상처는 다르다는 거죠. 아파트를 얘기했지만 아파트 사진을 보고 개인적 트라우마를 통해서 사진을 찍게 된다면 사회적인 요소를 동원해서 찍는다 하더라도 그것을 받아들이는 독자는 완전히 다른 개인적 트라우마를 통해서 보게

제가 카메라를 들고 돌아다니면서 의식적으로 찍은 사진이 있는가 하면, 무의식적으로 찍은 사진도 있습니다. 그런데 의식을 가지고 찍은 사진보다 거의 몰입되어서 무의식상태에서 셔터를 누른 사진이 훨씬 좋은 게 많아요. 마치 닭이 닭 모이를 찍듯이 탁! 하고 말입니다. 그럴 때에는 쉽게 말해서 큰 틀만 있습니다. 이 사진을 어떠어떠한 용도로 쓰겠다, 어떤 목적으로 이 사진을 찍어야겠다고 하는 큰 틀만 잡고 사진을 찍기 시작하지, 실제로 그 현장에서는 그런 데 얽매이지 않고 자유자재로 찍기 시작하는 거예요. 그런데 그 상태에 내가 원하던 바에 쓰여질 수도 있고, 쓰여지지 못하는 경우도 있지만, 대체로 내가 의식하고 찍은 것보다는 의식하지 않고 순간에 몰입해서 찍은 사진이 훨씬 좋은 경우가 많아요.

되는 거죠. 사실 동질화되기를 바라지만 동질화가 잘 안 된다는 거죠. 옛날엔 동질화되기를 강요했습니다.

요즘 현대사진은 도무지 이해를 못 하는 거예요. 작가 자신만 알아요. 그런데 불쌍하게도 우리가 어느 정도까지 와 있냐 하면 작가 자신도 잘 모릅니다. 자기가 뭔 짓을 하고 있는지 잘 모른다는 거죠.(웃음) 그러니까 딱 부러지게 서술할 수 없는 상태까지 와 있는 거예요. 옛날 같으면 설명이 가능합니다. 구술이 가능하다는 거거든요. 근데 요즘은 서술이 거의 불가능해요. 그런데 비평이라는 장치가 있어서 그것을 구술해주죠. 일반 사람들이 그게 어떠한 뜻일 것이라고 이해시켜주는, 지평을 좀 넓혀주는 장치가 있다는 것입니다. 저도 사진을 찍고 글도 쓰지만 때로는 알고 찍기도 하고 또 때로는 모르고 찍습니다.

이건 조금 다른 이야기이긴 한데 제가 카메라를 들고 돌아다니면서 의식적으로 찍은 사진이 있는가 하면, 무의식적으로 찍은 사진도 있습니다. 근데 대부분 의식적으로 쭈욱 찍으려고 하죠. '이러한 것들을 찍어야 돼.' 착착착 찍다 보면 어떤 순간에는 몰입이 되어서 무의식적으로 사진들이 찍혀 있습니다. 그리고 또 의식이 돌아왔다가 무의식이 되었다가를 반복해요. 그런데 의식을 가지고 찍은 사진보다 거의 몰입되어서 무의식상태에서 셔터를 누른 사진이 훨씬 좋은 게 많아요. 마치 닭이 닭 모이를 찍듯이 탁! 하고 맙니다. 그럴 때에는 쉽게 말해서 큰 틀만 있습니다. 이 사진을 어떠어떠한 용도로 쓰겠다, 어떤 목적으로 이 사진을 찍어야겠다고 하는 큰 틀만 잡고 사진을 찍기 시작하지, 실제로 그 현장에서는 그런 데 얽매이지 않고 자유자재로 찍기 시작하는 거예요. 그런데 그 상태에 내가 원하던 바에 쓰여질 수도 있고, 쓰여지지 못하는 경우도 있지만, 대체로 내가 의식하고 찍은 것보다는 의식하지 않고 순간에 몰입해서 찍은 사진이 훨씬 좋은 경우가 많아요.

이민석 저는 오늘 이곳에 선생님의 사진을 쭉 보면서 왔는데요. 저는 사진을 잘 모르거든요. 사진을 찍을 때도 가족끼리 여행을 가서 찍은 사진이 거의 대부분이고 작품 사진이라고 할 만한 사진은 거의 없습니다. 근데 저는 사진과 눈의 공통점이 세상을 담을 수 있다는 점이라고 생각하거든요. 사실 선생님의 눈이나 저의 눈이나 세상에 보이는 모든 것을 담을 수는 있지만 사진은 우리가 보는 이런 울퉁불퉁한 3차원적인 것을 모두 담지 못하고 2차원적인 평면에 담지 않습니까? 그런데도 선생님이 사진을 찍고, 또 많은 사람들이 사진은 위대하다고 하는 이유는 무엇인지요? 그리고 선생님의 『나는 사진이다』란 책에 담겨 있는 사진들이 선생님이 세계를 바라보는 눈으로 보는 그런 시각과 동일한 것인지, 아니면 그런 것들이 한 차례 걸러져서 사진으로 되는 것인지 궁금해서 질문드립니다.

김홍희 사진은 소화제가 없습니다.(웃음) 사진 자체가 위대하다, 위대하지 않다고 말하기는 어려울 것 같군요. 20세기에 들어오면서 사진이 많은 일들을 해냈습니다. 그 중 하나가 사회를 정화하는 일이었죠. 요즘은 텔레비전이나 영화 쪽으로 그 역할이 많이 넘어갔지만 말입니다. 유진 스미스라고 하는 미국 작가가 스페인에 1년 동안 살면서 스페인 빌리지라는 사진을 찍었어요. 그런데 그때 그 사진이 《라이프》지에 기고가 되고, 그 뒤에 그 동네에 병원이 생겼답니다. 그 오지에 정부에서 병원을 짓기 시작했대요. 그 사진에 병원이 등장하지 않았거든요.

그리고 루이스 하인이라는 작가도 이와 비슷한 작업을 했습니다. 1900년대 초반에는 미국의 어린아이들이 노동현장에 끌려가서 일을 했답니다. 루이스 하인이 그 아이들의 사진을 찍어서 미국 국회에 제출합니다. 그러면서 그것이 노동운동과 관련되어서, 몇 살 이하의 아이들은 노동을 시키면 안 된다는 법이 제정되고, 또 하루에 일정 시간 이상은 노동을 하면 안 된다는 법이 제정되기 시작합니다. 그런 것에 일조한 사진들이 종종 있었어요.

그후《라이프》지를 보면, 60년대 말인가 70년대 초쯤 문을 닫기 전까지 세계의 재미있는 가십거리를 사진으로 많이 제공했습니다. 저널리즘적인 가치가 나름대로 있었죠. 근래 사진의 가치는 사실 사진 한 장 보고 감동받는 모습은 사라진 것 같습니다. 전쟁에 관계되는 사진들도 사진으로 찍어 보도되는 것도 있지만 CNN 같은 뉴스에서 방송하는 게 훨씬 현실감 있고, 바로바로 들어오지 않습니까? 언젠가 CNN방송을 보는데, 미군 폭격기가 핵폭탄 등의 핵제조물이 있을 법한 곳을 공습하는 장면이 실시간으로 방송되는 거예요. 비행기 안에 카메라를 탑재해서 그걸 위성으로 받아 바로 방송을 하는데, 완전히 시뮬레이션 게임과 비슷해요.

거기에 사람이 죽고 안 죽고의 개념은 사라진 지 오래예요. 마치 게임을 하는 것과 거의 똑같아요. 근데 그 안에서 몇백 명이 무참히 죽어 갑니다. 그러니까 CNN과 같은 매체가 주는 기능은 두 가지가 있다고 봅니다. 하나는 즉발적으로 보여주기 때문에 현실감이 있는 것이고, 그 현실감 뒤에는 실제 사상자에 대한 이해가 없어진다는 겁니다. 사진을 그렇게 찍어놓으면 필이 오지 않습니다. 사진은 자기가 찍고자 하는 타깃과 또 타깃을 '탁' 하고 맞추는 그런 느낌이 별로 안 생깁니다. 가령 총알이 슝 나가는 장면을 찍었어요. 그런데 사진은 느낌이 별로 없습니다. 그런데 동영상으로 로켓이 쫙 날아가는 모습을 보면 묘한 맛이 있어요. 그런데 사진을 찍으려고 하면 폭탄이 떨어지는 현장을 가야 됩니다. 근데 찍긴 찍는데 가장 드라마틱한 것이라고 해봐야 아무 죄 없는 아이들의 죽은 얼굴 사진을 찍어서 '조금 전에 봤던 그 상황이 실제로 이렇게 된다'라고 재증명하는 수밖에 없습니다. 그때 이제 전쟁이 가지고 있는 불합리성, 또 나아가서 전쟁이란 무엇인가에 대해 사람들이 의문을 가지기 시작하는 거죠. 비로소 사진이 가지고 있는 독특한 힘이 발휘되는 겁니다. 두 번째 질문은 뭐였죠?

이민석 선생님 책에 나와 있는 사진들이 선생님이 눈으로 직접 바라보시는 세계와 다르지 않은지요?

김홍희 아, 저는 눈으로 안 봅니다.(웃음) 제가 수업시간에 학생들에게 자주 강조하는 말 중 하나가 '눈으로 보지 말라' 입니다. 사실 여러분은 사물을 눈으로 보지 않습니다. 관념으로 봅니다. 그걸 패러다임이라고 하죠. 여러분한테 이미 주어진 사유의 틀로 세상을 보게 되어 있습니다. 지금 제 손에 있는 게 뭡니까? 귤? 한국 학생들에게 이게 뭡니까? 하고 물어보면, '귤!' 이라고 크게 대답하죠. 그 이면에는 '그거 귤 아이가, 자슥아. 그걸 뭐하러 물어보노?' (웃음) 이게 한국 사람의 태도입니다. 일본 학생들에게 '고레 나니?(이게 뭐지?)' 라고 물어보면 한참 동안 답할 것을 생각합니다. '귤!' 하고 바로 답이 나오는 사람은 없습니다. '아, 그거 귤이라고 생각합니다.' 이렇게 대답합니다.

한국 사람이 보면 멍청하기 짝이 없는 답이에요. 자신감이 없어 보여요. 한국 사람하고 일본 사람하고 그렇게 다릅니다. 질문해보면 그렇습니다. '이게 뭐꼬?' 그러면 우리나라 학생은 '컵 아인교' 라고 합니다. 주어진 것에 대해 너무 자신만만해요. 그러나 일본 사람들한테 질문하면, 그 의도까지 파악하려고 노력하는 거죠. '아, 그거 컵이라고 생각하는데, 또 다른 뜻이 있습니까?' 이렇게 반응이 옵니다. 사회를 보는 태도가 이 사소한 것에서도 완전히 다릅니다. 이게 일종의 패러다임이죠. 같은 컵을 놓고 어떻게 이해할 것인가? 패러다임에 따라서 태도가 달라집니다. 그래서 여기 제가 찍은 사진들을 보고 어떤 사람들은 '와, 사진이 감동적이다.' 이렇게 말하는 분도 계시지만 '개나 소나 찍네, 나도 찍겠다.' 이런 반응까지도 나오고 다양하죠.

저는 다양한 과정을 거쳐서 여기까지 왔어요. 전시회도 열두어 차례 했고, 출간한 책들만 해도 스무 권이 넘고, 사진 작품전을 스무 번 넘게 열었거든요. 도대체 무슨 뜻이 있을까 하고 비평가들이 볼 때마다 궁금

여러분이 평소에 아름답다고 생각하는 것. 또 좋다고 생각하는 것. 여러분이 귤이라고 생각하는 바로 그것. 이 것은 과연 여러분에게서 자생적으로 발생한 것일까? 하는 질문을 해보면 여기에 답이 있습니다. 아까 패러다 임에 관해서 얘기했는데, 이것은 주어진 사유의 틀입니다. '주어진' 것이거든요. 내가 말하면 여러분이 같이 듣고 이해하지 않습니까? 이것은 어떤 주어진 통로가 아니면 안 되는거예요. 통로가 바꿔어버리면 절대 이해 가 안 되는 거죠. 통로가 바뀐다는 것은 사유의 통로가 바뀐다는 것과 마찬가지입니다. 언어의 통로가 바뀐다 는 것은 생각의 틀 자체가 바뀐다는 것과 마찬가지입니다.

해합니다. 그렇게 돼서 아까 말한 것처럼 이 사람들이 사진을 읽어대기 시작하는 거예요. 여러분이 좋다고 생각하는 것, 아름답다고 생각하는 것, 이것은 지리산에 갔다오면서 술 마시고 널브러져 있다가 화계사를 보고 기분 좋아서 셔터를 눌러 나온 사진들을 말하는 것인지도 몰라요.

자, 이게 무슨 차이가 있을까요? 여러분이 평소에 아름답다고 생각하는 것, 또 좋다고 생각하는 것, 여러분이 굴이라고 생각하는 바로 그 것. 이것은 과연 여러분에게서 자생적으로 발생한 것일까? 하는 질문을 해보면 여기에 답이 있습니다. 아까 패러다임에 관해서 얘기했는데, 이것은 주어진 사유의 틀입니다. '주어진' 것이거든요. 내가 말하면 여러분이 같이 듣고 이해하지 않습니까? 이것은 어떤 주어진 통로가 아니면 안 되는 거예요. 통로가 바뀌어버리면 절대 이해가 안 되는 거죠. 통로가 바뀐다는 것은 사유의 통로가 바뀐다는 것과 마찬가지입니다. 언어의 통로가 바뀐다는 것은 생각의 틀 자체가 바뀐다는 것과 마찬가지입니다.

여러분하고 저하고는 한국어라는 큰 틀을 통해서 세상을 이해하고 있습니다. 그런데 한국말이라고 하는 틀을 조금만 바꾸어놓으면 소통이 잘 안 돼요. 그럼 저 같은 경우는 '언 놈이 그랬노?' '언제부터 그랬노?' 이게 궁금한 거죠. 내 머릿속에 있는 내 생각이 내 것이 아닌걸 철저하게 알고 있다는 겁니다. 그런 생각을 하게 되면 사물이 다시 보이기 시작합니다. 이 책 안에 있는 사진들을 봐도 제가 항상 의심에 가득한 눈초리로 본 것과 애정에 가득 찬 눈으로 찍은 것으로 양분되는 거죠. 사랑이 가득한 눈빛과 의심 많은 눈빛이 동시에 존재합니다. 그러니까 학교 다닐 때 선생님들이 아름답다고 하는 것들이 '언제부터 그랬노?' 항상 그런 의심을 품는 겁니다. 좀 삐딱하죠. 삐딱하긴 하지만 되바라지지 않고 애정이 가득하죠.

그게 애정을 가지지 못한 삐딱함으로 넘어가면 글쓰기나 사진들이 아주 난해해집니다. 난해해진다기보다는 아까 독학 얘기를 했듯이 아집에 빠지기가 쉽습니다. 아집에 한 번 빠지면 돌아오기 굉장히 힘들어요. 가능하면 남의 것과 소통하면서 또 자기가 생각하는 것에 주어진 긍정, 주어진 시발점을 항상 생각하고 있으면 자기가 얼마나 오류를 범하고 있는지도 알게 되는 거예요. 그 오류를 범하고 있다는 것을 확인하는 것은 확인사살이기도 하고 탈출하고 싶어하는 욕망이기도 합니다. 그럴 때 사진은 진정한 모습이 되는 거거든요. 그러니까 사물을 볼 때 실눈으로 보는 것이 아니고 자기가 가지고 있는 관념의 틀로 보는데, 관념의 틀이 조금이라도 삐딱하지 않으면 항상 남하고 별 차이 없는 시선으로 사진을 보기 때문에 남한테 질문도 할 수 없고, 답도 줄 수 없어요. 하지만 반대를 위한 반대를 하는 것이 아니고 건강한 삐딱함이었으면 좋겠다는 생각을 해봅니다.

신승진 아무리 사진을 좋아해도 사진 찍는 일을 직업으로 삼기에는 힘든 일이 아닐까 생각합니다. 그런데 선생님께서는 사진작가라는 직업을 결정적으로 선택하게 된 계기가 있는지요?

김홍희 사실은 도시계획학을 하려고 일본 유학을 갔는데, 제가 있던 도쿄 비주얼 아트에서 일일 사진학교를 하더라고요. 운명이 되려고 그랬는지 인연이 되어 거길 간 겁니다. 고등학생들이 많이 참가했더군요. 결과물을 보니까 고등학생들이 나보다 더 잘 찍었어요. 결과물을 보면서 내 것도 잘 찍었다고 생각했는데, 선생님이 찍은 사진에는 모델들의 눈이 초롱초롱 살아 있는 거예요. 그러고 보니 내 것은 영 엉망인 거예요. 사진 좀 찍는다고 어깨에 힘주고 다녔는데 한방에 박살난 겁니다. 그래서 그날로 돈을 털어서 오시이레라고 하는 암실장비를 사서는 집에 가서 해봤습니다. 이 장비가 옷장처럼 생겼는데, 그 안에서 꾸부리고 앉아 암실작업을 했거든요. 그런데 혼자하면 안 늘어요.(웃음) 그런 식으로 열심히 하다가 결국 사진학교를 가서 공부를 하게 됐는데, 학교 다닐 때 그런 얘기를 참 많이 한 것 같아요. '나는 반드시 카메라 한 대로 밥을 먹을 것이다.' 그리고 지금 20년이 됐는데 아직도 밥을 못 먹고 있어요.(웃음)

제가 일본 도쿄에서 7년을 살았습니다. 그때도 제 아파트에서 제 돈 내고 살았어요. 일본이라는 사회가 일한 만큼의 보상을 반드시 해주는 곳이었습니다. 문예춘추, 슈에이샤, 고단샤 등 꽤 괜찮은 출판사 하고 일을 했기 때문에 꽤 만만찮은 고료를 받고 활동하면서 저축을 하고 살았는데, 푸른 꿈을 안고 다시 고국으로 돌아왔습니다.

제가 한국에 돌아와서 학교에 갈 기회가 생겨서 가려 했다가 다 털어버렸습니다. '작가로서 작업을 부지런히 해서 카메라 한 대로 이름을 날리면서 살아야지.' 이렇게 결심했습니다. 제가 서른세 살에 한국에 들어와서 일 년 동안 요 바로 옆 작업실에 있었어요. 그동안 제가 깨달은 바가 있었어요. '아, 한국에선 사진을 하면 굶어 죽는다.' 근데 그렇게 되지 않으려면 기업이나 잡지사로 가든지 아니면 학교를 가야 하는데, 저는 학교를 가고 싶은 생각도 없고, 신문사 기자를 하고 싶은 생각이 전혀 없었어요. 프리랜서를 하고 싶은 생각밖에 없었거든요. 그런데 현실은 너무너무 어려운 거예요. 그래서 어쩌다가 장가를 가게 되었습니다.(웃음) 우리 색시한테 제가 얘기했습니다. 내가 만 사십까지 돈을 벌 것이다. 사진관을 해서 돈을 벌고 만 사십이 지나면 내가 하고 싶은 일을 할 건데 돈을 많이 벌면 다행이고 혹시 재수 없어서 못 벌더라도 원망하지 마라. 내가 정말 하고 싶은 일을 딱 6년 동안 포기하고 사진관을 할 거다. 그래서 6년 동안 사진관을 했습니다.

그렇게 사진관을 운영하면서 체인점을 열한 군데 만들었어요. 그러다 이제 만 사십이 되어서 다 정리하고 딱 한 개만 남겨놓은 게 세이브존에 있는 코포라는 스튜디오입니다. 아무튼 6년 동안 장사를 잘 했는지 못했는지 일단은 아이들이 잘 커주었습니다. 그래서 만 사십이 되던

해에 제가 다시 전업작가로 세상에 나온 겁니다. 그런데 5년 동안 정말 또 무지하게 고생했습니다. 지금 내가 마흔여덟이거든요. 아무튼 그렇게 부산에 와서 살면서 고생을 많이 했죠. 사실 부산에는 사진가가 먹고 살 만한 일이 없습니다. 제가 사진관을 계속하면 증명사진이나 아이들 돌, 백일사진을 찍어서 생활하는 데는 지장이 없겠지요.

그렇지만 제가 얼마나 분하겠습니까? 일본 가서 공부하고 와서 그 잘나가는 작가가 사진관을 하고 있다고. 그 울분은 안 당해보면 모릅니다. 이를 부득부득 갈아요. 그래서 제가 지금 틀니를 하고 있지 않습니까?(웃음) 너무 화가 나지만 울분을 참으면서 일했습니다. 오늘 계속 자랑을 하게 되는 것 같습니다만, 제가 특히 고향 부산이라는 곳에서 한 10여 년 생활하면서 느낀 것이 '아, 그렇구나' 하고 내가 이 자리에 있어야 하는 여러 가지 이유를 찾게 된 거예요. 저는 개인적으로 부산에 살면서 고충을 참 많이 겪었습니다. 그런데 작가는 그런 게 중요한 게 아니고 역시 그런 고통 속에 뭔가가 맺어지는 것 같습니다. 잘 아시겠지만 작품이라는 것은 결과적으로 한 개인이 가지는 다양한 아픔이 성숙되는 과정, 암울한 과정 중에 생기는 진주 같은 것들이에요. 삶을 너무 평탄하게 살면 작품은 더 안 나옵니다. 사진도 남들이 좋아하는 사진을 찍어서 돈이나 받고 살지라고 하면서 열심히 해보려고 하겠습니까? 등 따시고 배 부르면 그런 생각은 사라져요.

그런데 어느 정도 그게 몸에 익힐 만큼 되니까 배가 불러도, 아니면 배가 고파도 항상 화두처럼 뭔가를 안 놓게 되는 거죠. 동정일여(動靜一如). 동정일여라는 말은 '움직이나 정지해 있으나 항상 한 일념으로 뭔가를 잡고 있다'는 뜻이거든요. 그런데 자나깨나 사진이란 무엇인가를 생각하는 겁니다. 사진이란 무엇인가는 다른 말로 하면 인생이란 무엇인가와 같습니다. 삶이란 무엇인가라는 물음과 같은 겁니다. 한국에서 제가 지금 사진을 하고 있고, 앞에서 자기 소개도 했지만 한국이 새 천

파인 아트. 소위 예술 사진이라고 하는 것은 손을 대든 안 대든 상관없습니다. 전혀 상관이 없습니다. 대신에 저널리즘 사진은 손을 대면 안 됩니다. 저널리즘 사진이라고 하는 것은 여러분이 소위 알고 있는 신문사진, 또는 잡지에 등장하는 시사성을 가진 사진. 그런 것들은 손을 대면 안 됩니다. 왜냐하면 그 사진이 가지고 있는 생명력은 모멘트라고 하는 어떤 순간의 정지거든요. 그 순간이라는 것은 역사의 한 조각입니다. 역사의 정지라고 보면 됩니다. 역사를 왜곡해서는 안 되겠죠. 역사는 있는 그대로 전달해야 한다는 것. 거기에 가치를 둘때 손을 대는 것은 범죄행위나 마찬가지입니다. 대신에 예술 사진은 그와는 완전히 다른 생각들을 갖고 있습니다. 그래서 거기는 손을 대도 대고 하늘 파란색을 빨간색으로 바꿔도 상관없습니다.

년이 될 때 한국 정부에서 '우리나라를 대표하는 이미지 메이커 500명' 을 선정합니다. 500인의 한국 이미지 메이커를 선정하는데 그 중 사진 가는 25명을 선정합니다. 그 중에는 돌아가신 분들도 계시고 살아 있는 사람도 있습니다. 그런데 부산에서 최민식 선생님 그리고 제가 선정되 었거든요. 사진을 어렵게 시작했지만 이제는 뭐 어렵지 않게 살 수 있을 수준이 되었습니다.

윤창욱 요즘 인터넷 같은 데 보면 사진들을 포토샵이라는 프로그램을 통해서 많이 변형하는데요. 그렇게 사진들을 왜곡하고 변형하는 것에 대해서 선생님은 어떻게 생각하시는지요. 그러니까 사진은 꼭 진실만을 말해야 하는 건지 여쭤보고 싶습니다.

김홍희 아주 적절한 질문을 하셨네요. 지금 저 학생이 하신 질문을 여러분은 어떤 각도에서든지 이해를 하면 사진에 대해서 편견을 조금 삭힐 수 있 는 기회가 될 거라고 생각합니다. 사진을 손대는 것이 옳으냐, 그르냐. 그 질문은 사진의 목적성을 어떻게 생각하느냐에 따라서 완전히 달라 집니다.

파인 아트. 소위 예술 사진이라고 하는 것은 손을 대든 안 대든 전혀 상관없습니다. 대신에 저널리즘 사진은 손을 대면 안 됩니다. 여러분이 알고 있는 신문사진 또는 잡지에 등장하는 시사성을 띤 사진은 손을 대 면 안 됩니다. 왜냐하면 그 사진이 가진 생명력은 모멘트라고 하는 어떤 순간의 정지거든요. 그 순간이라는 것은 역사의 한 조각입니다. 역사의 정지라고 보면 됩니다. 역사를 왜곡해서는 안 되겠죠. 역사는 있는 그대 로 전달해야 한다는 것. 거기에 가치를 둘 때 손을 대는 것은 범죄행위 나 마찬가지입니다. 대신에 예술 사진은 그와는 완전히 다른 생각들을 갖고 있습니다. 그래서 거기는 손을 대도 대고 하늘 파란색을 빨간색으 로 바꿔도 상관없습니다.

그 가치의 기준으로 두 가지를 나눠서 생각해야 됩니다. 그러면 손을 대야 할 것과 손을 대지 않아야 할 것으로 구분이 되는 거죠. 만약 손을 대지 않아야 할 것에 만약 손을 댄다면 어떻게 될까요? 작년인가 재작년인가 퓰리처상을 받은 미국의 유명한 전쟁사진, 이라크 전쟁사진으로 기억하는데, 총부리를 들고 있으면 총부리에 겨누어져 있는 사람은 저만치 있는데 포토샵으로 당겨서 앞에다 갖다놓은 겁니다. 그것은 범죄행위입니다. 그리고 사진가가 전쟁현장에 나가서 사진을 찍는다는 것은 결국 조작하지 않는다는 것을 기준으로 사진이 진실성을 가지는 것이거든요. 어떤 경우에도 있는 그대로를 여러분한테 보여준다는 것이 여러분이 사진을 신뢰하는 기본적인 바탕입니다. 그런데도 그것을 조작하면 아무도 사진을 신뢰하지 않죠.

여러분은 암실을 안 해봐서 잘 모르겠지만, 사진이 한 장 있다고 합시다. 암실에 딱 걸어놓으면서 사진을 프린트합니다. 종이에 프린트를 할 때 극적인 효과를 내기 위해서 주변부를 좀 어둡게 하는 등의 여러 가지 효과를 냅니다. 닷징, 버닝 등 여러 가지 효과가 있는데, 그 효과를 지금은 암실이라 하지 않고 포토샵을 이용하는 것을 명실이라고 합니다. 암실 대신에 상대적인 말로 명실이라고 하는데, 똑같이 이전에 암실에서 했던 것을 기계로 하는 거예요 원본을 손상하지 않는 범위 내에서는 다큐멘터리에서도 인정합니다. 왜냐하면 그냥 평범한 사진을 보여주면 전혀 감흥이 없어요. 여러분이 생각할 때 극적인 장면을 찍어서 사진으로 보여준다고 생각하지만 실제로 극적인 상황을 만나기 쉽지 않거든요. 찍은 사진을 암실이나 명실에서 드라마틱한 상태로 만들어 보여주는 겁니다. 그게 작가가 자기 사진에 대한 개성력을 가지고 표현해내는 부분이거든요. 재현하는 것이 아니고 표현하는 것입니다. 그러한 것들이 용인되는 상황입니다. 거기까지는 해야 되는 거예요. 그것이 아까 말한 것처럼 저널리즘적 개념이라면 어떠어떠한 선까지 가면 안 되고, 아티스틱한 개념이라면 어디까지 손봐도 좋다라는 식으로 개념이 나누어져 있습니다. 이거 분명히 이해하셔야 합니다. 그러면 앞으로 사진에 대한 것을 볼 때, 암실을 하느냐 안 하느냐, 또는 명실 작업을, 포토샵을 하느냐 안 하느냐가 개념에 문제가 될 수도 있고 안 될 수도 있는 겁니다.

결국 한 장의 사진도 드라마틱하게 손을 보는 경우가 있습니다. 저는 손을 거의 안 보지만 경우에 따라 볼 때도 있거든요. 이런 사진은 거의 손을 안 봤다는 거예요. 이게 어딘지 아세요? 인도의 바라나시입니다. 이곳은 화장터죠. 여기 가면 하루 종일 죽은 사람을 태워요. 아침 먹고 태우고, 점심 먹고 태우고, 저녁 먹고 또 태우죠. 다음날 아침 되면 또 태웁니다. 얼마나 많은 사람들이 죽어 나가는지 몰라요. 살아오는 것보다 죽어가는 것이 더 많은 곳 같아요. 그 화장터에서 일하는 사람들일 수도 있죠. 그리고 퇴근시간에 집으로 갑니다. 자, 여러분, 바라나시에 오는 모든 사진가들은 그 시체 태우는 사진을 찍으려고 혈안이 되어 있습니다. 이게 아까 여러분한테 말한 생각의 틀을 비틀어야 하는 것이거든요. 그 태우던 사람들이 일을 끝내면 어디로 갈까요? 집으로 갑니다. 시체를 만지던 손으로 사랑하는 아이의 머리를 쓰다듬겠죠? '자식, 잘 컸어. 오늘 착한 일은 많이 했니? 오늘 인디고 서원 가서 무슨 책 읽고 왔어?' 여기 캡션이 있는지 모르겠습니다만 '2003년 인도 바라나시. 바라나시 화장장에서 시체를 태우던 사내들의 손이 집으로 향하고 있는 저녁. 그 손으로 아이들의 머리를 쓰다듬고 아내의 손을 쓰다듬겠지.' 이게 제가 세상을 보는 눈입니다. 그것은 일상입니다. 시체를 만지던 그 일상에서 집에 가면 무엇을 할까. 이게 너무 궁금한 거예요. 뭐하겠어요? 애들 머리 쓰다듬어주고 사랑하는 아내 등짝 만져주고. 이게 제가 세상을 보는 눈이에요. 거기 가서 사람이 죽고 인생의 고뇌가 어떻고 이런 거만 맨날 사람들이 생각을 하는데 저는 그것을 훌떡 뛰어넘어 다른 생각을 합니다.

자, 이 사진을 한 번 볼까요? 62쪽의 사진은 어떻게 찍었을까? 기차 타고 가면서? 타고난 직관력! 맞습니다. 기차를 타고 가면서 창밖을 향해 슈팅을 하면서 가는 겁니다. 새벽에 찰칵, 찰칵, 찰칵 찰칵 찰칵. 사진을 찍으면서 갑니다. 아, 저거 그림 되겠는데. 그러면 그때 왔다 왔다 왔다 찰칵 찰칵 찰칵 찰칵. 지나갑니다. 또 오겠나? 아 별거 없네. 꾸벅 꾸벅 졸다가(웃음) 또 찰칵 찰칵 찰칵 이렇게 가는 겁니다. 그렇게 해서 나온 사진이 이 안에 꽤 있습니다. 이제 이런 것을 책으로 묶을 때에는 흐른다. 류(流)라고 해서 '흐름', 이런 식으로 제목을 붙이죠. 아까 처음에 시간에 대한 개념을 누가 물었는데, 모든 시간은 주어진 물질과 공간의 변화에 의해서 우리가 인식하지 않습니까?

그런 것을 주요 개념으로 깔고 여기를 봅시다. 72쪽에 '이 사나이'가 있습니다. 제가 쓴 카피가 있는데, 아, 나는 카피를 너무 잘 써요.(웃음) 이것도 2003년 바라나시 새벽. "사내에게 물었다. 동쪽도 아니고 서쪽도 아닌 강의 중앙에 배를 댈 수 있겠는가. 사내는 대답 대신 훌쩍 배에 올랐다.' 아니 제가 말이에요. '니 동쪽도 아니고 서쪽도 아닌데 어떻게 배를 강의 중앙에 댈 수 있냐'고 물었더니, 사실 이건 굉장히 철학적인 질문이고, 어떻게 보면 선문답 아닙니까? 그랬더니 '됐다' 하고는 가는 거예요. 질문을 알아들었는지, 그까짓 질문, '그까이꺼' 뭐 이러면서(웃음). 그 다음에 두 장 더 넘기면 그 사내가 세 번째 또 나옵니다. '사내는 한 번은 동쪽으로 또 한 번은 서쪽으로 배를 기울였다. 서쪽도 아니고 동쪽도 아닌 강 한가운데 멈추어 있으려면 한 번은 동쪽으로 한 번은 서쪽으로 배를 기울여야 한다.' 이것이 제가 세상을 보는 힘입니다.

어릴 때 시골에서 여닫이 문을 본 적이 있을 거예요. 문 한쪽은 고정시켜놓고 한쪽은 열고 닫고 하는데, 소나무로 문짝을 짰기 때문에 이빨이 딱 맞을 수가 없어요. 조금 헐거운 경우가 있어요. 그래서 겨울이 되면 거기에 종이를 발라놓습니다. 한쪽만 바릅니다. 그러면 바람이 많이 문풍지 하나를 보고도 많은 것을 느낄 수 있어야 합니다. 문풍지를 바른다는 것은 어떤 장고한 세월에서 나오는 생활의 지혜의 결실입니다. 그래서 우리나라 사람들이 우리나라 한옥 문에 문풍지를 발랐던 거죠. 이것은 오랫동안 축적된 한국인만이 가지고 있는 독특한 노하우예요. 독특한 노하우 속에는 반드시 독특한 정신이 배어 있습니다. 여러분이 문풍지를 볼 때 그냥 문풍지를 발랐네, 이게 아니고 문풍지의 속성은 무엇일까? 아, 방풍과 통풍이구나. 방풍과 통풍이라고 하는 일차적이고 이차적인 기능을 다 하고 난 뒤에 문풍지는 소리로 기억됩니다. 문풍지가 예쁘다고 기억하지 않거든요. 문풍지는 대개 흰색 종이로 그냥 바르잖아요. 그 문풍지를 통해서 느꼈던 어떤 겨울날의 적막감. 아마 추운 겨울날에 바깥은 너무너무 추운데 따뜻한 아랫목에서 할머니에게 이야기를 듣던 그 기억을 하는 거예요. 문풍지가 가지고 있던 다양한 기능들 중에 부가적 기능을 통해서 참 기능으로 기억하게 해 주는 역할을 한다는 거죠. 그러한 것을 발견하는 힘. 그게 중요한 게 아닐까요?

안 들어오죠. 그런데 많이 들어오면 종이가 부르르 떱니다. 이 종이가 기가 막히게 떠는데 여러 가지 소리를 내거든요. 어떤 때는 보로로로로로, 어떤 때는 부르르르르르, 어떤 때는 북북북, 다양한 소리를 냅니다.

하여튼 이 문풍지의 첫 번째 기능이 뭐냐 하면 방풍하는 겁니다. 바람이 들어오지 않게 하는 것. 방풍의 반대말은 뭘까요? 통풍이죠? 근데 기가 막히게도 이 두 가지를 동시에 수행하는 겁니다. 바람이 못 들어오게 제어도 하면서, 적당량의 바람도 들어오게 해요. 우리나라에 있는 인텔리전트 건물들 있지 않습니까? 컴퓨터로 제어하는 건물들에 근무하는 사람들이 대체적으로 기관지가 안 좋습니다. 실내가 건조하고 공기가 참 탁해요. 저는 집을 지으면 반드시 문을 열 수 있는 그런 형태의 유리창을 만들거든요. 그 바람이 최고의 바람입니다. 환기시켜야 한다면 문만 열어놓으면 되지 않습니까.

이렇게 문풍지 하나를 보고도 많은 것을 느낄 수 있어야 합니다. 문풍지를 바른다는 것은 어떤 장고한 세월에서 나오는 생활의 지혜의 결실입니다. 그래서 우리나라 사람들이 한옥 문에 문풍지를 발랐던 거죠. 이것은 한국인만이 오랫동안 축적한 독특한 노하우예요. 그 속에는 반드시 독특한 정신이 배어 있습니다. 여러분이 문풍지를 볼 때 그냥 문풍지를 발랐네, 이게 아니고 문풍지의 속성은 무엇일까? 아, 방풍과 통풍이구나. 방풍과 통풍이라고 하는 일차적이고 이차적인 기능을 다 하고 난 뒤에 문풍지는 소리로 기억됩니다. 문풍지가 예쁘다고 기억하지 않거든요. 문풍지는 대개 흰색 종이로 바르잖아요. 그 문풍지를 통해서 느꼈던 어떤 겨울날의 적막감. 아마 추운 겨울날에 바깥은 너무너무 추운데 따뜻한 아랫목에서 할머니에게 이야기를 듣던 그 기억을 하는 거예요. 문풍지가 가지고 있던 다양한 기능들 중에 부가적 기능을 통해서 참 기능으로 기억하게 해주는 역할을 한다는 거죠. 그러한 것을 발견하는 힘. 그게 중요한 게 아닐까요?

박용준 선생님께서 방금 이것이 바로 김홍희가 세상을 보는 눈이고, 세상을 보는 힘이라고 말씀하셨는데 사실 그런 자신만의 시각과 힘을 가지기에는 어느 정도의 시간과 노력이 반드시 필요하다고 생각하거든요. 그런데 선생님께서는 스승이 될 만한 책이나 사진 또는 사람이 있는지 궁금합니다.

김홍희 이미 공자님이 2천 5백 년 전에 말씀하셨어요. '삼인행이면 반드시 선생님이 있다'고. 그러니까 어떤 자세든지 배울 마음의 자세가 되어 있다면 배울 수 있거든요. 물론 책을 읽는 것도 대단히 중요하죠. 기본적으로 책을 좀 읽어내지 않았다면 다양한 사유의 틀에 대한 이해가 부족하기 때문에 배움을 자기 것으로 만들기 어려워요. 이보다 더 중요하다고 생각되는 것은 여행을 해야 한다는 것입니다. 그것도 젊은 나이에. 그것도 꽤 많이 할 것. 옛날에 '만 권의 책을 읽느니 만 리를 여행하라'는 말이 있어요. 그러니까 1리를 가는 게 책 한 권 읽는 것과 같은 거예요. 1리면 얼마입니까? 400미터예요. 400미터를 굽어 살피면서 이것저것 보고 가면서도 책 한 권의 양만큼 배움이 있다는 겁니다.

이런 식으로 여행을 가다 보면 여러분이 맹신하던 것들이 철저하게, 아니 처절하게 깨지는 것을 느낄 겁니다. 여러분이 '반드시 이렇게 해야 된다'고 생각했던 것들은 우리나라에나 통용되는 거예요. 그렇게 가치의 기준이 다르다는 겁니다. 그런 것을 어느 정도 이야기하고 나면 이해의 폭이 넓어지겠어요. 삶에 대한 폭도 넓어지고, 상대에 대한 배려도 더 커지는 거죠. 물론 남한테 해를 끼치지 않게 우리나라에 살면 우리나라가 가지고 있는 정서를 존중해야 되고 다른 나라에 가면 다른 나라 사람들의 정서를 존중해야 합니다. 그런데 우리나라에서 안 된다고 그 나라 가서도 '너네 그러면 안 돼'라고 하면 웃기잖아요. 여기 크리스천 많습니까? 저는 크리스천입니다. 근데 그렇게 해선 안 된다고 봐요. 사물은 반드시 양면이 있고 그리고 양면의 세계를 꿰뚫어볼 수 우리가 말하는 것은 우리나라에나 통용되는 거예요. 그렇게 가치의 기준이 다르다는 겁니다. 그런 것을 어느 정도 이야기하고 나면 이해의 폭이 넓어지겠어요. 삶에 대한 폭도 넓어지고, 상대에 대한 배려도 더 커지는 거죠. 물론 남한테 해를 끼치지 않게 우리나라에 살면 우리나라가 가지고 있는 정서를 존중해야 되고 일본에 가면 일본사람의 정서를 존중해야 되고, 다른 나라에 가면 다른 나라 사람들의 정서를 존중해야 합니다.

있는 혜안이 있어야 된다고 생각하는데, 여러분은 한쪽만을 보도록 강요당하는 거예요. 강요당했기 때문에 그걸 안 하면 선생님들이 야단치잖아요. 또 부모님에게 꾸중을 듣죠.(웃음) 아들을 키워놓으면 반쪽밖에 못 보는 거예요. 그래가지고 사회 나가서 사회의 나쁜 구조와 올바른 구조에 대해서 이해가 되겠습니까? 그런 사람들은 한쪽 면만 보고 자랐기 때문에 나쁜 면을 보면 감당이 안 되는 거예요. 양쪽을 다 같이 보고 커야 돼요.

박용준　그렇다면 특별히 좋았거나 의미가 있었던 여행지는 있으신가요?

김홍희　제가 60개국을 돌아다녔어요. 많은 분들이 그 질문을 참 많이 하는데 저는 거기에 항상 준비된 답이 있습니다. '사랑에 빠졌던 나라.' 그러면 친구들이 누구하고 사랑에 빠졌는데? 이렇게 묻습니다. 또는 그 여자 예뻤어요? 이렇게 묻습니다. 그때 그 사람의 지적 수준이 드러나는 거죠.(웃음) 사랑에 빠지는 것이 여성 문제만이 아니고 환경이라는 부분도 있습니다. 돌아다니다 보면 자기를 급성장시키는 여러 환경들을 만나는데 삶의 계기가 되는 부분들이죠. 그런 것들이 참 기억에 남아요.

예를 들어 제가 처음에 여행을 홍콩에서부터 시작했어요. 홍콩에서 시작해서 쭉 남쪽으로 내려가다가 태국인지 말레이시아인지 너무 오래돼서 기억이 안 나는데 거기서 우연하게 뒷골목을 들어가게 됐어요. 그런 곳의 뒷골목이 진짜 겁나는 곳이에요.(웃음) 관광객이 카메라 들고는 절대 못 들어가는 곳입니다. 저 같은 경우는 카메라 백이 꽤 큽니다. 20년째 들고 다니는 아주 튼튼한 가방이 있어요. 그걸 메고 카메라 양쪽에 들고 찍으면서 갔어요. 그러니까 동네 애들이 당황한 거예요. 카메라를 본 게 처음인 아이들도 있었으니까요. 카메라를 만져보고 야단났죠. 그런데 제가 그때만 해도 젊고 혈기가 왕성했기 때문에 함부로 못하게 손을 때리면 미안해하면서 카메라를 줘요. 그런데 내가 목에 걸고 있던 카메라를 그 아이한테 걸어주면서 '야, 찍어봐. 찍어봐.' 그러면 이제 카메라는 이 아이한테 갔다가 저 아이한테 갔다가 나한테 안 돌아오는 거죠. 그렇게 막 찍다보면 36컷을 다 찍으면 카메라가 안 돌아가잖아요. 그럼 고장났다고 또 갖고 와요. 그렇게 재밌게 노는 거죠.

그러던 와중에 그 동네에서 낮술 마시는 아저씨들한테 잡혀들어갔지요.(웃음) 그런데 거기서 폭탄주를 만들었는지 어쨌는지 그 아저씨들은 '원샷' 하면서 잘 먹습니다. 아주 맛있게 보여요. 근데 나한테는 너무 독한 거예요. 그런데 그러한 부정적인 것을 나타내거나 하면 눈빛이나 태도로 위협을 느낄 때가 있습니다. 그런데 가능하면 조심해서 안 가는 거죠. '뭐 내가 사진 활동하는데 뭐 한번 들어가 보지.' 이런 것 절대 안 됩니다. 위험하다 싶으면 빠져서 친구들과 같이 들어가든지 아니면 이미 들어가버린 사람도 술잔을 줄 때 처신을 잘 해야 한다는 거죠. 아무튼 그렇게 적당히 두세 잔 정도 마십니다. 더 이상 마시면 죽을 것 같다고 생각하면서 탁 마셨는데, 밖에 있던 어른들이 방을 박차고 들어와 가지고 '이놈 취했으니, 내보내라' 하시는데, 그때 그 표정. 그렇게 해서 빠져나오면 아이들은 카메라를 주고, 나오는 길까지 안내를 받고. 그런 것들에 사랑에 빠지는 것이죠. 또 그런 경험들이 축적되어서 인간에 대한 신뢰도 회복하게 되고 그런 거 아니겠습니까?

허아람 사실 열다섯 번째인 김홍희 선생님을 모실 때까지 지난 1년 반 동안 우여곡절이 참 많았던 주제와 변주인데, 사랑이 가장 많으신 어른이 오셨다는 생각이 들어요. 표정에서, 눈빛에서, 몸짓에서. 인간에 대한 근본적인 애정을 온몸으로 보여주시는 것 같아서 이 안의 공기가 아주 예쁘다는 생각이 들어요. 선생님이 이 공기를 카메라 말고 눈으로 찍으신다면 어떨까요? 물론 선생님은 아까 눈으로 절대 안 찍으신다 했지만 말입니다. 저는 눈으로 늘 사진을 찍거든요. 카메라를 들지 않아요. 그래서 제 마음속에는 수천 장, 수만 장의 사진이 인화되지 않은 채 남아 있어요.

제가 드리고 싶은 질문은 저희가 사실은 선생님이 어떻게 알고 오셨는지 모르지만 선생님이 이 자리에서 느끼시는 소박하고 다정한 젊은이들의 아직 치기어린 질문도 있지만 굉장히 삶에 대해서 건강하게 질문하고 또 사유하는 그런 자리 이상도 그 이하도 아닌 그런 시간이에요. 근데 이 자리가 부산에 있단 말이에요. 선생님이 먹고 살기 힘드셨다던 바로 그 고향이 여기란 말이죠. 사실 저희도 적자 상태를 면하지 못하고 있는데요. 이런 자리에서 저희에게 힘이 되는 이야기를 남겨주시면 부산사나이 김홍희 선생님과 부산 청년 인디고 청년들이 아름다운 고향 부산을 지킬 수 있는 힘이 되지 않을까 싶습니다.

김홍희 허허. 네, 제가 근래에 읽은 책 중에 『나를 쳐라』라는 책이 있습니다. 경허 스님이 쓰신 책인데, 꼭 읽으십시오. 한 인간의 지혜로움이 얼마만큼 경이로울 수 있는지를 보여주는 책입니다. 사실 지혜를 얻는다는 것은 진짜 어려운 것이거든요. 책을 읽다보면 결국에는 어떤 책이 남을까요? 저는 이번에 이사하면서 어릴 때 읽던 책을 다 버렸습니다. 너무 애착이 가서 못 버렸거든요. 근데 지금 남아 있는 책보다 더 많이 버렸습니다.

예전에 나온 책 중에 법정 스님이 쓰신 『무소유』가 있어요. 그걸 제가 초판 1쇄 본을 가지고 있어요. 아마 범우사에서 나온 모든 초판 1쇄 본을 제가 다 가지고 있을 겁니다. 얼마 전에 범우사에서 이 책을 다시 양장본으로 만들면서 '초판 1쇄를 가지고 계신 분에게는 지금 출판하는 새 책과 맞바꾸어드립니다' 라고 하는 거예요. 나 참. 저는 출판사 사장 정도 되면 굉장한 지식인인 동시에 세월에 대한 답례를 할 줄 아는 사람이라고 생각했습니다. 그 책이 30년 정도 되었으니 지금의 책 1천 권하고도 바꾸기 어려운 겁니다. 아니면 '기증해주십시오. 그러면 소정의 감사료를 드리겠습니다' 라고 하든지 말입니다. 지금의 책과 맞바꾸겠다는 발상은 도대체 어디서 나오는 건지 궁금합니다. 그게 지식인 사회를 대표하는 출판사 사장의 생각이라는 것에 저는 정말 화가 났었어요. 근데 너무너무 화가 나는 것은 그뿐만이 아니에요. 허아람 선생님에 대한 대답은 돌아돌아 할게요.(웃음)

글에 대한 저작권 못지않게 사진 하나하나에는 저작권이 다 있습니다. 제가 찍은 모든 사진의 저작권은 저에게 있죠. 저는 출판사와 계약을 할 때, 얼마 되지 않아도 인세계약을 합니다. 한 장씩 가격을 매기는 거죠. 근데 대부분의 작가들이 매절 계약을 해요. 20~30장씩을 묶어서 가격을 책정해 넘기는 거죠. 저는 그런걸 두고 노예계약이라고 합니다. 이것은 고집이 없으면 절대 못하는 일이거든요. 저는 귀국해서부터 '나는 노예계약을 못 한다. 글쓰는 사람에게 저작권이 보장된다면 사진을 찍는 작가에게도 반드시 저작권이 보장되어야 한다. 다른 선진국들은 이미 다 그렇게 하고 있다. 그리고 글을 쓰는 것 못지않게 사진을 찍는 것도 굉장한 노력이 필요하다. 그 한 장의 사진을 찍기 위해 20~30년의 노하우가 필요하다. 사유하는 것과 사진을 찍는 것은 똑같다. 내가 글을 써보니까 생각하는 것이나 사진을 찍는 것이 똑같은 고통을 주는 행위더라.' 이런 식으로 고집을 부린 거죠. 힘들게 얻어낸 결과입니다.

그래서 인세를 받을 때 비율을 정해요. 10퍼센트의 인세를 받은 작가는 그 이하는 안 받으려고 하잖아요. 근데 그런 고집 부리지 않고, 사업적인 측면에서 아주 냉정하게 이야기하는 거죠. 사진 없는 책을 만들어 1만 부를 팔래? 아니면 나한테 몇 퍼센트의 인세를 주고 2만 부를 팔래? 이런 식인거죠. 제가 낸 책들이 거의 대부분 베스트셀러에 들어갔는데, 그럴 수밖에 없는 것이, 저는 책을 낼 때, 반드시 잘 팔릴 것 같은 작품만 골라서 책을 냅니다. 안 될 건 안 해요. 그렇게 노력을 했는데 쪽박을 찰 것 같으면, 노력한 것에 대한 대가가 없기 때문에 안 하는 거죠. 반면에 이 책이 너무너무 재있다고 생각되면 굉장히 헌신적으로 노력을

배운다는 것은 자세를 낮추는 것을 뜻합니다. 저도 오늘 이렇게 와서 여러분과 대화를 하면서 저도 여러분에게 배울 것이 있고, 또 여러분도 저와 대화를 하면서 얻는 것이 있을 것입니다. 또 깨닫는 것이 있을 것이고. 자세를 낮추지 않으면 남의 말이 귀에 들어오지 않거든요. 또한 아람선생님도 가르치시고, 저도 가끔 가르치는 일을 하지만 누군가를 가르친다는 것은 다만 희망을 이야기하는 것일 뿐이거든요. 희망을 북돋아 주는 것이 선생의 역할인 것입니다.

해서 책을 냅니다. 그럴 때 사진작가와 출판사가 서로서로 양보를 해서 사진에 대한 값을 잘 쳐주고, 또 작가는 그에 대한 보답을 작품으로 하면 먼 미래에 출판을 위해서도 좋은 방식을 세우는 것이라고 생각하거든요.

너무 멀리 돌아왔는데, 선생님 질문에 답을 하자면 방금 전에 경허 스님에 대한 이야기도 잠깐 했었는데, 인디고 서원이 항상 흑자를 남기면서 잘 되면 얼마나 좋겠습니까? 근데 어머니께서 어릴 때 저에게 '너는 돈을 찾지 말고, 지혜를 구하라' 고 항상 말씀하셨어요. 저희 어머니는 초등학교밖에 나오시지 않으셨어요. 지식이 많으신 분이라고는 할 수 없었지만, 그 어머니께서 늘 저에게 말씀하신 것이 바로 '솔로몬 같은 지혜를 얻을 수 있게 늘 기도하라' 셨거든요. 불교에 관련된 일을 굉장히 많이 하지만 저는 크리스천입니다. 어머니께서 제가 목사가 되기를 희망하셔서 어려서부터 성경 공부를 참 많이 했었거든요.

그중 어떤 부분에 제가 매료되었냐 하면, 욥이라고 하는 사내의 이야기가 담긴 욥기 있지 않습니까? 그 이야기는 뭐냐 하면 인간의 삶이라는 것, 그리고 인간이라는 존재가 얼마나 보잘것없고, 한편으로는 알 수 없는 것이냐라는 질문을 던지는 이야기인데, 악마와 신이 내기를 해요. 욥은 그 당시 굉장한 부를 가진 사람이었어요. 또 굉장히 신실한 신자이기도 했죠. 그래서 악마가 이 신에게 말하기를 '욥의 부를 뺏으면 그가 가진 모든 신실함과 성실함을 잃게 만들 수 있다' 고 이야기합니다. '그러면 바로 너를 원망할 것이다.' 그래서 이 친구도 동의를 해서 악마가 욥의 부를 다 빼앗아버려요. 벼락을 치게 하고 모든 수단을 동원해서 욥의 양을 죽이고, 집을 허물면서 그의 부를 빼앗아버립니다. 그런데 욥이 끄덕도 안 하고 하나님을 욕하지도 않고 자기의 길을 또 갑니다.

그래서 악마가 욥의 자식들까지도 다 죽입니다. 그래도 욥은 하나님

김홍희

을 원망하지도 않고 자기의 길을 갑니다. 악마가 너무너무 약이 오르겠죠. 그래서 나병까지 들게 합니다. 사실 나병이라고 하면 인간으로서 가장 밑바닥까지 내려간 상태라고 할 수 있죠. 그러고는 '그러면 욥이 신을 원망할 것이다'라고 악마가 말합니다. 그래서 신이 악마에게 '목숨은 건드리지 않는 선에서 한번 해봐.' 그래서 욥이라는 사내가 나병에 걸립니다. 얼마나 간지럽겠어요. 그래서 욥이라는 사내가 기왓장에 몸을 긁으면서 앉아 있습니다. 그래도 하늘을 욕하지 않습니다.

그때 하늘의 천자들, 친구들이죠? 그 친구들이 나타납니다. 그 친구들이 욥에게 말하길 '네가 분명 잘못한 것이 있을거야. 그래서 하나님이 너를 이렇게 벌하시는 것일거야. 한번 잘 생각해봐.' 이 말에 대해서 욥이 하나하나 부정해 나갑니다. 그러한 과정이 매우 논리적이면서도 재미있는 대목인데, 이 과정이 지나고 이제 하나님이 욥에게 이전에 가졌던 부와 명예보다 더 큰 영예로움을 주게 됩니다.

이 이야기에서, 하나님의 존재를 진짜 하늘에 계신 신이라고 생각하면 너무 교의적으로 들릴 수 있습니다. 하지만 하나님이라는 존재를 '순리'라고 생각하면 굉장히 바람직한 이해가 될 수 있을 겁니다. 어떤 상황에 처해 있더라도 자기가 가야 할 길을 가는 인간의 의지를 말해주는 이야기라고 할 수 있죠. 그래서 욥이 이제 번성의 길을 가기 시작할 때 하나님과 대화를 하기 시작하는데, 그때부터의 대화가 참 기가 막히게 재미있습니다. 하나님이 욥에게 많은 질문들을 하는데 욥은 그 질문에 하나도 답을 할 수가 없습니다. 하나님이 욥에게 묻기를 '악어와 악어새의 관계를 너는 아느냐?', '악어를 만들고 난 뒤 악어새를 만드는 이유를 아느냐?' 또 '너는 왜 해가 동쪽에서 뜨는 줄 아느냐?'

지구가 자전을 하고 해가 공전을 하는 그런 설명을 하는 게 아니죠? '왜 새벽별이 뜨는지 너는 아느냐?' 이런 식의 질문을 하나하나씩, 정말 아무도 답을 절대 할 수 없는 질문들을 계속하는 겁니다. 인간의 삶은 여러분이 열심히 무엇인가를 계속하는 것 외에는 알 수 있는 것은 없다고 생각합니다. 끝없이 자신을 추구해가는 것뿐이거든요. 그러니까 인디고 서원을 꾸려나가시는 허아람 선생님, 그리고 여기에 계신 여러분도 정말 좋은 의지와 열의를 가지고 일들을 해나가고 있지 않습니까? 근데 이것이 어떤 결실을 맺게 될 것인지는 사실 아무도 모르는 것이거든요. 다만 좋은 결실을 맺기를, 좋은 에너지로서 끝없이 바라는 것이죠. 그러면 좋은 에너지로 바랐던 만큼 좋은 결실을 맺을 수 있는 확률이 엄청 높아집니다. 이것이 한 사람 한 사람 모여질수록 그 결실이 현실화될 수 있는 힘은 더 커지는 거죠.

여러분께서 아람샘과도 공부를 꾸준히 하고 계시기도 하지만, 배운다는 것은 자세를 낮추는 것을 뜻합니다. 오늘 이렇게 와서 여러분과 대화를 하면서 저도 여러분에게 배울 것이 있고, 또 여러분도 저와 대화를 하면서 얻고 깨닫는 것이 있을 것입니다. 자세를 낮추지 않으면 남의 말이 귀에 들어오지 않거든요. 저도 가끔 가르치는 일을 하지만 누군가를 가르친다는 것은 희망을 이야기하는 것일 뿐이거든요. 희망을 북돋아주는 것이 선생의 역할인 것입니다. 그리고 여기 모인 모든 분들, 학생들과 학부모님들이 진정 서로 사랑한다면 같은 목표, 같은 꿈을 향해 나아가는 겁니다. 그래서 배운다는 것은 자세를 낮추는 것이며, 가르친다는 것은 항상 희망을 말하는 것이며, 또 여러분의 몫은 그것을 향해 함께 나아가는 것입니다. 서로 사랑하는 마음으로 한 곳을 보고 나아간다면 반드시 좋은 일이 있을 겁니다.

사회자 지난 겨울 인디고 청년 캠프를 하면서 꿈에 대해 이야기할 시간을 가졌습니다. 저는 다만 다큐멘터리 감독이 되고 싶다는 꿈만 단순히 가지고 있었지 사진이나 매체에 대해서는 문외한이었거든요. 오늘 정말 의미 있고 좋은 말씀 많이 들려주신 김홍희 선생님께 감사하다는 말씀을 꼭 드리고 싶고, 이렇게 사회를 볼 수 있어서 참 영광이었습니다. 처음부터

김홍희

끝까지 다 좋았지만, 정말 마지막까지 마음을 움직이는 말씀을 함께 해
주신 여러분께도 감사의 말씀을 드리면서 오늘 주제와 변주를 마치겠습
니다. 감사합니다.

16회

정재서

『이야기 동양신화 1, 2』

상상력의 원천,
마르지 않는 샘이 바로 신화다.

사회자 안녕하세요. 16회 주제와 변주 사회를 맡게 된 고등학교 2학년 김나리라고 합니다. 이번 주제와 변주는 동양, 좀더 자세히 말하면 동양 신화를 주제로 이야기하도록 하겠습니다. 먼저 정재서 선생님을 소개해드리겠습니다. 정재서 선생님은 『이야기 동양신화 1, 2』를 쓰셨고 현재 이화여자대학교 중어중문학과 교수로 계십니다.

어린 시절 한학을 배운 것을 토대로 동양학, 특히 동양의 정체성에 큰 관심을 보이시며 연구하시던 중 침체되어 있는 동양적 상상력에 문제의식을 느끼면서 동양인이 동양신화를 통해 잃었던 원형을 되찾아보게 하기 위해 신화연구를 해오셨습니다. 이 책 1권을 보면 눈, 귀, 코, 입이 모두 막힌 혼돈이라는 신이 있는데요. 이 혼돈이라는 신처럼 동양적인 것, 특히 동양 신화에 대해서는 무지와 혼돈의 세계에 빠져 있던 우리에게 거인 반고가 자신의 희생으로 세상을 창조한 것처럼 동양신화의 세상을 재창조하셨습니다. 이제 본격적으로 주제와 변주를 시작해보겠습니다.

정재서 안녕하세요. 반갑습니다. 우선 제가 늦게 도착해서 너무 죄송합니다. 그 대신 재미있고 유익한 대화로 어떻게 하면 여러분께 보답을 할 수 있을까 생각하고 있습니다. 제가 많은 강연을 다녀봤어요. 제주도, 대구, 대전, 청주 등 안 다녀본 곳이 없습니다. 많은 분들을 대상으로 강연을 했는데 오늘 이런 스타일의 모임은 처음입니다. 이제까지 했던 강연은 주로 어른들 상대였는데, 아무래도 그런 강연보다 훨씬 더 흥미로울 것 같고 좋은 경험일 것 같은 예감이 듭니다.

이전에 여기서 강연을 하셨던 선생님들도 다 제가 잘 아는 분들이세요. 최재천 선생님, 도정일 선생님, 박홍규 선생님은 여러분과의 만남을 대단히 의미있게 생각하시고 저한테도 가서 좋은 경험을 하고 오라고 당부를 했거든요. 그래서 아주 즐거운 마음으로 이 자리에 오게 되었습니다. 일반 강연에서는 조금 딱딱하기도 하고 이야기하는 주제도 달라요. 지금 얘기하는 내용보다 어렵다거나 그런 것이 아니고 아무래도 긴장해야 하는 여러 상황들이 있거든요. 그런데 오늘은 좌석 배치도 개방적이고 이런 위치에서 대화하는 것이 마음을 편하게 합니다.

아마 책을 보신 분들은 아시겠지만 제가 동양신화를 쓰게 된 동기는 원래 제가 순수하게 공부만 하는 학자 생활을 해왔는데, 어느 날 불현듯 그냥 이렇게 어려운 글만 쓰면 안 되겠다는 생각을 했어요. 왜냐하면 가령 대형서점에 가보면 요즘 신화가 인기여서 신화 코너가 따로 마련되어 있잖아요. 이것은 전 세계적인 현상입니다. 일본 대형서점에 가봐도 신화 코너가 별도로 있어요. 그런데 가보시면 알겠지만 90퍼센트가 서양 신화 책이에요. 그리스 로마 신화 관련 책이 대부분이죠. 그리고 혹시 게임 좋아하시는 분들 아시는지 모르겠는데, 게임의 캐릭터나 그 스토리는 거의 서양의 켈트 신화라든가 중세 마법이야기에서 가지고 온 거예요.

우리나라에서도 그리스 로마 신화를 재미있게 풀어놓은 책이 인기이고 특히 그리스 로마 신화 만화책의 여신들이 얼마나 예쁘고 남신들이 얼마나 잘생겼어요. 제 딸아이가 초등학교 5학년인데 신화를 좋아하거든요. 그리스 로마 신화 만화책을 몇 번이나 읽고 어려운 그리스 신들 이름을 다 외워요. 저하고 신들 이름 맞추기 게임을 했는데 제가 졌어요. 그랬더니 딸애가 뭐라 그러냐 하면 "아빠 신화 교수 맞아?" 그러더라구요. (웃음)

그런데 아이들이 중국신화나 우리 신화는 재미없다고 전혀 안 봐요. 우리 딸조차도 아빠가 명색이 신화학자인데도 동양신화는 거들떠도 안 봐요. 그래서 충격을 많이 받았죠. 신화는 상상력의 원천이잖아요. 그런데 어렸을 때부터 너무 특정한 신화만 집중적으로 읽으면 그게 다인 줄 알고 다른 신화는 거들떠도 안 보잖아요. 아이들을 탓할 게 아니고 재미있는 신화 책을 쓰도록 노력해야 하는데 그것을 안 했기 때문이라는 반성을 하면서 이 책을 쓰게 됐어요. 저로서는 어른들은 물론 학생 독자들까지도 생각을 했어요. 중고등학생뿐만 아니라 책 읽기를 좋아하는 초등학생까지도요. 그런데 아무래도 중·고등학생, 초등학생에게는 너무 어렵다는 애기가 들려와서 내가 조금 더 쉽게 써야 했는데 아직도 어려운가보다 하고 실망을 했거든요. 그러다가 오늘 여기 와서 허아람 선생님으로부터 대단히 긍정적인 말씀을 들었어요. 우리 학생들이 이 책을 많이 읽고 좋아하고 동양신화에 대한 문제의식도 많다는 애기를 듣고 제가 굉장히 고무되어 있습니다. 여러분이 과연 어떤 질문을 할까 기대를 하면서 시작해보겠습니다.

사회자 사회자인 제가 먼저 질문을 한 가지 드리겠습니다. 신화는 고대인들을 설명해주는 아주 중요한 요소 중 하나라고 생각합니다. 그런데 그것은 어떤 특정인이 지시해서 만들었다기보다는 자연적으로 탄생한 것으로 생각되는데요. 이렇게 동양과 서양의 차이가 지금과 같이 극심하지 않았을 시대에 만들어진 신화는 그 발생 자체가 자연발생적이었음에도 공통점과 함께 내용적·형식적 측면에서 많은 차이를 보이고 있습니다. 그리고 그 차이에는 우리가 지금 현재 알고 있고 지니고 있는 동서양의 차이의 경우와는 다른 뭔가 근본적인 원인이 있을 것 같거든요.

정재서 쉽게 생각하면 돼요. 신화는 원시 인류가 태곳적에 느꼈던 생각이잖아요. 원시 인류가 자연현상 등이 너무나 신비롭고 경이로우니까 그 느낌을 언어로 표현하고 나름대로 설명했던 거예요. 그러니까 기본적으로 자연에 대해서 신비와 경이감을 느꼈던 것은 동양 사람이나 서양 사람이나 다 똑같았을 거예요. 그런데 어떤 점에 대해 특별히 더 관심을 갖고 그것을 어떻게 표현할까 하는 것은 어떤 차이에서 나올까요? 한 번 생각해보세요. 어떤 차이예요?

학생1 문화적 배경.

정재서 문화보다도 조금 더 근원적이고 기초적인 게 뭘까요? 내가 사는 한국

정재서

신화는 고대인들을 설명해주는 아주 중요한 요소 중 하나라고 생각합니다. 그런데 그것은 어떤 특정인이 지시해서 만들었다기보다는 자연적으로 탄생한 것으로 생각되는데요. 이렇게 동양과 서양의 차이가 지금과 같이 극심하지 않았을 시대에 만들어진 신화는 그 발생 자체가 자연발생적이었음에도 그 공통점과 함께 내용적·형식적 측면에서 많은 차이를 보이고 있습니다. 그리고 그 차이에는 우리가 지금 현재 알고 있고 지니고 있는 동서양의 차이의 경우와는 다른 뭔가 근본적인 원인이 있을 것 같거든요.

과 중국, 독일이 같아요? 달라요? 자연환경이 많이 다르죠. 그 환경에 따라서 서양 사람들한테는 어떤 사물이 더 인상적일 수 있고 동양 사람에게는 또 다른 어떤 것이 더 두드러질 수도 있는 거거든요. 인간으로서 공통적인 본능이라든가 공통적인 호기심은 다 갖고 있고 그것을 느끼는 것도 똑같은데, 동양이든 서양이든 환경에 따라서 어떤 사실이 더 강조되기도 하고 설명하는 방식이 달라지기도 하고 그렇죠. 그래서 같은 신화라도 동양신화와 서양신화 사이에는 차이가 있을 수 있습니다. 쉽게 비유를 들면, 우리가 먹는다는 본능은 다 가지고 있죠. 동양 사람이든 서양 사람이든 식욕을 지니고 있지만, 음식 문화는 다르지 않습니까? 한식이 있고, 양식, 일식이 있듯이 각 민족, 지역, 풍토에 따라서 요리재료가 달라지고 기호가 달라지니까 먹는 방식이 달라지는 것처럼, 신화도 인간이 공통적으로 가지고 있는 욕망을 표현하지만 환경과 생태에 따라서 달라진다고 봐야겠죠.

사회자 자연환경에 따라서 동양과 서양의 신화가 차이가 있다는 것을 선생님 말씀을 듣고 잘 아셨을 것이라고 생각됩니다.

학생2 저는 신화가 먼저 무엇인지 정말 궁금합니다. 그리고 신화라는 것이 과거에 국한된 것인지 아니면 현재도 신화라고 할 만한 것이 있는지 궁금하구요.

정재서 굉장히 근본적이고, 또 사실은 중요한 질문이에요. 왜 그러냐 하면 우리는 일반적으로 신화라고 하면 어떤 생각이 들죠? 황당한 이야기, 기적 같은 이야기라고 생각하죠? 나라를 세우는 아주 위대한 이야기를 건국신화라 하고, 세상을 창조한 이야기는 창조신화라고 합니다. 신화의 종류도 여러 가지이고 학자들에 따라서 신화의 정체에 대해서도 여러 가지 설들이 있어요. 그래서 어느 한 가지만 확실한 정설이라고 얘기는 못 해요.

그중 여러 가지를 종합해서 말해본다면 우선 아까 얘기한 것처럼 자연 상태에서 순수하게 신화라는 것이 어떻게 생겼나 생각을 해봐요. 우리는 과학을 통해서 해와 달이 절대로 떨어질리 없고 땅이 이유 없이 갑자기 꺼져버리지 않는다는 것을 알고 있죠. 원시 인류가 처음에 그런 지식이 전혀 없었을 때 어떻게 느꼈을 것 같아요? 굉장히 불안했을 거예요. 인간은 항상 자신이 어떤 위치에 서 있는지를 설명할 수 있어야 안정을 찾고 이 대지에 발을 디디고 살 수 있어요. 그래서 자연 현상에 대해 나름대로 해석을 하는 거죠. 아, 해라고 하는 것은 아침에 떠올라서 하늘을 달리고 저녁 때 저 서쪽에 가서 목욕을 하고 푹 쉰 다음, 이튿날 아침에 다시 새로운 기운으로 떠오른다, 그렇기 때문에 떨어지지 않는다, 아마 이런 식으로 해의 운행을 이해했을 거예요.

원시 인류는 지금처럼 과학적으로 설명을 하는 것이 아니고 가장 인간적으로 설명을 해요. 왜 그러냐 하면 그 당시엔 인간이 자연과 분리되어 있지 않고 완전히 일체된 삶을 살고 있었으니까요. 그렇기 때문에 자연현상도 인간이 생각하고 행동하는 것과 똑같다고 생각했어요. 신화시대는 아마 동화의 세계와 비슷할 거예요. 인간이 동물과 대화할 수 있고 나무나 풀에도 정령이 있어서 함께 얘기가 통한다고 생각했습니다. 인간이 자연과 일체가 된 삶을 살고 있으니까 자연현상도 인간의 행위와 같은 방식으로 설명을 하는 거예요.

아까도 예를 들었지만, 가령 동양신화에서 태양은 아침에 동해 먼 곳의 부상이라고 하는 뽕나무에서 떠올라 하루종일 달리다가 저녁 무렵 서쪽 호숫가에서 쉬고 다음날 다시 떠오른다고 얘기했다면, 이 신화 속에는 태양은 매일 떠오르고 절대 갑자기 떨어지는 일은 없을 것이라는 생각이 담겨져 있는 것이죠. 지금의 우리가 생각하면 유치하지만 원시 인류가 상상력을 발휘해 자연 현상에 대해서 그 나름대로 설명을 한 거예요. 그밖의 모든 천체현상에 대해서도 마찬가지였지요. 그러한 이야기에 의한 설명들이 당시에는 사람들로 하여금 자연현상을 이해시키고 심리적으로 안정감을 줬던 거예요. 물론 지금은 과학이 발달해서, 그게 아니다, 태양계가 어떻고, 자전과 공전을 하고, 하는 등의 이야기를 하니까 신화 이야기가 엉터리처럼 들리게 됐지만 결국 기능적인 면에서 보면 지금 우리가 자연과학을 통해서 이 세계와 우주의 현상을 깨닫는 것이나 옛날 사람들이 신화를 통해서 자연의 돌아가는 질서를 이해했던 것이나 같은 것이죠. 그러니까 지금의 과학이 하고 있던 역할을 옛날에는 신화가 했다고 생각하면 돼요.

그러나 신화는 단순히 자연을 해석하고 설명하는 데 그치지 않아요. 우리 집안이 어디서 왔나, 우리 민족이 어디서 왔나를 생각하게 되죠. 그게 뭘까요? 정체성이죠. 가령 단군신화를 봅시다. 환웅 천황이 신단수로 내려와서 웅녀와 결혼하고 단군할아버지가 나와서 우리 민족을 퍼뜨렸고 우리나라가 세워졌다. 이 단군신화를 들으면 어떤 느낌이 들죠? 우리 민족이 한겨레라고 하는 일체감을 주지 않나요? 아까는 신화가 과학의 역할을 지닌다고 했지만 이것은 사회적인 기능이라 할 수 있겠죠. 어떤 사회가 유지되려면 우리가 같은 집안이다, 같은 민족이다 하는 동질감 같은 것이 있어야 하잖아요. 신화는 그런 동질감을 확인시켜주는 사회적인 기능이 있어요. 그래서 보통 때는 가만히 있다가 개천절만 되면 어떤 느낌이 들죠? 신화인줄 알면서도 아, 우리가 곰할머니, 단군할아버지 자손이구나, 같은 한민족이구나 하는 생각을 새삼스럽게 하게 되죠. 그러니까 신화는 지금도 살아 있어요.

다음으로 중요한 것은 신화는 우리의 가장 오래된 모습이라는 것입니다. 신화에 담긴 원시인류의 생각은 인간이 최초로 어떤 문제에 부딪쳤을 때에 그것을 해결하려고 했던 가장 원초적이고 원형적인 생각이에요. 인간이 몇천 년 지나오면서 외형은 발전했지만 우리 안에 있는 본성이나 본능은 신화에 고스란히 남아 있어요. 신화학자들은 그러한 원형이 시대에 따라서 표현만 달라지지 계속 반복된다고 보고 있어요.

당연히 현대 문화 속에서도 원형은 겉모습만 바뀌었을 뿐 실제로 많이 남아 있거든요.

인류학자 레비 스트로스는 이런 말을 했죠. 굉장히 유명한 얘긴데, 석기 시대에 원시인류가 만들었던 돌도끼가 오늘날 공장에서 만드는 쇠도끼보다 질적인 면에서 못하다고 말할 수 없다는 거예요. 차이가 있다면 돌이 쇠붙이로, 재료가 달라진 것이지, 질적인 차이는 없다는 것이죠. 원시인류를 우습게 보면 안 된다는 겁니다. 원시인도 우리하고 똑같이 생각하며 살았다는 것이죠.

인간은 언제 어디서든지 최선을 다해서 살았다는 거예요. 때문에 결코 원시인류가 현대인보다 못하다, 뒤떨어진다고 말할 수 없다고 했어요. 그렇다면 원시인류가 가령 태양이나 달을 인간처럼 생각한 것을 유치하다, 현대과학에 하나도 안 맞는다, 라고 판단하면 안 되겠죠. 원시인류는 그들 나름대로 생각하고 표현하는 방식이 있었어요. 현대인은 눈에 보이는 것을 가지고 설명해야 믿죠. 이치에 맞아야 되죠. 합리적이다, 과학적이다 해야 믿게 되죠. 즉 현대인은 옛날처럼 동물이나 자연물들과 직접 대화를 했던 능력을 상실한 것입니다. 그렇지만 원시인류는 눈에 보이지 않는 기운이라든가 느낌으로 교감을 하고, 그런 쪽의 능력이 훨씬 더 발달했기 때문에 다른 방식으로 설명을 했던 것이죠. 그 설명의 이야기가 바로 신화인 것입니다.

사회자 오래전 원시인류가 그들 나름대로 자연현상을 해석한다든지 하는 방식으로 발생된 신화 속에 우리의 본성이 다 들어 있다는 점에서 신화는 여전히 살아 있다, 라는 말씀이 인상적이었습니다.

학생3 이 책을 읽으면서 신과 인간은 밀접한 관계를 갖고 있다는 것을 알게 되었습니다. 신화 속 신들의 이야기에서 인간이라는 존재를 발견할 수도 있었고요. 그러면 선생님께서는 신화에서 찾을 수 있는 인간의 본질이라는 건 어떤 게 있다고 생각하시는지요?

인간의 본질을 지금 얘기했는데, 바로 우리는 본질을 상실하고 위기감을 느꼈을 때 반사적으로 신화에 대해 관심을 갖게 돼요. 왜냐하면, 아까도 얘기했지만 신화에는 인간이 벌거숭이로 처음 문제에 부닥쳤을 때 설명하고 해결하려고 했던 게 있기 때문이지요. 인간은 어떤 위기상황에 처했을 때 항상 원래의 본질, 근본으로 돌아가려는 본능이 있어요. 근본으로 돌아가서 찬찬이 문제를 생각할 때 지금의 어려운 상황을 풀어나갈 수 있어요.

신화에서 우리가 발견할 수 있는 점, 특히 인간의 본질은 중요한 소득입니다. 요즘 세상은 기술이 얼마나 발달해 있습니까? 그런데 지금 왜들 케케묵은 신화 이야기에 몰두하는지 의아해할 수도 있을 거예요. 왜 과학과는 정반대 방향으로 우리가 가고 있을까요? 그게 참 재미있지 않아요? 원인이 어디에 있을까요?

이와 관련된 비유가 한 가지 있는데, 이건 원래 제가 썼던 것이 아니고 조셉 캠벨이라고 하는 유명한 신화학자가 썼던 비유예요. 예를 들어, 우리가 어느 곳을 찾아가야 되는데 길을 잃어버렸어요. 그러면 어떻게 하죠? 처음에 출발했던 곳으로 다시 가서 찾아가죠? 신화가 가지고 있는 기능도 바로 이런 거예요. 인간의 본질을 지금 얘기했는데, 바로 우리는 본질을 상실하고 위기감을 느꼈을 때 반사적으로 신화에 대해 관심을 갖게 돼요. 왜냐하면, 아까도 얘기했지만 신화에는 인간이 벌거숭이로 처음 문제에 부닥쳤을 때 설명하고 해결하려고 했던 게 있기 때문이지요. 인간은 어떤 위기상황에 처했을 때 항상 원래의 본질, 근본으로 돌아가려는 본능이 있어요. 근본으로 돌아가서 찬찬히 문제를 생각할 때 지금의 어려운 상황을 풀어나갈 수 있어요.

가령 요즘 여러 가지 문제가 많잖아요. 환경 문제도 그중 하나죠. 우리가 자연을 너무 무시하고, 파괴하고, 이용만 해서 지금 환경 문제가 인간의 생존을 위협하게 됐잖아요. 홍수, 가뭄 등 이상기후 현상도 그 결과라고 하구요. 환경학자들은 자연이 대반격을 한다고 표현해요. 그 다음으로, 생명공학이라든가 로봇공학이 발전해서 조만간 복제인간, 사이보그인간 등이 출현할 가능성이 높아지고 있어요. 여러분도 SF영화에서 이미 많이 보았지요? 로봇이 나와서 인간 행세하고 인간을 쫓아내잖아요. 결국 진짜 인간과 인조인간과의 구별이 힘들어지는 그런 시대가 올 수도 있다는 거죠. 과학의 미래를 우울하게 그린 영화들이 많지요. 이처럼 과학으로 빚어진 인간 존재에 대한 위기 상황 속에서 우리는 인간의 본질에 대해 다시 생각하게 되고 자연스럽게 신화 속의 지혜를 필요로 하게 됩니다. 왜냐하면 신화는 인간이 원래 가지고 있던 본질, 인간이란 과연 무엇인가, 인간이 자연과의 관계에서 어떤 존재인가 하는 것, 등을 우리에게 보여주기 때문입니다.

신화는 인간이 자연과 함께 공존할 때 교감하면서 만들어진 이야기이기 때문에 오늘날 자연과의 관계가 멀어진 우리는 신화를 통해 자연과의 유대라든가 친밀감 같은 것을 회복할 수가 있죠. 신화를 보면 인간이 동물과 대화하고 사귀고 그러지 않습니까? 신화에 나오는 괴물들은 반은 사람, 반은 동물의 몸을 하고 있잖아요. 이것은 무슨 의미일까요? 지금 우리가 너무 인간 위주로 생각하니까 그걸 괴물로 끔찍하게 여기지만 원시인류는 그렇지 않았어요. 왜냐하면, 동물은 바로 자연을 대표하는 것이거든요. 인간보다 자연에 가까운 것이 동물이잖아요? 자연을 숭배했던 원시인류는 인간의 몸만으로는 완전하지 못하다고 생각했어요. 오히려 동물성이 반쯤 있는 게 완전한 것이라고 생각했죠. 자연과 인간이 함께 있다, 공존한다는 생각이 반인반수의 모습으로 표현된 거죠. 그래서 소머리를 한 염제 신농 신이 있지 않습니까? 그렇지만 그리스 신화를 보면 그런 반인반수의 존재들은 사악한 괴물에 불과합니다. 그리스 시대에 이미 철학이 성립되면서 인간 중심으로 생각이 바뀌어 동물은 인간보다 열등하다는 관념이 자리잡았기 때문이죠.

사회자 선생님께서 말씀하신 것처럼 인간의 본질이 상실된 요즘, 신화에 대한 관심이 증가하고 있는 현상은 다시 출발점으로 되돌아가려는 시도라는 점에서 희망이 보이는 것 같습니다.

학생4 선생님께서는 성경을 신화라고 생각하십니까?

정재서 신화적인 성분도 있고 종교적인 성분도 있죠. 구약성경은 신화적인 요소가 많이 있고, 신약은 종교적인 성분이 많습니다. 신화와 종교는 많이 섞여 있어요.

학생5 교수님께서 쓰신 책을 보면 성경은 인간 중심으로 되어 있다고 하셨는데 그렇다면 환경신화 같은 건 찾아볼 수 없다고 생각되거든요. 그런 측면에서 보면 신화라고 말할 수 없지 않을까요?

정재서 신화에서는 자연과 일체가 된다는 생각을 추구하죠. 그렇지만 신화도 시대에 따라서 어느 정도 변화가 돼요. 가장 원시적인 신화의 모습, 가장 정통적인 신화의 본질이 그렇다는 거죠. 신화에도 나중에 인간의 역사가 시작되고 국가가 성립되면서 인간 중심의 생각이 침투하게 되죠. 그리스 신화나 성경 등도 처음에는 자연과의 일체감이 강했어요. 그리스 신화를 보면 신들이 모두 아름다운 미녀라든가 미남의 모습이잖아요. 그렇지만 그건 나중에 그렇게 된 거고 그리스 신들의 원시적인 모습은, 예컨대 헤라라든가 아프로디테 같은 여신들도 반인반수였어요. 원래 신들의 모습은 인간과 자연이 결합된 반인반수의 상태가 정상이거든요. 그런데 나중에 인간만이 최고다, 라고 하는 인간 중심의 사고가 지배하면서 신들의 모습도 동물성을 배제하고 완전한 인간만의 몸으로 바뀌게 되는 것이거든요. 성경의 경우도 처음에는 자연과의 일체감이 농후했겠지만, 나중에 신학자들과 기독교 신자들에 의해 많이 가공이 돼요. 그 과정에서 신화 본래의 모습이 다른 모습으로 바뀔 수 있는 거죠. 꼭 고정불변하게 신화가 존재한다고 생각하면 안 되고 시대에 따라서 신화의 모습도 바뀐다고 생각하면 돼요.

학생6 신화는 인간의 원초적 본질을 간직하고 있는 것에 의의가 있다고 하셨는데 신화가 시대에 따라 바뀐다면 그리스 로마 신화나 성경 같은 경우에는 그런 의의가 좀 약하지 않을까요?

정재서 상대적으로 그렇게 얘기할 수 있겠죠. 인간의 본질을 잘 알기에 좋은 신화는 아무래도 가장 오래된 원형을 많이 간직한 신화겠죠. 위로 올라갈수록 원형에 가까우니까요. 그리스 로마 신화나 성경도 일반 이야기보다는 오래된 이야기이기 때문에 그 나름대로 인간의 원형을 간직하고 있어요. 다만 이들은 인간 중심으로 변모했기 때문에 아직 그다지 변하지 않고 원래의 모습을 많이 지닌 다른 민족의 신화들에 우리가 좀더 주의를 기울여야 할 겁니다.

그런데 오늘날의 문제는 서양 문화가 중심이 되면서 그리스 로마 신화가 모든 신화의 표준이라고 사람들이 생각하는 데에 있습니다. 그리스 로마 신화가 사실은 신화 본래의 모습을 많이 잃어버린 상태인데 그것을 우리가 전부로 생각하고, 절대적으로 생각하는 게 문제란 말이죠. 그렇게 되면 그보다 더 오래된 동양신화라든가 다른 민족의 신화들은 비정상적이고 별로 가치가 없다는 식으로 잘못 판단할 수가 있어요.

가령 우리나라에도 고구려 시대에 주몽의 건국신화가 있는가 하면 조선시대에 이태조의 건국신화도 있어요. 그렇지만 조선시대에 만들어진 신화는 고구려 시대의 신화에 비해 아무래도 어떻겠어요? 훨씬 나중에 만들어졌기 때문에 원형적인 요소들이 많이 없어지고 역사적인 요소, 좀 더 현실적인 내용들이 많이 들어가 있겠죠. 연구하는 입장에서, 인간의 본질을 더 많이 알고 싶으면 조선시대에 나온 신화를 봐야 될까요, 더 오래된 것을 봐야 될까요?(학생들 : 오래된 것들이요.) 그리스 로마 신화와 중국신화를 가지고 얘기한다면 그리스 로마 신화의 내용들이 중국신화에 비해 더 나중에 손질이 가해지고, 신화적인 분위기가 많이 탈색된 것들이거든요. 그런 면에서 본다면 동양신화가 인간의 본질이나 원형을 우리에게 더 여실히 전달해준다고 할 수 있겠죠. 그런데 지금의 현실은 아까도 얘기했지만 그리스 로마 신화가 모든 신화의 중심이고 표준인 것처럼 생각되고 있는 게 문제란 것이죠. 신화에도 그런 차별이 있다는 것을 우리가 생각해야 돼요.

사회자 신화에 대해서 개방된 시각을 가져야겠다는 생각이 들었습니다. 계속해서 신화의 전반적인 내용에 대한 이야기가 나오고 있는데요, 책의 내용이 동양신화에 관한 것인 만큼 동양신화에 대해 궁금한 점이 있으신 분은 질문해주시기 바랍니다.

질문자1 질문이라기보다는 제 생각인데요. 어렸을 때, 할머니한테 들은 이야긴데, 예를 들어서 울거나 말을 안 들으면 천태산의 마고할머니가 혼낸다라든지…… 서양 아이들이 어렸을 때 잠자기 전에 그리스 로마 신화 이야기를 들으면서 자라나듯이 저도 아주 자연스럽게 할머니 이야기를 듣고 거기에서 많은 상상을 하고, 그런 것들이 실제로 존재한다고 생각하며 자랐거든요. 교수님 저서를 보면서 어린 시절의 생각들이 나더라구요. 어려서 들은 할머니의 이야기는 중국이나 일본, 우리나라에 공통적인 원형을 가진 그런 것들이 아닐까 생각하면서 요즘 우리나라에서 신화에 대한 책들이 많이 나오지만 아이들이 어렸을 때 어머니들이 오히려 그리스 로마 신화 책을 먼저 읽어주고 우리의 옛날이야기를 해주지 않아서 민족문화의 원형을 상실한 것이 아닌가, 하는 생각도 들었습니다.

정재서 네, 아주 중요한 생각을 했습니다.

질문자1 중국 아이들은 어떨지 모르겠다는 생각도 했거든요. 제가 열 살 때 처음 본 영화가 〈봉신방〉이었는데 아주 환상적인 이야기였기 때문에 빨려 들어갔던 생각을 하면서 중국에서는 그런 이야기들이 아이들의 생활속에 소설이나 만화나 영화로 인식이 되어 있는데 우리나라에는 그런 것들이 없는 것 아닌가라는 생각을 했습니다. 사실은 동양신화도 교수님 책을 보면서 아주 낯설게 느껴지는 것이기 때문에 이야기로서 재미있고 익숙하게 느껴지기보다는 하나의 새롭고 뭔가 처음 듣는 이야기, 어려운 이야기로 다가왔다는 생각이 듭니다.

정재서 그렇죠. 지금 그런 현상을 우리가 깊이 생각해야 돼요. 무슨 얘기인가하면, 동양신화에 나오는 신들도 사실 우리 할아버지, 할머니에게는 어렸을 적에 굉장히 많이 들었던, 익숙했던 신들이에요. 그것이 몇십 년 사이에 서양 신들보다도 더 낯선 존재가 됐다는 것이죠. 가령 염제 신농은 아마 나이 드신 어른들은 누구나 다 알고 계실 거예요. 염제가 처음에 농사를 가르쳤다고 해요. 우리 민족이 얼마나 염제와 친하냐 하면 고구려 고분벽화를 보면 염제가 소머리를 하고 세 번 나와요. 그 정도로 친숙한 신이에요. 할머니들 사이에서 내려오는 구전 노래에도 염제에 대한 이야기가 자주 나와요. 그런데 여러분, 미노타우로스는 알아도 염제는 잘 모르잖아요. 제가 요즘에 보고 있는 것이 일본 만화 『이누야샤』예요.(웃음) 제가 초등학생도 아닌데 그 책을 왜 보겠어요? 요즘 문화를 이해하려면 필요한 것이니까요. 여러분, 그 책 재미있게 보시죠? 그 책의 주요 내용이 뭐라고 생각해요? 요괴 이야기잖아요. 그런 것이 다 신화에서 나온 거예요. 모든 상상력은 신화에서 나와요. 상상력의 원천, 마르지 않는 샘이 신화예요.

요즘 유행하는 만화라든가 게임이나 애니메이션은 무엇으로 만들어요? 상상력으로 만들죠. 그럼 그것들을 이해하려면 뭘 봐야 될까요? 신화를 봐야 돼요. 신화를 모르면 게임이고 애니메이션이고 이해를 못 해요. 그냥 겉으로 재밌어서는 보겠지만 정말 깊은 맛은 몰라요. 〈이누야샤〉를 보면 여기에 동양 신화의 엄청난 내용들이 들어가 있어요. 지금 누군가 얘기했지만 자기네 전통에 대해 중국사람들은 어떻겠느냐, 일본사람은 어떨까, 했죠?…… 자기 것에 대한 망각 현상이 우리나라가 제일 심해요. 왜 그러냐? 동양 삼국 중에서 우리나라가 유일하게 망한 적이 있기 때문이죠. 철저히 나라가 망해서 식민지 지배를 받을 때 우리 민족의 마음 상태가 어땠겠어요? 나라가 없어져 버린 상황에서 전통에 대해서 신뢰감을 가질까요? 허무한 생각밖에 없죠. 근대 초기의 소설을 보세요. 얼마나 전통에 대해 멸시하고 그것 때문에 우리 민족이 이 모양이 됐다, 빨리 고쳐야 된다고 하지 않아요? 이러한 민족 허무주의 덕분에 전통은 아무도 돌보는 사람 없이 방치되었고 그 공백기가 오래 갔어요.

그런데 일본 같은 나라는 전통을 무시하지 않고 오히려 서양 것을 받아들일 때, 전통을 바탕으로 자기 것으로 만들었지요. 자기네들 전통에 대한 신뢰가 대단히 커요. 이런 요괴 이야기도 다 일본의 옛날이야기 전통에서 나온 것이거든요. 〈센과 치히로의 행방불명〉과 같은 유명한 애니메이션 역시 일본의 요괴 이야기를 바탕으로 한 거예요. 그 사람들이 그냥 꾸며낸 게 아니에요. 그걸 보면 요괴 캐릭터들이 많이 나오죠? 그것도 그냥 그래픽 디자이너가 자기가 마음대로 상상해서 만든 게 절대 아니에요. 다 근거가 있어요. 일본은 몇백 년된 요괴 그림들이 많아요. 〈센과 치히로의 행방불명〉에 나오는 요괴 이미지는 몇백 년 전 일본의 요괴 그림 자료에서 나온 것을 캐릭터화한 거예요. 토토로도 그래픽 디자이너가 자기 머리로 생각해서 만든 게 아니에요. 그렇게 개인의 생각으로만 만들어낸 것은 생명력이 없어요. 한순간 기발한 것처럼 보였다 그걸로 끝나요. 그러나 수천 년, 수백 년 동안 그 민족이 줄곧 즐기면서 전해왔던 것들은 잠재의식에 남아 있죠. 그런 것들을 다시 살려서 소재로 활용할 때 많은 사람들한테 감동을 주는 거예요. 신화의 장점이 바로 이것이죠. 신화는 수천 년 동안 검증되어온 상상력이기 때문에 실패할 확률이 가장 적은 소재라 할 수 있죠. 요즘 문화산업에서 신화를 자주 활용하는 이유도 그런 데에 있어요.

서양의 〈반지의 제왕〉이나 〈해리포터 시리즈〉의 소재도 다 신화에서 온 것인데 이렇게 자주 활용되는 이유가 뭐겠어요? 신화는 귀하건 천하건 유식하든 무식하든 모든 사람들이 다 지니고 있는 원형적인 내용으로 이루어져 있다고 그랬죠? 그렇기 때문에 신화를 소재로 한 작품은 굉장히 많은 사람들한테 감동을 줄 수 있어요. 게임, 애니메이션, 영화 등의 문화산업을 우리나라에서도 아주 중요시하고 있죠? 그런데 지금 우리나라는 기술은 상당히 앞서 있지만 가장 부족한 것이 뭐냐 하면 바로 컨텐츠 즉 전통 소재예요. 우리는 근대 이후 전통을 너무나 무시해왔고 그 현상이 지금까지도 이어져서 그리스 로마 신화의 신들 이름은 다 알지만, 동양의 신들은 하나도 모르는 게 현실입니다. 마고할미가 누군지, 염제가 누군지 통 모르죠. 이제는 우리의 문화를 현대의 디지털 기술과 결합시켜 뭔가를 내놓아야 할 때입니다. 그러니 우리의 신화, 전통에 관심을 갖고 상당히 공부를 하지 않으면 안됩니다.

일본이 어떻게 동양신화의 전통을 활용했는지 재미있는 예를 하나 들어볼까요? 『이누야샤』를 보면 가고메가 불에 타지 않는 옷을 입었거든요. 그게 뭐냐 하면 불쥐의 가죽으로 만들었다고 그러는데 그 불쥐가 동양신화에 나와요. 곤륜산이라는 산이 있어요. 불사약을 지닌 서왕모라는 여신이 사는 신성한 산으로 아무나 못 가죠. 왜냐하면 산 주위를 염화산이라는 불의 산이 에워싸고 있기 때문이죠. 그 염화산에 사는 쥐가 불쥐이고 그것의 가죽은 절대로 불에 타지 않지요. 『이누야샤』에 그게 나와요. 이런 예들이 굉장히 많아요. 일본 사람들은 동양신화를 이렇게 활용하는 거예요. 상상력이 중요하다고 해서 그냥 머리를 막 쥐어짜면 나오는 걸로 생각하는데 그런 게 아니에요. 상상력은 전통으로부터 흘러나오는 겁니다. 전통은 고전에 많이 담겨 있죠. 따라서 고전 중의 고전인 신화는 우리에게 무궁한 상상력의 원천입니다. 저는 『이누야샤』를 27권까지 읽었는데 하여튼 일본 사람들 정말 대단해요. 일본 사람들이 서양 기술만 가지고 하는 게 아니에요. 자기네 전통이 바탕이 되어 있습니다. 이것, 우리가 배워야 합니다. 우리도 도깨비나 도술 이야기 같은 것 많잖아요. 그것들 가지고 왜 못해요? 얼마든지 세계적인 것을 만들 수 있는 이야기 자산이 있다고 봅니다.

사회자 요즘 문화산업 시대에 훌륭한 컨텐츠가 될 수 있는 우리 신화에 대해 다소 무시했던 이유가 역사적인 사실에 있었군요. 그리고 새로운 문화 컨텐츠가 될 수 있는 우리 신화에 대해 무지하다는 사실을 새삼 깨달았습니다. 지금 제우스니 아프로디테니 이렇게 이야기할 게 아니라 염제나

정
재
서

〈센과 치히로의 행방불명〉에 나오는 요괴 이미지는 몇백 년 전 일본의 요괴 그림 자료에서 나온 것을 캐릭터화한 거예요. 토토로도 그래픽 디자이너가 자기 머리로 생각해서 만든 게 아니에요. 그렇게 개인의 생각으로만 만들어낸 것은 생명력이 없어요. 한순간 기발한 것처럼 보였다 그걸로 끝나요. 그러나 수천 년, 수백 년 동안 그 민족이 줄곧 즐기면서 전해왔던 것들은 잠재의식에 남아 있죠. 그런 것들을 다시 살려서 소재로 활용할 때 많은 사람들한테 감동을 주는 거예요. 신화의 장점이 바로 이것이죠.

치우에 대해 친구들과 자연스럽게 이야기할 수 있는 그런 날이 빨리 와야 하겠습니다.

학생7 제가 드릴 질문은 동양 신화에 관한 것은 아니지만, 전부터 신화에 대해 지니고 있던 의문이라 신화학자인 선생님께 여쭤보고 싶었습니다. 아까 선생님께서 성경도 신화의 속성을 지니고 있다고 하지 않으셨습니까? 그런데 교회 목사님들 하시는 말씀을 들어보면 성경은 부활의 믿음을 전하는 책이라고 하거든요. 그러면 성경이 신화라고 할 수는 없다고 생각하거든요.

정재서 어떤 책이 있으면 그 책을 어느 각도, 어떤 관점에서 보느냐에 따라 그 책의 의미가 여러 가지 있을 수 있겠죠. 하나님을 절대적으로 믿는 그런 입장, 기독교인의 입장에서 성경을 신화라고 본다면 그건 굉장한 불경죄예요. 신화는 허무맹랑한 이야기라고 생각하니까 그러면 안 되죠. 기독교인의 입장에서 성경은 정말 중요한 경전이고 부활의 진리를 담은 책입니다. 그렇기 때문에 신화라고 하면 안 되겠죠. 그러나 기독교인이 아닌 다른 분야의 학자라든가 일반 사람들 입장에서 본다면 가령 구약성서 〈창세기〉에 나오는, 하나님이 7일에 걸쳐 세상을 창조하는 이야기 같은 것은 전형적인 창조신화예요. 그러한 내용은 성경에만 있는 게 아니라 다른 여러 민족들의 신화에도 비슷하게 있어요.

　아까도 얘기했듯이 신화에는 공통점이 있다고 그랬죠? 인류가 처음 경험한 것이니까 동양인과 서양인이 다 똑같이 경험했던 것들이 있다고 했잖아요. 예를 들어 성경에 나오는 소돔과 고모라 이야기 아시죠? 두 도시 사람들이 너무 타락해서 하나님이 그곳에 열 사람의 의인만 있어도 그 도시 사람들을 살려주겠다, 했는데 결국은 불세례로 파멸시키죠. 그런데 어떤 여자가 도망을 가는데 돌아보지 말라고 했지만 돌아봤다가 어떻게 됐죠? 소금기둥이 됐잖아요. 금지를 했는데 위반하는 그런 이야기 단락을 모티프라고 해요. 그런데 이러한 모티프가 성경에만 있으면 기독교만의 진리라고 얘기할 수 있지만 전 세계 주요 이야기에 그런 모티프가 다 있어요. 우리나라에도 그런 이야기가 있죠. 강원도 어느 마을의 부잣집에 스님이 와서 시주 좀 하라고 했더니 막 오물을 퍼줬잖아요. 그랬는데 며느리가 불쌍히 여겨 쌀을 담아줬더니 그 스님이 뭐라고 했어요? 앞산의 돌미륵에서 피눈물이 나면 뒤돌아보지 말고 빨리 도망가라고 했죠. 그러나 며느리가 도망가다 궁금해서 뒤돌아보았다가 그만 돌로 변해버렸다죠. 이런 식의 이야기들이 많아요. 다음으로 노아의 방주 신화를 보죠. 하나님이 진노해서 홍수로 사람들을 다 죽게 했잖아요. 노아만이 네모진 배 속에 들어가 살아남아서 나중에 인류를 퍼뜨린 이런 이야기는 전 세계에 다 있어요. 노아 얘기하고 약간씩만 다르지요. 여기 동양신화에도 있죠? 박 속에 들어가서 둥둥 떠다니다가 살아남은 복희, 여와 남매가 나중에 결혼해서 인류를 퍼뜨린 얘기 말이에요. 그리스 신화에도 비슷한 내용이 있어요. 그래서 이런 측면에서 보면 성경도 신화의 일부다, 신화의 일종이다, 라고 말할 수가 있거든요. 그러나 기독교를 믿는 입장에서는 하나하나가 다 하나님의 말씀이고 진리죠. 그러니까 어느 입장에서 보느냐에 따라 의미가 달라질 수 있다고 생각해야 돼요. 우리는 지금 신화의 입장에서 보는 것이니까 성경도 충분히 신화의 훌륭한 자료가 된다고 볼 수 있는 것이죠.

사회자 다시 성경 이야기로 돌아왔는데요, 성경이 신화적 측면이 있다는 것을 종교를 믿는 사람의 입장이 아닌 다른 입장에서 보면 그렇게 볼 수도 있다는 것을 알 수가 있었습니다.

학생8 아리스토텔레스가 비가 내리는 것을 보고 비가 땅을 사랑해서 땅으로 내리는 것이라고 생각했다는데 지금 현대 과학의 지식이 발전했잖아요. 과학에서는 비가 땅을 사랑해서 내리는 것이 아니라 중력 때문이라고 하잖아요. 이런 면에서 볼 때 현대인이 옛날 사람보다 신화적인 사고를 많이 잃었다고 생각하거든요. 그런데 신화적인 사고를 잃은 우리가 신화를 읽는 것은 어떤 의미를 갖는 것일까요?

정재서 좋은 비유를 들었는데 바로 그거죠. 신화를 대신한 게 뭐예요?(학생들 : 과학이요) 그렇죠. 과학이에요. 우리는 눈에 보이는 방식으로 설명을 하고 이치를 따져서 이해를 하는 사람이 된 것이죠. 태고에는 말을 하지 않아도, 눈에 보이지 않아도 어떤 느낌으로써 모든 것을 이해했습니다. 가령 이런 비유를 들기도 해요. 원시인이 부산에서 낙동강을 건너서 저쪽의 어딜 간다고 해봐요. 강을 건너서 저쪽까지 가는데 원시인은 잘 헤엄쳐서 갈 수는 있지만 그것을 지도로 그리는 것은 굉장히 어려워한대요. 지도로 그린다는 것은 어떤 거예요? 추상적으로 생각해야 한다는 거죠. 그러니까 현대인은 뭔가 논리적으로 따져서 생각하는 데 익숙하고 원시인들은 느낌으로 표현하는 데 강하다는 거죠. 따라서 신화의 설명 방식은 오늘날처럼 과학적이거나 논리적이지 않죠.

원시인류는 나름대로는 직감적으로 태양이 어떻게 운행한다는 것을 알고 있는데 그것을 의인화된 방식으로 설명하지요. 마치 태양 속에 어떤 신이나 정령이 있어서 조종한다는 식으로 말이지요. 원시인류의 설명 방식이 우리가 볼 때에 물론 과학적이지는 않죠. 그러면 다 틀렸느냐, 그렇지는 않다는 거죠. 가령 천문학에서 우주론이라고 하는, 우주의 기원을 연구하는 분야가 있어요. 이 우주론에서도 처음 이 세계가 생겨난 초창기의 모습을 혼돈상태로 보아요. 그러다가 혼돈상태에서 큰 폭발이 일어나고 그후 하늘과 땅이 생겨난 것으로 보거든요. 그런데 이런 것들이 창조신화와 굉장히 비슷해요. 창조신화에서도 처음에 아무 것도 없는 무의 상태, 혼돈이 있었고 다음에 거기서 유가 나오는, 즉 하늘과 땅이 나온다고 말하고 있죠? 그러니까 원시인들은 과학적으로 설명은 못 하지만 그것을 어떤 느낌으로, 동화적으로 설명을 한다는 거죠.

아이들이 설명하는 방식을 생각하면 돼요. 아이들이 천진난만하게 어떤 현상에 대해 자기가 본 대로 말하잖아요. 물론 유치하지만 나름대로 자기가 본 현상을 설명하는 것 아니겠어요? 우리가 설명하는 방식하고는 다르죠. 그렇게 생각을 하면 좀 이해가 될 것 같아요. 그런데 너무 심각한 질문들만 하는데, 여러분은 〈해리 포터 시리즈〉도 봤을 거고 〈반지의 제왕〉도 봤을 텐데 그런 거 보면서 뭐 느낀 것 없어요? 여러분들이 현실에서 신화를 체험하고 느낀 얘기들을 해야 좋을 것 같아요. 너무 원론적인, 어른들도 굉장히 힘든 그런 질문들을 하는데 그것도 물론 중요하지만 실제적으로 지금 느끼는 점들을 얘기해주면 참 좋겠어요. 책에서 이해가 안 되는 부분이 있었나요?

질문자2 학부모인데요. 저도 이 책을 읽으면서 옛이야기 생각을 참 많이 했거든요. 선생님의 책 2권을 읽었는데 신체적으로 기이한 사람들에 대해 선생님께서는 중국 사람들이 변방에 있는 다른 민족을 폄하해서 그렇게 표현한 것이다, 라고 하셨습니다. 저는 한편으론 어떤 생각이 들었냐 하면, 책 속에 나오는 팔, 다리가 기형적인 인간들이 신화시대 때에도 존재했던 장애인이 아니었을까, 하고 생각했는데 선생님께서는 어떻게 보시는지요?

정재서 그런 측면도 있을 수 있겠죠. 어떤 지역의 특수한 풍토 때문에 특정한 장애를 가진 사람이 많이 있을 수도 있거든요. 가령 어느 지역에서 특별히 요오드 등을 많이 섭취해서 바세도우씨 병에 걸린 사람들이 많아 눈이 튀어나온 사람이 많으면 그 지역 사람들을 과장해서 눈이 몇 개 나온 사람이 있다고 표현할 수도 있어요. 의학적으로 볼 때 약간 특이한 체형이라든가 체질을 가진 사람들도 마찬가지죠.

　최근 모 TV에서 저를 찾아온 적이 있어요. 세계 곳곳의 경이로운 일을 추적하는 프로그램이었는데, 저한테 의뢰한 게 무엇이냐 하면 거인족에 대한 것이었어요. 현재 거인족들이 중국 어떤 지역에 살고 있다는 거예요. 그런데 중국 신화에 나오는 거인 과보 있잖아요. 그들이 혹시 거인 과보의 후손이 아닌가, 하는 점을 확인하고 싶어 저한테 문의를 해왔는데 사실 근거 없는 추측이었죠. 물론 드물게 신화가 현실 그 자체를 말하는 경우도 있지만 대개는 어떤 현상에 대해 상상력을 발휘해서 표현한 것이기 때문에 그것이 꼭 현실에 있지 않아도 상관이 없어요. 어떤 신화의 배후에는 꼭 어떤 특정한 현실이 있다,라는 가정하에 신화를 설명하려는 입장을 환원주의적 해석이라고 해요. 신화는 과장된 것이고 사실 그 이면에는 뭔가 사실이 있었다고 보는 입장이거든요. 예를 들어 최근 중국의 학자들이 신화에서 나오는 용에 대해 결론을 내린 것이 있어요. 중국 사람들이 좋아하는 상상 동물이 용이잖아요. 중국 사람들은 용을 자기네 민족의 상징으로 여기거든요. 이 신비한 용이 도대체 어디서 나온 걸까, 하고 연구했어요. 그 결과 최근에 여러 학자들이 용은 양자강의 악어라는 결론을 내렸어요. 이 얘기를 들으니 약간 허무하고 황당하지 않나요? 용에 대한 신비감이 싹 사라지죠?(웃음)

그런데 중국의 학자들이 왜 그렇게 생각을 했냐 하면 신화시대 때는 중국이 지금보다 더워서 실제로 악어가 양자강에 살았대요. 그리고 코끼리가 중국에 돌아다녔고요. 코끼리를 이용해 농사도 지었대요.(웃음) 한 2천 년, 3천 년 전에는 실제 중국이 그랬나 봐요. 코끼리가 북경 같은 데를 돌아다녔다니까요. 그러면 양자강에 악어가 못 살라는 법은 없죠, 그렇죠? 그런데 악어가 굉장히 사납잖아요. 그래서 사람들이 악어를 숭배하다가 그것을 신성화시켜서 용이 됐다는 거죠. 이런 주장이 많은 사람들로부터 상당히 설득력을 얻고 있어요.

그런데 신화학자들은 그러한 얘기를 들으면 부정적으로 생각해요. 용의 원조가 양자강의 악어냐, 아니냐는 중요한 문제가 아니란 거죠. 용이라고 하는 상상 동물이 갖는 신화적인 이미지가 있어요. 그것은 용이 양자강의 악어든지 아니든지 간에 상관이 없어요. 그 이미지가 이미 성립이 돼서 우리에게 현실적으로 효력을 발휘하고 있거든요. 지금 현재의 생활에도 영향을 미치고 있잖아요. 가령 용꿈 꾸면 어때요? 복권 사

정재서

가령 천문학에서 우주론이라고 하는, 우주의 기원을 연구하는 분야가 있어요. 이 우주론에서도 처음 이 세계가 생겨난 초창기의 모습을 혼돈상태로 보아요. 그러다가 혼돈상태에서 큰 폭발이 일어나고 그후 하늘과 땅이 생겨난 것으로 보거든요. 그런데 이런 것들이 창조신화와 굉장히 비슷해요. 창조신화에서도 처음에 아무 것도 없는 무의 상태, 혼돈이 있었고 다음에 거기서 유가 나오는, 즉 하늘과 땅이 나온다고 말하고 있죠? 그러니까 원시인들은 과학적으로 설명은 못 하지만 그것을 어떤 느낌으로, 동화적으로 설명을 한다는 거죠.

야죠. 그 다음에 또 임신한 엄마들은 아들을 기대하죠. 우리말에도 있잖아요, 그 점쟁이 용해, 하죠.(웃음) 용하다. 그게 용이 주는 신비감 때문에 나온 것이거든요. 신화에서는 바로 그걸 중시하는 거예요. 그런데 용을 양자강의 악어라고 해버리면 어떻게 돼요? 용이 가지고 있는 모든 의미나 이미지가 다 깨져버리죠. 그렇기 때문에 신화를 꼭 어떤 현실로 돌려버려야 만족하는 해석 방식은 별로 바람직하지 못해요. 신화는 그 자체로서 충분한 의미를 지니고 있는 것이거든요.

사회자 신화를 현실로 환원시키려는 시각이 요즘의 과학적인 태도에서 비롯된 것이 아닐까 하는 그런 생각이 듭니다.

학생9 분위기가 너무 진지해서 이런 질문이 좀 유치하지 않을까 걱정되는데요. 저는 요즘에 동양신화 책을 읽었는데 신화 속에 나오는 이름들이 너무 어렵고 생소해서 어떻게 외워야 하나 고민스럽더라구요.

정재서 어려웠습니까?

학생9 나오는 신들의 이름이 워낙 익숙하지 않고 어려운 한자에다 토를 달아 놓으니까 재미도 덜한 것 같고 읽기가 좀 그렇더라구요. 동양신화만 알면 우리나라 신화도 그냥 알게 되는 건가요. 여길 보면 비렴이라든지 유화라든지 하는 부분이 중국에서 왔잖아요. 그게 고구려 문화에 영향을 끼친 것 같은데 그러면 고조선이나 신라의 문화도 중국의 영향을 받은건가, 그 부분에서 제가 잘 모르겠거든요. 그리고 우리나라 신화를 이해하려면 일단 중국의 신화를 알아야 되는가 하는 부분이 궁금합니다.

정재서 유치한 질문 아닌데요.(웃음) 의미가 있는 질문입니다. 신화가 만들어진 시대는 굉장히 옛날이에요. 그러면 그때 지금처럼 중국 민족, 한국 민족, 일본 민족 이렇게 구분되어 있었을까요? 아니잖아요, 다 원시인 신세예요. 중국사람, 한국사람을 구분하는 시대가 아니었어요. 지금의 중국대륙에서 생겼던 신화이기 때문에 중국신화라고 하는 것이고 중국 책으로 전해지기 때문에 중국신화이지 내용으로 보면 중국사람들만의 신화가 아니에요. 그 당시 중국대륙은 국경도 없고 아시아의 여러 민족들이 뒤섞여 살고 있었어요. 따라서 중국신화는 중국사람의 신화이기도 하고 한국사람의 신화이기도 하고 일본 사람의 신화이기도 해요. 단군신화를 보면 풍백, 우사, 운사 등 중국신화에 나오는 신들이 겹쳐서 나오지요. 고구려 건국신화도 마찬가지예요. 중국신화에서 황하의 신인 하백은 고구려 건국신화에서 바로 주몽의 외할아버지잖아요. 그러니까 중국신화는 중국사람만의 신화가 아니라 동양의 신화라고 말할 수 있는 것이죠.

사회자 사랑에는 국경이 없다고 하는데 신화도 그렇다는 게 놀랍습니다.(웃음)

학생10 안녕하세요. 이화여대에 중문과에 재학중인 학생입니다. 여태까지는 선생님께서 쓰신 동양신화와 관련된 얘기를 했었는데요. 저는 이 책을 1년 전에 다 읽었거든요. 그리고 이 책에 관련된 질문을 생각했는데 막상 이렇게 시간이 지나다 보니까 책을 떠나서 조금 다른 질문을 하고 싶은데 괜찮으십니까? 교수님께서는 지금 현재 대학에 몸담고 계시잖아요. 사람들이 저에게 무슨 과 다니냐고 물었을 때 인문대학 중문과라고 말하면, 거기 가서 뭐할 건데라고 하더라구요. 1년 내내 그런 질문을 받았거든요. 제가 막상 공부를 해보니까 모든 학문의 기초는 인문학으로 시작되더라구요. 그런데 사람들은 그렇게 생각을 안 하고 인문학과는 밥벌이 안 되는 과고, 이런 공부를 하는 사람들은 평생 굶고 살아야 되고, 그래서 인문학을 기피하고 인문대를 기피하는 현상이 생겼잖아요. 이공계도 역시 마찬가지고요. 인문학의 위기다라는 말을 많이 하잖아요. 그러면 이런 인문학의 위기에 대한 교수님의 생각과 인문학과에 몸담고 있는 교수로서 이걸 어떻게, 어떤 방향으로 나가야 된다고 생각하시는지요?

　사실 이런 문제는 몇 년 전부터 계속되어 왔고 신문 사설에서도 많이 봤고 사실 여기 대학 입시를 준비하는 학생들로서는 논술이나 면접을 준비할 때 학원에서도 연습을 많이 했을 거예요. 누구나 한 번 봤던 논제들인데 제가 군이 질문을 하고 싶은 것은 인문학을 하는 저로서는 항상 기분이 나빴고 그래서 인문학을 하는 교수님께 묻고 싶은 거고요. 거기서 더 나아가서 이런 인문학의 위기 속에서 지금 부산에 있는 동네 서점 중 하나인, 인문학 서점인 인디고 서원이 어떻게 하면 이런 현실 속에서 당당히 설 수 있을까 어떻게 하면 더 많이 발전할 수 있을까 하는 방향을 제시해주셨으면 합니다.

정재서 　전반적이고, 또 요즘 들어서 중요시되는 문제예요. 아까 학부모님이 분위기를 전환시키려고 했는데 다시 또 심각한 얘기로 들어섰군요.(웃음) 좋아요. 여러분은 지금 한참 장래에 대해 생각해야 하는데 인문학을 공부하는 선배로서 느끼는 고민이기 때문에 큰 도움이 된다고 봐요. 요즘 우리나라는 특히 모든 게 경제 중심이잖아요? 인문학이란 건 뭡니까? 쉽게 말해 문학이니 철학이니 역사니 하는 것들이 인문학이죠. 그렇죠? 인문학 하면 현실적이지 못하면서 교양 비슷한 것, 대개 그렇게 생각들 하죠. 그런데 문학이나 철학, 역사 이런 것들이 옛날에는 모든 학문의 중심이었어요. 조선시대 때 논어, 시경 등을 중심으로 공부하지 않았습니까? 서양도 마찬가지예요. 인문학이 학문의 왕자였어요. 그래서 그러한 전통 때문에 근대 이후에도 인문대학이 모든 대학의 중심이었어요. 이화여대 같은 경우도 법대, 공대, 의대 다 있지만 인문대학이 가장 중심이었어요. 1990년대 이후부터 인문학이 과연 현실적으로 의미가 있느냐, 또는 그걸로 먹고 살 수 있느냐, 이런 식으로 사람들이 생각할 정도로 심각한 위기에 빠졌죠. 그런데 먹고 살 수 있느냐의 문제는 옛날도 마찬가지였어요.

　　제가 인문대학 다닐 때에도 주위 사람들이 그 공부해서 어떻게 먹고 살거냐, 며 걱정들을 많이 했지요. 요즘 와서 특히 심해진 이유는, 지금

은 경제가 만능이잖아요. 특히 IMF를 겪고 나서는 사람들이 다 경제학
자가 됐어요. 신문 경제면의 비중이 엄청 커졌지요? 무엇보다도 국가적
으로 경제 문제가 굉장히 중요해지면서 모든 분야가 실용주의 노선을
걷게 되었죠. 아울러 또 한 가지 인문학을 위협하는 중요한 것은 테크놀
로지, 바로 첨단과학 분야죠. 두 가지 요인이라고 봐요. 하나는 경제 만
능주의에서 비롯한 실용주의가 우리의 모든 생각을 압도하고 있다는 것
이고요. 그리고 또 한 가지는 요즘 디지털 문화가 굉장히 발전했잖아요.
그런데 인문학은 비교적 느린 학문이거든요. 책 읽고, 생각하는 일. 영
상세대들은 그런 것을 별로 안 좋아하잖아요. 그러다 보니 옛날처럼 글
쓰고 책 읽는 일들이 완전히 시들해졌어요. 글 쓰고 읽는 것은 다 인문
학의 주된 일이에요. 인문학이 테크놀로지의 발전을 따라잡지 못하는
현실, 이것이 두 번째 요인이에요. 그런데 인문학의 위기가 초래된 데에
는 인문학자들의 책임도 있어요. 인문학자들이 파묻혀서 책만 읽고 자
기 공부만 하지 현실과의 관련성 같은 걸 너무 생각을 안 해요. 그래서
인문학이 현실로부터 외면당한 측면도 있어요. 그러니까 세 번째 요인
을 들라면 인문학 자체의 폐쇄성이 될 것입니다.

　그러나 인문학이 과연 필요가 있느냐, 하는 생각을 하게 되는 것은
아주 슬픈 현상이에요. 인문학이 대개 어문학이잖아요. 국문과, 중문과,
영문과, 독문과, 불문과 또 철학과……이렇잖아요. 인문학 전체가 별
로 돈이 안 되는 학문으로 여겨져서 완전히 찬밥 신세를 면치 못하고 있
죠. 중문과와 영문과는 그래도 괜찮은 편이지만 일부 인기 없는 과들은
거의 폐과 직전이에요. 과를 없앤 데도 많아요. 구조조정을 한다면서 별
로 생산적이지 못한 과는 막 없애버리거든요. 이것은 굉장히 걱정되는
현상이죠. 당장 쓸모가 없어 보이지만 기초적이고 중요한 학문들이 없
어지면 어떻게 되겠어요.

　이러한 문제를 어떻게 극복해야 하느냐? 중요한 것은 인문학 스스

제가 인문대학 다닐 때에도 주위 사람들이 그 공부해서 어떻게 먹고 살거냐, 며 걱정들을 많이 했지요. 요즘 와서 특히 심해진 이유는, 지금은 경제가 만능이잖아요. 특히 IMF를 겪고 나서는 사람들이 다 경제학자가 됐어요. 신문 경제면의 비중이 엄청 커졌지요? 무엇보다도 국가적으로 경제 문제가 굉장히 중요해지면서 모든 분야가 실용주의 노선을 걷게 되었죠. 아울러 또 한 가지 인문학을 위협하는 중요한 것은 테크놀로지, 바로 첨단과학 분야죠. 두 가지 요인이라고 봐요. 하나는 경제 만능주의에서 비롯한 실용주의가 우리의 모든 생각을 압도하고 있다는 것이고요. 그리고 또 한 가지는 요즘 디지털 문화가 굉장히 발전했잖아요. 그런데 인문학은 비교적 느린 학문이거든요. 책 읽고, 생각하는 일. 영상세대들은 그런 것을 별로 안 좋아하잖아요. 그러다 보니 옛날처럼 글 쓰고 책 읽는 일들이 완전히 시들해졌어요. 글 쓰고 읽는 것은 다 인문학의 주된 일이에요. 인문학이 테크놀로지의 발전을 따라잡지 못하는 현실, 이것이 두 번째 요인이에요. 그런데 인문학의 위기가 초래된 데에는 인문학자들의 책임도 있어요. 인문학자들이 파묻혀서 책만 읽고 자기 공부만 하지 현실과의 관련성 같은 걸 너무 생각을 안해요. 그래서 인문학이 현실로부터 외면당한 측면도 있어요. 그러니까 세 번째 요인을 들라면 인문학 자체의 폐쇄성이 될 것입니다.

로가 현실적으로 인간, 사회가 겪고 있는 문제에 개입을 해서 인문학의 사명을 대중에게 인식시켜야 해요. 인문학이 현실로부터 도피해서는 안 됩니다. 가령 생명과학이 발달하면 생명윤리 문제가 심각해지죠. 그런 문제에 대해 해결책을 마련해줘야 하는 게 인문학이에요. 디지털 문화의 문제점에 대해서도 마찬가지로 인문학이 처방을 해주어야 합니다.

그런데 지금까지 그런 문제들에 대해 인문학이 중요한 역할을 하지 못했어요. 과학의 발전 속도는 굉장히 빠른데, 여기에 대해 인문학자들이 책만 읽고 있으면 된다고 생각하지 말고, 신속하게 적응을 해야 돼요. 인문학은 결국 인간을 위한 학문, 인간의 본질을 탐구하는 학문이에요. 그렇기 때문에 인문학은 궁극적으로 인간을 위해 과학이 사용될 수 있도록 해줘야 돼요. 그래야만 과학이 엉뚱한 데로 가질 않아요. 프랑켄슈타인 같은 괴물을 만들어내거나 전 세계를 핵의 위기로 몰아넣는 그런 현상이 생기지 않으려면 인문학 교육이 절대 필요하다는 거죠. 인문학이 그런 역할을 하려면 인문학자들이 지금처럼 책 속에만 안주하지 않고 현실에 대한 문제의식을 깊게 가져야 할 것입니다.

물론 과학이 급속도로 발전하고 있고 경제 논리가 팽배해 있지만 인간이 스스로 인간이기를 포기하지 않는 한 인문학은 결코 없어지지 않아요. 우리 인간이 나는 경제적 동물이다, 나는 기계다, 로봇이다,라고 선언을 하고 그 길로 간다면 인문학이 필요 없어요. 왜냐? 인간을 위한 학문으로서 인간답게 살기 위한 방법을 모색하는 것이 인문학이기 때문입니다. 그런데 지금 사람들이 정말 인문학이 쓸모없다고 생각하고 인문학을 폐지하고자 하는 상황이라면 사실 우리는 점점 인간답지 못한 방향으로 가고 있다는 얘기예요. 경제의 논리로, 과학의 논리로만 살아간다는 걸 의미하거든요. 그 결과는 어떻게 될까요? 아무리 돈을 잘 벌고 기술이 발전한다 해도 그것은 조지 오웰의 소설 〈1984년〉이나 SF영화가 보여주는 디스토피아의 우울한 현실일 뿐이죠. 그렇다면 역설적으로 지금은 인문학이 위기에 처한 것이 아니라 가장 필요한 시기라고 볼 수도 있어요. 예컨대 디지털 문화가 극대화되면 될수록 오히려 아날로그적인 것들이 필요한 측면이 부각되고 있어요. 그래서 요즘에는 디지털과 아날로그를 결합한 디지로그로 나가야 한다고도 해요. 다시 예를 든다면 문화산업 분야 같은 곳에서 가장 필요로 하는 것이 인문학적 상상력이에요. 아까도 얘기했죠? 상상력이 어디서 나오느냐 하면 인문학의 고전으로부터라고요.

여러분, 톨킨의 〈반지의 제왕〉 잘 아시죠? 톨킨은 고전문학을 연구하는 옥스퍼드 대학 교수였죠. 그리고 〈해리 포터 시리즈〉를 쓴 조앤 롤링도 문학을 전공한 사람이에요. 중세문학의 마법 이야기 같은 것을 너무나 잘 알고 있어요. 영국 사람이지만 불문학을 했거든요. 일본의 미야자키 하야오 감독 또는 〈음양사〉의 작가 등도 그들의 상상력을 대부분 일본 고전으로부터 끌어냈어요. 지금 아무리 디지털 산업이 발전해도 그 내용을 무엇으로 채울 거예요? 결국 인간이 발전시킨 기술에 채워 넣어야 하는 건 인간의 머리, 인간의 상상력이거든요. 그것을 해결해주는 것은 인문학밖에 없어요. 그 일을 경제학이 합니까? 공학이 합니까? 그래서 인문학도 실용적인 측면에서 충분히 활로를 찾을 수가 있어요.

요즘 대학에 새로운 학과가 많이 생기는데 그 중 가장 빠른 속도로 생기고 있는 것이 문화 컨텐츠 학과예요. 그 학과에서 가르치고 있는 중요한 것 중 하나가 신화나 전설 등 옛날이야기로부터 게임, 애니메이션 등의 소재를 발굴하고 스토리를 만드는 일이에요. 이 학과에서 필요로 하는 교수라든가 그 분야에 종사하는 사람들은 대부분 국문학, 중문학 등 인문학 전공자들이에요.

인문학은 스스로 현실에 대한 감각을 잃지 않아야 해요. 고전은 오래된 것이니까 죽은 것이나 골동품을 만지듯이 공부한다고 생각하면 안 돼요. 과거부터 그런 태도로 해왔기 때문에 인문학 스스로 위기상황을 초래한 측면도 있습니다. 고전은 골동품이 아닙니다. 신화가 지금도 살아 있는 것처럼 고전이 오늘에도 살아 있고 그 힘을 발휘할 수 있다는 생각을 지니면 인문학적인 소양으로 능히 현실을 헤쳐나갈 수 있습니다. 따라서 인문학의 위기는 현실이지만 인문학을 하는 사람이 얼마나 오늘의 문제를 깊이 인식하고 그것을 인문학적 상상력 혹은 고전의 힘으로 풀어나갈 수 있느냐에 따라서 오히려 인문학의 위기가 인문학의 가장 좋은 기회가 될 수 있다고 생각합니다.

박용준 저는 위기의 인문학과인 철학과에서 공부하는 학생인데요.(웃음) 저도 사실 그런 경험을 늘 해왔거든요. 철학과 다닌다고 하면 모두들 표정이 일그러지더라구요. 그걸 극복하기 위해서 제 자신도 더 노력하고 있습니다. 아까 학부모님도 말씀하셨지만 학생들이 동양신화를 읽으면서 어렵고 생소하다는 느낌을 많이 받았다고들 해요. 선생님의 다른 책『동양적인 것의 슬픔』의 한 구절을 인용해보면 '동양인인 우리에게 동양이라는 것은 이미 대상화된 타자가 되어버렸다' 라는 말이 있거든요. 즉, 동양인인 우리에게도 동양적이라고 하는 것이 이미 다른 세계의 이야기가 되어버린 거죠. 동양인인 우리에게 동양적인 것이 더 익숙해야 되는데 서양적인 것이 더 자연스럽고, 오히려 동양적인 것을 이미 다 잃어 동양적인 삶을 살고 있지 않은 우리가 동양을 이야기하니까 더 어려워지는 것 같아요.

그래서 이것과 관련해서 질문을 드리고 싶은 게 있습니다. 좀 생뚱맞긴 한데, 선생님은 중국문학을 공부하기 위해서 하버드 옌칭 연구소에 갔다 오셨잖아요? 또한 철학 같은 경우도 불교학을 공부하기 위해서 서양으로 유학을 간단 말이에요. 불교학을 공부하려면 일본이든 대만이든 중국으로 가야 할 것 같지만 그것이 아니라 미국으로 가고 영국으로 가

인문학은 결국 인간을 위한 학문, 인간의 본질을 탐구하는 학문이에요. 그렇기 때문에 인문학은 궁극적으로 인간을 위해 과학이 사용될 수 있도록 해줘야 돼요. 그래야만 과학이 엉뚱한 데로 가질 않아요. 프랑켄슈타인 같은 괴물을 만들어 내거나 전 세계를 핵의 위기로 몰아넣는 그런 현상이 생기지 않으려면 인문학 교육이 절대 필요하다는 거죠. 인문학이 그런 역할을 하려면 인문학자들이 지금처럼 책 속에만 안주하지 않고 현실에 대한 문제의식을 깊게 가져야 할 것입니다.

고 프랑스로 가고 그러는데 서양 학자는 우리처럼 불교문화 혹은 중국 문화권에 살고 있지 않단 말이에요. 그들이 19세기, 20세기 무렵 식민지에서 약탈한 문헌들을 통해 배운 학문을 우리는 그들에게 가서 배워온 단 말이지요. 그래서 과연 거기서 배워온 동양학 지식이 실제 동양의 모습을 담아낸 것인지요? 대부분의 서양 학자들은 한국에 단 한 번도, 아시아에 단 한 번도 살아보지 않았으면서도 중국문학을 얘기하고 동양철학을 얘기한단 말이에요. 그래서 선생님은 하버드에 가셔서 그들로부터 어떠한 것을 배울 수 있으셨는지, 또 과연 그런 제국주의적인 동양학을 어떻게 극복하실 수 있었는지 질문하고 싶습니다.

정재서 예리한 질문이군요. 우리가 학문을 하는데 과연 한국사람인 내가 한국에서 중문학을 한다, 영문학을 한다, 는 등 외국의 학문을 할 적에 어떤 입장에서 공부를 해야 할까라는 문제와 상관이 있습니다. 이건 참 중요한 문제의식이지요. 제가 학교 다닐 적에 실제로 그런 고민을 많이 했어요. 중문과 대학원을 다니면서 내가 지금 한국에서 중문학을 한다는 것이 과연 무엇을 위해서일까, 하는 고민에 많이 휩싸였습니다. 중문학의 영광을 위해서 내가 지금 공부하는 것일까? 그럼 내가 한국사람으로서 한국에서 중문학을 하는 것은 중국에서 중국사람이 자기네 문학을 하는 것과는 뭔가 달라야 되지 않을까? 이런 생각들이었죠.

　그런데 제가 공부할 적에 선생님들이라든가 선배들의 학풍은 어땠냐 하면, 대부분 중국사람들의 입장을 존중하고 그것을 모방하는 분위기였어요. 따라서 한국사람일지라도 중국사람의 시각에서 보도록 하는 방향으로 훈련을 많이 받았어요. 그런데 그런 상황이 저로서는 굉장히 불만이었어요. 그래서 내가 중문학의 영광을 위해서 지금 한국에서 중문학을 하는 거냐, 하는 문제의식을 느끼게 된 것이었죠. 그런데 그때 가만히 생각해봤는데 일본사람들이 중문학을 연구한 것은 나름대로 일본사람들의 입장에서 한 것이었어요. 서양사람들이 중문학을 연구한 것도 서양사람들 입장에서 한 것이에요. 서양사람들이 동양사람들을 깔보는 입장에서였든지 어쨌든지 그 사람들 입장에서 본 거예요.

그런데 제가 느끼기엔 한국에서만 한국의 입장에서 보는 중문학이 아닌 것 같았단 말이죠. 우리의 학풍은 중국사람의 입장에서 보는 것을 정통으로 생각하는 그런 것이었단 말이죠. 그래서 어떤 생각을 했냐 하면, 중국문화에 대해서 물론 우리가 기본적으로 존중해줄 것도 있지만 중국사람의 입장을 표준으로 삼으면 곤란하겠다, 그런 식이라면 결국 지금까지 우리가 사대주의로 중국을 섬기면서 해왔던 방식과 다를 게 뭐가 있겠느냐는 생각을 한 거죠.

그러면서 개인적으론 어떤 생각을 했냐 하면 서양사람들의 시각, 즉, 서양에서 보는 동양이라고 하는 것은 물론 동양을 깔보는 편견은 있지만 어떤 면에서 보면 우리 한국에서보다 중국을 객관화시켜서 보는 이점이 있단 말이죠. 우리는 중국을 객관적으로 냉정하게 관찰한 적이 별로 없습니다. 우리에게는 지금도 중국에 대한 사대 심리가 잠재적으로 있거든요. 가령 중국어에서 보통 젊은 여성들을 가리키는 용어로 '소저(小姐)'라는 게 있어요. 중국말로는 '샤오지에'죠. 샤오지에는 우리 식으로 하면 '미스 김', '미스 박' 하는 말의 '미스'에 해당하는 호칭이에요. 그런데 우리나라에서는 '소저'라는 말이 주는 어감이 굉장히 고상하고 격조 있어요. 고대 소설에 나오는 규방의 양반집 딸의 이미지이지 흔히 부르는 '아가씨'의 이미지가 아니잖아요. 중국에서는 솔직히 평범한 용어인데 우리나라에 와서 격상되는 걸 보더라도 우리의 중국에 대한 사대심리가 얼마나 내면화되어 있는가를 알 수 있어요.

저는 우리나라처럼 중국에 대한 사대의식이 강한 나라에서는 중국에 대한 문화적인 기득권을 인정하지 않고 처음부터 백지상태에서 출발하는 서양사람들의 시각도 필요하다고 생각했어요. 물론 그 사람들이 중국의 실체를 제대로 보지 못하거나 깔보는 측면도 있어요. 서양사람들의 동양에 대한 그러한 오해나 편견을 오리엔탈리즘이라고 부르죠. 그러나 오리엔탈리즘을 잘 걷어내고 보면 서양사람들의 중국에 대한 연구 중에 정말 객관적으로 잘 분석해놓은 것들이 많아요. 그들의 그러한 객관적인 시각이나 연구 성과는 우리가 받아들일 필요가 있단 말이죠. 한국같이 오랫동안 중국문화의 영향력이 컸던 나라에서는 오히려 서양에서 중국을 선입관 없이 냉철하게 보는 그런 입장이 상당히 필요하다고 보는 거예요. 제가 하버드 옌칭 연구소에 가서 공부를 하게 된 것은 바로 그런 이유에서였어요.

제가 80년대 말에 가서 공부했는데 그 당시 우리나라에는 중국에 관한 자료가 너무 빈약했어요. 중국대륙하고 아직 수교가 안 된 때라 중국에서 나온 논문들을 구할 수가 없었어요. 도서관엘 가봐야 공산주의 국가라고 중국자료는 아예 들어오지도 못했고, 일본자료는 너무 비싸서 마음대로 사볼 수 없었어요. 그런데 하버드 옌칭 도서관에서는 모든 자료들을 다 구비해놓아서 마음껏 볼 수가 있더라고요.

중문학이든, 영문학이든 연구를 할 적에는 다양한 시각을 가지고 보는 게 좋아요. 그래야 편견을 벗어날 수가 있어요. 중국사람들이 연구한 것만 보면 우리는 중국사람의 테두리를 평생 벗어나지 못해요. 그렇기 때문에 우리로서는 일본이든, 프랑스든, 미국이든, 여러 방면의 다양한 시각이 필요한 거죠. 서양에서 동양 연구가 제일 많은 곳이 프랑스하고 미국이에요. 프랑스는 백 년도 넘었죠. 그들의 연구가 솔직히 말해서 지금 우리나라의 동양학보다도 훨씬 수준이 높아요, 그러니까 창피한 일이에요. 왜 그러냐 하면 우리는 중국과 가장 가까이 있잖아요. 그런데도 사는 곳만 동양의 중심에 있지 한국의 동양학은 변방에 있어요. 오히려 학문적으로는 일본이라든가 미국이라든가 프랑스가 우리보다 중심에 있어요. 우리가 그들에 대해서 비판할 것은 비판하고 배울 것은 또 배워나가면서 스스로의 입장을 세워 나가야 되지 않겠어요?

이야기가 너무 딱딱해진 것 같은데, 분위기를 좀 바꾸어봅시다. 여러분, 『이야기 동양신화』 읽으면서 의문 나는 곳 없었어요? 중학생들 있으면 한번 손들어 봐요. 아, 많구나. 그런데 책 읽어보니까 어때요? 어려워요? 중학생들은 읽을 만해요?(학생들 : 네) 공부들을 잘하나 보죠(웃음) 고등학생들은 어땠어요? 별 문제 없이 읽어요?

학생11 아까 어머니도 말씀하신 것처럼 그리스 로마 신화 같은 건 재미있는 이야기로 되어 있어서 쉽게 읽는데 이 책은 동양 신화 전반에 대해 설명을 해주신 거지, 이야기식으로 되어 있지 않아서 조금 읽기 힘들었어요.

정재서 초등학생이 볼 수 있을 정도의 더 아기자기한 스타일 말이죠? 사실은 초등학생 동화용으로 더 쉽게 준비는 하고 있어요. 그렇게까지 하려면 스토리를 더 쉽고 재미있게 풀어야 해요. 그런데 그리스 로마 신화가 왜 그렇게 재미있느냐 하면, 그럴 수밖에 없어요. 초창기부터 그리스 로마 신화는 훌륭한 작가들이 정리를 잘 했어요. 제일 먼저 그리스의 서사시인 호머가 이야기를 너무나 잘 다듬었어요. 신화를 거의 문학작품으로 만든 거예요. 그 다음에 로마의 오비디우스가 다시 한번 정리를 했고 이후 세월이 한참 흘러서, 미국의 토마스 벌핀치가 현대판으로 재미있게 꾸몄어요. 이런 단계를 거쳤기 때문에 지금의 그리스 로마 신화가 소설처럼 재미있는 거예요.

그런데 중국이라든가 우리나라의 신화는 그런 단계를 거치지 않았어요. 왜 그러냐 하면, 우리나라는 유교 전통이 강하잖아요. 그런데 유교의 최고 스승님이 누굽니까? 공자님입니다. 공자님이 말씀하시면 어떻게 되나요? 완전히 하나의 헌법이 되잖아요. 공자님이 『논어』에서 뭐라 그랬냐 하면, "불어괴력난신(不語怪力亂神)", 즉 괴상한 얘기, 어지러운 귀신 얘기, 신들 얘기 이런 거는 하지 마라. 그런 거 하면 올바른 생각을 해친다,라고 했어요. 그런데 그런 것들이 다 상상력이잖아요. 결국 공자님은 상상력을 억압한 거죠. 유교 문화가 좋은 점도 많지만 상상력과 이미지를 억압했어요. 난 그건 안 좋게 봐요. 여러분은 지금 행복한 거예요.

우리 세대는 초등학교 다닐 때 만화방 가면 엄청 혼났어요. 거의 위기의식을 느껴가면서 만화방에 갔어요.(웃음) 몰래 가서 봤죠. 부모님들이 만화 보면 타락해서 불량학생 된다고 엄청 겁주셨기 때문에. 그런데 지금은 어머님들이 마트 같은 데 가면 애들은 만화 코너에 놀게 하고 장보고 그러시잖아요. 영화도 그래요. 제가 중고등학교 때는 영화 많이 보면 깡패 된다고들 했어요. 영화 보려면 몰래 사복을 입고 가고…… 굉장한 압박을 받았어요. 지금 생각하면 그건 상상력과 이미지에 대한 억압이었어요. 우리나라가 80년대 이전엔 그런 현상이 많았는데, 그건 전 세계가 마찬가지였어요. 지금은 많이 해방이 됐다고 생각해요.

동양에서는 그런 전통 때문에 신화 등이 거의 방치되었어요. 제대로 정리를 안 했어요. 그런데 불행 중 다행이랄까, 좋은 점도 있어요. 방치 상태로 있었던 대신 손질을 많이 가하지 않았기 때문에 원시적인 모습을 많이 간직하게 된 것이죠. 그래서 인간 본질의 원형을 탐구하는 데에는 동양신화가 더 유리해요. 다만 재미있는 신화이야기가 되기 위해서는 호머나 벌핀치 같은 훌륭한 작가들에 의한 가공을 기다려야 하겠죠. 그리고 여러분이 앞으로 더 많은 분야에서 동양신화를 활용하면 좋겠어요. 나중에 여러분 중에서 작가도 나오고 영화감독도 나오면 동양신화를 가지고 뭐든지 해보세요.

제가 사실은 문화산업에 참여했어요. 황제랑 치우랑 대륙의 패권을 놓고 싸우는 이야기 있죠? 그걸 가지고 만들었는데 조금 있으면 만화도 나오고 애니메이션도 나오고 게임도 나와요. 동양신화 가지고 한 번 시도를 해본 거예요. 그런데 잘 될지 안 될지 아직은 몰라요. 그렇지만 자꾸 시도해야 하는 것 아니겠어요? 유감스러운 것은 게임 소재의 대부분은 서양 켈트신화에서 나와요. 우리나라에서도 켈트신화를 모방해서 게

중문학이든, 영문학이든 연구를 할 적에는 다양한 시각을 가지고 보는 게 좋아요. 그래야 편견을 벗어날 수가 있어요. 중국 사람들이 연구한 것만 보면 우리는 중국 사람의 테두리를 평생 벗어나지 못해요. 그렇기 때문에 우리로서는 일본이든, 프랑스든, 미국이든, 여러 방면의 다양한 시각이 필요한 거죠. 서양에서 동양 연구가 제일 많은 곳이 프랑스하고 미국이에요. 프랑스는 백 년도 넘었죠. 그들의 연구가 솔직히 말해서 지금 우리나라의 동양학보다도 훨씬 수준이 높아요. 그러니까 창피한 일이에요. 왜 그러냐 하면 우리는 중국과 가장 가까이 있잖아요. 그런데도 사는 곳만 동양의 중심에 있지 한국의 동양학은 변방에 있어요. 오히려 학문적으로는 일본이라든가 미국이라든가 프랑스가 우리보다 중심에 있어요. 우리가 그들에 대해서 비판할 것은 비판하고 배울 것은 또 배워나가면서 스스로의 입장을 세워 나가야되지 않겠어요?

임을 만들어요. 언제 우리는 동양신화를 가지고 게임을 만들어서 세계를 제패할 수 있을까요?

질문자2 2권 107쪽을 보면 육오라는 신이 나오는데 "이 신의 모습은 아홉 개의 꼬리" 이렇게 되어 있거든요. 그런데 제가 볼 땐 그림이 얼굴이 아홉 개고 꼬리는 한 갠데…….

정재서 아홉 개의 꼬리와 사람의 머리라고 되어 있죠? 사람의 얼굴에 호랑이 발톱을 하고 있다…….

질문자2 그림에는 얼굴이 아홉 개고 꼬리는 하나거든요.

정재서 그림에는 여러 가지 판본들이 있어요. 이 그림은 일본 버전에서 나온 것이에요. 중국 버전까지 합치면 수십 개가 있어서 그 중 하나를 선택하는데 그림이 책의 내용과 꼭 일치하는 것이 있고 대충 일치하는 것이 있거든요. 그런데 이 그림에서는 아홉 개의 얼굴과 꼬리니까 얼굴은 괜찮아요. 꼬리만 안 그려났네요.

질문자2 얼굴 얘기는 없고 꼬리는 아홉 개라는데…….저희 애랑 같이 봤는데 헷갈리더라구요.

정재서 여러 버전의 그림 중에서 이것은 컬러로, 색감이 좋아서 선택한 것이거든요. 다른 그림은 아마 일치할 겁니다.

허아람 제가 정리하는 질문을 하고 마치겠습니다. 질문이 아닐 수도 있겠군요. 저는 국문학 전공자인데도 신화가 재미없어요.(웃음) 그리스 로마 신화도 재미없었고……그렇다고 제가 상상력이 떨어지는 사람이 절대 아니거든요. 얘들아 그렇지?(웃음) 저는 굉장히 상상력이 뛰어나고 지나칠 정도로 공상에 젖어 사는 사람인데 신화가 재미가 없어요. 그런데 이번에 한 달 동안 선생님 책으로 아이들과 토론하면서 느낀 것은 아이들이 이유 없이 신화를 좋아해요. 저 같은 사람은 이유 없이 신화가 재미가 없어요.(웃음) 그래서 그 이유가 없음에 대해서, 신화를 그렇게 좋아하는 것에 대해서 제가 새로운 발견을 했던 좋은 기회였습니다.

주제와 변주에 참여하면 초청장에 미리 선생님께 질문할 것을 써와야 하거든요. 거기서 몇 가지, 지금 대답을 다 안 해주셔도 됩니다만, 모두가 이런 질문에 대해서 다시 한번 환기해보고 선생님도 다음 번 신화이야기를 쓰실 때 도움을 얻으셨으면 해서요. 제가 몇 가지 중요한 질문을 정리해서 말씀드리겠습니다. 또 하나는 선생님 책에서 가장 인상깊었던 구절을 몇 가지 읽어드리려고 합니다. 그러니까 선생님 책에서 왜 학생들이 이 구절이 가장 와닿는다고 말했는지 그것도 선생님께는 또 우리 모두에게 중요한 의미가 있지 않을까 생각해요.

첫 번째, 신화의 기원은 무엇이고 또 그것은 필요에 의한 것으로 탄생되었는지에 대해, 즉 신화의 존재의 근본적인 원인이 무엇일까요? 이런 질문이 많았고, 또 신화를 해석하는 과정에 대해서 설명해주세요. 이런 질문도 있었습니다. 또 신화라는 것은 과거에 국한된 것입니까? 그것이 아니라면 현대 신화라고 할 만한 것들은 무엇이 있을까요? 이런 질문도 있었습니다. 또 다음 질문으로는 여와가 만든 사람이 귀족이 되기도 하고 또 천민이 되기도 하는데 원시시대였을 때도 계급이 있었을까요?라는 질문. 언제부터 동양신화에 관심을 가지시게 됐는지 또 이 두 권의 책을 쓰기 전까지 몇 권의 책을 읽으셨는지요.(웃음) 그 중에서 가장 감동적인 책이 무엇이었는지를 질문했는데요. 다녀가신 모든 선생님이 저희에게 세 권의 책을 추천해주셔야 되거든요. 그건 나중에 메일로 보내주세요.

그 다음에는 선생님 책에서 인상적인 구절을 제가 읽어드릴게요. "오늘 우리가 자신도 모르게 신화에 빠져드는 이유는 첨단과학의 발전은 인간의 정체성을 점점 애매모호하게 만들고 있기 때문이다. 인간 정체성에 대한 이런 위기감은 길을 잃었을 때 처음의 출발점으로 되돌아가듯이 우리로 하여금 반사적으로 신화를 숙고하게 한다. 왜냐하면 신화는 인간의 가장 원초적이고 본질적인 모습을 간직한 이야기이기 때문이

다. 육신과 흙이 궁극적으로는 동일하다고 믿는 그들에게 사람의 육체를 다시 흙으로 빚어낼 수 있다는 상상이 가능했던 것이다."라는 짧은 문장이지만 저도 개인적으로 이 부분이 신화에서 오히려 일상에서 가장 크게 상징하는 부분이 아닌가 생각합니다. "죽은 자는 말이 없다는 말은 치우에게는 통하지 않았다. 치우는 죽었지만 그의 투혼만은 쉽사리 없어지지 않았다. 아니, 정신뿐만 아니라 육체도 호락호락 죽어 없어질 수는 없었다. 그는 정말 강인한 신이었다." 치우에 관한 내용을 학생들이 제일 관심 있게 읽었던 것 같습니다. 이건 일반인이 쓰신 것 같은데요, "또 특정한 상상력으로 채워질 때 머지않은 장래에 그들이 특정한 문화를 아무 저항 없이 받아들일 것이 걱정이다." 하는 문장, 또 "동양 신화를 읽는 것은 상상력의 제국주의를 막기 위해서도 꼭 필요한 것이다." 이런 문장들이 선생님 책에서 인상적인 부분입니다.

얼마 전 저는 《출판저널》에 청소년 독서에 대해서 썼는데, 강정인 선생님이 쓰신 『난 몇 퍼센트 한국인일까?』을 소개했어요. 『난 몇 퍼센트 한국인일까?』에서부터 선생님의 『이야기 동양신화』뿐만 아니라 관련 서적이 너무 많잖아요? 이렇게 많은 담론들 가운데서 제가 전략적으로 내세울 수 있는 대안은 어떤 것이 있을까, 저는 그게 저의 중요한 문제였거든요. A4 두 장밖에 안 되는 글쓰기를 하면서 힘든 작업을 저도 새롭게 했어요.

이번주 금요일 다시 주제와 변주가 있습니다. 17회 주제와 변주, 김상봉 선생님의 『학벌사회』라는 책으로 진행을 할 겁니다. 그런데 그 선생님의 다른 저서를 보면 사실 우리가 중요한 것이 자기 정체성을 다시 회복하는 문제, 자기 정체성이라는 것이 우리의 어떤 욕망이나 욕구가 겉으로 반영되고 그 욕구를 보면서 자기 자신을 보게 되는 그런 불행한 자기 반성만이 존재하는 현실 속에서 결국은 왜 내가 살아남기 위해서 영어공부를 해야 되지?, 왜 세계화 시대에 동양적인 것을 찾아야 하지?

와 같은 그런 근원적인 질문을 자기 자신에게 하는 그 순간만이, 그러한 태도만이 이런 문제를 극복하는 가장 첫단추라는 것이 제가 내린 대안이거든요. 물론 선생님도 동의하실 거라고 생각합니다.

그래서 이런 자리가 결국은 가장 궁극적인 목적에는 아이들이 많은 지식을 얻어가는 것이 아니라, 자기 자신에게 근원적인 질문을 던질 수 있는, 자기 반성의 거울을 자기 자신 안에 두고 자기에게 다시 혼란스러운 질문을 되물을 수 있는 그런 자리가 이 자리의 목적인데요, 그러기에는 오늘 충분히 좋은 질문들과 좋은 답변으로 가득찬 좋은 시간이었다고 생각합니다. 마지막으로 선생님이 인사말 해주시고 이 자리를 접도록 하죠. 감사합니다.

정재서   허 선생님이 오늘의 대화를 정말 의미 있게 결론 내주신 것 같아요. 많은 선생님들이 여기 다녀가시면서 좋은 말씀도 하시고 또 이 모임에 대해서도 훌륭한 평들을 하셨는데 저도 마찬가지로 오늘의 대화가 무척 소중하고 값진 경험이라고 생각합니다. 특히 질문들이 첨예하고 진지해서 우리 전문적인 학자들이 항상 염두에 두고 있는 그런 문제들을 잘 포착한 것 같아서 기꺼운 마음입니다. 여러분의 시대는 바야흐로 상상력의 시대라고 하죠. 이미지의 시대라고도 하는데 여러분이 마음을 어떤 방향으로 잡고 노력들을 해나가느냐에 따라서 결과가 엄청나게 달라지리라고 생각합니다. 과거에는 상상력이나 이미지에 대한 인식이 미약했기 때문에 노력을 해도 별로 효과가 드러나지 않았어요. 하지만 여러분의 시대는 마음껏 날개를 펴고 날면 날수록 먼 데 까지 갈 수 있는 시대라고 생각을 해요.

끝으로 이런 자리를 마련한 것에 대해서 그 의의를 높게 평가하고 싶군요. 아까 허아람 선생님과도 얘기했지만 이런 움직임이 정말 더 확대되었으면 좋겠어요. 부산에서만 그치지 않고 전국적으로 확대되어서 문화적으로 중요한 변혁을 이끄는 운동이 되었으면 하는 바람입니다 여러

분이 그런 선구적인 일을 한다고 자부심을 느끼고 앞으로도 더욱더 노력하시기 바랍니다. 감사합니다.(박수)

사회자 네, 그럼 이것으로 제16회 주제와 변주를 마치도록 하겠습니다.

17회

김상봉

『학벌사회』
『도덕교육의 파시즘』

자기 주체성을 가지려면
결국 무엇이 옳은가
무엇이 가치있는가를
고민하는 시간을 많이
확보해야 한다.

사회자 안녕하십니까. 저는 이번 17회 주제와 변주 사회를 맡게 된 이인재라고 합니다. 이 자리에 참석해주신 김상봉 선생님께서는 힘없는 사람에게 쥐어줄 칼을 만들기 위해 공부하셨고 현장에서 현실적인 변화를 꾀하며 혁명을 실천하신 분입니다. 또한 자기 자신에 대한 주체성을 발견하지 못하는 망가진 교육현실에 대해 안타까워하시고 진보진영에서조차 학벌사회에 대해 침묵하는 것을 분노하시며 또 우리를 노예로 만드는 도덕교육을 신랄하게 비판하셨습니다. 저는 선생님의 책을 읽으면서 굉장히 많은 생각을 하게 되었습니다.

특히 여전히 우리 사회는 부조리와 폭력으로 가득 차 있으며, 학벌사회는 우리 사회에 철저하게 뿌리박고 있는 숨은 식물이라는 생각이 끊임없이 들었습니다. 그리고 『도덕교육의 파시즘』에서는 우리 사회의 잘못된 도덕교육의 현실을 보면서 저는 과연 이런 부조리한 대한민국의 사회에 살고 있는 학생으로서 과연 내가 할 수 있는 일이 무엇인가에 대해서 생각해볼 수 있는 좋은 계기가 되었습니다. 그럼 제17회 주제와 변주를 시작하도록 하겠습니다.

김상봉 반갑습니다. 사실 오늘은 제일 각별한 느낌을 가지고 왔습니다. 까닭인즉, 제가 어디 출신이라고 하는 걸 잘 쓰질 않는데, 저는 부산에서 태어났습니다. 자주 오지는 못하지만 올 때마다 늘 수십 년 전 어린 시절로 돌아가는 느낌이 듭니다.

제가 이른바 교육운동이라고 하는 것을 지금까지 해왔는데 늘 얘기하는 사람들은 교사들이거나 어른들이었습니다. 그런데 사실 교육운동이 시작되는 까닭이 학생들이 직접 겪는 피해 때문 아니겠어요? 그런데 막상 학생들과는 대화하지 못하고 늘 어른들하고만 얘기해서 이게 뭔가 싶었어요. 구두 신고 발을 긁는 기분이었습니다. 오늘은 여러분을 직접 만나서 감개가 무량합니다. 여러분이 다음 세대를 위해서 상당히 의미 있는 씨앗이 되기를 바랍니다. 저도 이런 움직임이 확산되는 데 도움이 될 수 있다면 같이 참여하고 싶습니다.

사회자 제가 사회자로서 첫 번째 질문을 하도록 하겠습니다. 선생님께서는 다른 철학자들과는 달리 굉장히 현실참여적인 행동가이신데, 그렇게 선생님이 굳이 이 시끄럽고 아수라장인 현실에 나서게 된 이유에 대해 답변하신 인터뷰 기사를 본 적이 있습니다. 선생님은 소크라테스가 평생 광장에서 가르친 것을 예로 드시면서 진짜 철학은 비판적 힘과 비판적 생명을 보여주는 것이라고 하셨습니다. 또 혁명가가 되고 싶으셨으나 이론 없이 혁명을 말하는 것은 무책임한 일이라는 생각이 들었기에 철학을 공부하기로 했다는 말씀을 본 기억도 납니다. 사실 인문학, 특히 철학은 현실과의 괴리와 함께 지식인의 현실 참여 부족에 대해서 많은 비판을 받아온 것이 사실입니다. 이에 대해서 선생님께서는 우리 사회의 근원적인 문제를 고치기 위한 직접적인 실천을 하고 계시는 당대 참여적 지식인이라고 할 수 있겠습니다. 이러한 현대 우리 사회를 바꾸기 위한 안티학벌운동 및 도덕교육 바로잡기를 이끌어갈 수 있는 원동력은 철학이라는 이론적 근거에서 비롯된 것으로 보이는데, 이론적 힘이 얼마나 큰 도움이 되셨는지 또 이런 현실참여를 하게 되신 개인적인 계기가 있으셨는지 궁금합니다.

김상봉 사실 인터뷰 기사는 많이들 못 보셨겠지요? 얼마 전에 있었던 인터뷰는 저로서는 약간 실수라고 생각하는 건데요. 저는 인터뷰하면서 한 번도 자기 자신에 대해서 얘기한 적이 없습니다. 원래 전공은 칸트인데, 칸트의 『순수이성비판』이라는 책은 '내가 누구인가'를 물은 책이에요. 철학사를 보면 고대 그리스 철학은 존재에 대해서 묻고, 중세 철학은 신에 대해서 묻고, 근대철학은 나에 대해서 묻는다고 하잖아요. 데카르트의 '코기토 에르고 숨'은 '나는 생각한다. 그러므로 나는 존재한다.'입니다. 그때부터 나라는 게 철학의 가장 중심주제가 되는데 저는 굳이 학문적인 이력을 따지자면 나라고 하는 것이 뭔가라는 것을 공부해온 사람입니다.

　제가 대학에 들어갔던 박정희 정권 말기는 지금은 상상할 수도 없는 그런 시대였어요. 그래서 자기도 모르는 초미한 일로 사람들이 붙잡혀 가고 고문당하고 더러는 죽던 시대였는데, 대단하게 거창한 의식을 가지지 않은 사람이라 하더라도 최소한 어떤 소박한 양심을 가지고 자란 사람이라면 그 시대가 불의한 시대다, 그리고 그 당시의 권력이 불의한 권력이라는 걸 누구라도 느낄 수 있는 시대였습니다. 그래서 대학에 들어갔을 때 뭔가 이 시대를 사는 사람으로서 역사의 진보를 위해 기여하는 것이 마땅하다고 저뿐만 아니라 다른 사람들이 생각했죠. 그런데 굳이 말씀드리자면 그 길이 조금은 달랐습니다. 저는 이른바 학생 운동권이라는 데 들어갔습니다. 그 당시에 허아람 선생님처럼 좋은 선생님이 계신 게 아니어서, 다 자력갱생해야 했습니다. 그래서 2년, 3년 선배들이 후배들을 가르치는 게 그 당시 이른바 운동권 내부의 문화입니다. 그 당시에는 인문학 공부는 거의 없다시피 했고요, 처음 들어가서 제일 기본적으로 공부하는 게 경제사입니다. 기본적으로 마르크스적인 사회학이 주를 이루는 거였기 때문이었죠.

　하루는 굉장히 간절한 마음으로 제가 물었습니다. 우리는 왜 이렇게 살아야 됩니까? 이유가 뭔가요? 어떤 걸 제일 먼저 우리가 고쳐야 우리 역시 사람답게 살 수 있는 건가요? 하고 물었더니 그분이 굉장히 확신에 차서 대답하더라구요. 외세만 쫓아내면 된다, 미 제국주의만 쫓아내면 된다. 한 번 더 물었어요. 실제로 그런가요? 정말로 그렇습니까?라고 물었더니 한 번 더 확신을 가지고 대답하더라고요. 저는 그때 어린 나이였지만 두 가지에 대해서 상당히 놀랐습니다. 하나는 역사 속에서 발생하는 문제, 우리가 처한 현실의 여러 가지 병리현상, 우리가 겪고 있는 사회적인 질병의 원인이 무엇인가를 생각하는 데 그걸 그렇게 단순하게 환원시킬 수 있다는 게 놀라웠어요. 철학을 공부하는 병아리 학

제가 이른바 교육운동이라고 하는 것을 지금까지 해왔는데 늘 얘기하는 사람들은 교사들이거나 어른들이었습니다. 그런데 사실 교육운동이 시작되는 까닭이 학생들이 직접 겪는 피해 때문 아니겠어요? 그런데 막상 학생들과는 대화하지 못하고 늘 어른들하고만 얘기해서 이게 뭔가 싶었어요. 구두 신고 가려운데 발을 긁는 기분이었습니다. 오늘은 여러분을 직접 만나서 기쁩니다.

생으로서 세상에 문제가 많이 있을텐데 우리가 처해 있는 문제가 얼마나 착종되어 있는 거겠어요. 그런데 그걸 그렇게 단순하게 외세의 문제라고 요약 정리하는 단순한 의식이 놀랍더라구요.

그리고 두 번째로 우리의 문제의 원인 또는 근거―제가 학벌사회에서 근거를 물어야 된다고 썼잖아요―우리의 문제인데, 문제 자체를 너무도 단순하게 외세로 돌리는 게 저는 놀라웠습니다. 그건 자유인의 긍지에 반하는 일이라고 느꼈습니다. 내가 지금 불행을 겪고 있는데, 내가 어떤 심각한 문제상황에 처해 있는데 그렇게 잘못된 상황에 처하게 된 것이 내가 못나서가 아니라 내 친구가 나쁜 놈이어서 그렇다는 식으로 서슴없이 말할 수 있다는 게 노예의 세계관을 가진 사람한테만 가능한 일이라고 그때 어린 나이였지만 생각되더라고요. 가만히 보니까 비단 그 선배뿐만이 아니라 대한민국에서 제일 들어가기 어렵다는 대학의 경제학과에서 공부를 하고 있는, 누가 봐도 엘리트라고 자타가 공인하는 사람이, 그 정도의 현실인식을 가지고 있다, 그리고 지금도 크게 다르지는 않을 수 있지만 운동권 내의, 또는 진보진영 내의 현실인식이 그런 거라고 하면 이것은 심각한 문제라는 생각을 했었습니다.

저는 그때 내가 나중에 커서 무엇이 되든지 간에 이론가가 되어야겠다고 결심했습니다. 현실에 대해서 고민하는 지식인은 의사와 같은데, 비유하자면 의사가 병의 원인을 모르고 칼을 들이댄다면, 약을 쓴다면 얼마나 무서운 일이겠어요? 마찬가지로 우리 사회, 우리 현실의 문제가 무엇인지 모르는 상황에서 실천적인 운동만을 가지고서는 이게 한계가 있구나,라는 걸 그때 뼈저리게 느끼고 실천적인 운동판에서 같이 활동을 했었지만 어떤 식으로든 집요하게 이론적인 사유의 끈을 놓지 않았고 그 버릇이 지금까지 이어져 온 것일 뿐이에요.

사회자 상당히 겸손하게 말씀하시는데 제가 보기에는 충분히 대단한 것 같습니다. 정확한 근본적 원인을 알아야 제대로 된 실천을 할 수 있다는 선생님 말씀 상당히 신선하게 들렸습니다.

학생1 저는 선생님의 『도덕교육의 파시즘』이라는 책을 읽고 많은 감명을 받았습니다. 특히 선생님께서 도덕에 대해 정의하신 부분에 대해서 참 새롭게 느꼈는데요. 선생님은 도덕이란 것은 자신의 이상을 세우고 그것을 향해서 자신이 쫓아가는 과정이고 자기 부정적인 것이라고 하셨습니다. 저는 선생님께서 하신 도덕의 정의를 읽고 도덕이라는 것이 사회적인 관습이나 그런 것이 아니라 개인적인 것이란 걸 느꼈는데요. 도덕이란 것이 그렇게 개인이 성장하는 데 도움이 될 수 있다고 생각했습니다. 그밖에 다른 기능이 있는지 알고 싶어졌습니다.

김상봉 도덕은 개인적인 것이기도 하고 사회적인 것이기도 합니다, 둘 다예요. 제가 거기서 도덕을 뭐라고 했었죠?

학생1 자기 자신의 욕망을 자율적으로 규제하고 자신의 삶을 능동적으로 형성할 수 있는 자기 규정의 능력.

김상봉 자기 규정의 능력이라고 할 때 그걸 가지고서 개인적인 주체성에 관계된 것이라고 지금 말씀하신 거겠죠? 도덕이 뭔가라고 할 때 일반적으로 사회가 우리에게 강요하는 것이고, 내가 동의하든 동의하지 않든 간에 그걸 사회가 강요한다는 게 교육을 통해서 우리에게 주입되는 거죠. 그런데 제가 도덕이 이런 것이 아니다라고 말을 했던 것은 도덕은 그 이전에 자기 규정의 행위인데, 그럼 근원적으로 무엇에 뿌리박고 있느냐 하면 자유에 뿌리박고 있다는 게 제 얘기였어요. 그리고 자유라고 하는 것은 어떤 것으로부터의 도피가 아니고 단순히 소극적인 의미에서 어떤 억압으로부터의 도피가 아니라 적극적이고 능동적인 의미에서 주체적으로 자기를 형성하는 것, 그게 자유라고 말씀을 드렸습니다. 바로 그게 나의 자유와 주체성의 표현이고 실현이니까 그런 의미에서 도덕은 개인적인 것이고 가장 고유한 주체성에 속하는 거지요. 동시에 도덕은 사회적인 겁니다.

제가 책 두 권 모두에서 저한테 가장 중요한 개념은 주체성이고 그 주체성을 제가 새롭게 쓰기 시작한 말이 있습니다. 주체성이란 말은 원래 서양에서 온 말이거든요. 이제 와서는 한국 철학계에서도 아, 그건 김상봉의 어떤 이론적인 사유를 대변하는 말이라고 해서 인정하기 시작한 개념인데 서로주체성이라는 것입니다. 지금까지 서양에서 주체성이라고 하는 것은 언제나 생각하는 주체란 말인데 생각을 우리가 같이 하나요? 나 혼자 하는 거죠. 내가 무슨 생각하는지 타인은 몰라요. 그러니까 주체성이라고 사유가 걸려 있는, 생각이 걸려 있는데 그 주체성이 생각이 걸려 있는 한에서 코기토, 나는 생각한다, 거기에 걸려 있는 한에서 주체성은 언제나 고립된 개인적 주체성이라고만 생각해왔어요.

제가 책 두 권 모두에서 저한테 가장 중요한 개념은 주체성이고 그 주체성을 제가 새롭게 쓰기 시작한 말이 있습니다. 주체성이란 말은 원래 서양에서 온 말이거든요. 이제 와서는 한국 철학계에서도 아, 그건 김상봉의 어떤 이론적인 사유를 대변하는 말이라고 해서 인정하기 시작한 개념인데 '서로주체성'이라는 것입니다. 지금까지 서양에서 주체성이라고 하는 것은 언제나 생각하는 주체란 말인데 생각을 우리가 같이 하나요? 나 혼자 하는 거죠. 내가 무슨 생각하는지 타인은 몰라요. 그러니까 주체성이라고 사유가 걸려 있는, 생각이 걸려 있는데 그 주체성이 생각이 걸려 있는 한에서 코기토, 나는 생각한다, 거기에 걸려 있는 한에서 주체성은 언제나 고립된 개인적 주체성이라고만 생각해왔어요.

저는 이 책을 쓰기 전부터 그걸 계속 이론철학적이고 형이상학적인 제 연구영역에서 천착해왔는데, 내가 주체가 되느냐 안 되느냐 하는 건 미리 정해져 있는 게 아니고 과제입니다. 이 책에서도 가끔 얘기했어요. 나는 객체로 살 수도 있고 주체로 살 수도 있습니다. 그런데 주체가 되느냐 안 되느냐 하는 건 그야말로 상황에 따라서 될 수도 있고 안 될 수도 있는 유동적인 거예요. 뒤집어서 말하면 주체는 실체가 아닙니다. 그런데 내가 주체냐 아니냐 하는 것은 내가 주체로서 나를 정립하느냐, 아니냐에 따라서 나는 주체가 되기도 하고 그냥 남에 의해 호명되는 객체가 되기도 합니다. 그러면 내가 주체가 된다고 하는 것은, 이를테면 도덕적인 영역에서 내가 주체가 된다라는 게 뭐냐, 그건 내가 스스로 생각하는 것이 내가 주체가 되는 겁니다. 책에서 얘기했던 것처럼. 일단 내가 첫 출발이에요. 남이 이거 옳은 거야, 이거 해야 돼라고 말하고, 아 그래요 그러면 그러죠라고 하는 건 주체가 아니에요. 노예적인 사유입니다. 그래서 어디까지나 내 스스로 생각해서 이것이 옳다, 이것이 바람직하다라고 생각하고 그걸 추구할 때 또 그렇게 내 삶을 형성할 때 그때만 내가 주체가 되는 거예요.

그런데 이 생각의 본질이, 또는 주체성의 본질이 서로주체성이라는 겁니다. 생각은 내가 돌이켜 하는 겁니다. 그리고 마지막에는 더불어 생각함이에요. 그래서 어떤 생각도 고립된 자기 혼자만의 생각은 있을 수가 없습니다. 그게 도덕의 서로주체성이고요, 책에 있는 말인데, 원래 우리의 주체성은 서로주체성입니다. 나와 네가 만나서 우리를 이루는 것을 통해서만 내가 내가 될 수 있는 거예요. 그 얘기는 여기 지금 학벌사회에서 왜곡된 학벌주체성처럼 억압적인 거대주체의 지배 아래서 내가 객체가 되는 것이 아니라는 뜻입니다. 그렇게 내가 객체가 되는 식의 우리가 아니고, 나와 네가 공동의 주체성을 보존하면서 서로가 더불어서 또다른 확장된 주체를 같이 형성하는 한에 있어서는 내가 주체가 될 수 있다는 것입니다. 그러니까 모든 주체성은 사회적인 것이고 모든 주체성은 그런 면에서 서로주체성입니다.

그런데 인간이 일단 서로주체성을 통해서 주체가 되고 나는 나라고 하는 어떤 개별적인 주체의식을 가지는 순간 그 서로주체성을 잊어버립니다. 도덕이 뭐라고 했습니까? 도덕은 잊혀진 서로주체성을 회복하는 것이죠. 그 말은 개인의 고유한 주체성, 양심의 고유성 등을 양보하고 포기하는 게 아니고 그걸 가지고서 더불어 새로운 보다 더 지양된, 한 단계 더 지양된 서로주체성으로 나아가는 것이죠. 어떤 식으로든 나와 너 사이에 우리라는 것을 의식하면서 내가 됩니다.

엄마하고 아이가 서로 눈을 맞추면서 절대적인 신뢰 속에서 먼저 우리를 느껴야만, 그러면서 엄마는 엄마고 나는 나구나 하는 것을 느끼면서 아이들은 자기 길로 들어서지요. 그런데 첫 번째 단계, 엄마와 나 사이의 우리가 미분화 단계를 어떤 집단적인 서로주체성이라고 한다면 그 다음에 떨어져 있는 단계가 홀로주체성의 단계입니다. 그런데 여기서 진정한 의미의 주체성은 고립된 홀로주체성에 있는 것이 아니고 이 두 가지가 다시 매개되어서 고양된 또는 지양된 서로주체성의 관계로 올라가는 것이 참된 의미의 도덕이기 때문에 그런 의미에서 도덕은 주체적인 것이고 서로주체적인 한에서 동시에 개인적이고 사회적이라 할 수 있습니다.

사회자 모든 주체성은 사회적이고 또 서로주체성이라는 선생님 말씀, 솔직히 전부를 이해하지는 못하겠지만 어느 정도는 이해가 됐던 것 같습니다.

학생2 도덕교육과 관련해서 선생님 말씀을 듣다 보면 많은 학자 이름이 나오죠. 이론가이심이 명백히 드러나는데, 이 책에도 나와 있지만 지식교육이라는 것과 지식교육에서 상당히 더 나아가서 학생들에게 도덕의식을 심어주기 위한 것은 별개의 기준이라고 생각하거든요. 제가 학교 다니면서 도덕 수업시간에 배웠던 것은 많은 학자들의 이름과 그 학자들이 주장했던 이론들을 달달 외우는 거였어요. 과연 거기서부터 한 단계 더 나아가서 그런 학자들의 사유를 함께 따라가고 도덕의식을 심어주는 것, 윤리의식을 심어주는 것은 지식교육과는 또 다른 차원이라고 생각합니다. 그래서 학교 선생님들께서도 많은 어려움을 겪지 않나 하는 생각이 드는데요. 그런 간격을 메울 수 있는 역할은 아무래도 도덕 선생님께서 하셔야 될 것 같은데 어떤 방식으로 두 개를 매개할 수 있는지요?

김상봉 지식교육과 도덕교육의 차이가 뭘까요? 정답이 없어요. 저도 스스로 물어보는 거예요. 그래서 저 혼자 생각할 시간을 갖기 위해서 질문 드리는 거예요. 차이가 뭘까요?

학생3 이성과 감성이요.

김상봉 이성과 감성? 하나는 이성이고 하나는 감성이다? 예, 그럴 수도 있지요. 감성은 경우에 따라서는 도덕이 아니라 예술교육에 속할 수도 있기 때문에.

학생4 주체성이요. 지식교육은 주체성이 결여되어 있어도 교육이 가능한데 도덕교육은 주체성이…….

김상봉 아, 상당히 중요한 얘깁니다. 왜 그렇죠?

학생4 아까 답변하신 것 중에 도덕의 정의가……

김상봉 자기 규정이었다고 기억이 되네요.

학생4 도덕교육이라면 당연히 그 주체가 학생이 되어야 합니다. 다른 점이 그 것 같아요.

김상봉 음…… 그거 공감이 가네요.

학생5 윤리교육이 좀더 경험적인 것 같습니다.

김상봉 윤리교육이 좀더 경험적이에요?

학생5 보다……

김상봉 미국의 교육학자들이라고 한다면 오히려 부끄러워할지도 모르겠어요. 과학수업 같은 것, 실험과 관찰, 다른 여러 가지 지식들의 경우에도 경험을 중시하는 건 과목에 따라서 얼마든지 다른 것에도 해당될 수 있다고 생각하는데 지금 저는 방금 말한 학생이 한 얘기에 이어서 말씀을 드리려 합니다. 통상적으로 얘기할 때 다른 지식교육은 사실에 대한 정보입니다. 그런데 도덕교육은 가치교육이죠. 그러니까 대상에 관한 거고요. 지금 얘기를 제 식으로 표현하면 지식교육은 원칙적으로 외타적인 대상에 대한 교육입니다. 아니, 다른 지식교육이 인간에 대해서 말할 때조차도 인간을 대상으로 두고 말하는 겁니다. 이를테면 의학과 생물학에서 사람에 대해 말하죠. 자기에 대해서 말하는 것이기도 합니다. 또는 사회학과에서도 인간에 대해서 말하는 것도 있어요. 바로 인간학이죠. 교육은 대상화된 인간의 삶에 대한 교육이라고 말할 수 있어요. 그런데 도덕교육이 자기에 관해서 말한다고 할 때 대상화되지 않은 자기를 가리킵니다. 주체로서의 자기에 대해서 말을 합니다.

사람을 알아보는 게 똑같은 것이라고 하더라도 이를테면 심리학의 경우에는 인간을 철저히 물리적인 대상과 동등한 자리에 놓고 보죠. 그 안에 여러 가지 학문 방법론에 따라서 차이가 있을 수 있지만 근본적으로는 대상화된 자기, 그런데 도덕은 통틀어서 인간에 대해서 말하지 않습니다. 또는 남에 대해서 말하지 않습니다.

바로 자기 자신에 대해서 생각할 것을 요구하는 게 도덕이고 도덕교육입니다. 그래서 엄숙한 거고 그래서 지식교육과는 다른 방법이 필요합니다. 그러니까 사물에 대한 인식이 아니고, 자기 반성의 학문 또는 자기 반성의 교과목이 도덕이라고 할 수 있겠는데 저로서는 그것이…… 학교 현장에서 어떻게 진행될 수 있을 것이냐 하는 질문을 해주셨는데 질문이 저한테 계속 너무 크네요. 당신은 지금 당신 책에서 이러이러하고 저러저러한 주장을 했는데, 내가 생각할 때 이러이러한 한계가 있는 것 같다, 이러이러한 의문이 생긴다고 질문을 해주시면 제가 조금 더 구체적으로 말씀을 드리겠는데, 어떤 측면에서 대답을 해야 되는 건지, 지금 제가 질문이 너무 크다고 느끼는데 아닌가요? 도덕교육의 방법과 다른 교과교육의 방법이 달라야 된다, 달라야 되죠.

일단 제 책에서는 초등학교 과정에서는 어떻게, 중학교 과정에서는 어떻게, 고등학교 과정에서는 어떻게 이걸 나름대로 펼쳐 보이면서 구체적으로 중학교 과정에서는 어떤 방식으로 해야 되겠다고 하는 걸 내용까지 정확하게 얘기를 했는데, 거기서 어떤 걸 제가 꼭 집어서 말씀을 드리면 좋을지 질문해주실 수 있겠어요?

김현주 제가 고등학교 생활을 하면서 수업시간에 제 속으로 많은 질문을 했습니다. 특히 윤리시간에 선생님께서는 이게 시험에 나온다 이것이 시험에 나오지 않는다고 주로 말씀하세요. 배우는 아이들도 대부분, 선생님, 이게 시험에 안 나오면 가르쳐주지 마세요라고 이야기를 하거든요. 그런데 모든 과목이 이걸 하나 알아야 하겠다는, 내 것으로 만들어야 되겠다는 의지 이전에 시험문제 하나를 더 맞춰야 되겠다고 생각하는 게 저희 고등학교, 중학교 학생들의 마음입니다.

또 하나 예를 들자면 1학년이 등급제로 바뀌면서 저희는 수능제로 가고 개네들은 딱 열두 명까지만 1등급을 받을 수 있고, 0.1점이라도 앞의 애들이 잘했다면 자기는 2등급으로 내려가고, 3등급으로 내려가는 다소 불합리한 구조로 바뀌었습니다. 1학년들끼리 필기가 다 된 것은 훔쳐가는 경우도 많고요. 선생님께서는 학벌타파 정책위원장이지 않으십니까? 그런데 우리의 현 상황이 이러한데, 교육에서 이때까지 필요할 것이다, 교육을 하려면 이것이 필요하고 저것이 필요하고 이렇게 해야 한다고 말씀하시지 않았습니까? 그런데 그렇게만 말씀하지 마시고 지금 이 시점에서 바뀔 수 있는 가능성, 제가 만약에 커서 제 아이들이 또 이렇게 저처럼 교육을 받는다면 정말 슬플 것 같거든요. 어떻게 바뀔 수 있는 가능성이나 방향에 대해 선생님께서 제일 가장 잘 아실 것 같아서 말씀해주셨으면 감사하겠습니다.

김상봉 다시 생각하는 얘기로 가기 위한 질문인데요. 몇 명 중의 열두 명이 1등급이에요?

학생들 전교생.

김상봉 전교생 중에? 그럼 몇 명? 3백 명 중에? 『학벌사회』를 꼼꼼히 읽어보셨다면 이 문제는 하루이틀의 문제가 아니라는 것을 느끼셨을 거예요. 한국의 모든 모순이 학벌문제에서 출발한다고 해도 과언이 아닐 만큼 구조적으로나 역사적으로 그렇다고 생각합니다. 그런데 어떻게 변하고 있는가? 어떤 가능성이 있는가라고 말할 때 아직은 불행한 일이지만 전혀 없습니다. 가끔 학벌문제의 심각성을 말할 때 이런 식으로 말을 받는 사람들이 있어요. 문제가 뭔지 모르는 분들 중에서 아, 나는 좋은 대학 안 나왔는데도, 또는 나는 지방대학 나왔는데도 잘 살고 있잖아요라고 이야기합니다. 문제가 뭔지 모르는 사람들이에요. 마치 여성문제를 말하는데, 나는 여자지만 이렇게 대기업의 이사가 되었어요라고 말하는 사람과 똑같은 겁니다. 그런데 이 문제가 구조적이라고 하는 건 딴 게 아니고 권력의 문제입니다.

책에서 말한 것처럼 재산은 개인적으로 소유할 수 있는데, 권력은 절대로 개인이 소유할 수 없습니다. 권력은 집단적으로 형성되고 행사됩니다. 그래서 학벌문제는 권력문제예요. 우리나라 학벌문제는 사람이 난처한 일을 당하면 느끼게 됩니다. 평소에는 그냥 자기 재주, 자기 능력에 따라서 삶이 편할 수도 있고 힘들 수도 있어요. 그런데 송사를 당한다, 법정에 꼭 가야 할 일이 생겼다, 그러면 얘기가 달라져요. 또는 병원에 갈 일이 생겼다 할 때는 사람이 좀 달라집니다. 우리나라의 모든 부모와 집안의 이상은 그래도 우리 집안에 의사 하나, 검사 하나 있어야 한다는 것입니다. 일반 사람들의 의식 저변에 깔려 있는 욕망이죠.

그런데 권력이 집단적으로 행사되는 것이고 그것이 제가 책에서 말씀드린 것처럼 유사가족이고 기타 등등 그런 까닭에 표면적인 변화들이 있습니다. 이를테면 우리나라의 많은 공기업에서 이력서에 출신대학을 안 쓴다든지 하는 변화가 점점 더 커지고 있습니다. 그러나 이것이 구조적으로 우리 사회를 바꾸기에는 아직은 역부족이에요. 아직 임계점에 도달한 것이 아니라고 말씀드릴 수 있겠습니다. 이 말씀을 드리는 것이 여기서 페시미즘을 유포하기 위해서 말씀드리는 것은 아니에요. 또는 편의주의를 퍼뜨리기 위해서 말씀드리는 건 아닙니다만 이 문제가 그리 호락호락한 문제가 아니다라는 것을 우선 말씀드리기 위해서지요.

그래서 한국사회에서 권력과 재산의 공공적이고 평등한 분배의 장치가 보다 확실하게 제도화되기 전에는 이 문제는 그리 가시적인 성과를 얻기가 힘들 거예요. 물론 오해는 하지 말아요. 권력과 자본의 공정한 분배가 학벌과 따로 있는 것이 아니고, 학벌 집단 자체를 깨는 것을 의미합니다. 제 책에서 대학평준화에 대해 얘기했던 것, 또는 그 구체적인 대안으로 인재지역할당제, 공직자지역할당제 같은 것과 같이 맞물린 얘기예요. 그런 것들이 제도화되기 전까지는 이게 절대로 풀리지 않을 거라고 생각합니다.

예를 들어 개인의 입장에서 이런 상황에서 어떻게 해야 되나라고 할 때, 이게 그렇게 쉬운 문제가 아니죠. 그런데 저는 학생들의 입장에서 말을 하자면 이런 사회에서 공부를 하지 않는 것, 입시공부를 하지 않는 것이 좋다라고 말하기는 어렵습니다. 왜냐하면 인간이 자기가 되는 건 나의 주체성, 고립된 홀로주체성으로만이 아니고 남과의 대화, 남과의 인정, 남과의 관계 속에서 내가 되는 것인데 한국사회에서 이를테면 공부를 못 한다라고 하면 그 사람은 어떤 식으로든 사회적인 인정 관계에서 피해를 보게 되어 있어요. 하루이틀이 아니고, 한두 번이 아니죠.

내가 삶의 공간 속에서 뭔가 주체적으로 머리를 들려고 하는 순간에 마치 길거리의 게임방 앞에 있는 두더지잡기처럼 머리를 드는 순간에 공부도 못하는 게라고 하면서 망치가 바로 날아오죠. 그게 지금 우리 현실이에요. 그래서 어떤 심리적인 트라우마, 심리적인 상처라고 하는 건 많게든 적게든 한국의 학생들이 대다수 갖고 있는 거고 이것이 어떤 학벌 경쟁 구조로부터 이탈하는 걸 굉장히 힘들게 만듭니다.

그런데 혼자서는 이게 어려운 일이지만 바로 이런 공간에서처럼 조금씩 힘을 더하고 공동의 커뮤니티가 확산된다고 생각을 하면서 거기에 대해 사람의 가치라고 하는 것이 학업 성적을 통해서가 아니라 그 자체로서 존중되고 인정되고 하는 분위기를 학생들이 이제 경험할 수 있도록 기성세대는 그런 기회를 주어야 될 의무가 있습니다. 학생들의 입장에서 공부를 하지 않을 수 없겠지만 이것이 부당하다는 것을 끊임없이 기억하는 게 중요해요. 아닌 것이 아니다라고 하는 것을 알고 있는 사람하고 똑같이 불의한 세계에서 살면서 아닌 것이 아니라는 것을 모르는 사람은 천양지차입니다.

저는 모든 사람이 불의한 세계에 대해 하루아침에 길거리에 나와서 싸우는 것이 능사라고 생각하지는 않아요. 중요한 건 생각의 변화입니다. 그래서 이런 체제, 이렇게 시험 성적 1점, 2점을 가지고 사람을 줄세우고, 그걸 통해서 1점이라도 높으면 넌 어느 대학 들어갈 수 있으니

내가 삶의 공간 속에서 뭔가 주체적으로 머리를 들려고 하는 순간에 마치 길거리의 게임방 앞에 있는 두더지 잡기처럼 머리를 드는 순간에 공부도 못하는 게라고 하면서 망치가 바로 날아오죠. 그게 지금 우리 현실이에요. 그래서 어떤 심리적인 트라우마, 심리적인 상처라고 하는 건 많게든 적게든 한국의 학생들이 대다수 갖고 있는 거고 이것이 어떤 학벌 경쟁 구조로부터 이탈하는 걸 굉장히 힘들게 만듭니다. 그런데 혼자서는 이게 어려운 일이지만 바로 이런 공간에서처럼 조금씩 힘을 더하고 공동의 커뮤니티가 확산된다고 생각을 하면서 거기에 대해 사람의 가치라고 하는 것이 학업 성적을 통해서가 아니라 그 자체로서 존중되고 인정되고 하는 분위기를 학생들이 이제 경험할 수 있도록 기성세대는 그런 기회를 주어야 될 의무가 있습니다.

까 너는 조금 나은 사람이고 너는 어느 대학 못 가니까 조금 더 나쁜 사람이라는 식으로 사람을 차별하는 사회는 병든 사회다라는 것을 알고 있는 것만으로도 희망이 되죠. 그래서 그것을 거짓 없이 우리 속에 품고 자랄 수 있다면 그때는 그 학생들이 아, 한국의 교육을 고치기 위해서 어떻게 해야 되는가, 어느 사람에게 표를 줘야 하는가, 어떻게 제대로 바꿔야 되는가라는 걸 알고 자라지 않겠습니까? 알고 결단할 수 있지 않겠습니까? 그것이 저는 사회를 변화시키는 힘이 된다고 생각합니다.

그래서 제가 선생님들을 만나면 늘 하는 얘기가 그겁니다. 선생님들 조회, 종례 시간에 하루에 두 번씩만 말씀해주세요. 열심히 공부해, 하지만 학업 성적을 가지고 사람을 차별하는 이 사회는 이건 병든 사회야, 미친 사회다라는 이야기를 하루에 두 번씩만 해주세요라고 말씀드립니다. 그럼 나는 어떻게 해야 됩니까, 대답 없어요. 이게 대답이 있으면 학벌문제가 심각하지 않죠. 그래서 제가 있는 학교에서 제가 노력하고 있는 건 이겁니다. 제가 일하고 있는 학교의 총장님을 만날 때마다 제가 그럽니다. 딴 건 모르겠는데 수시모집만이라도 수능시험 제한조건을 없애주십시오라고 부탁을 해요.

한국의 중고등학생들 예외없이 대학에 들어가기 전까지는 불안과 열등감을 가지고 있습니다. 누구도, 전교 1등, 또는 전국 1등을 담보 잡아놓고 공부할 수 없는 일이기 때문에 불안과 열등감은 늘 가지고 있어요. 그런데 어떤 경우에도 공부를 잘한다고 우쭐대지 말고 공부를 못한다고 주눅들지 마십시오 라고 하는 말을 우선 가장 소박하게 말씀드립니다. 굉장히 간단한 얘긴데, 사실은 인간이 살면서 아마도 가장 어려운 일 중 하나가 아닌가 하는 게 제 관찰의 결과입니다. 자기 자신에 대한 참된 긍지를 가지시기를 바랍니다.

허아람 제가 덧붙일 게 있어요. 참된 자기 긍지를 가지려 해도 지금 현재 사회에서는 역시 성공하는 길만 열려 있기 때문에 문제가 된다고 생각합니다. 결국 제일 중요한 것은 도덕적인 삶이에요. 왜냐하면 자기가 가장 가치있다고 생각하는 것을 공부하거나 일할 수 있는 선택을 할 수 있는 자기 주체성을 갖게 하려면 결국 무엇이 옳은가 무엇이 가치있는가를 고민하는 시간이 가장 많이 확보되어야 한다는 거죠.

예를 들어서 〈PD수첩〉에서 우리나라 혼혈인들이 사는 모습을 집중적으로 다룬 방송을 했습니다. 하인즈 워드가 슈퍼볼 대회에서 최우수선수상 받는 걸 계기로 거꾸로 한국사회에서는 혼혈인에 대한 차별과 적대와 이런 것들이 얼마나 심각한지를 〈PD〉수첩에서 보여주었지요. 그보다 앞서서 저는 1월에 '국경 없는 마을'이라고 안산 외국인노동자센터에 있는 사람들을 소개한 책이 있어요. 코시안들과 혼혈인들의 참상을 보여주는 중·고등학생들을 위한 책입니다. 중요한 건 그 책을 읽었고, 〈PD수첩〉에서 우리 사회 현실을 봤으며, 그래서 67퍼센트의 학생들이 단 한 번도 혼혈인들을 차별하는 것이 잘못된 인권교육이라는 것을 초등학교에서부터 고등학교까지 교육받은 적이 없다라는 데이터를 얘기하더라고요.

그러면 그것이 옳지 않다는 가치 판단을 스스로도 할 수 없는, 그런 주체성이 없는 학생들이 동시에 그것이 잘못된 인권교육이라는 것도 받은 기억이 없다는 현실에서 과연 학생들이 참된 자기 긍지를 갖기는 또는 그 주체성도 우리 당대에 일어나고 있는 모든 부조리함에 대해서 옳은가 옳지 않은가 하는 가치판단을 할 수 있는 능력이라는 것은 도대체 어디서 어떻게 교육받을 수 있고 스스로 키워나갈 수 있는가. 아이들에게 우리의 부당한 현실을 기억하라 아니면 아까 말씀하신 대로 자기 긍정하라 하는 그것만으로는 사실 그 기억 모두를 집단적으로 잃어버릴 확률이 너무 높은 위험한 시대에 있는 거죠.

『국경 없는 마을』, 이 책으로 수업을 할 때 옆방 저희 교실에는 두 개의 큰 박스를 두었습니다. 하나는 재활용품을 모으는 박스고, 하나는 우리가 혹시나 낭비하는 물건들, 내가 이걸 하나를 써도 되는데 두 개를 쓰고 있는 물건들을 모아 포장해서 코시안의 집에 보내려고 합니다. 그리고 거기 나오는 주인공들에게 편지를 쓰는 거죠. 한국인으로서 미안함을 담은 편지, 또는 동지적인 동아시아인으로서의 공생의 편지를 써서, 그 박스 안에 넣어서 코시안의 집에 보낼 거예요.

그럼 그 순간부터 처음으로 단 한 번이라도 내가 옳은 가치를 행해봤다는 참된 자기 긍정의 기회를 갖게 되는 거예요. 그러면 그런 교육들을 끝없이 반복적으로 받고 실제로 해봤던 아이들은 자기 스스로 자기 주체성을 확립할 수 있고 진정한 자기 긍지를 가지면서 세상을 향해서 옳은 판단과 가치 있는 판단을 스스로 할 수 있는 개인으로 성장할 수 있다고 보거든요.

우리에게 정작 필요한 것은 그러한 교육의 장을 만들어내는 것, 지금 기성세대를 향해서 학벌사회 타도를 아무리 얘기해도 안 될 일이니까, 의지를 가진 사람들이 해야 할 것은 그런 참교육의 장으로 에너지를 모아서 지금 자라나는 세대들에게 옳은 가치를 선택할 수 있는 주체성을 키우는 교육을 하는 문제밖에는 현실적인 대안이 없다는 것입니다.

김상봉 예, 저도 크게 다르진 않습니다. 제가 청소년 철학교실에 지속적으로 계속 관심을 가져왔던 까닭도 그겁니다.

허아람 그래서 선생님과 그곳에서 배우는 사람들이…… 저는 그렇게 안 됐으면 좋겠어요. 너무 불합리한 현실이야, 사회가 너무 더러워, 우리 고등학교 과정 그래도 기왕이면 좀 참으면서 그래도 우리 그런 것에 대해서 기억하자, 이 암울한 현실을…… 그래서 선생님 때에도 제가 학창 시절을 보냈던 때도 지금의 아이들도 하나도 더 나가지 않았다는 거죠.

김상봉 잠깐만요, 선생님. 그 문제에 대해서는 생각이 조금 다릅니다. 그 점에서 지금 우리 시대에 학벌사회가 나쁘다는 생각을 가진 사람이 몇이나 되겠어요? 저는 그것 자체부터 문제라는 거죠.

허아람 그런가요?

김상봉 물론이죠. 너무나 많은 사람들이 공부 잘하는 사람이, 대다수 아이들은 물론 어른들도 공부 잘하는 사람이 사회에서 대접받는 거야 당연하지, 그럼 너희가 억울하면 공부 잘하면 되잖아라고 생각하잖아요. 그것은…… 그래서 그게 중요하다는 뜻이었습니다.

허아람 현실에 있어서 서로의 문제를 토로하기만 하고 지금은 방법이 없다고 하는 것으로 낙담하는 것은……

김상봉 낙담의 문제는 아니죠. 저도 낙담하자고 하는 뜻은 아니고요.

허아람 이 자리에 모인 사람들이 가져야 되는 건강하고 튼튼한 이론들 또는 그런 토대를 좀 더 굳건히 하는 것들, 저한테도 마찬가지고 학생들도 마찬가지고 내재적인 힘을 근원적으로 가질 수 있는 것들이 선생님께서 하실 수 있는 큰 일이 아닐까. 실제적인 방법론을 이 자리에서 연구하자는 것이 아니라……

김상봉 제가 지금 질문한 학생의 질문을 받은 건 같은 질문을 제 아이가 했다면 뭐라고 대답을 했을까 하는 뜻이었어요. 학벌문제에 대해서 질문을 해올 때 제가 여러 측면에서 대답을 할 수 있잖아요. 이를테면 교사들이 나한테 그 질문을 했다면 제가 교사들에게 맞는 질문을 해야 되는 거고 그 다음에 교육운동가들이 질문을 하면 거기에 맞게 대답을 해야 할거고 또 교육부에서 정책을 담당하는 사람들이 저한테 묻는다면 거기에 맞게 대답을 해야겠지요. 그런데 학생이 개인의 입장에서 겪는 여러 가지 실존적인 문제에 대해서 어떤 괴물 같은 한국사회에서 무기력한 한 학생으로 내가 이 사회에서 살고 자라고 있는데, 어떻든 학벌사회가 뭔가 잘못됐다고 하는 것을 아는데, 내가 지금 당장 무엇을 어떻게 할 수 있겠는가 이런 면에서 말한 거예요.

그래서 그런 문맥에서 지금 학생이 한 질문이 제일 어려웠는데, 그 까닭은 이것이 너무나 끔찍한 체제이기 때문에 개인이 할 수 있는 게 많지 않다는 뜻에서 그렇습니다. 그리고 지금 성장하는 학생의 입장에서 할 수 있는 일이 많지 않다는 의미에서 일단 제 집에서 제 아이에게 말하라고 해도 똑같이 했을 거예요. 제가 부모가 된 입장에서도 공부하지 말라고 하겠습니까? 아니면 공부가 네 인생의 목적이다, 너 공부 안 하면 큰일나, 너 일류대학 못 가면 큰일난다고 말을 하겠어요? 둘 다 불가능해요. 어떻게도 할 수 없는 게 지금 한국 부모의 무기력함입니다.

학벌타파운동을 하는 저조차도 제가 할 수 있는 말은 딱 그말밖에 없어요. 열심히 해라, 그러나 이것은 속된 말로 미친 짓이야. 제가 하는 말이 그겁니다. 알고 있어야 돼요. 제 아이들한테 이런 사회에서 공부를 하지 말라고 제가 부모된 입장에서 말을 못 하죠. 그러나 한국사회에서 살아남기 위해 최소한의 입장권이라고 생각하고 하긴 해야 되는데 이건 정말로 미친 짓이다. 그러니까 제발 여기에 너의 영혼을 팔아먹지 말라라고 말하는 것 말고는 해줄 수 있는 얘기가 없는 거예요.

그나마 여기 있는 학생들은 이런 자리라도 있기 때문에 행복한 거고 다행스러운 거죠. 그런 문맥에서 저로서는 적당한 말씀을 드린 거고, 학생 하나하나 입장에서는 그게 결국은 돌아서 자기 개인의 문제로 오는 거거든요. 성적표를 받을 때마다 우리 사회에서 끊임없이 온 언론과 학교와 가정에서 좋은 대학 못 가면 너는 이 사회에서 낙오한다는 식으로 계속 알게 모르게 암시를 주는데 그때 느끼는 어떤 불안감을 어린 나이에 혼자서 감내하면서 자란다고 하는 게 보통 스트레스가 아니거든요. 그러니까 그것에 대해서 제가 해줄 수 있는 말을 고르다 보니까 그런 표현을 마지막에 했네요.

다시 한번 강조해서 말씀드립니다만 남이 강요하는 기준에 따라서 자기를 평가하고 열등감을 느끼지 않는 사람은 굉장히 강한 사람입니다. 그건 쉬운 일이 아니에요. 그러니까 개개인의 실존적인 상황에서 이 문제를 바라본다고 할 때 내가 정말로 얼마나 가치있는 사람이냐, 가치

김상봉

없는 사람이냐 하는 것은 시험성적이 말해주지 않는다는 것, 남이 나를 성적을 가지고 어떻게 평가를 하든지간에 그것 때문에 내가 우쭐해질 것도 아니고 그것 때문에 내가 기죽을 것도 아니라고 하는 걸. 너무나 당연한 얘기지만 이게 우리 사회에서 당연하게 통하지 않는 것이기 때문에. 게다가 사회적인 통용과 무관하게 내 내면의 문제는 이건 정말로 허약한 겁니다. 그것을 저는 학생들한테 강조해서 말씀드리고 싶었던 것뿐이에요.

사회자 학벌사회에서 느꼈던 거지만 학벌이라는 괴물에 잡아먹히지 않기 위해서는 자기 자신에 대한 주체성이 뚜렷해야 된다고 생각합니다.

질문자1 『도덕교육의 파시즘』과 연결해서 아까의 질문에서 조금 더 진척되는 부분이 있기도 하고 제가 포커스를 조금 좁게 잡아서 질문을 드리도록 하겠습니다. 도덕교육 자체가 스스로 생각하고 이치를 깨닫고 터득하도록 생각의 능력을 키워나가는 데 목표가 있다는 것에 대해서 저도 공감합니다. 그리고 옛날의 도덕교육은 이데올로기 교육이 대부분이어서 도덕교사를 배출하는 대학의 과도 국민윤리교육과였다가 지금은 서울대학교를 제외하고는 윤리교육과로 되어 있는 것으로 알고 있습니다. 그래서 아까 교수님께서 말씀하신 도덕교육의 마지막은 철학교육이 되어야 한다, 이것은 이데올로기로 전락되는 것이 아니라 보편적인 도덕이나 가치관의 교육 쪽으로 가기 위해서 철학교육으로 가야 된다는 것에 절대적으로 공감하고 있습니다.

그런데 과연 우리 교육이 어떻게 철학교육을 구체적으로 할 수 있을까요? 아까 선생님이 지나가는 말씀으로 초등학교는 미적인 방식으로 해야 되고, 중학교는 윤리학으로 가야 되고, 고등학교는 형이상학과 인식론으로 확장되어야 한다고 하셨는데, 우리의 철학교육에 대해서 제가 한 번 이야기해보도록 하겠습니다. 소크라테스, 플라톤, 아리스토텔레스, 고대사상가, 그리고 소피스트, 헬레니즘으로 넘어가면 스토아 학파와 에피쿠로스, 데카르트의 나는 생각한다 고로 존재한다, 여기에서 근대의 인식론이 출발하게 되는데 이런 철학 사상가들을 중학교 때부터 아주 쉽게 다뤄야 한다고 생각합니다.

그런데 중학교 도덕교과서를 제가 자세히 관찰은 안 했으나 철학교육이 체계적으로 안 되어 있다고 알고 있습니다. 그러면 고등학교에 올라와서 과연 철학교육을 도덕시간에 잘 하고 있느냐, 1학년 도덕교과서를 치밀하게 분석하지는 못했지만 엉망입니다. 교과서를 만든 분은 교수님들이십니다. 그리고 고등학교 교사들이 어시스트로 들어가는 걸로 알고 있는데 교과서를 이렇게 만들면 절대로 안 됩니다. 교육과정도 3개월 정도, 2학기 전체를 통일교육으로 만들어놓는데 통일교육은 분단 상황이 어떠한지까지 정리해놓은 것은 좋은데, 북한의 문화가 어떻고 아이스크림을 얼음보숭이라고 한다는 이야기 등은 너무 유치하거든요. 고등학교는 그런 것을 안 하고 김기덕의 〈해안선〉을 보여주면서 이데올로기가 인간을 어떻게 망가뜨리느냐 이런 식으로 접근을 교사들이 머리를 쥐어짜내서라도 해야 된다는 말입니다. 아이들이 교과서를 보면서 전부 다 자는 게 현실입니다.

여기서 또 어떤 문제가 발생하는가 하면, 이과반에 가면 윤리, 사회, 국사 교과서는 쓰레기통으로 다 갑니다. 영원히 소크라테스와 같은 철학자 이름을 들어볼 수가 없는 거죠. 그러면 문과로 오면 학생들이 과연 비판의식을 가지고 윤리 시간에 제대로 공부하느냐, 소크라테스와 칸트는 뭐 때문에 배우는지, 헤겔이 뭐 때문에 노는지 사르트르가 실존은 본질에 앞선다고 했는데 그게 무슨 말인지도 제대로 이해하지 못하고 무조건 외워요. 선생님들 자체도 실존이 뭔지, 본질이 뭔지에 대해 깊이 생각하는 이런 교육은 전혀 안 되어 있단 말입니다. 그러니까 이제 이건 우리의 현실이고, 이제 질문의 포커스를 좁게 하겠습니다. 선생님 말씀은 학생들이 보기에는 조금 어렵습니다.

참된 자기 긍지를 가지려 해도 지금 현재 사회에서는 역시 성공하는 길만 열려 있기 때문에 문제가 된다고 생각합니다. 결국 제일 중요한 것은 도덕적인 삶이에요. 왜냐하면 자기가 가장 가치있다고 생각하는 것을 공부하거나 일할 수 있는 선택을 할 수 있는 자기 주체성을 갖게 하려면 결국 무엇이 옳은가 무엇이 가치있는가를 고민하는 시간이 가장 많이 확보되어야 한다는 거죠.

김상봉 여기 학생들은 이 정도 책은 충분히 읽는 것으로 알고 있는데요.

질문자1 똑똑한 학생들에게도 조금 어렵습니다. 너 한 번 말해봐 하면 말을 못 합니다. 초등학교는 미적인 방식으로 철학교육을 해야 된다, 중학교는 윤리학으로 가야 된다, 고등학교는 형이상학과 인식론으로 확장되야 한다, 여기에 대해서 구체적으로 말씀해주시고요. 두 번째는 아주 쉽게 선생님 자녀가 고등학생이 있다면 어떻게 철학교육을 시키실지 알고 싶습니다. 그리고 또 여기에 교사가 계신지는 모르겠지만 세 번째 질문으로는 제가 칸트와 사르트르를 가르친다, 카뮈의 〈이방인〉을 가르친다고 할 때, 실존주의에 맞춰가지고 철학을 가르친다고 할 때 과연 철학교육을 어떻게 해야 할지 알려주시면 고맙겠습니다.

김상봉 한국의 교과서가 문제라는 건 두말할 필요가 없죠. 책에서 여러 번 반복해서 한국의 도덕교과서가 얼마나 한심한가를 말씀드렸으니까 굳이 이야기하지 않겠습니다. 철학교과서는 더 나빠요. 더 나쁘단 말은 어폐가 있는 말일 수도 있지만 철학교수들이 만들었다는 철학교과서 역시 정말로 구태의연하게 지금은 대학에서조차 쓰지 않는 70년대식의 철학개론 책을 그냥 고등학생들한테 맞는 방식으로 써놓았습니다. 그래서 철학교과서든 도덕교과서든 똑같이 너무 문제가 많아서 제가 도덕교과서를 보고 아 이건 너무하다라고 생각하며 흥분하기 시작한거죠. 그래서 글을 쓰기 시작한거고요. 도덕교육에 대해서 개입을 하기 시작한 계기가 되기도 했습니다.

그럼에도 불구하고 도덕교육을 잘할 수 있는가 또는 철학교육을 잘할 수 있는가라는 문제에서는 교과서가 절대적입니다. 왜냐하면 간간이 보면 지금 도덕교사들의 수준이 그러저러한데 당신이 말하는 철학교육이 되겠어요?라고 질문하는 분들이 있습니다. 그건 도덕교사 내부에서도 있고 외부에서도 있는데, 제 이상은 이겁니다. 교사가 필요없는 교과서, 극단적으로 말하면. 교사가 필요 없을 정도, 그 나이에 맞게 평균적인 지적인 수준을 가진 학생이라면 그걸 보고 와, 재미있다, 이런 문제가 있었지라고 하는 걸, 자습서 필요 없이 문제를 던져주고 생각하게 하는 교과서가 나와야 합니다. 교사가 왜 필요합니까? 교사는 그 주제에 대해서 토론하고 대화하는 과정을 같이 이끌어가는 일종의 사회자 노릇을 합니다. 물론 이건 너무 소극적으로 하는 말입니다만 일단 거기서 시작해야 된다고 생각합니다.

한 나라의 교육이 다 그렇지만 철학교육은 특히 한 나라 또는 한 사회의 문화수준을 그대로 반영하기 때문에 억지로 끌어올릴 수 없고 단계단계에 맞게 같이 끌고가는 수밖에 없다고 생각합니다. 초등학교 과정에서는, 제가 하고 싶은 일 중 하나가 그겁니다. 할아버지가 들려주는 옛날이야기를 통해 도덕을 배우는 겁니다. 『플루타르크 영웅전』 한 번 보세요. 『삼국지』보다 훨씬 더 생산적입니다. 『삼국지』는 봉건사회에서의 인간관계를 그린 겁니다.

그런데 『플루타르크 영웅전』에 나타나는 인물들은 모두 공화국 시대의 사람들입니다. 자유인들입니다. 민주사회에서의 인간관계를 그리고 있어서 훨씬 더 현재적입니다. 『삼국지』는 태반이 권모술수를 그리고 있어요. 그 처세술이라고 하는 건 권모술수를 가리킵니다. 그런데 『플루타르크 영웅전』은 그리스인과 로마인들 가운데서 전형적인 인물들을 대비시켜 하나하나 비교하면서 서술한 거예요. 이를테면 온갖 얘기가 다 있어요. 그래서 일단 감동받고 동시에 질문하는 방식으로 우선은 시작해야 한다는 게 제 얘기입니다.

그래서 중학교에 오면 그렇게 마음속에 새긴 미적인 방식으로 마음속에 뿌리내린 어떤 도덕적인 감수성이라는 것을 끄집어내서 다시 비판적으로 분해하고 분석적으로 재조립할 수 있어야 합니다. 그래서 아, 내가 그냥 아름다운 이야기라고 해서 감동받은 것이 이런저런 근거에 따라서 정당성을 가지는 거구나 또는 아니구나라고 하는 걸 스스로 성찰

할 수 있게 해야죠. 주로 그때는 도덕의 문제에 관해서…… 그런데 도덕의 문제라고 하는 게 너무 자주 오해를 받습니다. 이를테면 이런 거예요, 쾌락 같은 것. 열두 살 난 청소년이 제일 심각하게 부딪치는 문제가 쾌락의 문제예요. 남학생들 같은 경우에는 그 나이 때 성욕을 주체하지 못합니다. 도덕교과서는 일언반구도 없습니다. 그거 어떻게 하라고 아무 말도 하지 않아요. 자기 개인적으로는 철학의 문제이고 사랑과 애정의 문제예요.

처음에 제가 말씀드린 것처럼 처음에는 좋은 것, 착하고 의로움에 대해서 말하기 전에 먼저 좋은 것에 대해서 말을 해야 됩니다. 맛있는 음식에 대해서 먼저 말해야 돼요. 이를테면 인간이 자연발생적으로 느끼는 성욕에 대해서 말해야 됩니다. 또는 종류에 따라서 정신적인 여러 가지 쾌락에 대해서 말해야 돼요. 그게 먼저입니다. 그것에 대한 반성적 성찰로부터 자연스럽게 보다 더 추상적이고 보다 더 가치적인 문제로 넘어가게 해줘야 되는데 우리는 그 순서가 아무런 인간의 발달과정에 대한 진지한 고려 없이 있기 때문에 실제로 도움이 안 되는 거죠. 이를테면 이런 겁니다. 도덕의 문제에서부터 시작을 한다면 죽은 뒤에 내세가 있습니까? 없습니까? 누구나 한 번씩 묻는 거예요. 하지만 누가 여기에 대해 말할 수 있습니까? 철학의 문제입니다. 그게 철학이에요. 종교는 무조건 믿으라 그래요. 그게 아니죠. 경험적으로 실증적으로 확증하거나 검증할 수 없는 문제지만 우리 삶을 굉장히 심각하게 지배하는 물음들이 있습니다. 철학은 그런 물음들을 생각하는 학문입니다.

이를테면 역사의 목적이 있습니까? 없습니까? 이것 역시 역사학자가 말해줄 수 있는 거 아니에요. 철학이에요. 존재의 시작이 있는 건가요, 없는 건가요? 이 모든 것들이 왜 아무것도 없지 않고 무언가가 있습니까? 한 번쯤 다 묻게 됩니다. 저는 언제부터인지 모르겠는데 어렸을 적부터 지금까지 이게 가장 심각한 문제예요. 그래서 저는 다른 책에서 정신의 가위눌림이라고 표현한 적이 있는데 왜 아무 것도 없지 않고 뭔가 있지? 하나님의 창조까지 거슬러올라갑니다. 이 지구와 우주는 말할 것도 없고 하나님은 왜 없지 않고 있느냐는 거죠. 그런데 이게 뭡니까? 우리가 이렇게 물을 때, 우리 눈에 비치는 수많은 삼라만상을 존재와 무라고 하는 하나의 근원적인 범주 안에서 교차하게 된다, 이 숨막히는 교차 속에서 이를테면 우리는 총체성을 경험하죠.

진리의 문제도 마찬가지입니다. 우리가 옳다고도 하고 그르다고도 하는데, 뭐가 옳다 그르다고 하면서 흥분하고 싸우고 합니까. 과연 이론적인 문제에서나 실천적인 문제에서나 뭐가 옳은 거냐, 뭐가 그른 거냐. 진리가 뭐냐, 철학에서 영원히 끝나지 않는 물음입니다. 또는 내가 누구인가. 제가 어딘가에서 인용을 했습니다만 바칼로레아 문제의 하나가 지금의 내가 과거의 나의 총합인가 아닌가 이를테면 순수철학적인 문제입니다. 좁은 의미의 윤리학의 범위를 넘어서는 거죠. 이런 것들 전부 자기가 주체로서 살기 위해서 내가 누구인가 하는 것을 내가 묻지 않을 수 없고 그게 전부 좁은 의미의 윤리학의 범위를 넘어서서 철학으로 나아가야 되는 거죠. 이런 것을 고등학교에서 가르쳐야 한다는 얘기입니다. 그러면서 윤리학적인 문제가 자연스럽게 일반 철학적인 문제와 매개되도록 해야 된다는 게 제가 책에서 말했던 뜻이었습니다.

자녀에게 어떻게 철학공부를 시켰느냐? 부모와 자식의 대화가 중요하죠. 세 딸을 키웠는데 막내가 작년에 대학을 들어갔습니다. 첫째 아이는 철학을 공부합니다. 그 아이하고 영어공부를 중 3때 처음 했었는데 그때 제가 영어를 가르치는 방식은 문법책을 들고 설치지 않고 막무가내로 영어로 된 책을 읽어오라고 합니다. 단어라도 찾아오라고 하는데 첫 번째 읽었던 책이 플라톤의 『향연』이었습니다. 거기에 여러 가지 에로스에 대한 얘기가 나와요. 성욕과 사랑에 대한 이야기인데, 그 중 아리스토텔레스가 하는 말인데 에로스가 성욕이 뭡니까 하고 물으면서 인

진리의 문제도 마찬가지입니다. 우리가 옳다고도 하고 그르다고도 하는데, 뭐가 옳다 그르다고 하면서 흥분하고 싸우고 합니까. 과연 이론적인 문제에서나 실천적인 문제에서나 뭐가 옳은 거냐, 뭐가 그른 거냐. 진리가 뭐냐, 철학에서 영원히 끝나지 않는 물음입니다. 또는 내가 누구인가. 제가 어딘가에서 인용을 했습니다만 바칼로레아 문제의 하나가 지금의 내가 과거의 나의 총합인가 아닌가 이를테면 순수철학적인 문제입니다. 좁은 의미의 윤리학의 범위를 넘어서는 거죠. 이런 것들 전부 자기가 주체로서 살기 위해서 내가 누구인가 하는 것을 내가 묻지 않을 수 없고 그게 전부 좁은 의미의 윤리학의 범위를 넘어서서 철학으로 나아가야 되는 거죠.

간이 둘이 하나로 붙어 있었는데 자기 힘센 것을 믿고 신들과 다투다가 제우스에 의해 반으로 잘렸어요. 그래서 가죽을 당겨가지고 배가 붙어 있던 자리를 꿰맵니다. 머리는 밖으로 나와 있었고 잘라가지고 밖에 있던 가죽을 당겨서 묶은 자리가 배꼽입니다. 그리고 아폴론이 다리미질해서 다 펴놓고 배꼽이 있는 데만 당겨놨어요. 그래서 보고 너희가 죄를 알렷다, 기억하라고 그래요. 그래서 잘린 다음에 자기의 반쪽을 그리워하는 게 에로스다, 이런 얘기가 나오는 부분을 제가 같이 읽었습니다.

그러자 그 아이가 이게 무슨 책이냐고 묻더라고요. 철학책이라고 그랬더니 철학이 이런 거라면 자기도 철학을 하겠다고 하더군요. 그때 같이 재미있게 읽었던 책이 아리스토텔레스의 『니코마코스 윤리학』입니다. 8장, 9장이 우정에 대한 얘긴데요, 제가 아는 한은 동서를 막론하고 모든 철학자들이 쓴 우정에 대한 글 가운데 가장 영양가가 있었습니다. 루소도 좀 읽었고 칸트도 좀 읽었는데 이건 아무 집에서나 할 수 있는 건 아니니까 대화를 하세요. 열린 대화. 자녀들이 어떤 질문을 하더라도 들어가서 공부나 하라고 말하지 않는 것, 그 모든 질문에 성실하게 함께 생각하는 것, 그것이 철학의 출발이라고 봐야겠죠. 철학이라는 게 지식을 가르치는 게 문제는 아니니까요.

이윤정 선생님께서 아까 학생이 질문했을 때 선생님은 열등감 느끼지 말고 열심히 공부해라, 이 현상을 알고 있는 것만도 충분하다, 이게 중요하다고 말씀하셨는데 제가 여기에 대해서 이야기를 좀더 하고 싶습니다. 거기에 앞서 제 얘기를 잠깐 해도 되겠습니까?

저도 1년 전에는 입시전쟁 속에 살았고, 소위 말하는 스카이 대학에 가고 싶었습니다. 갈 수 있을 줄 알았는데 그게 생각보다 쉽지가 않았습니다. 저보다 공부를 못 했던 애들 중에도 더 잘 가는 경우도 있었지요. 대학에 붙었다는 사실은 기뻤지만 스카이 대학에 대한 동경의식도 아직 많이 남아 있었습니다.

처음 입학했을 때 부산에서 온 아이들은 거의 외고 출신이었습니다. 그나마 부산의 외고 아이들은 서울 아이들하고 같이 레벨이 맞다고 생각하는데 저 같은 경우는 이름 없는 학교 출신이었거든요. 그래서 전 처음에 차별을 많이 당했어요. 대신 이를 꽉 물고 공부를 했지요. 여기서 내가 다시 공부를 해서 스카이 대학 가볼까라는 생각을 갖지 말고 열심히 해보자라고 결심했지요. 열심히 공부해서 엘리트 의식에 젖어 있는 학생들을 한학기 동안 정말 멋지게 밟아줬어요. 저는 선생님께서 아까 열등감에 젖지 말고 그대로 전진하라고 하셨는데 저는 이미 충분히 강하다고 생각합니다. 그런 것에서는 이미 벗어났고 이미 알고 있어요. 이 역시 이 자리에 있는 학생들도 다 알고 있어요. 그러나 저는 알고 있는 것만으로는 충분하진 않다고 생각합니다.

　왜 그러냐 하면 현실을 돌아보면 제가 외무고시를 쳐서 중국 대사관에 가고 싶다고 말하면 이화여대를 나오면 네팔이나 방글라데시 같은 데 가서 평생을 썩는다, 포기해라, 이런 말부터 들었어요. 그래서 저는 제 꿈을 접었어요. 서울에서는 과외를 하려고 해도 서울대 등의 학교와 액수부터 달라요. 그런 현실에서 정말 저는 강하다고 느끼고 열심히 잘 살고 있지만 이화여대에서 그런 명문 고등학교 학생들보다 훨씬 더 우수한 학생으로서 당당하게 있었지만 현실은 저를 인정하지 않더란 말이죠. 그런데 아람쌤은 방학 때 찾아가면 제가 작은 일을 하더라도 훌륭했다, 잘했다, 너는 좋은 아이야라고 말씀하실 때 그때 저는 다시 한 번 더 강해져요. 다시 한 번 더 강해지고 현실 속에서 서 있을 힘을 얻거든요.

　선생님의 『학벌사회』라는 책은 우리나라의 학벌 문제를 제대로 꼬집은 역작이라고 생각해요. 그래서 읽고 이 자리에 오기까지 정말 흥분했어요. 저는 사흘 있으면 서울에 가는데 여기서 선생님에게 다시 힘을 얻고 서울 가서 그 피폐한 곳에서 다시 살아야 되는데 학벌타파 운동을 하시는 분께서 오늘 어떤 말을 하셔서 나에게 힘을 주실 수 있을까 기대를 하고 왔는데 사실 저는 지금까지 많은 힘을 못 얻었습니다. 앞으로 이런 현실 속에서 계속 살아야 하는 저와 입시 속에 살아야 하는 후배들에게 뭔가 이런 거 아는 게 중요해라는 말보다는 그것을 넘어서는 희망, 이런 현실을 살아가는 저희에게 희망을 줄 수 있는 이야기들을 들었으면 좋겠습니다.

김상봉 희망을 밖에서 찾으면 안 된다는 게 일관된 제 대답입니다. 그러니까 꿈을 접으시면 안 돼요. 질문하신 분께서 꿈을 접는다면 충분히 강한 게 아니에요. 왜냐하면 내가 설령 외시에 합격을 하더라도 가고 싶은 중국에서 활동해야 하는 것이 아니고 네팔 오지에서 썩는다더라, 그럴 수도 있고 아닐 수도 있죠. 거기에 흔들리지 않아야 충분히 강한 겁니다. 그런 외부조건에 흔들리면 우리가 지는 셈이 돼요.

희망은 남이 만들어줄 수 있는 게 아니에요. 그래서 진정으로 강해진다는 건 자기가 희망의 주체가 되는 거죠. 성경에 보면 이런 말이 있습니다. 신약성경 히브리서 11장에 보면 처음에 이런 말이 나옵니다. '믿음은 바라는 것들의 실상이요, 보이지 않는 것들의 증거니' 하는. 니체의 『차라투스트라는 이렇게 말했다』에도 보면 현대인을 비판하면서 아는 것은 많은데 신앙을 가질 능력을 결여하는 자들이라고 욕하는 부분이 있어요. 희망은 언제나 굳건한 믿음의 소산입니다. 그리고 믿음은 남이 줄 수 있는 게 아니에요. 그래서 우리가 바라는 게 있잖아요? 여러분이 바라는 게 다 있을 거 아니에요? 그런데 우선은 그 바라는 것이 진짜로 진정한 나의 욕망인지 먼저 물어봐야 돼요. 그게 남이 나한테 투입한 욕망인지, 남의 욕망이 나에게 투사된 건지 아니면 그게 진정한 나의 욕망인지. 그런데 검증은 간단해요. 그게 자기의 욕망일 경우에는 그 욕망에서 이탈하면 병듭니다.

희망은 올바른 생각에서 시작하는 겁니다. 한때 그런 말이 유행했잖아요. 혼자 꾸는 꿈은 뭐라 그랬던가요? 같이 꾸는 꿈은 현실이 된다고 했어요. 그런 의미에서 더불어서 같은 꿈을 꾸고 같은 생각을 하는 게 현실의 희망이 될 수 있겠죠. 그래서 지금 아람샘께서 하고 계신 일이 좋은 예가 될 거예요. 이 공간이 외부 사람의 어떤 격려에 의해서 지금까지 온 게 아니잖아요. 그런 것처럼 자기 개인의 삶에서 희망은 타인이 줄 수 있는 것이 아니라는 게 기본적인 생각입니다. 그래서 저는 목사는 아니지만, 성경에 자주 나오는 말이 너의 믿음이 너를 구원하였다는게 예수가 꼭 하는 말 중 하나예요. 그런데 놀랍게도 니체가 똑같은 말을 다른 방식으로 독설적인 방식으로 퍼부었는데 현대인은 믿음을 가질 능력을 상실한 사람이라는 게 그의 굉장히 우울한 진단이었습니다.

그게 그 당시 독일 사회를 보고 니체가 한 말이었겠지만, 특히 오늘날 한국사회에서 우리 학생들이 알게 모르게 그런 모습에 빠져 있을 수 있지 않나 염려를 하는데 결국 내가 믿어야 돼요. 내가 요구해야 되고, 희망을 내 속에서 길어내야 됩니다. 그래서 제가 아까 적극적으로 말하면 그 부분입니다. 소극적으로 말하면 콤플렉스에 빠지지 말라는 말이었는데 이 두 가지가 한국사회에서는 평생의 화두입니다. 한국사회가 병든 게 딴 원인이 있어서가 아니에요. 멀쩡한 사람을 콤플렉스 덩어리로 만드는 사회고, 그 다음에 능력이 다 있는데 나는 할 수 없어라고 만드는 사회가 한국사회예요. 그 덫에 걸리지 말라고 말씀드린 겁니다. 그건 생각보다는 어렵습니다. 그래서 제 말이 쉽다고 해서, 이 일이 쉽다고 생각하시면 안 됩니다.

학생6 올해 대학을 들어가는 학생입니다. 저는 수학학원을 잠시 다닌 적이 있습니다. 그때 선배들이 저에게 '호천'이라는 별명을 붙여줬어요. 내가 그게 무슨 뜻이냐고 했더니 '호기심 천국'의 줄임말이라고 하더라고요. 선생님이 말씀하시면 제가 왜요?라고 질문한 경우가 많았거든요. 심지어 선생님이 π는 3.14라고 하면 '왜죠?'라고 질문을 해서 굉장히 혼난 적이 있어요. 왜라니? 그냥 법칙이라고 설명하셨어요. 그런 말을 수학선생님한테도 들었고, 영어선생님도 저에게 대학 가서 혹시라도 교수님한테 '왜요?' 라고 질문하지 말라고 조언을 해주셨어요.

그래서 저는 나름대로 이런 학벌사회라는 현실에 많이 젖어 있지 않다, 나는 그래도 조금은 다르다라고 생각을 했는데, 그 와중에 『학벌사회』라는 책을 읽게 됐어요. 그런데 제가 이걸 읽고 나서 든 생각이 학벌사회라고 이름붙인 사회현실에 저도 똑같이 빠져 있었던 것 같아요. 왜냐하면 저는 이번에 수능을 보았고 고3 때 갑자기 병이 나서 좀 아팠어요. 그래서 제가 지방의 국립대에 합격을 했어요. 그리고 연락하고 지내던 재수하는 아는 언니도 이번에 수능을 보았어요. 그런데 그 언니는 삼수를 하겠다고 하면서, 솔직히 지금은 대학 타이틀을 잘 보라고 하더라구요. 저는 제가 남과 다르다고 생각했는데 저도 역시 결과가 그렇게 나오고 나서는 나는 이류 아니면 삼류라는 생각에 젖어서 굉장히 열등감을 많이 느꼈어요. 그랬는데 이 책을 보면서 조금 힘을 얻었습니다.

삼수를 해서 좋은 대학을 가겠다고 한 그 언니는 목표가 서울에 있는 상위권 대학에 가는 거거든요. 그 언니와 대화를 하다가 요즘 읽고 있는 『학벌사회』라는 책 이야기를 꺼냈어요. 서울대, 서울에 있는 상위권 대학 이런 내용을 다루고 있는 책의 내용에 대해서 얘기를 했더니 언니가 분명히 그 저자도 틀림없이 분명히 서울대학교 나왔을 거라고 말하더라구요. 이거는 정답이 없는 질문인데 왜 언니가 그런 대답을 했는지 그런 대답이 나온 현실이 왜 그런지요?

김상봉 가슴 아픈 일인데요. 그 까닭이 이겁니다. 저는 서울대학교 안 나왔어요. 그리고 공부하는 것을 좋아하지 않았습니다. 우리가 30년 전보다 지금이 얼마나 나빠졌는가를 생각해볼게요. 저희는 그때 예비고사가 있었고 본고사가 있었어요. 저는 한 번도 서울대학교를 가야겠다고 생각을 해본 적이 없습니다. 그것부터가 차이에요. 물론 부산에서도 생각하는 사람들이 있었겠지만 그건 아주 소수의 상류층 집안이었을 거라고 생각

돼요. 그런데 저는 그런 게 없었습니다.

그런데 오늘날의 한국사회는 모든 사람들에게 자기가 얻은 성과에 따라 전방위적으로 열등감을 가지도록 만드는 사회예요. 그게 합리적인 의미에서 성과가 아닌 삶에서 아무런 쓸모없는 것으로 보이는데도 말입니다. 또 사회적으로도 의미 없는 기준을 가지고서 사람을 경쟁으로 몰아넣고 거기서 낙오하면 버리고 가잖아요. 제가 서울대에서 강의를 했는데 거기 학생들도 똑같아요. 왜냐하면 법대 빼놓고는 다 묘한 열등감을 가지고 있어요. 법대 못 간 데 대한 열등감이죠. 법대 안에서도 마찬가지입니다. 거기도 다 등수가 있어요. 누가 더 빨리 사법고시 붙고 누가 더 늦게 붙고, 누가 높고 더 좋은 데 임관하고, 이런 것들이 평생 따라다니는 거예요. 다들 미쳤어요.

그것을 벗어나는 건 생각보다 쉬운 일이 아니에요. 그래서 거기서 벗어나야 되는데 왜 그 언니가 그 저자는 분명히 서울대학교를 나왔을 거라고 말했느냐? 그 얘기는 진실의 일면을 말하고 있는 겁니다. 열등감이 없는 사람이니까 그 말을 할 수 있었을 거라고 하는 얘기이기도 하고요. 우리 사회에서 학벌에 있어서 열등감 있는 사람은 절대 여기에 대해서 말을 못 합니다. 제가 제일 뒤에 쓴 말이 있잖아요. 학생들이 왜 침묵하는가, 열등감의 노예가 되었기 때문이란 거예요. 뭐 좀 말하려고 하면 공부도 못 하는 게, 애들이 왜, 12년 동안 받은 교육이 그겁니다. 대학교도 마찬가지예요.

자기가 처한 삶의 문제에 대해서 세상에 수없이 많은 지배 이데올로기가 있습니다. 그런데 세상의 어떤 지배 체제도 한국의 학벌 지배 체제처럼 지배받는 사람의 자발적인 동의를 이끌어낸 체제가 없었습니다. 그 까닭이 뭐겠어요? 공부 잘해서 저런 거 아니냐는 말이죠, 뛰어난 것 아니냐는 말이죠. 그래 우린 열등한 존재야, 공부 못 했잖아, 이 얘기거든요. 열등감을 완벽하게 합리적인 방식으로 또 비합리적인 방식으로 우리의 내면에 주입하는 게 이 학벌체제의 학벌교육입니다. 그 언니가 그렇게 얘기했을 때 그 말은 일말의 진실을 담고 있는 거예요.

그런데 죄송하지만 저는 서울대학교를 안 나왔기 때문에 학벌체제에 대해서 열등감 없이 말할 수 있었던 것이 아니고 처음부터 우습게 말해서 심장에 털난 사람이었습니다. 그래서 아주 어렸을 적부터 공부를 못하기 때문에 내가 나보다 성적이 1, 2점 높은 학생 앞에서 내가 열등감을 느끼고 고분고분해야 된다는 것에 대해서 한 번도 그걸 마음 속 깊이 안팎으로 이해한 적도 없고 동의한 적도 없고 그래서 저는 한번도 열등감을 못 느꼈어요. 그래서 그것이 가능했습니다. 그래서 중요한 건 기존의 질서, 기존의 지배 이데올로기, 지배 체제에 대해서 앞으로도 끝까지 좋은 별명을 잃지 마시고요. 아까 호천이라고 그랬어요? 그걸 유지해주시기를 바랍니다.

그런데 우리 사회는 불행하게도 열이면 아홉은 아까 그 언니가 말했던 대로 사회적인 서열과 대학의 서열을 가지고 사람을 평가하잖아요. 우리가 지금 당장 그것을 어떻게 할 수는 없어요. 그러나 거기에 기죽지 않는 건 나 자신의 문제입니다. 방금 말씀드렸던 것처럼 서울대학교 다니는 학생도 인문대, 사회대, 경영대, 법대, 층층시하 열등감의 덩어리들이에요. 누구도 치유해주지 못합니다. 오직 자기 자신이 그 굴레에서 벗어날 때 인간과 인간으로서 이 땅에서 주체적인 삶을 살겠다고 끊임없이 다짐하고 결단할 때만 이겨낼 수 있는 거예요. 용기를 잃지 마시기 바랍니다.

학생7 선생님께서는 서울대에 가는 사람과 연고대에 가는 사람의 차이가 뭐라고 생각하십니까?

김상봉 없어요.

학생7 사교육을 많이 받았다고 해서 서울대에 가는 건 아니잖아요.

김상봉 확률이 높죠. 비교할 수 없이 높습니다. 사교육을 전혀 받지 않고……

까닭이 뭐고 하니 지금 풀 수가 없는 문제를 내니까요. 학교 교육을 정상적으로 받아서 풀 수가 없는 문제들을 내고 그걸 풀라고 하니까 사교육을 전혀 받지 않고 그냥 순수하게 학교 교육을 받아서 서울대 아니라 연고대 가는 것도 지금은 힘든 시대같아요.

학생7 얘기를 하고 나니까 지금은 현실적으로 대안이 별로 없는 게 사실이잖아요. 언젠가 우리 학생들이 어른이 되잖아요. 그러면 선생님이 바라시는 것은 우리가 지금 이런 의식을 가지고 일단 저희가 할 수 있는 가장 쉬운 것은 서울대에 가서 지금의 고찰을 통해 커서 우리가 바꾸란 말씀이신가요?

김상봉 아니죠. 서울대에 가서는 아닙니다. 어차피 서울대에 가는 학생은 매년 3천 명밖에 없어요. 그래서 저는 엘리트주의자가 아닙니다. 역사를 바꾸는 건 상식적으로 생각할 줄 아는 평범한 사람들이 바꾸는 거지요. 특히 한국사회는 어떤 경우에도 이 사회의 엘리트라는 사람들이 이 세상을 바꾸는 것은 아니죠. 그래서 그건 민주화 운동의 경우도 똑같았습니다. 오늘날 386세대라고 많이 말하잖아요. 386세대 거의가 이른바 서울에 있는 명문대학 출신들이라고 하겠습니다. 지금 정치권에서 활동하는 사람들, 386세대를 낳은 사람들이 누구예요? 바로 전태일입니다. 고도성장을 막 시작할 즈음에 전태일이 자기 몸에 신나 뿌리고 불지르지 않았다고 하면 없었어요. 그게 처음이었어요.

그 다음 제가 1976년에 대학에 들어갔기 때문에 그 세례를 받은 세대에 속한 사람인데요. 어차피 모든 것이 서울대 중심으로 이루어지니까 우리가 열심히 공부해서 서울대 가서 세상을 바꿔야 되지 않겠느냐 하는 건 학벌사회가 뭔지 모를 때만 할 수 있는 이야기입니다. 오늘 사회의 문제는 모든 면에 있어서 어떤 동등한 인간관계를 실현하는 것이 과제이고요. 그런 한에서 어떤 엘리트가 있어서 어떤 특별히 뜻있는 지사들이 있어서 또는 지배계급이 아주 현명해서 잘못된 우리 사회를 바꾸

오늘날의 한국사회는 모든 사람들에게 자기가 얻은 성과에 따라 전방위적으로 열등감을 가지도록 만드는 사회예요. 그게 합리적인 의미에서 성과가 아닌 삶에서 아무런 쓸모없는 것으로 보이는데도 말입니다. 또 사회적으로도 의미 없는 기준을 가지고서 사람을 경쟁으로 몰아넣고 거기서 낙오하면 버리고 가잖아요. 제가 서울대에서 강의를 했는데 거기 학생들 똑같아요. 왜냐하면 법대 빼놓고는 다 묘한 열등감을 가지고 있어요. 법대 못 간 데 대한 열등감이죠. 법대 안에서도 마찬가지입니다. 거기도 다 등수가 있어요. 누가 더 빨리 사법고시 붙고 누가 더 늦게 붙고, 누가 높고 더 좋은 데 임관하고, 이런 것들이 평생 따라다니는 거예요. 다들 미쳤어요.

어줄 수 있을거라는 것이 아니고, 밑으로서의 압력이 아니고는 아무 것도 되지 않습니다.

학생8 선생님께서는 학벌 문제를 해결하기 위해 지금 어떤 활동을 하고 계신지요?

김상봉 저는 학생들에게 주고 싶은 희망이 이거예요. 이를테면 제가 있는 학교에서 수능을 보지 않고 학생들을 뽑고 싶습니다. 아까 말씀드렸잖아요. 적어도 수시모집의 경우만이라도 학교 성적을 고려하지 않게 해달라, 만약에 가능하다고 가정해보세요. 그리고 단순히 철학과뿐만 아니라 다른 학과들로 확산된다고 가정해보세요. 그건 하나의 모델이 형성되는 거죠. 우리가 요구하는 학생이, 제발 학과공부에 치어서 살지 말고 책 좀 읽고 오라는 거거든요.

이를테면 면접을 할 때, 지금까지 읽은 책 중 가장 감명 깊은 책이 뭐냐고 질문하면 뭐라고 대답하겠습니까? 여러분 할 말이 참 많겠죠, 워낙 많은 책을 읽었으니까. 그게 큰 복이에요. 제가 면접을 하면서 어떤 문제에 대해 의견이나 생각을 묻습니다. 그러면 생각을 얘기해요. 한 번 더 묻습니다. 근거가 뭐냐고 물어보면 대답하는 사람이 없어요. 열 중 아홉은 대답 못합니다. 독사(doxa)는 가지고 있는 거예요. 근데 에피스테메가 없습니다. 독사는 의견입니다. 오피니언이에요. 우리 철학에서 억견이라고 번역하니까 너도 모르고 나도 모르고 아무도 모르는 말이 되는데. 독사는 의견입니다. 의견은 다 가지고 있는 거예요. 누가 의견 없는 사람이 있겠어요. 그런데 그 의견을 말하되 근거를 말하는 건 다른 문제입니다. 그건 보편의 지평에서 사유하는 사람만이 할 수 있는 말입니다. 근거를 대보라면 말을 못 해요.

지금 책에서 대안이라고 하는 것 있잖아요. 대안이 없지 않죠. 우리가 대안을 적용할 생각이 없는 것뿐이지요. 그래서 생각을 바꾸어야 한다는 얘기예요. 그런데 지금 이 상황에서 내가 아무도 도와주지 않는데,

정부는 정책의지가 없고, 학부모들도 그저 서울대학교 보내기 위해 혈안이고, 학생도 그 광풍에 아무 생각 없이 수동적으로만 따라가는 상황에서 내가 선택할 수 있는 길이 뭘까라고 할 때 제가 학교에 선생으로 있는 한 내가 결정할 수 있는 것, 할 수 있는 것부터 시작하자라고 했을 때는 수시모집에 수능 보지 않게 해달라, 그리고 그걸 장기적으론 전부 그렇게 뽑게 해달란 말이죠. 그래서 그렇게 함으로써 조금씩 조금씩 검증이 되어간다, 그런 학생들 대학에 들어와서 훨씬 더 낫더라, 훨씬 더 뛰어나더라, 이런 학생들이 바로 대학에서 수학할 수 있는 능력을 갖춘 아이들이다라고 하는 게 데이터가 나올 거 아니에요. 제 학교에서 길게 생각하는 게 그거예요.

수능 경쟁? 백날 해봐요. 서울대하고는 경쟁도 안 돼요. 이미 고착된 대학들이기 때문에 백날 경쟁이 안 된단 말이죠. 우린 전혀 다른 방식으로 돌파구를 마련해야 된다라고 하는 게 제 주장입니다. 그래서 자기가 서 있는 자리에서 새로운 대안들을 만들어야 돼요. 제가 학생들에게 말하고 싶은 건 그거예요. 경우에 따라서는 공부를 하지 마세요. 학교 공부를 포기하세요. 열심히 책 읽으십시오. 그런다고 해서 한국에서 대학을 못 갈 만큼 어느 정도 그냥 가서 요즘 어느 대학이든지 가면 쓸 만한 교수들이 있게 마련이에요. 또는 자기가 어떤 공부를 하고 싶은데 자기 관심에 따라서 읽고 싶은 것만 읽고, 하고 싶은 일만 했지 전방위적으로 모든 과목에 100점 맞기 위해서 노력하지 않았다 해서 꼭 터무니없이 공부를 못할 대학에 갈 이런 건 없어요.

그래서 저는 오히려 학생들에게 하고 싶은 얘기가 있다면 엉거주춤하고 있지 말고 공부하지 말라고 할 수도 있는 거죠. 똑같이 수학을 공부하든, 영어를 공부하든 아니면 다른 교과목을 공부하든 다른 방식으로 할 수 있는 거고요. 저는 그런 대학에 있는 사람은 대학에 있는 사람대로 대안을 계속 발굴하기 위해서 애를 써야 하고 이제는 학부형들, 학

이를테면 면접을 할 때, 지금까지 읽은 책 중 가장 감명 깊은 책이 뭐냐고 질문하면 뭐라고 대답하겠습니까? 여러분 할 말이 참 많겠죠, 워낙 많은 책을 읽었으니까. 그게 큰 복이에요. 제가 면접을 하면서 어떤 문제에 대해 의견이나 생각을 묻습니다. 그러면 생각을 얘기해요. 한 번 더 묻습니다. 근거가 뭐냐고 물어보면 대답하는 사람이 없어요. 열 중 아홉은 대답 못합니다. 독사(doxa)는 가지고 있는 거에요. 근데 에피스테메가 없습니다. 독사는 의견입니다. 오피니언이에요. 우리 철학에서 억견이라고 번역하니까 너도 모르고 나도 모르고 아무도 모르는 말이 되는데. 독사는 의견입니다. 의견은 다 가지고 있는 거에요. 누가 의견 없는 사람이 있겠어요. 그런데 그 의견을 말하되 근거를 말하는 건 다른 문제입니다. 그건 보편의 지평에서 사유하는 사람만이 할 수 있는 말입니다. 근거를 대보라면 말을 못 해요.

생과 교사들의 경우에도 무언가 조금 더 급진적인 저항의 몸짓이 이제
는 필요하다는 게 요즘 와서 생각하는 겁니다.

학생8 선생님께서 말씀하시는 건 그런 학벌 같은 객관적인 기준 없이 주체성
같은 좀 더 주관적인 요소에 중점을 두어야 한다는 내용이잖아요. 수능
성적 같은 것 말고 다른 능력에 대해 살펴보자는 건데 제가 생각했을
때는 거기에는 한계가 있을 것 같거든요. 뭐냐하면 공정성이라는 게 제
대로 잘 이루어질 것 같아요. 개인이 각각 다르잖아요. 제가 있었던 일
을 얘기하자면 이런 학벌사회에 저도 찌들어 있는데 그렇게 된 계기 중
하나가 중학교 3학년 때 국어시험을 볼 때였어요. 시 같은 경우는 좀 애
매한 문제들이 많은데, 제가 생각할 때는 이게 분명히 답인데 다른 게
답이었어요. 선생님께 가서 말씀드렸는데 내가 생각했을 때도 네 답이
맞는 것 같다, 그런데 답은 이게 아니다, 왜냐하면 객관적이지 않기 때
문이다라고 말씀하셨거든요. 그걸로 모든 걸 보면 객관적인 것을 제가
중요시하게 됐어요.

그런데 아까 언니가 말씀하셨듯이 나 자신은 주체성도 갖추고 위대
한데 그게 현실에선 인정이 안 된단 말이에요. 그게 거기서 선생님이 말
씀하신 게 희망은 남이 만들어줄 수 없고 밖에서 오지 않는다. 그게 맞
는 말이긴 한데 그 희망이라는 게 분명 내가 만들어야 하지만 내가 온전
히 다 만들 수 있는 게 아니라고 생각하거든요. 현실에서도 어느 정도
인정이 되어야 한다고 생각돼요. 학벌 말고 다른 객관적인 기준이 있어
야 된다고 생각하거든요. 무조건 자기주체성 이런 것만으로는…… 내
자신은 정말 주체성이 뛰어나다고 생각하는데 이렇게 됐는데 저는 안
뽑아요, 좌우간. 딴 애가 됐단 말이에요. 그 위에서는 이 애가 주체성이
있고 정말 뛰어난 아이다, 그런데 저는 정말 인정하지 못하는 경우가 있
을 수도 있을 것 같아서, 제가 생각하는 건 학벌 말고 다른 뭔가 객관적
인, 모두가 인정을 할 수 있는 그런 점이 생겨야 한다고 생각하거든요.

어느 점에서는 객관적인 기준이 있어야 된다고 생각을 하는데……

김상봉 물론이죠. 우선 대학입시에 있어서 공정성, 제가 지금 말씀드린 그런 게 통하지 않을 거라는 질문에 대해서는 보다 쉽게 말씀드리면 공정성, 반 공정성 얘기하는 게 서열 때문이에요.

학생8 그런데 경쟁사회에서는 어쩔 수 없이 생기게 마련이잖아요.

김상봉 자, 이게 진작 얘기가 나왔어야 돼요. 우리 지금까지 계속 딴 얘기를 하고 있었던 겁니다. 진작 이 질문이 나왔어야 돼요. 왜 지금에서야 이 질문을 하세요? 지금까지의 얘기는 해도 되고 안 해도 되는 거예요, 대단히 죄송하지만. 다 마음속에 아무도 이해를 안 하고 있었던 거예요. 책 읽고 그러네, 옳은 말이네 생각을 했지만 이 말을 하기 전까지는 아무 얘기도 안 한겁니다. 지금 우리 사회는 경쟁사회예요. 경쟁이 자명하게 통용되는 사회죠. 누구도 그것의 자명성에 대해서 왜냐고 묻지 않습니다. 경쟁이 뭔가, 경쟁이 정말로 필요한가, 경쟁이 우리 모두를 탁월하게 만들어주는가, 무얼 가지고서 경쟁을 해야 하는가, 그 기준이 뭔가, 그 많은 물음들, 이제 처음 나오네요.

그런데 우선 대학을 놓고 이야기하면 대학에 입학하기 위해서 경쟁을 하는 건 있어서는 안 된다는 게 저의 일관된 주장입니다. 그것 자체가 대학교육을, 보통 교육을 망가뜨린다는 겁니다. 그리고 조금 더 나아가서 국립대학 통합네트워크에 대해서 얘기할 때 국립대학에서 대부분의 학과는 정원을 없애야 한다는 게 제 입장입니다. 그냥 없애면 안 되고, 수능 자격고사를 봐서 이를테면 영어로 자기 이름도 못 쓰는 사람이 대학에 와서 공부한다고 하면 안 되잖아요. 중3 수준의 영어책도 해독 못하는데 대학 와서 공부하겠다면 안 되잖아요. 최소한의 걸러주는 장치는 있어야 돼요.

그런데 글을 써보라니까 한 줄에 두세 개씩 맞춤법이 틀리는 학생들이 대학에 와서 공부하겠다고 하면 안 되잖아요. 그런 의미에서 최소한의 자격시험이나 성적을 입학기준으로 요구해야겠지요. 그 기준을 가지고서 거기 통과된 사람들은 다 대학에 와라, 그러고 난 다음에 철학과에 정원이 있어야 될 필요가 뭐가 있나요? 국문학과에 까닭이 뭐가 있습니까? 수학과에 정원이 있어야 될 까닭이 뭐가 있어요? 그러면 말하겠죠, 철학과에 몰려가지고 너도 나도 배우겠다고 하면 어떻게 하나요? 그런 일 절대로 안 생기죠. 왜냐하면 정원이 없을 때에는 교수 입장에서 뭐가 가능한고 하니 당신은 철학을 할 머리가 안 되니까 다른 데 가서 알아보세요라고 말할 수가 있게 됩니다. 지금은 입학이 하나의 권리예요. 이게 확보된 프리미엄입니다.

그래서 대학에서 정말로 필요한 순수학문에 대해서는 그렇게 맘대로 열어버려야 합니다. 제가 학교에서 독일관념론을 가르칩니다. 칸트를 가르쳐요. 독일어 못 읽는 학생, 나가라고 말을 해야 돼요. 정원이 없어야 그 말을 할 수 있습니다. 정원이 없으면 그 말을 할 수 있어요. 그래서 제 얘기는 일단 대학 입학의 경우는 최소한의 자격만 심사를 해야 한다는 겁니다. 서열을 정해놓고 그것을 전제를 하고 공정하게 집어넣기 위해서 입시를 운영해야 되지 않겠습니까, 이 얘기를 계속하게 되면 영원히 학벌체제는 끝나지 않는 거예요.

그래서 우리의 새로운 전제는 서열을 타파하기 위한 전략으로 입시제도가 어떻게 바뀌어야 되겠는가를 말해야 돼요. 그런 의미에서 공정성이라고 하는 건 서열이 없어지고 나서는 의미가 없는 말이 되는 거예요. 그럼 그때는 교수의 권리입니다. 내가 이 사람을 학자로서 가르칠거냐 말거냐는 내 맘이에요. 교육은 만남입니다. 학생 역시 이 학교가 싫으면 피할 수 있어야 돼요. 교수 역시 자기가 가르칠 수 있는 학생을 가르칠 수 있어야 된다는 거죠. 그게 가장 정상적인 교육조건이라고 생각해요.

그런데 기본적으로 그런 의미에서 입학할 때의 공정성 문제는 상대적으로 좀 다른 면에서 얘기를 해야 된다고 생각합니다. 오히려 그러고 난 다음에 취직을 할 때 공정성이라고 하는 것은 당연히 있어야죠. 문제는 어떤 분야에 있어서의 합목적성입니다. 신문기자가 되고 싶다, 그러면 학창시절에 신문기자 노릇을 해봤어야 돼요. 그런 경험이 축적되어서 그것이 나중에는 일반 신문사에 들어갈 때도 제일 중요한 이력을 기준으로 평가를 해야 되겠죠. 거기에 관계된 대학에서의 공부요, 그걸로 평가를 해야 돼요.

어떤 문제를 던졌을 때 그 문제에 대해서 그냥 표면적인 의견만 말하는 게 아니라 하나의 에피스테메로서 근거를 가지고 자기 의견을 개진할 수 있어야 합니다. 사실은 그것이 기업하고 똑같아요. 그렇게 하지 않는 사람이 게으른 거예요. 인사문제를 담당하는 사람들이 앉아서 얼마든지 뛰어난 학생들을 뽑을 수 있는데 그렇게 안 하려고 하는 거예요. 왜 그렇습니까? 학벌사회이기 때문이죠. 그래서 마지막에는 공공적인 권력에서 권력 독점을 해체하는 게 중요하단 얘기예요.

사실은 어떤 분야에서든 10분만 얘기하면 다 알아요. 10분만 얘기하면 이 사람이 기자로서 자격이 있는지, 아니면 이 사람이 은행원으로서 쓸모있는지 아니면 이 사람이 일반 기업의 경영을 담당하는 사람으로 10분이면 우리가 다 압니다. 선수가 선수를 알아본다고 하잖아요. 그것이 무의미한 시험을 쳐서 학벌보고 뽑는 것보다는 백배 나은 길이에요. 그런데 아무도 안 하려고 해요. 조금씩 하나의 좋은 사례들이 생겨야 되는데 저는 적어도 제가 있는 곳에서는 그걸 할 수 있었으면 하는 게 개인적인 바람입니다. 경쟁이데올로기에 대해서 내가 말을 못했네요. 좀 쉬어야겠습니다. 그래서 일부러 제가 말을 접었어요.

사회자 책을 읽으면서 계속 동감했던 것이고 또 오늘 이 자리에서 선생님 말씀을 들으면서도 계속 생각이 드는 거지만 이런 말이 떠오릅니다. 어디선가 읽은 적이 있는데 바보들의 세상에서는 정상인이 바보 취급을 받는

제가 화두로 던지고 가고 싶은 건 주관적으로는 열등감의 포로가 되지 말라, 콤플렉스에 사로잡히지 말라는 말씀을 드리고 싶고 객관적인 담론의 차원에서는 경쟁이 과연 인간을 탁월하게 하는가? 인간을 행복하게 하는 가에 대해서 비판적으로 생각하시기를 바랍니다. 저는 경쟁이 없어야 된다고 주장하지 않습니다. 제가 학벌사회에 대해서 분노한 건 경쟁이 왜곡되어 있기 때문입니다. 저는 학생을 뽑으면서 단 한 번이라도 한 가지에서라도 더 철학적인 학생을 뽑고 싶습니다. 그것도 일종의 경쟁이에요. 하지만 저는 말도 안 되는 기준으로 철학을 공부해야 될 학생들을 뽑는데 천편일률적인 시험을 보게 하고 거기서 성적이 높은 학생들을 뽑아서 그런 학생들이 경쟁력이 있다고 말하는 것은 동의할 수가 없습니다.

다는 말이 생각나는데요. 제가 이런 잘못된 세상에서 바보취급을 받더라도 나는 정상인이라는 자기 주체성을 뚜렷이 가지고 살아갈 수 있는 것이 중요하다고 생각합니다.

김상봉 여러분, 어디서나 경쟁이 제일이라고 합니다. 간곡히 말씀드리고 가고 싶은 것은 마지막으로 제가 화두로 던지고 가고 싶은 건 주관적으로는 열등감의 포로가 되지 말라, 콤플렉스에 사로잡히지 말라는 말씀을 드리고 싶고 객관적인 담론의 차원에서는 경쟁이 과연 인간을 탁월하게 하는가? 인간을 행복하게 하는가에 대해서 비판적으로 생각하시기를 바랍니다. 저는 경쟁이 없어야 된다고 주장하지 않습니다. 제가 학벌사회에 대해서 분노한 건 경쟁이 왜곡되어 있기 때문입니다. 저는 학생을 뽑으면서 단 한 번이라도 한 가지에서라도 더 철학적인 학생을 뽑고 싶습니다. 그것도 일종의 경쟁이에요. 하지만 저는 말도 안 되는 기준으로 철학을 공부해야 될 학생들을 뽑는데 천편일률적인 시험을 보게 하고 거기서 성적이 높은 학생들을 뽑아서 그런 학생들이 경쟁력이 있다고 말하는 것은 동의할 수가 없습니다.

그럼 과연 무엇이 참된 경쟁이고 무엇이 거짓된 사이비 경쟁인가, 병든 경쟁인가, 그리고 경쟁은 어디까지 좋은 것이고, 어디서부터 경쟁은 악인가, 나쁜 것인가. 수학문제 풀듯이 정답이 있는 게 아니에요. 지금 이 시대에 우리 모두가 집요하게 생각해야 할 과제 중 하나가 그거고, 학벌사회에 대한 담론은 지금 다른 어떤 것보다도 철학적으로는 이데올로기적으로는 그 부분에 걸려 있습니다. 경쟁이 뭐냐, 왜 필요하냐, 어디까지 필요하냐, 통틀어서 좋은 거냐 나쁜 거냐, 어디까지 좋고 어디까지 나쁘냐, 어떤 때 경쟁이 좋은 것이 되고 또 어떤 때 경쟁이 악한 것이 되느냐라고 하는 걸 철학적으로 또는 사회학적으로 생각하는 계기가 되었으면 하는 게, 제 책을 보면서 하는 바람입니다. 다른 질문이 없으시면 이상으로 할까요?

사회자 주제와 변주를 마치기 전에 오늘 선생님께서는 이 자리가 어떠셨는지 여쭤보고 싶습니다.

김상봉 청소년들이 이렇게 많이, 그리고 책을 읽고 이렇게 진지한 눈빛으로 대화를 나눌 수 있다는 것에 대해서 오늘 희망을 얻어갑니다. 제가 여기 간다고 하니까 동료 교수들이 정말로 잘 보고 배워오라고 신신당부를 하셨는데 돌아가서 이모저모 말씀드릴 게 많을 것 같아요.

그래서 저는 부산에서 태어나서 광주로 시집간 사람과 같습니다. 거기서 제 새로운 삶을 시작하며 출발점에 서 있는 사람인데 대단히 큰 자부를 갖고 가네요. 저로서는 굉장히 경이롭고 여러분이 앞으로도 지금의 삶의 단면들을 그냥 지나가는 것으로 흘려보내시지 말고, 미래를 위한 소중한 준비로 또는 디딤돌이 되도록 만들어주시기 바랍니다.

아까 제가 나올 질문이 안 나왔다고 해서 여러분이 혹시 사소한 오해를 했을지 모르겠네요. 저로서는 지금까지 제가 하는 일을 가지고서 여러 곳에 가서 사람들과 얘기를 했는데, 이렇게 고등학생들과 마주 앉아서 이렇게 밀도 있는 대화를 하는 것이 처음입니다. 앞으로 더욱 확산될 수 있었으면 좋겠습니다.

여러분이 지금 하고 계신 이 일을 기반으로 한국의 학벌체제, 왜곡된 교육 등을 고쳐나갈 수 있었으면 합니다. 제가 아까 말씀드렸던 것처럼 자기 속에서 희망을 찾으려고 했을 때 이게 희망입니다. 저도 동지들을 만났다는 생각에 대단히 기쁘고요. 다른 데서도 또 더 좋은 인연으로 다시 만나뵙게 되길 바랍니다. 한 번 더 고맙습니다.

사회자 이것으로 제17회 주제와 변주를 마치도록 하겠습니다.

18회

김곰치

『발바닥 내 발바닥』

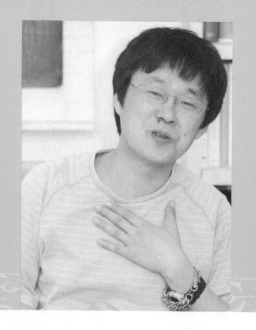

사랑의 마음으로,
신실한 사랑의 마음으로,
사랑의 눈으로 다시 한 번
세상을 보자.

사회자 저는 오늘 사회를 맡은 이서영이라고 합니다. 주로 신문이나 인터넷으로 새만금 갯벌 간척 문제라든가 지율스님에 관한 비판적인 시각의 글들을 많이 봤었는데, 김곰치 선생님의 『발바닥 내 발바닥』을 읽으며 이런 현실적인 문제를 문학적으로 다룰 수 있다는 것에 굉장히 놀랐습니다. 선생님께서 이 책을 통해 의도하셨던 것에 대해 들어보고 싶습니다.

김곰치 반갑습니다. 이 책은, 책을 쓰겠다, 책으로 내겠다고 결심하고 시작한 글쓰기가 아니란 것을 읽어보셨으면 아실 거예요. 그때 그때 내가 가야 할 곳이 생기면 가서 그냥 썼어요. 글을 쓰다 보니까 책 한 권 분량이 되었고 책으로 내자는 출판사가 있었지요. 그런데 처음에 이 글쓰기를 시작할 때, 특히 새만금 갯벌을 놓고 쓸 때만 해도 저 역시 뚜렷한 개념이 없었어요. 뭔가 이상하지 않은가, 국가의 개발사업이 이래도 되나, 라는 약간의 반감은 있었어요. 사람들을 만나고 이야기를 듣고 글을 쓰면서 몇 년을 보내다 보니, 아, 내가 이런 주제로 계속 글을 썼고 결국은 이런 책까지 냈구나 하고 뒤늦게 알게 되었어요. 글을 쓰면서 배워나간 거예요.

사회자 청소년들은 지금 우리 삶에 펼쳐진 현실을 외면하고 학교라는 틀 속에 갇혀 있다고 할 수 있는데요. 이 책에서 앞으로 우리가 살면서 맞닥뜨리게 될 현실에 대해 어떻게 대처해야 하는지를 배울 수 있었습니다. 고속철도가 천성산을 뚫고 지나가면, 책에서는 십 년에서 십오 년 후에는 천성산이 붕괴될 것이다, 그리고 천성산만의 어떤 조치가 취해질 것이다, 라는 말이 있었는데, 그러면 그때는 누가 사회의 이런 문제에 대해 책임을 져야 할까요?

여기 있는 우리 모두가 책임을 져야겠지요. 지금 어른들이 결정한 이 문제가 우리가 사회에 나가야 할 때 맞닥뜨려야 할 현실이 될 겁니다. 또 사회와 국가의 발전을 주장하는 지금의 어른들이 만들어낸 새만금 지구와 고속철도를 극복해야 될, 그리고 앞으로 더 많은 것을 우리의 자식과 또 그 자식의 자식을 위해서 지켜내야 할 우리이기 때문에 지금 이 시간이 더 소중해지는 것 같습니다.

김곰치 잠깐만요. 사회자 말씀 중에 십 년, 십오 년 후에 터널이, 천성산이 붕괴된다는 말은 책을 정확하게 읽지 않고 한 말인 것 같습니다. 저도 알 수 없고, 건설업자의 얘기도 그대로 믿을 수가 없어요. 인생을 많이 사신 분들 얘기를 들어보면 보통 '그 터널이 한 백 년 가지 않겠습니까?' 이렇게들 말씀하시더라고요. 십 년, 십오 년은 세계적으로 석유생산량이 정점에 도달했다가 떨어지는 시기를 말한 부분 같고요. 그럼에도 터널은, 아니 지상의 모든 터널은 결국 붕괴하고 말 것입니다. 삼백 년 이상 지나면 붕괴하겠죠.

정현주 이 책에 보니까 내용이 주로 사회적인 문제나 소외된 사람들 이야기가 많던데 지금까지 여러 사회 이슈가 있었잖아요. 새만금도 있고, 황우석 교수의 줄기세포도 있고. 지금까지 접해 오신 사회 이슈 중 제일 인상 깊은 게 있다면 어떤 것인가요?

김곰치 세상에 무수히 많은 이슈가 있으니까 그걸 다 알긴 힘들겠죠. 제일 중요하고 인상적이고 슬프게 생각하는 것 하나만 말해달라고 하는데, 그건 이거다 하고 제가 하나를 말하면 어쩌면 여러분은 그것만 알려고 할지도 몰라요. 사는 일이 급한데 하나하나 다 알고 갈 수 없잖아요.

제 글을 읽거나 책을 읽은 사람들 중 방금과 같은 질문을 하시는 분이 있어요. 세상에는 참 많은 사람들이 눈물을 흘리고 있죠. 어느 눈물이 제일 안타까운 눈물이냐고 질문하시는 분이 있어요. 아니, 네가 왜 지금 그 눈물에 정신을 빼앗기고 글을 쓰고 있냐, 그 눈물이 아니라 지금 저 눈물이 훨씬 더 심각하다고 그래요. 그런 얘길 듣다보면 이 눈물과 저 눈물을 비교해야 되는데요. 그건 아주 잘못된 거거든요. 이 눈물보다 저 눈물이 더 값어치가 있다, 이 눈물과 저 눈물이 서로 어떻다고 하면 안 될 것 같아요. 저마다 눈물은 의미가 있잖아요. 저는 제 앞에 알 수 없는 인연으로 나타난 하나의 눈물에 공감이 가면 그 눈물에 최선을 다하죠.

사람이 꽃보다 아름답다는 노래 있지 않습니까. 잘못된 말이에요. '-보다' '-만큼'이라는 단어 자체가 때로는 좀 사라졌으면 해요. 사람이 아름답다, 꽃이 아름답다, 이렇게 얘기하면 되지, 사람이 꽃보다…… 그건 어리석은 생각이거든요. 물론 그 노랫말은 어떤 특별한 시대상황을 반영한 제목이지만, 저는 어떨 때는 '-보다'라는 비교적인 말을 들으면 못 견디겠어요. 모든 눈물을 닦아주겠다, 모든 눈물을 없애겠다라는 결심이 중요한 것이지, 평론가처럼 눈물끼리 비교하면 안 된다고 생각하거든요.

간디가 자기 소원을 밝히기를 이 세상의 모든 눈물을 닦아주는 거라고 했어요. 그 말에 공감했었고 어떻게 보면 과도한 망상 아니냐 할지 모르지만 아직도 그 말은 제게 참 살아 있거든요. 그래서 현장끼리 비교할 수는 없습니다. 그래도 제가 처음 만난 현장은 새만금 갯벌이었거든요. 그 엄청난 넓이를 보는 순간 뭐라 말할 필요도 없이 아, 이건 아니다, 이것 없애면 안 된다, 이 생각이 딱 들더라고요. 새만금이 저의 첫 운명이 아니었을까. 개인적으로는 새만금 갯벌에 마음이 오래도록 갈 거예요, 첫 만남이었기 때문에.

사회자 눈물과 눈물을 비교하지 말고 각각의 눈물에 최선을 다하면서 세상의 모든 눈물을 닦아줄 수 있는 그날까지 저희도 노력하겠습니다.

학생1 부산외대 신입생입니다. 환경뿐만 아니라 다른 분야도 국민들의 인식이 참 중요하지 않습니까. 환경단체에서 직접적인 어떤 현안에 대해서 시위를 하는 것이 지금 현실이잖아요. 저는 장기적인 안목에서 환경의식이 아주 중요하다고 생각하는데 선생님이 생각하시기에 시민단체나 환경단체에서 장기적인 안목에서 준비하고 있는 노력이 있다고 생각하시는지요?

눈물과 눈물을 비교하면 안 돼요. 이 눈물보다 저 눈물이 더 값어치가 있다, 이 눈물과 저 눈물이 서로 어떻다고 하면 안 될 것 같아요. 저마다 눈물은 의미가 있잖아요. 저는 제 앞에 알 수 없는 인연으로 나타난 하나의 눈물에 공감이 가면 그 눈물에 최선을 다하죠.

김곰치 그때그때 상황이 급박해지면 시민단체가 문제를 제기하고 그게 뉴스에 나와요. 미리 이야기 좀 하지, 처음 계획이 나올 때 반대를 하지, 이렇게 말하는 사람들도 있습니다. 지금 제가 세세하게 설명하기는 힘들지만, 현실상 비밀로 개발계획을 다 잡아놓으면 정보가 부족하고 힘이 없는 시민단체는 늘 뒤늦게 알게 되어 있어요. 일반 시민들은 가장 늦게 알게 되죠. 이미 개발하겠다는 사람들이 10년 전에 의도했던 것을 보통 사람들은 10년 후에 아, 저런 의도였구나 하고 알게 되기도 해요. 개발현장 가까이 있는 지역 주민들도 마찬가지예요.

제가 알기로 환경운동이 시작한 지도 90년대 초반부터니까 이제 10년이 좀 넘었어요. 장기적인 안목 같은 게 없지야 않겠지만 현실력 있는 장기 구상이 그냥 나오지는 않아요. 지금 눈앞의 이 현실을 고민하고 싸우고 배우면서, 어쩌면 이렇게 해도 안 되고 저렇게 해도 안 되는구나 하고 수많은 실패와 좌절을 겪으면서 정말 가능하고 새로운 현실이 될 수 있는 큰 포부와 비전이 나오는 것이거든요. 그러니까 장기적인 어떤 진정한 것을 잡아내기 위해서 눈앞의 오늘, 가까운 현실에 최선을 다하는 것이 아직은 중요한 시기 같아요.

서구 환경선진국에서는 이런 환경문제에 대한 장기적인 플랜은 보통 녹색당 등이 정당 운동으로 가지고 가요. 이미 우리나라도 2~3년 전에 녹색당, 녹색평화당을 만들어 선거에 도전했어요. 환경법을 바꿔야 된다, 국회에 진출해서 국민들에게 알려야 한다고 했지만, 다 낙선했죠. 근데 한국 현실정치는 제 책이 다루는 진실의 문제와 다른 영역이에요. 현장에서 주민들과 만나며 인간의 고통, 인간의 슬픔, 인간과 인간 간의 감동어린 이해가 제가 중요하다고 생각한 진실이었거든요. 우리나라에 녹색당이 자리를 잡을 수 있을까 하는 것에 대해 잘 예측을 못하겠네요.

사회자 진실의 영역과 한국정치 환경 사이의 거리가 좁혀질 수 있도록 다들 노력해야겠습니다.

학생2   고등학교 1학년 학생입니다. 『발바닥 내 발바닥』은 다른 환경 관련 책과 달리 재미있게 읽었습니다. 책에서 지율스님은 생명에는 대안이 없다고 말씀하셨습니다. 이 말은 천성산을 보호하기 위해서는 고속철도가 다른 지역, 다른 산으로 가야 되는데, 이 또한 생명파괴라는 말이 되기도 합니다. 그러면 지율스님의 단식투쟁은 사실상 다른 어떤 대안도 없이 단순히 개발 반대를 주장한 것이라고 보이는데요. 현실의 발전을 위해 개발이 불가피한 이 시대에 단순히 개발 반대만을 주장하는 스님이 억지스럽다고 생각합니다. 선생님께서는 스님의 이러한 주장을 어떻게 생각하시는지요?

김곰치   생명의 대안이 없다는 말은 4, 5년 전 제가 지율스님을 만났을 때 들은 이야기예요. 그 말이 제 글에 등장했고 또 이렇게 책이 되었고요. 근데 우리가 책이란 것을 너무 엄격한 성경 말씀쯤으로 보시면 안 됩니다. 4년 사이에 스님 생각이 바뀔 수도 있잖아요? 우리가 정치인의 말바꾸기를 비난하는데, 조금 웃기는 말이에요.

사람의 말이 세월따라 바뀌는 것은 당연합니다. 20대 때 30대 때 약속한 것, 자기가 이렇게 살아야겠다, 이건 꼭 하겠다, 하고 결심한 것을 어떻게 평생 지키고 삽니까? 그건 인간적으로도 타당하지 않고, 도저히 인간을 제대로 이해하는 것이 아니거든요. 그래서 그 말만을 가지고 지율스님을 결정적으로 판단해서는 안 됩니다. 일단 유연하게 책을 읽을 필요가 있다는 것이죠. 그리고 실제 지율스님과 제 책에서 다루고 있는 지율스님은 다른 존재거든요. 지율스님을 비롯해서 이 책에 등장하는 모든 인물들은, 제가 글에서 묘사한 인물보다 천배 만배 더 큰 사람들이에요. 무슨 말인지 아시겠죠. 그래서 이것만 가지고 누군가를 평가하는 것도 위험한 것이다라는 이야기부터 해드리고 싶네요.

우리가 절대적인 어떤 존재를 향해 기도할 때, 정말 순수하게 가장 아름다운 상태에 이르러서 이 세상을 맑디맑은 눈으로, 참으로 맑아져

참으로 옳은 말, 맞는 말만 떠오르고 또 할 때가 있는데, 생명의 대안은 없다는 말도 그런 말이에요. 어떤 최고의 마음 상태에서 나오는 자기 신념이거든요. 그러나 인간이 스물네 시간 그렇게 살 수 있는 것은 아니지 않습니까. 그 말은 스님의 개인 소망이고 기도예요. 단식할 때, 단식하는 긴 시간 내내 생명엔 대안이 없다! 하는 것은 아니거든요. 몇 차례의 단식 때, 그때마다 여러 구체적이고 복잡하고 현실적인 이유도 있었습니다. 그게 국민한테는 안 알려져요. 언론이라도 진실된 인터뷰를 해서 제대로 알려주는 일을 한 번도 한 적이 없거든요. 많은 사람들이 들리는 말만 가지고 지율스님을 오해하는 면이 많아요. 그게 좀 안타깝네요. 둘러싼 상황은 그랬습니다.

정현주 지율스님이 천성산이 파괴된다고 고속철을 반대하는 단식투쟁을 하셨잖아요. 천성산에 있는 생태계를 보호하고 생명을 보호하려는 건데 단식투쟁을 하시면서 거의 돌아가실 지경이 되기도 했잖아요. 그러면 그게 다소 모순적인 것이 아닌가 하는 생각이 들거든요.

김곰치 죽음에 대한 제 생각은 이렇습니다. 자기가 왜 태어났고, 인생이란 무엇이고, 이 세상, 세계는 무엇이고, 자기가 뭘 했고, 무엇보다 자기자신을 제대로 알기만 한다면 언제 죽어도 되는 게 인생이라고 봅니다. 지율스님은 이 자리가 내 자리구나, 내가 죽을 자리구나, 나는 부처님의 제자가 되었고 부처님의 도리를 다 하고 가는구나, 그런 생각을 늘 하셨어요. 우리가 지금 뭔가 이상하다 싶지만, 아주 오래된 죽음의 관 중 하나예요. 전혀 엉뚱한 행동이 아니었어요.

사실 또 단식만큼 부드러운 죽음도 없어요. 저는 체중 25킬로그램 정도였던, 가장 왜소하셨을 때의 지율스님을 봤거든요. 25킬로그램이라고 하지만 제 눈에는 15킬로그램으로 보였고, 밥을 굶고 몸이 쪼그라들어도 기본 두상 크기는 그대로 남아 있는데, 그래도 스님 얼굴이 조금 작아졌어요. 목 밑으로는, 아주 가냘픈 초등학생 2학년의 모습이라고 할까. 그 꼴을 하고 누워 계신 거예요. 그리고 의식이 거의 없었어요. '거의 없다'는 것은 실오라기처럼 의식이 아주 가냘프게 있다는 거거든요.

방문객 중 어떤 스님이 외국에 나간다고 안부를 전하니까 지율스님이 하실 말씀이 있다고 그래요. '편지해 주세요', 지율스님이 그래요. 그 말도 약간 묘한 말이거든요. 외국에 가면 그 스님이 한국을 잊고 바쁘게 지낼 것 아닙니까. 천성산 문제도 잊고 자기도 잊을 거라고 외국에서 자기한테 엽서 한 장이라도 쓰면 자기 생각을 하고 천성산을 생각할 거라는 거죠.

근데 제가 그걸 보면서 왜 단식이 부드러운 죽음이라고 생각했냐 하면, 제가 볼 때는 지율스님이 밥만 안 먹었지, 곡기만 거부했지, 물 마셨죠, 햇빛 취했죠, 중력을 받고 있었고요, 잠도 잤고요, 공기도 마셨어요. 바로 그런 존재가 있거든요. 나무가 그래요. 저는 지율스님을 비쩍 마른 지율나무라고 봤거든요. 그래선지 지율스님을 직접 보기 전까지는 엄청 두려웠지만 막상 보고는 오히려 담담했어요. 지율나무다, 스님이 나무가 되어 죽는구나. 나도 열심히 살다가 예순, 일흔이 되면 이렇게 죽어야지. 난 단식으로 죽기로 그때 결심했거든요. 너무 멋진 죽음이 아닐까?

그런데, 스님은 결국 다시 살아나셨어요. 나는 돌아가신다고 각오하고 만나러 갔었는데, 며칠 지나 설날 저녁에 다시 살아나셨다 하길래, 스님이 음식을 드신다 하길래, 정말 살아나신 게 더 기적이라고 생각했어요. 전부 다 죽는다 하고 병실을 나왔거든요. 지금 스님은 전화도 하고 사람들에게 이런저런 부탁을 많이 하세요. 그래도 지율스님 음성을 들을 때마다 기뻐요.

지금 현대 한국사회의 생명관이, 죽음관이 유일하게 옳다고 말할 수는 없어요. 극단적인 투쟁이라고 하지만, 그것처럼 부드러운 투쟁이 어디 있어요. 죽음으로 협박한다 하지만 죽음이 뭔지 모르니까 사람들이

죽음에 대한 제 생각은 이렇습니다. 자기가 왜 태어났고, 인생이란 무엇이고, 이 세상, 세계는 무엇이고, 자기가
뭘 했고, 무엇보다 자기자신을 제대로 알기만 한다면 언제 죽어도 되는 게 인생이라고 봅니다. 지율스님은 이 자
리가 내 자리구나, 내가 죽을 자리구나, 나는 부처님의 제자가 되었고 부처님의 도리를 다 하고 가는구나, 그런
생각을 늘 하셨어요. 우리가 지금 뭔가 이상하다 싶지만, 아주 오래된 죽음의 관 중 하나예요. 전혀 엉뚱한 행동
이 아니었어요.

협박으로 받아들이지 죽음이 뭔지 알면 협박이 아니에요. 진짜 종교인 다운 행동이라고 하고 싶어요.

임은옥 중학교 2학년 학생을 둔 학부모입니다. 《부산일보》에서 김곰치 선생님의 짧은 글을 읽으면서 한번 뵙고 싶었습니다. 역시 생각했던 것처럼 소탈하시고 서민적이신 것 같네요. 그래서 제가 책을 읽고 잘 모르는 아이들을 억지로 함께 데려왔어요.

김곰치 아이를요?

임은옥 네, 분위기를 익히라고요. 직접 토론을 하는 것까지는 아니어도 이런 토론 분위기 속에서 작은 씨앗 하나는 마음에 갖고 갈 수 있지 않을까 해서요. 제가 읽은 말 중 '생명의 대안은 없다' 가 가슴을 울렸습니다. 생명에 대한 자기 희생이 대안이라고 말씀하셨는데요. 도롱뇽 헌법 재판소의 탄원서에서도 진실의 소리를 들으라고 그게 대안이라고 말씀하셨는데 정말로 내가 살아가면서 이런 생명들을 죽이는 것들에 대해 나는 어떤 대안을 생각해야 할지, 사실은 글 속에서 느낀 건 모른다는 것과 바로 자신이 희생의 대안이다라고 생각했는데, 그 외에 또 대안이 없을까요?

김곰치 대안. 우리가 흔히 생각했던 대안이 대안이 아닐 수가 있고, 글쎄, 저로선 그때 그때 최선을 다해서 고민을 해보자, 이게 대안이 될 것 같아요. 똑 떨어지는 게 있을 수 없어요. 사랑의 마음으로, 신실한 사랑의 마음으로, 사랑의 눈으로 다시 한 번 세상을 보자, 그 무엇이든. 많은 사람들이 그런 마음이 된다면, 지금 세상과 같이 어떤 문제가 발생하면 좀 더 잘 풀고 풀릴 수 있는 세상이지 않을까요?

김지현 선생님이 쓰신 책에서 지율 스님 부분을 참 감동 깊게 읽었는데, 저희 반에서 열띤 토론회를 한 적이 있습니다. 저는 그때 지속가능한 개발이라는 것에 대해 부정적으로 생각했었습니다. 왜냐하면 많은 사람들이 지속가능한 개발이라고 말하지만 지금의 환경이 심각하게 파괴되어 있고 지금부터 환경을 보전한다고 해도 지구가 제대로 살아날지 잘 모르는 현실에서 지속가능한 개발을 해야 한다고 말하는 것이 옳은 것인지에 대해서 의문이 듭니다. 선생님은 어떻게 생각하시는지요? 또 학생으로서 환경문제에 대해 어떻게 바라보고 실천할 수 있을까요?

김곰치 개발이란 참 좋은 거예요. 개발도 여러 종류가 있겠죠? 전혀 손대지 말자, 최소한의, 정말 최소한의 상태로 살자, 이것도 과연 얼마만큼 그렇게 살 수 있을까요? 최소한의 상태로 살고 싶어서 어떤 사람들은 스님이 되거나 했겠죠. 자기의 어떤 본성과 신념이 지금 현실과 너무 안 맞아서요.

저는 2년 전에 부산귀농학교를 졸업한 뒤, 동기들과 지금도 연락하고 만납니다. 암튼 그 학교 야간산행반을 잠깐 가입해 한번은 해운대 장산에 갔었어요. 그런데 세 시간 가량 걷는 동안 인간이 만든 구조물을 거의 못 보다가 체육공원을 보니까 반가운 거예요. 이제 거의 다 내려왔구나, 사람 사는 데로 돌아왔구나, 하는 반가움이었어요. 사람 사는 데로 돌아가야 한다는 것은 그 산행에서 일종의 절대명령이었어요. 사람은 사람이거든요. 사람끼리 어울려야 되고 사람의 짓을 하고 살아야 합니다. 우리가 나무의 짓을 하고 평생 살 수는 없거든요. 사람이 하는 짓이 개발이에요. 개발이라기보다는 변화고 변조고 하나님이 애초에 물려주신 재료를 가지고 장난을 치고 싶은, 그런 인간의 본능이 있어요. 그게 개발이라는 이름이 되기도 하는데, 지금 개발이란 것의 문제점은 자본주의가 경제적 가치를 추구하면서 안 해도 되는 개발을 마구잡이로 한다는 거거든요.

지속가능한 개발이라는 말 자체는 참 좋아요. 인류가 물질변화와 발전 속에서도 또 다른 차원의 문명사회에 제법 도달했다는 뜻이거든요. 그런데 그 개념 자체를 저마다 다르게 해석해요.

내가 개발이 원래 인간의 짓이기도 하다고 우호적으로 말해도 개발이라는 단어가 이미 너무나도 오염되었기 때문에 그 말을 우리가 당분간은 포기할 수밖에 없어요. 나는 개발에 너무 반기만 드는 극단주의도 문제가 있다고 생각합니다.

김지현 선생님, 그런데 그 개발의 한계가 어디까지일까요?

김곰치 기형아 출생률이 10퍼센트가 넘으면 20퍼센트 넘을 때가 올까요? 아마 그런 식으로 누구라도 우리가 지금 정말 완전히 막다른 데에 이르렀구나, 느낄 때가 올 겁니다. 일종의 환경제한수치가 있겠는데, 하여튼 우리가 우려하는 수치가 계속 높아질 거예요. 범죄율 등의 여러 상식적인 수치를 확연히 벗어나게 될 겁니다. 그쯤 되면 되돌리는 과정이 너무나도 고통스럽죠. 우리가 하는 운동은 그런 사태가 오기 전에 피하자는 운동이죠. 해볼 만한 운동이에요. 나중에 결국은 극단까지 갔다가 이 사회는 중도로 돌아올 거예요. 돌아오긴 돌아오는데 그 과정에서 이웃과 친척과 사랑하는 사람의 눈물을, 고통을 보게 되니까 우리 인생이 너무 불행해진다는 거죠.

사회자 아까 환경문제와 관련하여 학생으로서 할 수 있는 일이 무엇인지 묻는 질문이 있었습니다.

김곰치 학생은 학생다웠으면 좋겠어요. 학생이 단식 투쟁을 한다든지 하는 행동은 안 어울려요. 제가 이 책에 실린 글들을 쓰기 시작할 초기에 제 자신이 보기에도 이 환경운동이 너무너무 재미있는 거예요. 환경운동은 내가 실천할 게 너무 많아요. 어디 가서 시위하는 것만을 뜻하는 게 아니잖아요. 휴지 하나 안 버려도 환경운동, 반찬 하나 안 남겨도 환경운동이에요. 초기에 내가 마음이 순수할 때는 길거리를 지나가다 풀만 봐도 반가웠어요. 보도 블럭 사이의 풀 한 포기가 반갑고 '저놈 하나가 이산화탄소를 마시고 산소를 내뿜고 있네, 너 참 대단하다, 수고한다' 하고 즐거운 마음이 되는 거예요. 아마 학생들한테 어울리는 것이 그런 것 아닐까요. 그렇게 사세요. 사시다가 사회적으로 때가 되면 더 큰 실천들을 할 수 있을 거예요.

허아람 김곰치 선생님이 항소심 재판장님께 썼다고 하는 편지를 읽어드릴게요. 도롱뇽 소송 탄원문의 일부인데요. 제가 이 책에서 제일 감동받은 부분입니다.

'제 속에는 그와 같은 믿음의 자리가 없기에, 지율스님이란 분은 제게 불가해한 존재입니다. 어떤 부모의 몸을 빌어 이 세상에 태어나야, 어떤 훈육을 받으며 자랐어야, 청소년기에는 어떤 책을 읽었어야, 어떤 친구와 우정을 나누었어야, 어떤 훌륭한 스승을 만나 어떤 귀한 가르침을 받아야, 어느 누구를 사랑하고 그 사랑을 잃고 지독하게 마음 아팠어야, 하여 자신의 마음을 궁극까지 탐구하겠다고 질문하고 스스로 답을 얻어가는 피 흘리는 정신의 수련을 해야 마침내 자신의 목숨을 걸 수 있는, 제 판단과 의지를 믿고 온몸을 던지는 그런 큰 믿음을 가질 수 있는지, 저는 도무지 요량할 수가 없습니다. 때때로 지율스님이 너무나도 먼 존재로 여겨질 때면, 인간의 마음을 탐구하며 글을 쓰는 사람으로서 저는 그저 외로워지고 맙니다.'

글 쓰는 사람으로서의 김곰치 선생님에 대해서 제가 가장 아름답게 느낀 구절이 이 부분입니다. 동시에 이 글을 쓴 김곰치, 지율스님에 대해 불가해한 존재로 느끼고 이러한 질문들을 던졌지만 이 자리에 있는 학생들은 김곰치 선생님의 이야기를 들으면서 어떻게 해야 나는 저렇게 절절하게 치열하게 열정적으로 집념을 갖고 우리의 당대의 삶에 대해서 글을 쓸 수 있는지 말을 토해낼 수 있는지 굉장히 궁금할 것 같아요. 그래서 거기에 대해서 이야기를 해주시면 좋겠어요.

김곰치 저도 제가 글 쓰는 사람이 될 줄은 상상도 못 했어요. 대학교 문학동아리 문을 두드리고 들어갈 때가 대학교 3학년이었어요. 작가가 될지, 신춘문예 당선이라도 될지 어떻게 알았겠어요. 대학동아리 다닐 때 제 소원은 대학문학상 한 번 받는 것이었거든요. 근데 딱 한 번 받았어요. 받으니까 신춘문예에 되면 소원이 없겠다는 생각이 들더군요. 근데 신춘문예도 딱 한 번 받았어요. 아, 책 한 권 내고 죽어야지 했는데 책이 나왔어요. 자꾸 다음 욕심이 생겨서 이렇게 된 건지, 저는 진짜 제가 글쓰는 사람이 될지 꿈에도 몰랐어요.

하나만 이야기할게요. 제가 진솔한 언어로 내 자신을 설복시키지 못할 때 도저히 나 자신부터 용납하지 못하는, 이런 깐깐한 성격을 부모님한테 일단 물려받았겠죠. 그리고 저는 몸이 약하기 때문에 약한 것들에 대해 공감이 갔어요. 다음에 누님들, 여동생들 속에 살아서 여성화가 좀 되었을 것이고, 그리고 무엇보다도 부모님이 너무 큰 사랑을 주셨기 때문에 이 사랑을 내가 어쩌지 못하고 살아가는 것 같아요.

그런데 제가 가진 독특한 점이 있어요. 문학과의 관계를 밝히면, 저는 중·고등학교 때 책을 읽으면 와, 어떻게 이렇게 대단한 글을 쓸까, 이 놀라움과 감탄의 능력 하나만큼은 정말 탁월했던 것 같아요. 아무튼 이 작품이, 이 존재가 너무 대단하고 놀랍다고 느끼는 그 사람도 참 대단한 거예요. 자기 속에 예술적인 감동의 능력이 없으면 감동도 못 해요. 어떤 대단함을 알아보는, 자기 속에 대단함의 근거가 있기 때문에 그 대단함을 알아보는 것이거든요.

공준호 저는 개발보다 생명에 대해 질문을 드리고 싶습니다. 선생님도 황소개구리를 알고 계시지요? 황소개구리가 우리나라 생태계에 들어와 환경을 파괴했고, 그래서 생태계를 지킨다는 이유로 환경단체나 여러 사람들이 황소개구리를 많이 죽이는 일이 있었던 걸로 알고 있습니다. 근데 황소개구리도 하나의 생명이지 않습니까? 생명을 희생시키는 것이라고 생각되는데요. 그와 마찬가지로 지율스님도 천성산을 지키기 위해 단식을 하시지 않습니까. 다른 것을 지키기 위해 자기 생명을 버리는 행위가 과연 옳고 정당화될 수 있는지요?

김곰치 지율스님 부분은 이미 많이 이야기했습니다. 그리고 스님은 안 돌아가

섰어요. 이제 다시 단식은 안 하실 겁니다.

공준호 자기희생을 전제로 그런 행위를 한다는 것이 사람들에게 인정받고 정당화될 수 있는지요?

김곰치 참 어려운 질문이네요. 황소개구리 이야기부터 할까요? 저는 황소개구리를 마산의 한 시장에서 처음 봤어요. 아, 저게 말로만 듣던 황소개구리인가 했어요. 너무 징그러워서 도저히 보지를 못하겠더군요. 여러분도 혹시 봤습니까? 그 황소개구리가 뱀도 잡아먹어요. 그렇다고 해서 황소개구리를 잡아서 집단적으로 아예 이 땅에서 멸종시키라고 할 정도로 황소개구리에게 적개심을 가지는 것도 문제가 있다고 생각해요. 황소개구리는 아무 죄가 없습니다. 무역거래를 하는 과정에서 황소개구리 알이 묻어왔다든지 누가 무슨 이유에서인지 개구리를 데려와서 풀었다든지, 양식을 해서 돈을 벌기 위해 대규모로 키운다든지 해서이지, 어쨌든 황소개구리는 아무 죄가 없어요. 그렇기 때문에 환경단체가 생태계를 교란한다고 해서 잡아족친다고 하는 걸 보면서 반감을 느끼는 것은 정말 건강한 감정 같아요. 근데 환경단체가 개구리가 아무 죄가 없다는 것을 알면서도 잡아야 된다고 하는 데는 어떤 이유가 있을 거예요. 황소개구리들이 참개구리와 뱀을 잡아먹고 온갖 나쁜 짓을 많이 해서 그 수를 좀 줄여야겠다는 인간의 생태계 관리자 역할을, 적개심만 아니라면, 인정해줄 필요가 있다고 생각합니다.

　그리고 목숨을 버리면서까지 생명을 지킨다는 것이 모순된다는 것. 작가 심훈의 옥중편지, 어머니에게 보내는 옥중편지를 보면, 지금도 중학교 교과서에 있는지 모르지만, 어머니보다 더 큰 어머니를 위해서 저는 이 고통, 목숨까지 어떻게 하겠다 하는 것을 우리가 배웠잖아요? 지율스님이 자신보다 더 큰 생명을 위해서 그렇게 했고, 심훈 선생도 그렇게 했습니다. 이준 열사나 안중근 의사의 경우와 다를 게 뭐가 있습니까? 더 큰 가치를 위해서 자기 인생을 초개같이 버리는 6·25전쟁 때

환경운동은 내가 실천할 게 너무 많아요. 어디 가서 시위하는 것만이 아니잖아요. 휴지 하나 안 버려도 환경운
동, 반찬 하나 안 남겨도 환경운동이잖아요. 초기에 내가 마음이 순수할 때는 길거리를 지나가다가 풀만 봐도
반가웠어요. 보도 블럭 사이의 풀 한 포기가 반갑고 저놈 하나가 이산화탄소를 마시고 산소를 내뿜고 있네,
아, 너 참 대단하다, 수고한다, 하고 즐거운 마음이 되는 거예요.

수많은 무명용사들, 부모님, 자식들, 여동생들 탈없이 살게 하기 위해서 열심히 싸우다 총에 맞아 죽기도 했어요.

살다 보면, 내가 목숨을 버릴 때가 있을 수 있어요. 차가 충돌했을 때 아이는 살리고 자기는 죽을 수 있어요. 인간은 그런 가능성이 있는 존재 거든요. 일본에서 지하철에 몸을 던져 사람을 구했던 이수현 씨 같은 사람도 있잖아요. 인간은 그럴 수가 있습니다. 저는 자신의 한계를 벗어나서 큰 가치를 실현하기 위해 목숨까지 바친 분들을 아주 존경합니다. 그런 분들 때문에 이 사회가 좀더 인간다운 사회가 되었다고 생각하고요. 저는 그런 분들에 대해 너무 감사하게 생각합니다. 답이 되었으면 좋겠습니다.

이성완 뜬금없지만, 지금의 제도언론에 대해 어떻게 생각하십니까?

김곰치 언론은 많은 부분 자기 역할을 다하고 있지만, 사실 늘 장사하는 집단이에요. 저도 장사하죠. 이 책으로 장사하는 사람 아닙니까? 장사가 나쁜 게 아니에요. 상혼이라는 말은 참 좋은 거예요. 상행위를 혼을 갖고 한다는 뜻 아닙니까. 언론도 그런 의미로 장사를 하는데, 조직 자체가 규모가 있으니까 제법 큰 돈을 벌고 싶고 벌어야 되겠고, 그래서 늘 뉴스 가치가 있는 사건, 이목을 끌 수 있는 뉴스에 목이 말라서 뉴스가 되겠다 싶으면 사건을 키우기도 하고 또는 줄이기도 하고 온갖 장난을 하는 게 언론입니다. 사실은 선량한 사람들을 어리석게 만드는 행위예요. 나쁘고 좋은 의미를 떠나서 무엇보다 언론은 장사하는 집단이라고 말씀드리고 싶네요.

어떤 신문을 보니까 사시(社是)라고 있는데, 민주주의를 보호하고 민주주의를 대의하는 표현수단이고 민족의 신문이라는 세 가지를 적어놨어요. 민주주의를 지지하기는 하겠지만 그냥 장사하는 집단이에요. 이 점만 아시면 될 겁니다.

김아름 아까 선생님께서 해주신 답변 때문에 방금 전에 하신 질문과 답변은 귀에 안 들어올 정도여서 드리는 질문입니다. 아까 지율스님과 황소개구리 얘기를 하셨잖아요. 어떤 원대한 이상이나 다수의 공존을 위해서 어떤 개인이 희생되는 것을 황소개구리를 예를 들어 하셨는데요, 황소개구리나 인간 자체는 자신에게 자기가 제일 소중하다고 생각해요. 자기가 있기 때문에 사회가 있는 건데 그렇다면 자신을 버리면서까지 어떤 원대한 이상이나 초월을 추구하는 것이 과연 바람직한지 그렇다면 그 사람은 자기애가 결여된 사람이 아닌가라는 생각이 듭니다. 자기애라는 게 있잖아요. 자기를 사랑할 수 있을 때 그 사회와 주변의 것을 사랑할 수 있다고 생각하는데 자기 자신을 사랑하지 않는 상태에서 다른 어떤 것을 사랑한다는 것이 저는 잘 이해가 되지 않았어요.

김곰치 스스로 죽고 싶은 사람은 아무도 없어요. 자연스럽게 흘러가다가 자연스럽게 마지막을 맞고 싶지요. 뭔가 어쩔 수 없어서 저런 행동을 하는구나, 하고 생각해보세요. 분명 뭔가 이유가 있을 거예요. 그러니까 일단 그 사람한테 물어봐야 돼요. 언론 보도내용만 보고 또는 들려오는 말만 가지고 지율스님이 저러시는구나 하면 안 됩니다. 스님이 최근 고백한 말씀은, 천성산 문제를 저대로 내버려둘 수 없다고 생각한 게, 제일 처음에 고속철도가 지나가면 노선에서 반경 수백 미터 내의 작은 짐승들이 전자파 때문에 잠을 못 잔다는 말을 듣고부터래요. 환경조사니 수맥이니 경제성이니 여러 다른 쟁점이 그후로 있었지만, 자기는 오직 잠 못 자는 짐승들에 대한 안타까움에서 이 일을 시작하셨대요. 저는 이상하게 그게 공감이 되었어요.

    암튼 '자신를 버려가면서까지' 라고 하셨는데, 한 번 생각해봅시다. 지율스님이 단식을 시작할 때 내가 죽어야 되겠다는 생각으로 하신 게 아니에요. 단식을 하겠다예요. 죽는지 안 죽는지는 내가 하기 나름이고 또다른 행위자인 공단이나 정부 측에서 하기 나름이에요. 내가 안 죽을 수도 있고 죽을 수도 있어요. 그런 의미로 단식을 한다는 거예요. 그 분도 사태를 계속 지켜볼 거예요. 단식을 하면 세상이 어떤 반응이 보일까, 그걸 보면서 단식을 하는 거예요.

최근 마지막 단식 때, 정토회 법륜스님이 지율스님 단식 소식을 듣고 급히 차를 대절시켜서 수경스님한테 갔어요. 수경스님이 쌀을 씻고 있는데 "야, 빨리 와. 지율스님 어디 있는지 알아냈어"라고 하셨죠. 새만금 갯벌 지킨다고 삼보일배 했던 수경스님이 급히 차를 타고 경기도로 달려갔다고 해요. 가서, 왜 단식하느냐, 벌써 며칠째냐, 몸이 왜 이러냐, 말리는 거죠. 지율스님은 말도 안 하고 가만히 있어요. 이유도 안 밝혀요. 법륜스님은 지율스님이 청와대 앞에서 단식할 때 이미 다 봤었죠. 이걸 또 하고 있는 지율스님 마음을 법륜스님은 아시죠. 그런데 이번에는 지율스님 마음을 돌리는 상황이 전혀 안 보여요. 이제는 끝까지 가시는구나, 지인들은 다 그렇게 생각했어요. 법륜스님도 그러신 거예요.

얘기를 나누다가 지율스님께 '알겠습니다. 마지막 수습은 제가 하도록 하고 나중에 장례는 어떤 식으로 할까요?' 하는 말까지 나왔어요. 그런데 '장례는 어떻게 할까요' 그 말 들으니까 지율스님이 참 기분이 안 좋더래요. 자기 스스로 죽는다 죽는다 했는데도 막상 그 말 들으니까 섭섭하더래요. 이렇게 멀쩡히 살아 있는데 죽긴 왜 죽어! 이런 마음이 들더래요.(웃음) 자기를 버려 가겠다는 것도 틀리지 않는 말이지만, 지율스님은 정말 즐거운 마음으로 하루하루를 보냈어요. 즐거움이 없다면 저렇게 못하거든요. 언제나 여유가 있었어요.

무엇인가 전체적인 상황이 어쩔 수 없게 된 것을 알지만, 개인적으로 저는, 저런 분이 돌아가시면 정말 안 되는데, 한국사회가 저런 귀한 분을 돌아가시게 하면 안 된다고 생각하면서 지율스님 안 돌아가시게 하려고 애를 썼어요. 암튼 스님이 다시 살아나시고 같이 살아가기로 한 게 감사한데, 글쎄 왜 자기를 버리겠다는 사람이 너무 즐거웠다는데, 어떻게 해야 될까요?

질문자1 저는 주부입니다. 방금 선생님이 천성산의 어린 생명들이 터널의 울림 때문에 잠을 못 자는 것 때문에 지금까지 스님이 그렇게 해오셨다고 하셨잖아요. 저는 어떻게 이해하느냐 하면, 예를 들어 제 아이가 병이 났어요. 신장을 하나 떼줘야 하는 형편이 되었다고 해보죠. 그러면 내 생명, 나도 아깝거든요. 건강하게 살고 싶어요. 만약 신장을 떼주면 내 몸에 큰 이상은 오지 않을까 하는 인간이 가지는 본능적인 두려움이 있지만, 그래도 사랑하는 내 자식이기 때문에, 내 목숨을 버려도 아깝지 않은 내 사랑하는 자식이기 때문에 충분히 줄 수 있다고 생각해요. 이렇게 내 몸에 이상이 좀 오더라도 줄 수 있다는 생각은 기본적으로 이땅에 사는 엄마들이라면 다 할 거라고 믿습니다. 그렇게 이해를 하시면 안 될까요? 작은 생명들을 위해 제 목숨 아깝지 않을 수 있는, 그런 사람도 있다는 것을요.

김곰치 말씀 감사합니다. 아마 어머니, 아버지가 되어보아야 정말 이 세상에 사랑이란 것이 있다는 것을 알게 될 거예요. 아이는 아직 사랑이 뭔지는 몰라요. 그렇다면, 이 아저씨가 한 말도 혹시 맞을 수 있겠구나라는 생각을 하면서 한번 기다려보세요. 대답을 바로 얻으려 하지 말고 한 10년 고민해보세요. 어떤 질문은 10년 만에, 15년, 20년 만에 답을 얻을 때가 있어요. 깨달음이라는 게 별게 아니고 평생의 질문에 답이 탁 올 때 그게 깨달음이에요. 그 질문을 잊지 마시고 계속 가져가보세요. 지율스님의 이해할 수 없는 행동이라는 것을 화두로 잡고 말이죠.

김현주 선생님께서 이 책을 지으신 것은 자연과 환경에 관심이 있으시기 때문이죠? 그러면 김곰치라는 한 사람으로서, 내 눈으로 본 자연, 지율스님을 인용을 많이 하시는데 훌륭한 분들의 말씀을 인용하시지 마시고 선생님만의 언어로, 김곰치라는 한 사람이 바라본 자연에 대한 느낌을 아이들과 저희에게 좀 보여주세요.

김곰치 책에 〈동구의 나무〉라는 산문이 있습니다. 그게 제 어린시절 이야기거든요. 여섯 살 때 실제 제 경험이고, 나무는 그렇게 죽었구요. 최근에 사과나무를 키운 것도 사실이에요. 아무튼 제가 여섯 살 때, 왜 그랬는지는 모르지만 대추나무를 옮겨 심겠다고 작정했어요. 나무가 예뻤고, 저거 옮겨놓으면 더 잘 살 텐데, 더 잘 자랄 텐데. 그러면 내가 대추도 많이 따먹을 텐데. 그리고 최근에 사과를 먹고 나서 사과씨를 심어보니까, 이게 자라는 거예요. 아, 신기하대요.

저는 돈을 주고 산 사과가 새싹을 내고 자라날 줄은 생각을 못 했거든요. 한 4년 키웠는데 지지난 겨울에 추위에 얼어죽었어요. 화분을 처음에 들여놓으면 참 좋아요. 그런데 자꾸 방치를 하게 돼요. 나 같은 사람은 화분을 키우면 안 되는구나, 화분을 키울 정도의 참을성과 재능이 있는 사람도 있구나, 이런 생각이 들어요. 하여튼, 선인장도 죽었고, 사과나무도 결국은 죽었지요. 그런데 때가 되면 다 이유가 있어서 죽는 거 아니겠습니까. 그건 그렇고, 제가 직접 느낀 생명과의 만남은 이렇습니다.

제가 몇 년 전 장편소설을 쓸 때 새벽 세 시까지 쓰고 한숨 자고 열 시에 일어났더니 집에 아무도 없는 거예요. 부모님이 일찍 어디 외출하셨나봐요. 비가 오고 있었어요. 그래서 밥을 챙겨먹고, 담배를 피우고 거실 마루에 그냥 서 있었어요. 우리 집 현관 지붕에 어머니가 동네 산에서 흙을 좀 담아 와서 밭을 만들어 거기다가 파와 상추를 심어놓았거든요.

그런데 비를 맞으며 진짜 성이 난 것처럼 대파 20포기가 딱 서 있는 거예요. 어제까지는 한없이 시들어 있었는데 말이에요. 그걸 보니까 내 가슴이 펑 뚫리는 거예요. 잔뜩 성이 난 대파를 보고 이런 시원한 감동을 받는 내가, 왜 그렇게 놀랐는지, 정말 이건 설명할 수가 없어요. 그때 제 맘이 왜 그렇게 시원했는지 모르겠어요. 기분이 정말 상쾌하고 좋았어요. 이야, 저놈들 정말 멋지네, 하면서 말이죠. 세월이 지나면서 생각

생태주의 이론으로 이 나무와 숲이 잘못되면 인간도 잘못된다는 설명법은 별 재미가 없어요. 한번 지나다니면서 유심히 관찰해보세요. 자세히 보면 아마 만날 거예요. 제가 대학교 때 교생실습을 나갔을 때 저를 담당했던 국어과목 선생님이, 나이는 마흔이 넘었지만 말씨는 완전히 소녀 같은 남자선생님이었는데, 그분이 문학반 수업을 하는 걸 잠깐 참관했거든요. 시란 무엇이냐, 시를 어떻게 하면 잘 쓰냐, 물건이나 식물을 보면서, 말을 걸면 돼, 꽃아 너는 왜 이렇게 색깔이 빨갛니? 너는 왜 꽃잎이 네 개뿐이니? 그러면 시가 나온대요. 모든 대상을 정말 말이 통하는 대상인 것처럼 말을 걸어보면 그 대답이 바로 시래요. 그런 식으로 해보면, 저마다 생명과도 만나게 될 거예요.

해봤어요. 도대체 내가 소설을 읽으면서 대파가 준 감동을 받아본 적 있었나. 한 번도 없어요. 그럼 가슴이 뻥 뚫리는 문학작품을 썼나? 없어요. 책 읽기가 참 괴로워요. 안 그래요? 읽고 나면 남는 것은 있지만, 하여튼 그래요.

생태주의 이론으로 이 나무와 숲이 잘못되면 인간도 잘못된다는 설명은 별 재미가 없어요. 한번 지나다니면서 유심히 관찰해보세요. 자세히 보면 아마 만날 거예요. 제가 대학교 때 교생실습을 나갔을 때 저를 담당했던 국어과목 선생님이, 나이는 마흔이 넘었지만 말씨는 완전히 소녀 같은 남자선생님이었는데, 그분이 문학반 수업을 하는 걸 잠깐 참관했거든요. 시란 무엇이냐, 시를 어떻게 하면 잘 쓰냐, 물건이나 식물을 보면서, 말을 걸면 돼, 꽃아 너는 왜 이렇게 색깔이 빨갛니? 너는 왜 꽃잎이 네 개뿐이니? 그러면 시가 나온대요. 모든 대상을 정말 말이 통하는 대상인 것처럼 말을 걸어보면 그 대답이 바로 시래요. 그런 식으로 해보면, 저마다 생명과도 만나게 될 거예요.

임은옥 제가 청소년들한테 평소 말하고 싶은 게 생각이 났어요. 아까 모른다는 것과 자기 희생이라는 그 대안 문제와 관련해서도 이런 생각이 드는데요. 모든 사물, 일단 내 곁의 가족부터, 또 내가 가진 필통에 든 연필 하나 그 작은 것부터, 그리고 지나가다 내 발에 채이는 돌멩이 하나까지 사랑으로 대하면, 정말 생명에 대한 대답은 있다는 생각이 들어요. 구체적으로 개발하라, 하지 마라, 이런 게 아니라 그런 모든 것을 다 내가 바라보는 사랑의 시선으로 대하면 답은 그 안에 있다고 생각하고 싶어요.

실은 아침에 책에서 여섯 살 동구 이야기를 읽었는데, 아, 맞다, 어릴 때 저도 그랬었거든요. 주택 옥상에 나무를 심었는데, 무슨 나무인지는 모르겠지만 그 생명의 나무와 함께 저도 무척 좋았거든요. 어리고 순진한 마음에 뭔가 자란다는 게 참 좋았던 적이 있거든요. 그래서 선생님하고 그 점을 공감하는데, 어릴 때 느꼈던, 그리고 지금 세상 사람들은 모든 것을 물질적으로 생각하지만, 아직 이 청소년들은 모든 것을 물질적인 것을 바라볼 나이는 아닌 것 같아요. 물론 부모님한테 용돈을 받아써야 하는 형편이지만, 아직은 순수성을 지닌 나이이기 때문에, 사물에 대해 사랑하는 마음을 갖고 있다 보면, 어떤 조그마한 소리에도 귀를 기울이다 보면, 그게 커서도 내 안에 들어 있는 그 어떤 물질적인 면과 어떤 생명적인 마음이 다툴 때 조금 더 작은 소리에 귀를 기울일 수 있으면, 그 생명에 귀를 기울일 수 있으면 이 세상이 좀 더 아름다운 세상, 정말 내가 바라는 밝고 환한 세상이 되지 않을까, 그렇게 생각해봅니다.

김곰치 완전 동감입니다.

질문자2 이 책에서 북한산 이야기를 하실 때, 시민연대가 했던 행동들에 대해 비판을 했잖아요. 근데 정말 시민운동가들의 입장을 얼마만큼 공유하셨던가 묻고 싶습니다. 처음에 천성산 문제가 터졌을 때, 시민단체가 문제 제기를 많이 했다고 들었고, 그 운동을 하는 과정에서 지율스님과 다른 대책위 사이에 의견 충돌이 있었다고 들었습니다. 그 과정에서 운동가들의 입장과 지율스님의 수도자적 입장이 첨예하게 대립되었기 때문에 제2의 대안이 될 수 있었던, 아니면 제3의 대안이 될 수 있었던 그런 여러 방법 자체도 차단이 될 수밖에 없었다고 저는 생각하거든요. 결국은 스님의 어떤 주장이 일방적은 아니지만 그 주장이 목소리가 커지고 언론을 이용해서 예쁜 장면, 이슈화되는 장면들을 위해서 그쪽만 중심적으로 진행되었다는 판단을 했습니다. 그래서 이런 수도자적인 분들은 어차피 어떤 궁극적인 목적을 가지고, 방향을 제시한다면 운동가들은 그게 아닌 현실적인 대안을 제시할 수밖에 없다고 보거든요.

김곰치 여러 가지 날카롭고 현실적인 지적들이 느껴집니다. 그리고 참 많은 복잡한 이야기들이 담겨 있어요. 지율스님과 운동가들을 단순비교할 수는 없지만, 지금 환경운동이나 시민단체는 제대로 한번 자기 발본적으로 반성을 하지 않으면 결국은 사라질 거라고 생각해요. 그리고 '초록의 아직 이 청소년들은 모든 것을 물질적인 것을 바라볼 나이는 아닌 것 같아요. 물론 부모님한테 책값 하나라도 받아 써야 하는 형편이지만, 아직은 순수성을 지닌 나이이기 때문에, 사물에 대해 사랑하는 마음을 갖고 있다 보면, 어떤 조그마한 소리에도 귀를 기울이다 보면, 그게 커서도 내 안에 들어 있는 그 어떤 물질적인 면과 어떤 생명적인 마음이 다툴 때 조금 더 작은 소리에 귀를 기울일 수 있으면, 그 생명에 귀를 기울일 수 있으면 이 세상이 좀 더 아름다운 세상, 정말 내가 바라는 밝고 환한 세상이 되지 않을까, 그렇게 생각해봅니다.

공명'이라든지 '도롱뇽의 친구들'이라든지 스님이 했던 아주 평화적인 도롱뇽 수놓기라든지 새로운 운동방식을 좀 내세웠거든요. 예를 들면, 시위를 하더라도 열 명이 피켓을 들고 서 있지 않습니까? 그러면 여러분이 지나가다가 그 사람한테 말을 걸 수 있습니까? 쉽게 못 걸어요. 이미 열 명이나 다섯 명이라도 피켓을 들고 서 있는 그 사람들은 약간의 세력이고 일반 행인들보다 큰 존재예요.

지율스님은 뭘 했느냐, 법원 앞에서 쪼그려 앉아 수를 놨거든요. 바느질 말이죠. 지나가다가 사람들이 뭐하냐고 물어요. 택시기사가 내려서 따지기도 하고. 스님 때문에 부산 경제 얼마나 살기 힘든데! 하시는 분도 있어요. 자그마하게 시위하니까 지나가다 말을 걸고 말을 들어보고, '아, 스님 맞네요' 하고 가거든요. 사실 피켓 들고 서 있는 시위는 특별한 경우가 아니라면 효과가 없어요. 그냥 카메라에 한 번 찍혀서 신문에 나오고 말거든요. 진짜 사람의 마음에 의문을 던지고 집에 와서라도 나름대로 생각이라도 해볼 정도가 되려면, 지율스님과 같은 그런 식의 나름대로 새로운 운동방식도 나와야 됩니다.

진정 새로운 운동방식을 논하려면, 시민단체가 사안마다 정말 깊이 고민해야 나올 수 있을 거예요. 근데, 깊이 고민할 시간도 없어요. 그 사람들은 늘 바쁘거든요. 껍데기밖에 없는 환경운동가들이 많아요. 지역 세력들이나 유지와 연관 관계가 있기도 하구요. 그래도 여러 환경 문제를 둘러싼 논의의 판 자체를 형성해온 것은 시민단체가 해왔죠. 헌신적으로 하셨던 분들이 많았습니다.

김현주 환경운동연합 회원으로 활동하고 있습니다. 초등학교 3학년 때부터 부산환경운동연합에 다녔습니다. 초등학교 때니까 많은 산을 다니면서 꽃도 보고, 들도 가고 여러 가지를 했어요. 좋은 경험이었고요. 선생님께서 너무 비관적인 이야기만 하신 것 같은데, 비관적인 것도 있지만 이런 부분들을 긍정적으로 승화시켜서 이건 이렇게 해야 된다, 좀 더 이렇게 나가자라고 말씀해주시면 더 감사하겠습니다.

윤미경 오래전부터 환경운동 실무자들을 만나며 굉장히 큰 감동을 받았고 또 많은 것을 배웠습니다. 그리고 천성산 사건도 처음부터 지켜본 입장이고, 부산지역의 환경운동 단체와 스님 양쪽의 입장을 다 볼 수 있지는 못하겠지만, 그래도 중립성을 잃지 않으려고 많이 노력하는 편이에요.

김곰치 어떤 분이 지율스님을 5년 동안이나 도왔어요. 제가 한 번 진지하게 물었어요. 왜 당신은 지율스님을 떠나지 않느냐. 지율스님의 어떤 면이 힘들어서 몇 번이나 그만두려고 했다, 근데 난 도저히 빠져나오지 못했다고 해요. 왜냐. 정부와 공단이 얼마나 큰 세력이냐. 자기가 보건대 사실 지율스님은 혼자였다. 약자를 안 도울 수가 없었다고 얘기하셨거든요. 일단 저는 공감합니다.

그리고 지역 환경단체와 지율스님 사이의 화해 시도는 도법스님, 수경스님도 중간에 다리를 놓았지만 진정한 화해는 아직 때가 아닌 것 같아요. 지율스님을 매도하는 사람들도 많았어요. 당연히 서로 안 좋은 소리를 하거든요. 저는 약자인 스님을 편들 수밖에 없었습니다. 또 개인적으로도 제 생각이랄까 그런 것이 지율스님 쪽에 가까워요. 그렇지만, 일반론이 되겠는데, 저한테도 초심이 있고, 조직에도 초심이 있습니다. 처음에 조직이 결성될 때 얼마나 기쁩니까. 우리가 사무실 한 칸 얻었구나 할 때의 그 기쁨이 있고 초심이 있는데, 지금 많은 시민단체가 발본적으로 자신을 돌아보지 않으면, 힘들지 않을까라는 생각을 해봅니다.

허아람 김곰치 선생님한테 이런 질문 한번 해보면 어떨까요. 예를 들어, 국민투표를 해야 할 날이 지난 4월 24일이었다면, 예를 들어 대법관 열두 명 중 열 명이 새만금 사업을 완성하라고 판결을 내리기 전에 우리가 직접 민주주의 제도를 이용해서 국민 모두가 투표를 할 수 있는 가상의 시스템을 만드는 겁니다. 그러면 국민이 의사를 표현하겠지요? 이건 정말 제가 원하는 정치제도이기도 합니다. 새만금을 지킬 것인가, 공사를 완료할 것인가라고 했을 때 그 결과를 어떻게 예측하시는지 좀 궁금해요. 무슨 말이냐 하면, 전 세계에 이라크를 침공한 부시를 반대하는 평화주의자가 얼마나 많을까요? 수치로 환산하면 평화를 지키고자 하는 사람들이 훨씬 많을 거예요. 근데 전쟁을 막지 못하고 있고, 부시 정권을 무너뜨리지 못하고 있단 말이에요. 교실에서 전 언제나 이상주의자이기를 원합니다. 이 자리에 계신 분들은 세속에서도 그나마 자신이 정신의 힘으로 버티고자 하는 뭔가 이상을 가지고 있다고 생각해요. 그러니까 의견이 서로 다르고, 또 부딪힐 수도 있고, 입장이 다른 것들 가운데 하나를 택해 옹호할 수도 있어요. 그런데 한 가지 염두에 두셨으면 하는 것은 이 자리에 모인 사람들, 적어도 청소년들에게 어른들이 벌써 어떤 조직과 권력망과 또는 현실에 부딪치면서 부정적으로 상충되는 모습들이 우리가 걸어가야 되는 우리가 뛰어들어야 되는 현실의 전부가 아니라는 그런 이상주의자의 모습을 보여주셨으면 좋겠어요. 평소에는 발바닥을 지구에 직각으로 두고 열심히 글을 쓰시는 소설가 김곰치 선생님도 적어도 이 자리에 청소년들을 만날 때는 시민단체가 어떤 부분은 잘하고 못하고 언론이 장사집단이라는 이야기를 하기보다는 설상 우리의 지금 현실이 그렇다 하더라도 이 친구들이 살아갈 미래에는 그걸 다시 뒤집어엎을 수 있는 그런 근원적인 힘을 가질 수 있는 이야기들을 풀어내는 것이 훨씬 좋지 않을까요?

김곰치 동의하기 힘든 부분입니다. 이 자리는, 우리가 이야기하다 보면 결국은 한국사회를 이야기하는 자리예요. 이 학생들은 제도교육, 학교라는 한국사회의 아주 치열한 현장에 살고 있는 사람들이거든요. 내가 초등학교, 중학교, 고등학교를 다니면서 그게 한국사회의 아주 뜨거운 한 현장이라는 걸 안단 말이죠. 한국사회가 얼마나 황당무계하고 부조리로 가득 차 있는지를 이미 몸소 다 겪고 있는 친구들이에요. 그렇게 생각하기 때문에 못할 말은 없다고 생각합니다.

허아람 못할 말을 가리자는 얘기가 아니에요. 싸워보기도 전에, 어른들이 싸우는 현장의 본질이 무엇인지 파악하기도 전에 그 겉모습들이 먼저 알려지는 것이 저는 어른으로서 마음에 안 드는 거예요. 이 아이들이 자기 삶의 현실에서 싸울 수 있는 사람으로 살아가는 것이 더 중요하지, 싸움의 겉도는 이야기들을 먼저 귀에 담을 이유는 없다고 생각합니다.

김곰치 저는 그런 이야기를 들었을 때, 싸워볼 만하다, 진짜 싸워야겠다는 투지가 솟았거든요. 왜냐하면 싸우려고 하면 싸움의 대상과 목표가 더 살아 있게 느껴지면 진짜 싸우겠다는 감정도 더 살아나게 돼요. 더 열심히 현실을 살게 됩니다.

허아람 그게 부정적이라는 의미가 아니라 싸움의 본질이 무엇이든 이 친구들이 이 자리에 모여 있을 때 뭔가 건강한 연대를, 정신적인 연대를 통해서 희망이나 이 친구들이 나아가야 될 어떤 대안을 서로 모색할 수 있는 실천적인 문제로 이야기 중심을 돌려 주셨으면 하는 바람입니다. 선생님, 이제 갯벌이 없어져요. 천성산도 뚫려요.

김곰치 뚫리고 있어요, 지금.

허아람 예, 그리고 우리는 여기 있습니다. 어떻게 할까요?

김곰치 저도 여기 있는 이유가 뭔가 하기 위해서예요. 뭔가를 하는 것은 다양한 거예요. 뭔가 하기 위해, 그에 앞서 알기 위해 다른 책을 찾아 읽는다든지, 관심 있게 소식을 기다립니다. 관심을 계속 기울이는 것도 요즘 같이 복잡다단한 세상에서 쉽지 않은 일이죠. 아니 제 경험상, 엄청나게 힘든 일입니다. 제 계획은 천성산에 대해 글을 계속 쓰는 것입니다. 별것 아니네요. 그냥 글 쓰는 사람으로서 또 관심을 가진 사람으로서 제 일을 계속 하려 합니다.

개인은 어떤 큰 포부가 있고 인생의 소망도 있고, 직업에 관한 소망도 있지만, 그날그날 열심히 사는 게 바로 인생이거든요. 오늘은 여기서 열심히 이야기를 하고, 열심히 듣고, 또 열심히 질문하고, 그렇게 그날

저는 지금은 큰 대안은 없지만, 이런 창의적인 감각과 느낌과 만나다 보면 자기 속에서 감동이 일어날 거예요. 제가 강조하고 싶은 것은 일단 우리가 한 사람 한 사람으로서 자기를 책임지고 사는 사람이니까, 자기 내면이, 자기 생각이, 자기 느낌이 정말 살아 있는 인간의 것이 되도록 노력하자, 그리고 열심히 인생을 살자, 이게 저의 대안입니다.

그날 잘 살아야겠어요. 그러다 보면, 자기 인생이 희망적으로 잘 흘러가다 보면, 내가 희망이 되어 살아가는구나, 희망이 되어 다른 사람들에게 도움이 되고 있구나, 스스로도 알게 되고, 한 인간으로서는 그 정도만 되어도 만족하며 살 수 있어요.

여러분 스스로가 무궁한 희망이 되어서 살아가는 삶을 살다 보면, 자연스럽게 이 사회에, 우리 사는 이 사회에 참 잘 태어났다! 내가 이번 세상에 잘 태어났다, 하는 말이 입에서 나올 수 있지 않을까요? 어머니 아버지, 저를 낳아주셔서 너무 고맙습니다라고 말씀드린 적 있어요? 혹시 있습니까? 저는 서른 중반 넘어선 요즘 자주 얘기하거든요. 내가 살아간다는 것이 너무 행복해서 아침마다 설레요. 아시겠습니까? 제가 지율스님 사건을 겪고 나서, 스님이 나한테 희망을 주었고, 스님의 희망이 내 희망이 되었거든요. 그것은, 제가 지율스님이 이번에 사경을 헤맬 때, 아 내가 남을 진심으로 사랑할 수 있구나, 하는 깨달음과 확신을 경험했기 때문이에요. 지율스님이 천성산한테 어떤 마음인지 알겠더라구요. 그때 제가 껍질을 많이 깬 것 같아요. 뭔가 저는 희망을 보았어요.

희망, 대안 이야기를 마저 할게요. 대안 이야기는 제가 책에서도 이야기했어요. 활동가들이 창조적인 사고를 해야 한다고요. '기도하는 활동가'에 나오죠. 괜히 쓴 말이 아닙니다. 기도의 경지를 가슴에 품고 진정한 승리를 향해 창의적인 실천을 흔들림 없이 할 수 있다고 생각합니다라고 했죠. 창의적인 실천을 해야 돼요. 이걸 어떻게 해야 되겠습니까? 창의적인 실천을 하려면 창의적인 사고를 해야 되거든요. 창의적으로 느껴야 돼요. 창의적인 사고만이 대안을 찾을 수 있습니다. 그건 어떤 것일까요? 간단하게 이렇게 얘기해보고 싶네요.

지금 이 컵이, 투명한 유리잔이라고 생각해봐요. 물이 반이 있습니다. 사람들은 뭐라고 생각할까요? 흔히 유명한 이야기로 반밖에 안남았다와 반이나 남았다라고 생각하는 것의 차이를 말하잖아요. 긍정적인 사고가 중요하다고들 하죠. 그런데 어떤 과학자가 그 이야기에 반박하는 이야기를 했어요. 그건 틀린 말이다. 왜 객관적인 현실을 자기가 원하는 것으로 보느냐. 그건 정확히 반이 남았다고 말해야 한다. 반이나 남았다, 반밖에 안 남았다보다 제 생각에도 정확히 반이 남았다, 반이다, 하는 게 맞는 것 같아요. 근데 저는 좀 다르게 생각해보고 싶어요. 이걸 보고 뭐라고 느껴야 할까요? '아, 물이다!' 라고 해야 돼요. 우리가 현실의 진면목을 보기 위해서는 이런 게 중요하다고 생각해요. 우리가 수돗물을 집에서 사용하지 않습니까? 물 받을 때 수돗물이라고 생각하죠. 아, 물이다라는 사고를 가진 사람은 수돗물이 아니에요. 아니, 아, 낙동강물이다라고 할 수 있어야 해요.

저는 지금은 큰 대안은 없지만, 이런 창의적인 감각과 느낌과 만나다 보면 자기 속에서 감동이 일어날 거라 믿어요. 제가 강조하고 싶은 것은 일단 우리가 한 사람 한 사람으로서 자기를 책임지고 사는 사람이니까, 자기 내면이, 자기 생각이, 자기 느낌이 정말 살아 있는 인간의 것이 되도록 노력하자, 그리고 열심히 인생을 살자, 이게 저의 대안입니다.

사회자 이제 마무리할 시간이 되었습니다. 김곰치 선생님께서는 이런 소통되는 자발적인 토론의 장이 처음이실 텐데요. 인디고 서원의 주제와 변주에 대해서 한 말씀만 해주시겠습니까?

김곰치 허아람 선생님이 서점을 운영하는 걸 보면서 아, 이런 게 서점이구나, 진짜 서점이 뭔지 알게 되었어요. 그런데 부산만 해도 큰 도시잖아요. 이 서점이 작은 읍내에 있다면, 그 읍내 분위기가 서점 하나로 정말 많이 바뀌었을 거예요. 근데 여기 4백만 도시에 있다 보니까 아직도 빛이 제대로 나지 않고 있어요. 또 허아람 선생님은 부산 문화 전체를 고민하시고, 그 변화를 꿈꾸기 때문에 역부족을 많이 느끼겠지만, 사실 작은 서점 하나가 할 수 있는 것은 이미 다 하고 있거든요. 1백 점짜리예요. 그럼에도 행운을 빕니다. 긴 시간 고맙습니다.

19회

박삼철

『왜 공공미술인가』

2006년 6월 10일 오후 2시

아름다움에 대한 열망, 꿈,
도전은 우리 사회를 살 만한
곳으로 만드는 중요한
자원이다.

박삼철 반갑습니다. 여러분과의 만남이 있다는 얘기를 듣고 아이들이 토요일에 놀지도 않고 모여서 뭘 한다는 걸까라는 생각을 혼자서 했습니다. 무슨 얘기냐 하면, 제가 1964년생인데, 여러분하고 거의 비슷할 거예요.(웃음) 아니, 나이가 비슷하다는 게 아니라 사는 방법이 거의 비슷하다는 말씀입니다. 저도 뺑뺑이로 학교를 들어갔고 대학에 들어가는 것이 목표의 전부였고 청소년 기간이 굉장히 길었다는 점에서 여러분과 비슷한 것 같습니다. 그런데 저보다 한 5년 위의 선배들은 달랐다고 합니다. 학교에서 가르치는 것만 하지 않고 보고 싶은 것 열심히 찾아보고 세상이 뭔지 알기 위해서 책도 많이 봤다고 합니다. 그런 모습과 비교해보면, 우리의 경우는 스스로 알고 깨치는 기회는 주지 않고 배우는 기간만 아주 길어졌구나, 그리고 부모님이나 선생님, 학원 강사들이 시키는 대로 하는구나 하는 생각이 듭니다. 그래서 토요일에 모여 시험과 관계없는 책 이야기를 한다니까 오히려 낯설게 와닿았던 것입니다.

여러분하고 대화를 하기 전에 제가 몇 가지 얘기를 좀 했으면 좋겠습니다. 여기 오신 분들은 논리적으로나 철학적으로 수련이 많이 되어 있을 겁니다. 저는 글자가 좀 없는 세상이 되었으면 좋겠어요. 논리로 사는 세상이 아니고, 느낀 대로, 감성으로 받은 대로 사는 세상이었으면 좋겠습니다. 저는 선생님도 아니고 책 파는 사람도 아니니까 친구로서 이렇게 호소하는 겁니다. 가능하면 감성을 좀 열자. 이 말은 추상적인 이야기가 아니고, 아름다움에 대해 오늘은 다르게 생각하는 시간을 가졌으면 좋겠다는 뜻입니다.

요즘 시대를 에프(F)의 시대라고 합니다. 어떤 에프(F)가 있을까요? 제일 흔한 것은 얼짱이 어떻고 꽃미남이 어떻고 하는 페이스(Face)가 있습니다. 또 뭐가 있을까요? 파사드(Façade)라는 말 들어보셨지요? 파사드는 불어로 건물의 정면이라는 뜻입니다. 옆면도 있고 뒷면도 있는데 왜 정면만 중시하느냐? 사람들의 눈길을 끌고 돈을 불러들이는 것은 파사드거든요. 돈을 불러들이지 않는 측면이나 뒷면은 대충 지어도 된다고 생각하는 것이죠. 또 다른 에프(F)는 바로 패션(Fashion)입니다. 꾸미는 것에 따라, 때깔에 따라 사람의 본질하고 관계없이 사람의 값어치가 달라진다고 하지 않습니까.

앞의 에프(F)들은 하나같이 드러난 아름다움을 강조합니다. 이런 미는 안에 담긴 아름다움이 아니고 억지로 밖으로 끄집어내어 '나 아름답다', '나 예쁘다'를 강조하는 것들입니다. 본래 아름다움이라는 것은 내가 주장하는 것이 아니었습니다. 나의 느낌을 표현할 때 '좋다' '나쁘다'고 이야기합니다. 아름답다고 이야기할 때는 다른 사람이 있을 때를 전제로 하는 겁니다. 타자의 존재를 필요로 합니다.

'타자'라는 말이 갖는 근대적인 의미는 다른 선생님들하고 이야기를 나누었을 것입니다. 근대문화의 한 특성이 타자는 주변화되는 겁니다. 주체인 나만 중요한 거지요. 정복하는(subject) 주체가 타자를 복종시키지요. 오브젝트(Object)하면 바로 '무릎 꿇어'하는 것, 이것이 근대문화의 한 특성입니다. 나만 잘난 겁니다. 이성의 문화, 중심의 문화, 개체의 문화만 잘난 겁니다. 요즘은 아름다움마저도 그런 편향에 빠져버렸습니다. '너'와 '나'가 관계하면서 함께 아름다워야 하는데, 옷을 잘 입고 성형수술을 잘해 우기는 것이 아름다움이 되어버렸습니다.

예술에서도 마찬가지입니다. 나의 재주를 뽐내고 우깁니다. 아름다운 것을 기억했다가 아름답지 못한 것을 봤을 때 성찰하고 비판할 때 쓰는 게 진짜 아름다움입니다. 그래야지만 아름다움이라는 게 아름답지 못한 세상에 대해 간섭하고 꾸짖을 수 있는 사회적 양식이 되지 않겠습니까. 저는 여러분이 예술의 아름다움이 솜씨뿐만 아니라 마음씨라는 것을 알았으면 좋겠습니다. 그리고 아름다움이 있지 않다면 살 만한 세상이 되지 않는다는 것도 알았으면 좋겠습니다. 이제 도시는 사람이 사는 공간이 아닙니다. 차 다니고, 부동산 평수 재고, 학교 등수 따지고,

아름다운 것을 기억했다가 아름답지 못한 것을 봤을 때 성찰하고 비판할 때 쓰는 게 진짜 아름다움입니다. 그래야지만 아름다움이라는 게 아름답지 못한 세상에 대해 간섭하고 꾸짖을 수 있는 사회적 양식이 되지 않겠습니까. 저는 여러분들이 예술의 아름다움이 솜씨뿐만 아니라 마음씨라는 것을 알았으면 좋겠습니다. 그리고 아름다움이 있지 않다면 살 만한 세상이 되지 않는다는 것도 알았으면 좋겠습니다.

학원 등수 올리고……. 사는 것이 아니라 만들고 팔고 돈벌이하는 것뿐입니다.

왜 아름다움은 우리 삶의 거처인 도시가 아니라 미술관 안이나 문화회관 안에 모두 숨어 있습니까? 물론 그것들도 아름답습니다. 하지만 그것은 문화예술로 가꾸어진 아름다움입니다. 작은 아름다움입니다. 진짜 아름다움은 생활 속에서 아름다움의 파문을 만드는 어떤 행위나 물건, 사람입니다. 미인이라 하면 얼굴 잘생긴 사람, 몸매 좋은 사람만 생각하지 않았습니다. 얼마 전까지는 마음씨가 예쁜 사람도 미인이었습니다. 그런데 최근에는 '마음씨는 착해', 이건 욕이죠? 아무리 쇼와 스펙터클에 취해 사는 세상이라고 하더라도 아름다움은 양보하지 말고 살자는 말씀을 조금 장황하게 드렸습니다.

사회자 준비한 질문들을 거침없이 해주시면 좋겠습니다. 아름다움에 관한 질문 더 하셔도 되고, 선생님의 책을 읽고 궁금했던 점 질문해주세요.

학생1 『왜 공공미술인가』를 읽으면서 미술가들 중 순수하게 미술만 한 사람들은 경제적으로 좀 힘들 거라는 생각이 들었어요. 그리고 나서 직업에 대해서 이것 저것 고민했어요. 기술책이나 도덕책에서도 찾아보니, 직업이라는 게 경제적인 것을 추구하는 일이라고 하더라구요. 그런데 또 교과서에서는 직업을 선택할 때 돈에 따라 선택하지 말고 자기 능력과 적성에 맞게 하라고 되어 있었어요. 저는 이게 모순이라고 생각하는데 선생님은 어떻게 생각하세요?

박삼철 하나님은 두 개를 주시지 않아요. 하나님은 자기가 하고 싶은 것과 돈을 함께 주시지 않으니까, 하나님과 게임을 잘 해야 할 것 같습니다. 여러분한테 참 부끄러운 얘기인데, 자기가 하고 싶은 것에 도전하는 많은 분들이 생계문제로 고생하고 있습니다. 우리 사회가 그 구성원들이 추구하는 다양한 가치를 수용하지 못하고 획일적이기 때문입니다. 저는 이런 획일성이 굉장히 위험하다고 생각합니다.

우리는 자기가 좋은 것이라고 하면 남도 반드시 좋아해야 한다고 생각합니다. 반대로 남이 좋아하면 그걸 따라 좋아하기도 합니다. 전체주의와 획일주의의 특색은 인식의 주체인 각 개체를 통해서 세상을 보는 것이 아니라 전체와 체제의 가치로 사고하게끔 만든다는 겁니다. 그래서 모든 것들이 그쪽으로 쏠려갑니다. 문화예술뿐만이 아니고 자기가 좋아하는 것을 직업으로 삼는 사람들의 힘든 여건이 이러한 획일성으로의 쏠림과 관련이 있습니다. 이 획일성은 주로 경제적인 세계관을 따릅니다. 경제적인 가치라는 것은 얼마를 투입해서 얼마를 산출하느냐, 이윤이 얼마냐 하는 것만 따집니다. 그러다 보니까 사람들이 살면서 필요한 부분, 도전하는 부분에 대해서 기회를 갖기가 쉽지 않습니다.

『인간의 조건』을 쓴 한나 아렌트는 인간이 인간으로 살아가기 위해 꼭 필요한 세 가지를 이야기했습니다. '살아 있는 것, 세계를 갖는 것, 그 세계를 나눌 수 있는 것.' 다시 말해 노동, 작업, 행위가 꼭 필요하다고 했습니다. 자연적 필연성의 요구를 받는 노동은 신체를 유지하기 위한 활동이며, 작업은 자연에만 묶이지 않고 지속성을 갖는 자기 세계를 만들기 위해 필요합니다. 자기 세계를 갖더라도 인간은 혼자 살 수 없습니다. 행위는 말과 행위로 세계를 나눠 가지는 것입니다. 이것이 세계 다양성의 기반이기도 합니다. 노동과 작업, 행위가 골고루 있어야 하는데, 우리 사회는 지금 경제적 세계를 충족시키는 노동밖에 없는 것처럼 보입니다. 그러다 보니 정작 중요한 행위, 즉 세상을 성찰하고 옆사람하고 만나 논쟁하고 싸우면서 고민하는 행위적인 가치가 빈약합니다. 상상력을 비약시키고 도전하는 작업적인 공간도 매우 부족합니다.

우리 아버지들이 귀가하실 때 왜 표정이 어두운지, 왜 술을 망가지도록 먹고 들어오시는지 아세요? 그만큼 힘드시니까 그렇습니다. 아버지들에게 지금 자신들을 위한 자리가 없습니다. 직장이라는 것이 자리 아니냐고 말씀하십니까? 그 자리는 아버지의 자리가 아니고 그 직장 사장님의 자리이지요. 아버지께서 사장이시면 아버지의 자리입니다만. 냉혹한 현실입니다. 저는, 이런 현실 속에서도, 자기 꿈을 갖고 자기가 하고 싶은 것을 찾으라고 말씀드릴 수밖에 없습니다. 배고플 각오 좀 하십시오. 자기 하고 싶은 것에 끝까지 도전한다면, 대신 마음은 가득 찰 것입니다. 그리고 자기가 하고 싶은 것의 주변 문맥을 잘 만드시라는 말씀도 드려야겠습니다. 내가 미술을 하고 싶을 때 미술만 생각하고 미술로만 먹고살려고 하면 힘들어질 수밖에 없습니다. 하지만 미술 바깥의 문맥인 사회, 공간, 도시라는 보다 넓은 시각을 갖고 미술의 역할을 찾는다면, 훨씬 더 창의적이고 생산적인 역할들을 만들 수 있습니다. 디자인할 때 자기가 하고 싶은 것만 디자인하면 배고플 가능성이 크고, 많은 사람들이 필요로 하는 것을 내가 하고 싶은 것과 연관시켜 하다보면 배곯지 않습니다.

사회자 선생님께서 하고 싶은 일도 하면서 돈도 벌 수 있는 방법을 말씀해주셨네요. 우리가 정말 궁금해하는 부분이잖아요.(웃음) 그런데요 선생님. 실제로 어떤지는 물론 모르지만 일반적으로 미술, 예술과 관련있는 일을 하는 사람들이 경제적으로 많이 힘들다고 알려져 있고 책에서도 그런 말씀을 하신 것 같아요. 그런데 영문학을 전공하신 선생님께서는 어떻게 공공미술에 대해 관심을 가지게 되셨습니까?

박삼철 대학교를 졸업하고 직장을 선택해야 되는데, 넥타이 안 매는 데 어디 있을까 열심히 찾았습니다. 그래서 신문사에 들어가게 되었습니다. 그런데 입사 첫날 문화부장이 저보고 '야, 너 미술 맡아' 하는 겁니다. 그날 자취방에 가서 '아, 대학교 4년 다녀 결국 미술에 빠지는구나!' 하면서 울었습니다.

울면서 시작을 했는데, 작가들이 살면서 만들어내는 것을 경험해보니까 전혀 이전에 맛보지도 알지도 못한 세상의 재미더라고요. 이 좋은 것이 왜 이렇게 감춰져 있고 폐쇄되어 있을까 하는 생각이 자연스럽게

들 수밖에 없었습니다. 그래서 그 당시에 저하고 뜻을 같이하는 큐레이터들이 미술관 밖에서 쓰이는 미술이 더 많은 시대가 올 것이라는 비전을 갖고 팀을 하나 만들게 되었습니다. 2000년에 『미술, 공간, 도시』라는 공공미술 책을 번역했고, 그후 뜻을 같이하는 미술가들과 함께 공공미술 프로젝트를 만들어오고 있습니다. 그러다가 현장 경험을 바탕으로 우리 식으로 생각해본 『왜 공공미술인가』라는 책을 이번에 쓰게 되었습니다.

흔히 공공미술이 순수미술과 싸우기 위해 나온 것으로 압니다만 그렇지 않습니다. 공공미술의 등장은 사회 속의 미술을 다양하게 활성화할 뿐만 아니라 순수미술을 재활시키고 확장하는 기능을 합니다. 공공미술, 미술의 공공성은 미술관 바깥으로 카펫을 까는 것과 같습니다. 일상 속의 시민이 주저함 없이 미술의 장에 오르도록 초청하고, 그런 관계 속에서 일상이 새로운 세상을 만나야 미술도 튼실한 뼈대와 속살을 살찌울 수 있습니다. 여러분도 미술의 참세상을 한번 맛보신다면, 저와 같은 선택을 특수한 사례로 보지 않을 것이라고 확신합니다. 아름다움을 찾아가는, 마치 엄마를 찾아가는 것처럼 인간의 가장 자연스런 삶의 여로입니다. 그런 점에서 보면, 제 인생 여정이 특이한 것이 아니라 진정한 멋과 아름다움을 모르는 우리 사회의 무신경과 무감각이 특이한 것일지도 모른다고 생각해볼 필요가 있습니다.

이해미 아까 이중섭 얘기가 나와서 생각이 났는데 일전에 삼성미술관 리움에 갔었거든요. 가기 전에 초등학생들하고 책에 실린 이중섭 그림을 함께 봤어요. 이중섭 그림이 어떠냐고 했더니 애들이 '선생님 이거 너무 야해요'라고 하는 거예요. 해변에서 발가벗고 노는 아이들을 보면서 이게 뭐냐고 했더니 솔직하게 성기라고 하더라구요. 그러면서 그냥 초등학생들이랑 책을 읽었어요. 그런데 막상 가니까 사람들이 모두 거기에 아주 깊은 뜻이 있는 것처럼 보고 있는 거예요. 애들하고 이거 너무 웃기지

박
삼
철

우리나라 미술관과 박물관 문화가 제대로 활성화되어 있지 않아 생기는 문제들을 생각해봐야 할 것 같습니다. 미술관이라고 하면 우리는 큰마음 먹고 때빼고 광내어 시간을 잡아야 겨우 갈 수 있는 곳입니다. 외국에서는 굉장히 자연스럽게 가는 곳이 미술관과 박물관이고 거의 커뮤니티 하우스나 동네 사랑방처럼 들락날락거리는 공간입니다. 우선 우리 미술관과 박물관 숫자가 절대적으로 부족한 것이 문제입니다.

않냐고 하면서 봤는데 미술관에 온 사람들은 아주 멋지게 차려 입고 진지한 얼굴로 뭔가 다 이해한다는 표정으로 관람하더라구요.(웃음) 분위기가 너무 익숙하지 않아서 그 코너는 빨리 나왔거든요. 예매를 하니까 공짜 쿠폰을 받았어요. 그런 것만 좋았지 들어가는 문턱은 너무 높았어요. 그리고 그 작품을 몰입해서 본다기보다는 이상한 기류가 흐르는 듯한, 정말 편안하게 작품을 감상하는 게 아니라, 내가 정말 미술관에 와 있군 하는 분위기가 흐르는 거예요. 진짜 후다닥 나왔어요. 맘에 드는 작품은 겨우 하나 봤어요. 나머지는 있는지 없는지도 모르고 왔어요.

박삼철 여러 가지 문제를 지적하셨습니다. 우선 우리나라 미술관과 박물관 문화가 제대로 활성화되어 있지 않아 생기는 문제들을 생각해봐야 할 것 같습니다. 미술관이라고 하면 우리는 마음 먹고 때빼고 광내어 시간을 잡아야 겨우 갈 수 있는 곳입니다. 외국에서는 굉장히 자연스럽게 가는 곳이 미술관과 박물관이고 거의 커뮤니티 하우스나 동네 사랑방처럼 들락날락거리는 공간입니다. 우선 우리 미술관과 박물관 숫자가 절대적으로 부족한 것이 문제입니다. 이 숫자가 늘 때까지는 리움 같은 곳의 신세를 져야 하니까 말씀하신 것 같은 불편을 겪는 것은 다소 감수해야 할 형편입니다. 그곳은 법적으로는 개인 소유의 공간이니까요.

리움 말고 간송미술관이라고 있습니다. 간송 전형필 선생은 여러분도 들어보셨을 겁니다. 일제 때 일본인들이 문화재를 반출하는 것을 막기 위해 막대한 돈을 써가면서 경매에 참여해 우리나라의 귀중한 문화재들을 사 모아 국내에 남게 해준 분입니다. 그 문화재들로 간송미술관을 만들었습니다. 사설미술관이죠. 사설미술관이다 보니까 1년에 딱 두 번 하는 전시 이외에는 공개가 되지 않습니다. 그곳에 있는 미술작품을 연구하려 할 때도 공공미술관과 다르게 사설미술관의 까다로운 허가 요건을 거쳐야 합니다. 딜레마죠.

국보, 보물로 지정되어 국가의 공유 보호문화재인데, 그걸 좋아하거나 연구할 때 개인기관의 까다로운 허가를 거쳐야 하니까. 그래서 최근 어떤 사람이 신문에 기고를 해 이 딜레마를 지적하고 나섰습니다. '왜 너희만 보고 연구하느냐?' '우리도 좀 보게 해달라!' '아무리 개인 것이지만 이미 국보와 보물로 등록된 공유재산이고 그 공간이 아무리 개인 소유지만 국민들이 참여해 문화적으로 가꿔왔으니 국민의 공간이다.' '1년에 딱 두 번만 전시하지 말고 상설로 개방 전시하라!', '소장자료에 접근할 수 있는 권리를 공공적 수준으로 허용하라!' 저는 이런 지적이 우리 문화가 좋은 방향으로 많이 바뀌고 있다는 증거라고 생각합니다.

여태까지는 '하지 마세요!' 라고 하면 우리 국민들이 착해서 하지 않았습니다. 이제 자신의 권리, 문화를 향유할 수 있는 권리를 자각하고 외치기 시작한 겁니다. 문화재가 비록 리움 안에 있지만 리움이 살아 있는 것은 여러분과 제가 가서 보니까 가능한 겁니다. 문화공간의 살아 있음을 만드는 제일 큰 요소가 무엇입니까? 작품입니까, 주인입니까? 그 것들도 매우 중요하지만, 미술관이 죽지 않았구나 하고 느끼게 만드는 것은 사랑하는 문화를 찾아 매일 들락날락거리는 사람들입니다. 그곳들이 사적 공간이지만, 참여와 사용에 의해 살아 있게 되는 공적 특성을 갖는다는 말씀입니다. 그래서 신문에 기고하신 분의 요구처럼 문화 사용자이자 미술관 구성인자로서 공적으로 함께 쓰는 환경에 대해서는 당당하게 요구를 해야 할 것 같습니다.

그 다음 지적하신 작품을 보는 문제는 두 가지인 것 같습니다. 말씀하신 것처럼 부지불식간에 작품의 어떤 분위기에 사람들이 짓눌리죠. 우리가 흔히 미술에 아우라나 후광이 있다고 하는데, 한편으로는 나쁜 후광이 시민 관객에게 억압적으로 작용하는 경우가 많습니다. 우리가 서울의 이순신 장군 동상이나 부산의 정발 장군 동상을 본다고 칩시다. 조각은 높은 좌대 위에 있습니다. 좌대라는 것이 단순하게 작품을 보호하기 위해 높인 물리적인 오름이지만, 이것이 '하지 마시오!' 의 표식과 똑같은 역할을 합니다. 높이와 권위를 통해 '시키는 대로 해!' '나를 존경해!' 라고 명령하는 겁니다. 존경하지 않으면 비애국적인 시민, 비문화적인 시민으로 혼난다는 뜻이 좌대에 들어 있습니다. 그러니까 그런 작품 앞에서는 우리도 모르게 옷매무새도 단정히 하고 거룩한 마음을 정중히 헌납하듯이 마음도 추스르게 됩니다. 그런 것처럼 미술은 항상 일상의 위에 있습니다. 그걸 위계라고 하죠. 미학의 위계로 보면, 미학이 여러분을 주눅들게 할 수밖에 없습니다. 이것에 저항하고 바로 잡으려면, '아 저거 고추네!' 이렇게 자신있게 이야기를 해야 합니다. 분명히 고추를 그려놨는데, 그것이 엄청나게 문화적인 의미가 있는 것처럼 포장하고 그걸 모르느냐고 주눅들게 윽박지르면 안 됩니다. 분명히 고추인 것이죠. 예술적 진실이 일상적 진실, 삶의 진실을 윽박지르고 정복하면 미술이나 삶 모두 불행할 수 있습니다.

그래서 저는 여러분에게 서로 충돌하는 요구를 할 수밖에 없습니다. 하나는 보고 느낀 대로 까발리라는 겁니다. '야, 이건 좋다!', 큰소리를 치세요. '이건 나쁘다, 왜 이렇게 못 그렸어!' 큰소리로 말하세요. 짓눌려서 머리로 받아들이지 말고 내 마음에 들어오는 대로 미술과 세상을 받아들이라고 말씀드리고 싶습니다. 두 번째는 '아는 만큼 보인다' 입니다. 앞에 한 말과 다릅니다. 세상이라는 게 정답 하나만 있는 것은 아닙니다. 이쪽으로 갔다 저쪽으로 갔다 해야 정답이에요. 여러분이 철학공부를 할 때 들었을 법한데, 절대적인 진리는 드물고 상대나 상황 속에서 제대로 드러나는 경우가 많은 것 같습니다. 그래서 눈치를 잘 살피셔야 합니다. 이건 까발려도 되겠다 싶으면 그렇게 하세요. 이건 뭐가 있는 것 같다 싶으면 조용히 있으세요. 우리가 잘 모르는 게 적지 않습니다. 이성 일변도로 치우치는 태도를 버렸으면 합니다. 감성이 얘기하는 것, 내 몸과 마음이 요구하는 것에 충실하세요. 인간(人間), 사람과 사람 사이에는 이성이라는 것도 꼭 필요합니다. 너무 이성으로만 세상을 사니까 감성을 강조하는 것이지, 이성도 필요합니다. 이성과 감성이 균형을 잡아야 합니다.

성민주 저는 이 책을 읽으면서, 꼭 미술에 국한된 것이 아니라 우리 삶에서도 느낄 수 있다는 그런 느낌을 많이 받았습니다. 이 책에서 마음에 와닿는 말이 있어서 제가 조금 읽어보고 싶습니다. 317쪽인데, 제 삶에 맞게 조금 바꾸어서 읽어보겠습니다.

> 몇 살이냐가 아니라 얼마나 잘 살아 있느냐로 사는 근거가 재구성 되어야 한다. 삶은 삶과의 동반 속에 그들의 필요 속에 산다. 고통 과 죽음 속에 함께 산다. 자살하고 죽기 때문에 그것은 거듭 부활한 다. 학교 안에서 박제화되고, 인공호흡하며 사는 것이 아니라 삶 속 에서 슬픔과 분노로 함께 죽고 기쁨과 즐거움으로 다시 산다.

솔직히 저희가 학교에 다니면서 박물관 근처에도 가보기 힘들고 정말 박제화되어 사는데, 박물관이나 미술관에도 가보면서 슬픔과 분노와 기 쁨과 즐거움을 맛보며 살아보고 싶은 생각이 들었거든요. 선생님께서는 많은 사람들을 만나고 많은 작품을 보셨는데 마음에 확 와닿은 작품은 어떤 것인지 궁금합니다.

박삼철 우선, 죽고 싶은 것은 아니죠? 죽음과 관련된 부분을 읽으신 것 같아 서요. 아니에요. 죽고 싶을 때가 많을 겁니다. 저도 죽고 싶은 마음이 매일 매일 생겨나거든요. 죽어야 살아납니다. 그렇다고 진짜 죽는 게 아니라, 욕심으로 죽고 좌절로 죽어요. 분노도 죽이고 즐거움도 비워 야지 다시 채워집니다. 그런 것이 죽음으로 배우는 것일 겁니다. 그런 측면에서 죽음, 모멘토 모리(momento mori)를 이야기했습니다.

저는 이런 말씀을 드리고 싶습니다. 흔히 작가들은 창의성이 풍부한 사람들이라고 이야기합니다. 창의성하면, 여러분은 새로운 아이디어를 잘 짜내는 것, 기발한 물건을 잘 만드는 것으로 생각하는데, 참된 창의성은 우리가 울고 싶을 때 울게 만들어주고 웃고 싶을 때 웃게 만들어주는 것입니다. 새로운 것을 만들어내는 것도 중요하지만, 오래된 삶 속에서 새로운 눈으로 오래된 삶을 볼 수 있게 해주는 게 진짜 창의성이라고 생각합니다. 얼마 전에 남자들이 하는 〈백조의 호수〉 공연이 있었습니다. 연출가가 매튜 본이었나요? 다들 〈백조의 호수〉라고 하면 예쁜 발레리나의 우아한 몸놀림을 떠올리는데, 강건한 근육질의 남자들이 한번 점프할 때마다 무대가 흔들릴 정도로 다이내믹한 새로운 몸 풍경을 만들었습니다.

저는 창의성의 제일 중요한 자원이 '차이'라고 생각합니다. 차이라는 것은, 원효대사의 말씀처럼 화쟁(和爭)입니다. 같이 있어야 다름을 알고 다름이 있어야 같음을 알 수 있습니다. 차이는 싸우면서 어우러지는 생성의 자원입니다. 같은 것만 있으면, 그것은 곰게, 차이 없음입니다. 창의성이라는 것이 삶과 유리된 채 예술 속에서만 벌어지는 일이라면, 차이의 의미가 없지 않겠습니까? 예술의 차이를 통해 예술과 삶의 화쟁을 만들 때 예술은 진정한 창의의 의미로 거듭나고 일상은 습관의 두터운 각막을 떨쳐내고 새로운 세상을 볼 수 있습니다. 그게 진정한 창의성입니다. 세상을 차이나게 보아야 합니다.

여러분은 때로는 선생님이나 부모님의 실험도구일 수밖에 없는 처지지만, 그게 '내 생활이다'라고 받아들이는 피동적인 태도는 문제가 있다고 봅니다. 그 속에서도 자기 것을 찾고 만들어내야 합니다. 선생님이나 어머니와 화쟁해야 합니다. 무리한 요구일 수도 있겠지만, 한 번 더 자기 세계를 가져달라고 부탁하고 싶습니다. 남들이 강요하는 시각 이외에 나의 세계는 어떻게 그려질 수 있을까 고민하십시오.

서울 광화문에 〈망치질하는 사람〉이라는 재미있는 작품이 있습니다. 높이 22미터나 되는 철인이 하루 종일 망치질을 하고 있습니다. 이것을 만든 작가 조너선 보로프스키의 조각도 흥미롭지만, 저는 개인적으로 이 작가의 드로잉을 무척 좋아합니다.

드로잉들은 잘 그린 것들이 못 됩니다. 그냥 연필로 끄적끄적 낙서하듯 그렸습니다. 그런데 그림에는 꼭 일기를 쓰듯이 문장이 들어가 있습니다. 그 문장들은 하나같이 '나는 꿈꾼다(I dreamed)'로 시작합니다. 어떤 날은 '내가 날 수 있으면', 어떤 때는 '내가 하늘을 만질 수 있다면' 하고 주절거립니다. 그런 꿈 드로잉이 수백 장입니다. 그러면 그 꿈은 현실이 됩니다. 머리나 말로만 꿈꾸면 내 꿈이 되지 않습니다. 손과 몸을 써야 마음이 담기고 그 꿈이 내것이 됩니다. 내 꿈이 내가 세상을 사는 에너지가 되는 겁니다. 여러분도 그림을 잘 그리든 못 그리든 상관없이 '나는 꿈꾼다'라고 쓰고 하루에 하나씩만 글로 쓰거나 그림을 그려보라고 권하고 싶습니다. 황당한 망상이라도 좋습니다. 나는 꿈꾼다, I dreamed 영어도 한번 써보시고, 꿈 그림이나 글을 만들어보십시오. 차곡차곡 쌓아두면, 그 꿈은 절대 도망가지 않아요. 이 꿈이라는 게 결국 나의 제일 중요한 성장 자원이 되고, 나중에 컸을 때 다시 꿈꾸고 클 수 있는 자원이 됩니다.

질문자1 미술에 대해 문외한이었는데, 20대 때 우연히 뭉크의 화집에서 〈절규〉 그림을 보고 큰 충격을 받았어요. 그때 제 나름대로 가진 느낌이 있었는데, 살다가 힘들거나 지칠 때, 그 그림이 떠오르면서 고함 지르고 싶을 때, 살면서 죽고 싶을 때 그 그림을 떠올리면서, 아름다움으로 아름답지 않은 것을 정화시킬 수 있다는 것을 느끼곤 했거든요.

이건 순전히 제 느낌이었는데, 그 뒤 책이나 잡지에서 뭉크의 〈절규〉를 저와 비슷한 느낌으로 언급한 것을 보면서 이 아름다움이랄까 인간의 감성이라는 게 참 비슷하다는 생각을 했습니다. 미술이 미술관 안에 있을 때는 솔직히 큰소리를 치면서 보든지 근엄하게 폼을 잡고 보든지, 그건 일단 보러 온 자의 주관대로 볼 수 있는 권리니까 뭐라고 할 수 없

공공미술이 아무리 밖으로 나온다고 해도 우리가 그것을 보면 거기에는 심오한 뜻이 있을 거라고 생각하고 겁을 먹습니다. 받아들이는 것 자체가 평등한 관계가 아니라는 거죠. 미술은 가진자들의 점유물이라는 식으로 생각을 하면서 받아들일 것이 분명하기 때문에 공공미술이 진정 사람들에게 다가가기 위해서는 조형물을 설치하는 것 말고도 그 이상의 노력이 필요하다고 생각합니다. 그렇게 하기 위해서는 어떤 노력이 필요한지 선생님의 답이 궁금합니다.

단 말이죠. 그런데 선생님 말씀대로 이 미술이 바깥으로 나와서 공공으로 까발려놨을 때는 미술관에 보러 온 사람들의 것이 아니라 지나다니는 모든 대중의 것이라고 볼 때 그 자체가, 예를 들어서, 폼 잡고 봐야 할 물건도 있고 이렇게 웃으면서 볼 것도 있죠. 많이 본 것 중 '바르게 살자'라는 표어가 있어요. 이걸 보면서 뭐라고 형용할 수 없지만 우습다고 여겼어요. 얼마 전 어머니를 모시고 가다가 '바르게 살자'라는 글씨가 크게 쓰여진 걸 본 거예요. 근데 우리 어머니 같은 경우에는 우습게 여기시기는 커녕, 그래, 정말 바르게 살아야겠다고 생각하시더라구요. 그때 제가 이 책 생각이 났던 거예요. 선생님은 책 속에서 그렇게 말씀하셨어요. 이거는 체제 운운하면서 바르게 살아라라고 강요하는 거고, 어떻게 보면 폭력일 수 있다고요. 그 말씀을 저도 공감은 하지만, 제 개인적인 느낌은 차치하고서도 전문가가 그렇게 말씀하시니까 그런 것 같은데, 그러나 실제로 바깥으로 나와 있는 공공미술일 때, 그 공공미술을 즐길 권리가 있는 나이 많으신 어머니는 그걸 보고 어떤 체제나 폭력으로 느끼기보다는 바르게 살아야 한다고 스스로를 반성할 수 있는 계기로 삼으시더란 말이죠. 이 부분을 예술가들이 특히 공공미술가들이 어떻게 해결해야 하나 하는 생각이 들었어요.

박삼철 고마운 지적을 해주셨습니다. 예술이 사회를 만나는 두 가지 방식이 있습니다. 하나는 대중화입니다. 요즘 이 말을 참 많이 씁니다. 시민들을 찾아나가서 거리에서 열린 음악회를 열거나 공연을 하면 대중화되었다고 말합니다. 예술의 문턱을 낮추고 시민들이 찾기 쉽게 만들면 주로 그렇게 말합니다. 그런데 그렇게 이야기되는 대중화 중에는 예술을 낮춰 대중의 취향에 인위적으로 맞추는 노력들이 많습니다. 티켓 가격을 낮추든가, 하이라이트만 쏙 빼서 보여주든가, 미술관의 도슨트처럼 작품을 알아듣기 쉽게 설명해주든가 하는 것들 말입니다. 이런 노력들의 문제는 예술의 질적인 문제를 양적인 차원에서 해결하는 위험성이 있습니다. 또 하나는 예술의 민주화입니다. 이것은 나에게 중요한 예술적인 가치가 나를 통해서 일반인이 느끼고 공유하게 하는 노력을 말합니다. 그러니까 시민과의 수평적인 관계를 중요시하고, 양적인 거래가 질적인 소통을 찾습니다. 대중화는 많은 사람을 만나지만, 민주화는 문화의 주인을 키우는 데 더 많은 관심을 갖습니다.

아무리 공공영역이라 하더라도 예술은 사회가 시키는 대로 할 수 없습니다. 모든 사회 부문이 사회체제가 시키는 대로 다 하고 있는데 예술마저 그렇게 순응한다면 너무 슬픈 사회가 되지 않겠습니까? 아무리 체계적인 사회라 할지라도 예술이나 종교처럼 제 나름의 가치와 리듬으로 움직이는 영역이 있어야 합니다. 이것이 자율성입니다. 이건 굉장히 중요한 겁니다. 이게 무너지면 우리 사회는 획일적인 하나만 남게 됩니다. 예술이 간직한 자율성은 삶의 주체로서 우리가 배워야 할 자율성입니다. 우리 삶의 자율성을 되찾기 위해 마지막으로 적금을 들어놓은 겁니다. 그래서 저는 일반인들이 필요로 하는, 우리 사회가 요구하는 작업을 해야 하지만 그것이 자율적으로 성찰되고 행위되지 않는다면 예술의 가치를 잃은 작업이라고 생각합니다. 참 쉽지 않은 예술 작업입니다. 그래서 작업 중엔 한편으로 사회를 꾸짖고 욕하고 싸우는 작업들이 있습니다. 사회적인 타성, 사회적인 안이함과 맞서 싸우는 작업들입니다. 결국 민주화로 보면, 일상이 예술의 주인이 될 수 있어야 하고 그 반대로 예술이 사회의 주인이 될 수 있는 민주가 참 중요하다는 것을 알 수 있습니다.

요즘은 미술뿐만 아니라 공연, 음악, 무용, 마임 가릴 것 없이 밖으로 나오고 싶어합니다. 안에 갇혀 있고 늘 같은 사람만 만나다 보니까 예술 하는 사람들도 재미없는 것이죠. 예술은 섞여야지만 자기 기반이 유지되고 생명이 재활될 수 있습니다. 그래서 계속 나오고 있습니다. 예술이 스스로 나오면 우리는 고맙죠.

박삼철

작년에 정명훈이라는 세계적인 마에스트로가 동네 음악회를 열어 화제가 되었습니다. 신문에서 뭐라고 했지요? '세계적인 음악거장이 어떻게 동네에 오냐?'고 의아해하면서 시민들이 고마워한다고 대문짝만하게 실었습니다. 그런데 외국의 마에스트로는 세계 톱클래스의 공연만 하지 않습니다. 커뮤니티 안에서 자기 역할을 다 합니다. 어떤 커뮤니티에서는 시인이 가끔 애들을 모아서 함께 시를 노래하고, 요리 잘하는 사람이면 사람들을 불러 모아서 함께 요리하고 음악을 잘하는 사람은 음악으로 함께 나누는, 그러면서 자기 동네를 살립니다. 동네를 살리는 것이 결국 세계를 살리는 것이겠죠. 세계만 있고 자기 동네가 없으면 뿌리 없이 부유하는 유령이 됩니다. 정명훈처럼 찾아나서는 것이 당연하다는 것입니다. 우린 즐길 권리가 있습니다. 요즘 문화사회, 문화도시를 여기저기서 많이 외칩니다. 문화도시에서는 "예술가, 이리와!" 해서 안 오면 혼내는 게 여러분의 권리입니다.

김지현 선생님 책 『왜 공공미술인가』를 읽고 미술에는 순수미술뿐만 아니라 공공미술이라는 것이 있다는 것을 알았습니다. 그 공공미술이 우리의 상상이나 창의력을 불러일으켜주고 체제를 변화시켜야 한다고 생각합니다. 가진 자들만의 소유물이 아니라 사람들을 위한 진정한 미술작품이 되어야 한다는 말에 동의하고, 공공미술의 역할이나 의의에 대해서 공감합니다. 하지만 저는 이것이 어떻게 현실적으로 실현될 수 있는지에 대해 의문을 품게 됩니다. 이미 저희는 미술작품을 평가하고 심오한 뜻을 읽어내야만 한다는 생각에 사로잡혀 있습니다. 그래서 공공미술이 아무리 밖으로 나온다고 해도 우리가 그것을 보면 거기에는 심오한 뜻이 있을 거라고 생각하고 겁을 먹습니다. 받아들이는 것 자체가 평등한 관계가 아니라는 거죠. 미술은 가진 자들의 점유물이라는 식으로 생각을 하면서 받아들일 것이 분명하기 때문에 공공미술이 진정 사람들에게 다가가기 위해서는 조형물을 설치하는 것 말고도 그 이상의 노력이 필요하다고 생각합니다. 그렇게 하기 위해서는 어떤 노력이 필요할까요?

박삼철 질문이 점점 어려워지는군요. 처음에는 쉬운 질문 위주로 편하게 하시다가, 후반부에서 본색을 드러내시는 군요. 작가가 작업하는 과정에 일반인이 참여한다면 그 작업은 작가의 것이 아니라 우리 것이 될 수 있습니다. 이제까지 문화의 주인은 예술가였습니다만, 문화예술의 주인은 예술가와 보는 사람, 시민이어야 합니다. 제가 미술공부를 하면서 굉장히 답답하게 느꼈던 것이 있습니다. 아마 미술책 보신 분들은 느끼실 겁니다. 우리 미술책을 읽다보면, 이게 당나라 때를 이야기하는 건지 조선시대 얘기를 하는 건지, 어느 시대, 어떤 삶인지도 모르겠는데, 오로지 색깔이 어떻고 문양이 어떻고 선이 어떻고 하는 내용으로만 책을 다 덮어버립니다.

예를 들어 청동기시대의 문화재가 하나 있다고 칩시다. 그러면 청동기시대 때 사람들은 도대체 무슨 생각으로 이걸 만들었을까 하는 것이 제일 궁금하지 않을까요? 거기에 새겨진 문양이 요동식이냐, 시베리아식이냐 하는 건 부차적이죠! 도대체 이 사람들은 어떤 세상에 살았기에 이런 걸 미술로 만들었나 하는 관심과 궁금증이 문화재를 만나는 최우선 요소라고 봅니다. 그런데 그런 것을 답해주는 미술책은 그 어디에도 없습니다. 그래서 결국 형식적인 미술만 남고 삶으로서의 미술은 남아있지 않습니다. 문화재를 공부할 때 우리와 아무런 연관이 없는 그 형식을 외우려니까 얼마나 답답합니까. 남방식이다, 퇴화철화문이다, 당초문이다, 무언가 연상되는 게 있어야 하는데 그냥 달달 외워야 하니 얼마나 재미없고 의미가 없겠습니까?

미술을 우리 삶의 언어로 다시 봐야 하는 부분이 많습니다. 미술의 언어로 보는 것은 그동안 충분히 했습니다. 두 가지 예를 짧게 들어보겠습니다. 〈반구대 암각화〉나 부러진 방패처럼 생긴 〈농경문 청동기〉는 누구나 알 겁니다. 교과서에 나왔으니까요.

〈농경문 청동기〉는 한 남자가 깃이 길게 나온 모자를 쓰고 따비질하는 모습을 새긴 공예품입니다. 뒷면에는 나무 위에 새가 앉아 있어 솟대의 문화원형을 알 수 있게 해줍니다. 청동기 시대니까 그리고자 하는 내용이 아주 거칠고 간략하게 표현되어 있습니다. 그런데 미술책에서는 '선문(線文)과 격문(格文) 등으로 이루어진 윤곽선이 돌려져 있다. 그 안을 다시 격문대를 중심으로 좌우 2구로 나누어 여기에 섬세한 문양을 음각하였다……' 하는 식으로 전문가의 언어로 설명하고 있습니다. 다른 문화재도 마찬가지죠. 안내판이 분명히 한글로 되어 있는데, 해석하기가 더 힘듭니다. 세상과 아무런 연관이 없고, 보는 이와 아무 관계가 없다면, 그 설명이 살아 있겠습니까?

제가 이 문화재들을 한번 읽어보겠습니다. 고래, 호랑이, 멧돼지 등 동물들이 많이 등장하는데 주로 바다동물이 많습니다. 거북이가 있고, 그 다음에 사람이 있습니다. 어, 알몸에, 고추까지 드러나 있네요. 〈농경문 청동기〉에도 주인공은 알몸입니다. 역시 고추가 나와 있어요. 수렵시대나 초기 농경시대에 농사를 짓거나 사냥할 때 중요한 전통이 있습니다. 나경(裸耕)', 나렵(裸獵)입니다. 알몸갈이, 알몸 사냥입니다. 당시 세계관에서는 곡식을 키우는 땅이나 동물들은 인간의 소유가 아닙니다. 신의 것입니다.

그래서 신께 이 동물과 곡식을 얻을 수 있도록 허락을 구해야 합니다. 두 문화재에 새겨진 그림은 신께 허락을 구하는 제의를 새긴 겁니다. 등장인물들은 제사장이고, 그들이 하고 있는 행위는 신께 허락을 얻기 위해 신을 즐겁게 하는 '신락(神樂)'입니다. 대지의 신을 즐겁게 한다, 이 관념은 신을 여성으로 생각한 것이겠죠. 그래서 남자들이 알몸으로, 고추를 빳빳하게 세우고 있는 겁니다. 유사 성행위를 하는 거죠. 물론 이 성은 요즘의 섹스가 아니라 성(性)과 성(聖)이 겹쳐 있는 우주적인 성이죠. 자연과 함께 하는 성입니다. 두 문화재는 그런 성스러운 제의를 새긴 겁니다. 그런데 이렇게 이야기하는 책은 없습니다. 당시 세계의 이야기가 전제되어야 그림이 비로소 우리에게 다가오는데, 오로지 드러난 형식, 선과 색으로 문화를 설명합니다.

제대로 살기 위해서는 미술과 사회, 문화와 세상이 만나야 합니다. 작품 하나 잘 놓는 것보다 미술을 같이 이해하고 이야기할 수 있는 여건이 중요합니다. 외국에서는 공공장소에 작품을 설치할 때 작가 혼자 작업실에서 만들어 툭 던지듯 갖다놓는 경우는 없습니다. 작품을 만들겠다고 하면 아이디어 스케치를 가지고 사람들을 초청합니다. "제가 이번에 동네 한쪽에 이 작품을 놓기로 했습니다, 여러분의 의견은 어떠십니까?" 하고 대화를 이어나갑니다. 여러분은 일상 속의 사람이고 작가는 예술세계에 있는 사람입니다. 서로 다른 세계가 만나 대화를 나누는 것이지요. 그러면 일상 속의 사람들은 예술의 세계에 눈을 뜨게 되고 예술가는 일반인들이 원하는 것을 알고 거기에 맞춰 창작하는 겁니다. 예술교육이라는 것을 따로 어렵게 할 필요가 없습니다. 그런 식으로 자연스럽게 서로 얘기를 하다 보면, 우리가 학교에서 배우는 관념화된 이론교육 같은 것의 문제를 넘어설 수 있습니다.

우선, 조금 전에도 말씀을 드렸지만, 내가 내 마음에 드는 옷을 골라 입듯이 자기에게 와닿는 미술을 좋아하십시오. 뭉크를 말씀하셨는데, 뭉크 작품을 좋아하시는 분은 굉장히 진도가 빠른 편입니다. 뭉크 그림은, 웬만한 무신경이 아니면 전율이 쫙 밀려올 겁니다. 그런 그림은, 말씀하신 것처럼 머릿속에 담고 있다가 내가 진짜 답답하고 소리를 지르고 싶을 때, 그 그림을 대신 쓰실 수 있습니다. 정말 소리를 맘껏 지를 수 있게 도와주는 그림입니다. 그런 식으로 쓰이고 사용되는 것이 예술의 참된 의미가 아니겠습니까? 계속 대화하고, 서로 교육하는 과정이 필요한데, 그것이 쉽지는 않을 겁니다. 사랑을 이루고 지켜가기 위해서는 굉장히 공들이고 노력해야 합니다. 예술도 마찬가지입니다.

박
삼
철

제대로 살기 위해서는 미술과 사회, 문화와 세상이 만나야 합니다. 작품 하나 잘 놓는 것보다 미술을 같이 이해하고 이야기할 수 있는 여건이 중요합니다. 외국에서는 공공장소에 작품을 설치할 때 작가 혼자 작업실에서 만들어 툭 던지듯 갖다놓는 경우는 없습니다. 작품을 만들겠다고 하면 아이디어 스케치를 가지고 사람들을 초청합니다. "제가 이번에 동네 한쪽에 이 작품을 놓기로 했습니다, 여러분의 의견은 어떠십니까?" 하고 대화를 이어나갑니다. 여러분들은 일상 속의 사람이고 작가는 예술세계에 있는 사람입니다. 서로 다른 세계가 만나 대화를 나누는 것이지요. 그러면 일상 속의 사람들은 예술의 세계에 눈을 뜨게 되고 예술가는 일반인들이 원하는 것을 알고 거기에 맞춰 창작하는 겁니다. 예술교육이라는 것을 따로 어렵게 할 필요가 없습니다. 그런 식으로 자연스럽게 서로 얘기를 하다 보면, 우리가 학교에서 배우는 관념화된 이론교육 같은 것의 문제를 넘어설 수 있습니다.

서로 사랑하는 겁니다. 그래서 우리도 계속 사랑하는 연습과 훈련을 해야 합니다.

김아름 선생님 책에서 한 문단만 뽑아내어 읽고 질문을 드릴게요. 52쪽입니다. "기왕에 행복과 불행에 양자택일은 참으로 평온한 선택이었다. 그러나 그 평온함은 행복의 조건에 대해 망각을 길러왔다. 망각하는 능력은 복종하는 능력과 비례한다. 행복은 주체적으로 찾은 행복이 아니라 주어진 행복, 양들의 침묵으로 얻은 행복일 뿐이다. 이제 세상 속으로 다시 들어가서 온몸으로 가짜들과 싸워 진짜 행복을 찾아내야 한다. 가짜와 진짜의 구별은 만져보고 비교해보지 않으면 안 된다. 몸의 정치만이 삶으로서의 행복과 우리의 행복을 재구성할 수 있다." 이 구절을 읽으면서 선생님께서는 행복하신지 묻고 싶었습니다. 그리고 행복하시다면, 그 행복을 느끼게 하는 것이 무엇인지요? 혹시 아니라면 과연 우리는 이 세상에서 행복하기 위해서 어떤 노력을 해야 할까요?

박삼철 행복에 대해서 다시 질문을 해보고 싶었습니다. 행복하십니까? 행복하세요? 이렇게 한 번 묻고 싶었습니다. 자주, 열심히 행복을 외치는데, 왜 행복하지 않나, 그게 껍데기만 있고 알맹이는 없는 게 아닌가 하는 생각이 들었기 때문입니다. '행복'이라는 단어가 제일 많이 쓰이는 것은 기업들의 마케팅입니다. 행복주식회사, 행복을 드립니다, 행복하세요……. 우리 주변에는 굉장히 상업화되고 의식화된 행복이 천지에 널려 있습니다. 맛있는 것을 먹을 때 행복하고 좋은 옷을 입을 때 행복하고 일등을 했을 때 행복하고……. 이런 것이 행복의 전부인 것처럼 착각되고 있습니다. 행복은 없고 행복의 이념만 있는 것 아닌가요? 스스로 찾고 만든 생각이 아니라 주어진 생각에 나도 모르게 세뇌되어 따를 때 이념화되었다고 이야기합니다. 나와 상관없는 어떤 것이 지금 행복을 만들고 있다면 그 행복은 이념화된 행복이지요. 우리 스스로 찾고 만드는 행복, 이게 참 중요한 행복과 즐거움인데, 체제에 의해 만들어진 행복에 가려져 그것이 있었는지, 있는지를 모르게 되어버렸습니다. 우리는 우리 자신의 행복을 다시 묻고 찾아야 합니다. 우리 가정 안에 머물기보다는, 기왕이면 밖으로 나가서도 싱싱하게 생동하는 행복이면 더 좋겠습니다. 내 이웃, 이 땅에 같이 사는 사람들이 더불어 행복해질 수 있으면 좋겠습니다.

저는 행복했다가 불행했고 불행했다가 행복합니다. 하루 24시간 행-불행이 숨가쁘게 뒤바뀌기도 하겠지요. 다른 분들도 똑같지 않나요? 행복하기도 하고 죽고 싶기도 하고요. 어쩌면 죽고 싶을 때가 더 많을지도 모르겠습니다. 하지만 사람들은 죽고 싶다고 죽지 않죠. 간혹 죽고 싶은 것과 죽는 것을 분별하지 못해 안타까운 죽음이 생겨납니다만, 죽고 싶을 때일수록 행복의 조건을 성찰하고 행복할 수 있는 조건을 만드는 행동을 해야 할 것입니다. 행복한가 행복하지 않은가 하는 판단보다 더 중요한 것은 '나의 행복'이 뭐냐고 질문하는 겁니다. 나의 행복이라는 것은 내가 있는 상황과 여건에 따라서 계속 바뀌고, 나의 성장에 따라서 계속 변화할 수밖에 없습니다. 행복이든 지식이든 규정하고 성취하는 것보다는 끊임없이 찾는 일이 더 중요합니다. 탐험과 탐색이라는 것은 철학적인 단위와도 연관이 있습니다. 행복은 여행의 목적지에 도달했을 때가 아니라 여행하는 과정에서 얻어집니다. 행복도, 아름다움도, 그것이 무엇인지에 대해 계속 찾는 것이 중요합니다. 그리고 그것을 옆사람하고 나눠 가질 때 더욱 행복하고 아름다울 것입니다.

질문자2 선생님 책 표지에 보면 '미술, 살 만한 세상을 꿈꾸다'라고 적어놓으셨는데, 표지 그림에 건장한 남성의 실루엣이 나와 있습니다. 제가 여성이라 그런지 모르겠지만 이 표지가 남성 중심의 문화를 반영하는 것이 아닌가 하는 생각이 듭니다. 이 표지에 나온 그림은 책 속에는 없던데 과연 이러한 위압감이 존재한다면 공공미술을 말할 수 있겠습니까? 이 표지 선정에 대한 선생님의 의견을 듣고 싶습니다.

행복한가 행복하지 않는가 하는 판단보다 더 중요한 것은 '나의 행복'이 뭐냐고 질문하는 겁니다. 나의 행복이라는 것은 내가 있는 상황과 여건에 따라서 계속 바뀌고, 나의 성장에 따라서 계속 변화할 수밖에 없습니다. 행복이든 지식이든 규정하고 성취하는 것보다는 끊임없이 찾는 일이 더 중요합니다. 탐험과 탐색이라는 것은 철학적인 단위와도 연관이 있습니다. 행복은 여행의 목적지에 도달했을 때가 아니라 여행하는 과정에서 얻어집니다. 행복도, 아름다움도, 그것이 무엇인지에 대해 계속 찾는 것이 중요합니다. 그리고 그것을 옆사람하고 나눠 가질 때 더욱 행복하고 아름다울 것입니다.

박삼철 혹시 출판업에 종사하시나요? 저의 부끄러운 문제가 딱 들켜버렸습니다. 출판사와 표지를 협의하는 과정에서 책에는 언급된 적이 없는 작품 사진이 쓰였습니다. 표지에 실린 작품은 안토니 곰리의 〈또다른 장소〉라는 작품인데, 등신대 크기의 반추상화된 남성 누드 조각 수백 개가 한꺼번에 해변에 설치된 작품이었습니다. 그렇다고 남성 중심주의를 표현하는 작품은 아닙니다. 줄곧 인체만을 다루어온 작가의 실존적인 메시지를 설치형태의 조형작업으로 담은 것으로 여성을 누드로 만들고 관음을 유도하는 남성 중심적 작업과는 큰 차이를 보입니다. 어쨌든 표지 디자인 때문에 내용에 없는 작품 사진이 표지에 실려 저 역시 얼굴 성형의 문제를 지적받을 수밖에 없습니다.

제가 책 제목을 "미술, 살 만한 세상을 꿈꾸다"로 잡았습니다. 살 만한 세상을 만들기 위해 미술의 아름다움을 잘 활용하자는 제안으로 받아들이시면 고맙겠습니다. 아름다움은 아름답지 못한 세상을 견제하는 실제적인 사회의 단위이기 때문에 살 만한 세상을 만드는 핵심적인 기반이라고 생각합니다. 2년 전 영국 문화부장관은 "가난, 질병, 무지, 불결, 나태 등 5대 사회 빈곤과 싸워 이기기 위해 제6의 빈곤과 싸워야 한다. 그것은 모든 빈곤의 근원인, 열망의 빈곤"이라면서 문화예술의 사회적 역할을 강조했습니다. 아름다움에 대한 열망, 꿈, 도전은 우리 사회를 살 만한 곳으로 만들고 지켜가는 중요한 자원이라는 이야기입니다. 그런 취지에서 미술이 살 만한 세상을 꿈꾸는 자원이라고 이야기하고자 했습니다.

미술의 남성적인 폭력성을 지적하셨는데, 그런 경우가 많습니다. 미술뿐만 아니라 공간 자체가 남성화되어 있습니다. 그런 성향을 쉽게 느낄 수 있는 것이 기념탑이나 기념조형물입니다. 이것들은 20~30미터되는 높이의 수직구조물로 하늘 높이 치솟는 형상을 하고 있습니다. 어디를 가나 비슷합니다. 이것은 근본적으로 칼하고 똑같은 상징구조를 하고 있습니다. 시위하고 윽박지르는 구조 위에서 자신의 독백을 강요합니다. 지극히 남성적이지요. 미술사의 첫째 장은 알타미라 동굴벽화에서 보듯이 동물입니다. 그 다음은 〈빌렌도르프의 비너스〉처럼 여자 인체상이었습니다. 신석기시대에 도시를 만들고 권력이 만들어지면서부터 남성 미술이 적극적으로 도입되는데, 이때부터 자연적인 것, 여성적인 것은 철저히 억압됩니다. 그 전통이 지금 미술, 그리고 우리 도시의 폭력적인 남성 성향으로 이어지고 있습니다. 사회가 남성적 가치로 주도되고 그런 가치와 행위가 미학적으로 정당화, 미화되다 보니 작품과 공간이 남성화, 폭력화되는 겁니다.

한번 둘러보십시오. 여성들이 만드는 공간들은 거의 없고 여성작가들이 만든 작품은 남성작가들에 의해 철저하게 차별받는 탓에 여성적 성향의 작품이나 공간을 찾기 매우 힘듭니다. 미국에 '게릴라 걸스'라는 페미니즘 운동 그룹이 있습니다. 이 단체의 작품 중 "왜 여자는 벗어야만 미술관에 들어갈 수 있느냐?"고 항변하는 것이 있습니다. 미술관을 차지하는 것은 남성 작가이고 그들은 여성 모델을 발가벗겨 그림을 그리고 남성 관객들은 그렇게 그려진 여성의 나체를 즐기는 관음이 문화로 포장되어 있다는 지적입니다. 남성적인 공간, 남성적인 행위, 남성적인 문화……. 우리 삶의 공간과 문화가 남성화되다 보니 공간이 굉장히 흉포합니다. 흉하고 황폐하고 폭력적입니다. 이것을 치유하려면 여성성을 살려야 합니다. 많은 여성 건축가, 설계가, 미술가들이 작품을 만들고 도시를 재활하는 데 참여해 남성 일방주의를 치유하지 않는 한, 근대적 공간과 문화는 앞으로도 계속 삶을 흉포하게 만들 것입니다.

이슬아 제가 지금부터 여러분한테 질문을 하나 드릴 거예요. 특히 청소년 여러분께 질문을 할 건데. 네, 아니오 이렇게 대답해주시면 됩니다. 먼저 우리가 이렇게 살고 있는 공간이 우리를 풍요롭게 만들어주고, 우리를 좀더 재미있게 살도록 만들어주는 것 같아요?

청중 　아니오.

이슬아 　이런 대답이 나와서 다행입니다. 만약 누구라도 '네' 이렇게 했으면 저
는 이런 질문을 드렸을 거예요. 혹시 지금 부산에서 비엔날레가 열리는
것 아시나요? 알고 계시는 분 많으신가요? 별로 없죠? 저는 이처럼 서
울에서 오신 분들도 알고 계시는데 부산에 살고 있는 저희는 이런 걸 잘
알지 못하는 게 바로 현실이라고 생각합니다. 이 책 255쪽에서 선생님
께서도 사람들은 사람 속에 살고 같이 사는 공간에서 함께 쓰는 언어로
삶이 있는 현장의 이야기, 역사, 믿음, 좌절을 같이 경험할 수 있어야 한
다고 얘기하셨는데 가만히 생각을 해보니까 우리 현실에는 청소년들이
이런 현장의 이야기를 담아내는 매체라든지 책이 별로 없는 것 같아요.
그래서 제가 여기서 극비를 하나 누설하려고 합니다.

　지금 'Indigo+ing'이라는 잡지를 하나 창간하려고 준비중입니다.
그 이유는 제가 아까 말씀드렸다시피 우리 삶에서 무언가 빠져 있다는
느낌을 받았고, 또 이런 일을 인디고 서원에서 했으면 좋을 것 같아 건
의를 하였습니다. 8월 28일에 창간할 예정입니다. 아직까지는 회의를
거듭하면서 우리가 생각하는 모토를 정형화하지 못했지만 추상적으
로나마 이런 문장들로 만들었어요. 내 안의 가장 깊은 곳에서부터 가까
운 것, 멀리 있는 것 같지만 더불어 살아가면서 고민하는 것, 자아와 세
계를 사유하는 것, 또 그런 것을 고민하는 주체적인 우리 청소년이 있다
는 것을 세계에 말하고 소통하는 것, 세계를 움직이는 힘을 우리 안에서
확인하고 키워나가는 것, 그리고 그것을 모든 청소년과 연대하여 그 꿈
을 공고히 하는 것이라는 모토로 《Indigo+ing》의 창간을 준비하고 있
습니다.

　그런데 저희가 매번 회의를 하고 어떤 기사가 좋을지 기획을 하고 있
지만 아무래도 청소년들이라서 그런지 좀 많이 부족한 편이어서 매번
회의의 끝은 이걸로 끝이 나요. 과연 우리가 청소년 잡지를 세상에 펴내

는 이유는 무엇인가. 그래서 공공미술을 다룬 선생님께서 지금 청소년들에게 청소년 잡지가 발행된다면 그때 담보해야 할 공공성으로는 무엇이 있는지, 저희에게 가장 절실한 것을 내세워야 할 텐데 어떻게 하면 좋을지 조언을 해주셨으면 합니다.

허아람 선생님이 답변하시기 전에 제가 책에 관해 하나 덧붙일 게 있어요. 제가 출판에 관련해서 뭔가 얘기할 수 있는 기회가 있다면 아마 2006년도에 가장 중요하고 좋은 책 한 권으로 『왜 공공미술인가』를 선정할 겁니다. 그런데 정작 글을 쓰신 분은 이 책의 가치를 모르시는 것 같아요. 첫 번째는요, 이 책에서 '공공' 뒤에 괄호를 붙이면 수많은 단어가 들어갈 수 있어요. 그래서 이 미술이라는 단어 대신에 우리는 반드시 공공에 대한 고민을 해야 됩니다. 특히 민주 공화국을 살고 있는 공화국 시민으로서 이것은 기본적으로 알아야 되는 개념임에도 불구하고 교과서에도 나와 있지 않아요.

선생님 책이 아마 일반 서점에서는 미술 관련 도서로 분류되겠지만 저는 이게 그렇게 분류되어서는 안 되는 굉장히 중요한 문제를 다룬 책이라고 생각해요. 한 저자가 10년 동안 고민한 내용을 책으로 이야기를 묶으셨을 때는 그 사람의 삶의 철학과, 가치관이 깔려 있다고 봐야 하거든요. 그렇게 볼 때 이런 개념은 사실 이보다 더 어린 학생들에게 더 어린 아이들에게도 필요합니다.

우리가 공화국에 살면서 공공의 혜택과 권리를 다 같이 누려야 되는 시민으로 성장하기 위해서 필요한 너무나 당연한 문제를 이제서야 다루신 것 같다는 의미에서, 저는 사실 어디에도 이 책을 당당하게 소개하고 중요성을 강조할 생각이거든요. 저자를 실제로 뵙고 보니 책보다 훨씬 말을 잘하셔서 조금 당황스러운 점도 있어요. 그래서 방금 학생이 질문을 한 것은 미술이라는 단어를 뺀 공공에 대한 얘기를, 학생이 얘기한 잡지, 청소년 문화에 공공성이 들어간다면 선생님은 어떤 공공성을 강조하고 싶으신지를 묻는 거라는 생각이 듭니다.

　또 한 가지 이 책이 중요한 이유는 이것이 미술이기는 하지만 선생님이 주장하시는 것 중 전반적으로 가장 중요한 것은 우리의 삶이거든요. 일상에서 미술이 어떤 비중을 차지하는가가 아니라 우리의 삶 속에 어떻게 미술을 끌어올 것인가라고 하는 주체의 전도, 그러니까 일반적으로 생각하는 그런 미술을 하시는 분들의 이야기가 아니라 우리의 삶 속에 우리의 이야기에 미술을 어떻게 끌어올 것인가에 대한 주체가 바로 서 있는 책이기 때문에 중요합니다. 그래서 몇 가지 더 강조를 하고 싶은 이야기가 있긴 하지만 여러분이 책을 면밀히 읽으시면 지금 제가 강조하려는 부분을 충분히 찾으실 수 있다고 생각해요. 중요한 건 저자께서 이 책을 쓰실 때 과연 어떤 독자가 이 책을 선택할지 궁금해하셨을 것 같다는 겁니다. 아마 앞으로 이 책은 더 많은 다른 분야에서, 그러니까 정부에서 정책을 결정하는 분이라든가 심지어는 정치가라든가 교육에 종사하는 분들이라든가, 미술과 전혀 관련 없는 사람들이 사실은 우리 삶 전체에 대해서 고민해야 되는 가장 중요한 이슈가 담겨 있어요.

　저는 평소에 공간을 중요하게 생각하는 편이라 이 책이 올 한해 제가 여러 가지 일을 해나가면서 중요한 결정을 하는 데 많은 도움을 준 책이기도 합니다. 한 권의 책이 어떤 사람에게 새로운 꿈을 갖게 하고 그 사람은 그 꿈을 통해 실천을 하게 된다는 점에서 선생님께서는 앞으로 저술활동을 좀 더 적극적으로 하셔도 좋을 것 같습니다.

　두 번째는 비판하고자 하는 것은 아니지만, 이 문제에 대해서 조금 덜 다루어졌다고 할까요, 아니면 제가 생각할 때 이쪽에서 얘기했으면 좋겠다는 개념이 선생님이 말씀하신 '사용자 개념'입니다. 왜냐하면 사용자가 주체가 되는 세상을 꿈꿔야 된다고 이론적으로 충분히 근거를 밝혀서 설명을 하셨지만, 중요한 것은 이곳에 있는 모든 분들도 사실 몇 시간 동안 이 공간에 대한 사용자라고 할 수 있잖아요. 우리는 사실 일상인으로서 모든 우리의 삶의 주체로서 사용자의 개념을 충분히 체득하고 충분히 느끼고 생활해야 되는데. 일상에서 그런 주체적인 사용자로서의 역할과 자기 권리를 아예 망각하고 살 때가 많단 말이죠.

이런 개념이 더 중심이 되어야 하는 이유는 사실 이 자리에 있는 사용자들이 앞으로 세상을 어떻게 살아갈 것인가, 또 주체적으로 자기의 어떤 아름다움을 누릴 것인가라고 하는, 그런 근본적인 질문을 잡으셔야 이 책의 가치가 더 빛을 발하지 않나 생각을 합니다. 이 자리는 유감스럽게도 공공의 자리가 아닙니다. 무슨 말이냐 하면, 나라의 지원을 받은 것도 아니고. 어떤 단체로부터 이런 행사를 하라고 돈을 받은 적도 없습니다. 순전히 어쩌면 한 개인이 오랫동안 꿈꾸어왔던 좋은 커뮤니티를 세상과 만나게 하는, 그러니까 사실은 공공으로 저절로 전이된 이상한 공간이기도 합니다.

그래서 저 스스로는 그 경계에서 이것을 어떻게 생각해야 될까라는 갈등을 자주 하게 되거든요. 어떻게 보면 개인적인 공간인데 이 개인적인 공간을 너무나 버젓이 때로는 아주 뻔뻔스럽게 공공의 공간으로 이용하려고 하는 마음에 들지 않는 사용자들도 꽤 많단 말이죠. 여러분을 두고 하는 말은 아닙니다. 그런 의미에서 사실은 우리가 진짜 누려야 되는 공공의 자리에서는 그 권리를 제대로 누리거나 요구하지 못하면서 때로는 굉장히 사적인 공간에서도 너무나 당연하고 몰염치하고 무례하게 사용을 하려고 하는 개념 없는 사용자들에 대한 반성과 태도, 이런 것들도 앞으로 충분히 논의되어야 하지 않나 생각합니다.

결과적으로는 이 책을 통해 우리가 보게 되는 것은 미술에 대한 것뿐만 아니라 일상에서 우리의 삶 속에, 선생님 말씀으로 하면, 서술 공간으로서의 의미를 풀어낼 것인가 하는 문제가 제일 중요하다고 생각합니다. 그래서 이것은 선생님에 대해서 답변을 요구하는 것이 아니라 이 자리에 계신 여러분이 이 자리가 끝나더라도 그런 의미들, 그런 문제들에 한번 깊게 자기 고민을 하는 시간들을 가지셨으면 좋겠습니다.

박삼철 여러분의 질문에 정답을 드리리라고는 기대하지 않으시겠죠? 도전은 스스로 하는 거니까요. 영어로 관심(interest), 기억하다(remember), 표현하다(represent) 세 단어를 써놓고 질문과 연관시켜 이야기를 해보겠습니다.

공공성, 공공 공간은 누구나 왔다갔다 할 수 있는 접근성, 개방성만으로 충족되지 않습니다. 더 중요한 것은, 나의 관심과 너의 관심이 서로 만나는 것입니다. 여기 보시면 관심은 사이(inter)와 존재(est)가 함께 만듭니다. 존재와 존재의 사이가 관심입니다. 내가 어느 탤런트를 좋아하는 것은 지극히 개인적인 관심입니다만, 존재로서의 사람과 사람 사이에 있는 관심사는 훨씬 더한 재미와 의미를 갖겠지요. 그래서 공동의 관심을 찾아내는 게 굉장히 중요할 것 같습니다.

두 번째로 기억하다(remember)를 보시죠. 기억하는 것은 정말 중요한 삶의 자원인데, 우리는 너무 많이 망각해서 탈입니다. 기억이 있어야 삶을 성찰하고 앞으로 만나는 세상에 대해 판단하고 행동하는 틀을 가질 수 있습니다. 물론 그때의 기억이라는 것은 과거 그대로의 기억일 수도 있지만, 대체로 그런 과거는 없죠. 다시 구성한 과거가 됩니다. 그런데 기억하는 것도, 자기 혼자 떠올리기 위해서 쓰는 경우보다 그렇지 않은 경우가 훨씬 많습니다. 누구에게 얘기해주거나 알려주거나 싸우기 위해서 끄집어내는 경우가 많습니다. 이것도 조금 전 말씀드린 것처럼 타자의 존재를 필요로 합니다. 다시(re) 불러오면 함께 하는 이들(member)이 만들어집니다.

공동체가 만들어진다는 거죠. 그래서 공동체의 활동을 만들기 위해서는 이 기억의 다리로 사람들을 계속 연결시켜야 합니다. 지금 월드컵으로 다시 축제 공동체가 만들어지고 있습니다. 월드컵으로 모이자, 월드컵 2002년을 기억하자, 그런 공동체가 자연스럽게 만들어지고 있습니다. 그렇게 만들어진 공동체는 역사적인 사건을 함께 누리고 토론하는 정치, 문화, 생활의 장을 다양하게 꾸밀 것입니다.

그 다음에, 좋은 것은 좋다, 싫은 것은 싫다고 이야기할 수 있는 문화가 되어야 합니다. 표현하다, 서술하다(represent). 자기 느낌을 말하는 겁니다. 자기 느낌을 말해야지만 사람과 사람의 차이가 만나고 이어질 수 있습니다. 내가 말하면 내 옆사람이 가만히 있겠습니까? 거들어야죠. 한 대 패면 가만히 있겠습니까? 맞받아쳐야죠. 나의 느낌을 서술하면 상대도 또 다른 자기를 서술할 수밖에 없습니다. 어떤 서술은 나를 확장하기 위한 것일 수도 있습니다. 그것은 지배주의겠죠. 반면에 나를 전달하고 상대를 받아들이는 서술도 있습니다. 그건 관계주의이고, 우리가 오늘 주제로 삼는 것입니다.

표현하고자 하는 욕망이 있고 능력이 있다면, 여러분이 하고자 하는 것의 반 이상은 이미 해결됩니다. 이번에 여러분께서 청소년 잡지를 만들고자 하는데, 그것도 이미 반 이상은 해결되었습니다. 기억하고 표현하고자 하는 욕망과 디자인 능력이 있다면, 그것이 어떤 때는 책의 형태, 어떤 때는 미디어 페스티벌, 어떤 때는 콜라텍에 가서 춤추는 것 등 다양한 형식과 내용으로 변주될 수 있습니다. 그것을 이슈와 시기에 잘 맞게끔 디자인하면 되겠습니다.

그렇게 되면, 무슨 일이 벌어지더라도 우리는 이미 관심을 가지고 어떻게 해야 하는지를 아는 디자이너이기 때문에 벌어지는 상황에 대해 능동적으로 대처할 수 있겠지요. 이번에 책 만드는 콘텐츠로 심포지엄을 하자, 요즘 디카 폰카 다 가지고 있으니까 그걸로 공간을 찍어 삶의 공간이 얼마나 흉포한지를 살피는 전시회를 열자, 아마 관심들이 꼬리에 꼬리를 이을 것입니다. 이참에 여러분의 공동 관심사가 될 수 있는 주제들의 리스트를 만들어보십시오. 그게 우리 관심의 리스트, 삶의 문제들의 리스트, 꿈의 리스트일 것입니다. 그게 있고 없고 차이는 여러분

표현하고자 하는 욕망이 있고 능력이 있다면, 여러분들이 하고자 하는 것의 반 이상은 이미 해결됩니다. 이번에 여러분께서 청소년 잡지를 만들고자 하는데, 그것도 이미 반 이상은 해결되었습니다. 기억하고 표현하고자하는 욕망과 디자인 능력이 있다면, 그것이 어떤 때는 책의 형태, 어떤 때는 미디어 페스티벌, 어떤 때는 콜라텍에 가서 춤추는 것 등 다양한 형식과 내용으로 변주될 수 있습니다. 그것을 잘 이슈와 시기에 맞게끔 디자인하면 되겠습니다.

의 계획에 방향타가 있느냐 없느냐의 차이일 것입니다.

질문자3 제가 경복궁에서 열리는 백남준 씨 스튜디오에 갔었습니다. 그것을 공공미술이라고 보지는 않잖아요. 근데 그걸 보면 왠지 저분 되게 멋있는데, 정말 좋았어, 이런 말을 하는데 근데 저 사람이 나타내고자 하는 게 뭐지, 좋긴 좋은데 잘 모르는 부분이 많거든요. 근데 우리가 받아들이면서 만들어가야 할 공공이 있는 것인지 궁금합니다. 즐겁게 살아가려면 우리 주변의 즐거움을 스스로 만들어가야 할 부분도 있잖아요. 공공미술뿐만 아니라 아까 말씀하신 순수미술을 공공성을 갖는 측면으로 바꾼다던가, 그러한 또 다른 시도는 어떨까 싶습니다.

박삼철 좋아서 자꾸 보면 저절로 알게 됩니다. 꽃을 예로 들어보겠습니다. 꽃을 좋아하는 것이 꽃의 논리 때문입니까? 꽃에 논리가 있습니까? 좋아서 보는 것이지요. 그런데 좋아서 자꾸 보다 보면 문양이 눈에 들어오고 구조와 의미가 다가오고 그렇게 감성적 체험을 통해 개념적 탐구로 나아가게 됩니다. 사랑하니까 더 잘 알고 싶은 것이겠죠. 중요한 것은 좋아하는 것입니다. 그리고 그 사랑으로 공부를 찾아야 합니다. 현대미술에는 이성적인 것이 많이 개입되어 있습니다. 공부가 필요한 부분이 있다는 말이겠지요.

백남준 선생은 미술사의 흐름에서 굉장히 엉뚱하게 간 분입니다. 다들 회화, 조각으로 가는데, 그분은 TV에 담긴 테크놀로지적 속성을 유심히 탐색하면서 그 탐색을 조각으로 풀었습니다. 그래서 미술사의 흐름과 백남준 창안의 미디어적 속성을 작품의 문맥으로 알 필요가 있습니다. 사전 정보가 필요하다는 이야기입니다. 하지만 정보는 작가 정보만 취하시고 작품 정보에는 너무 의존하지 마세요. 보시고자 하는 작품전의 작가가 어떤 경험을 중시하고 어떤 형식과 주제에 관심을 갖고 있는지에 대해 참조하면 웬만한 작품은 다 해석할 수 있습니다. 작품 설명에만 의존하면 작품을 능동적으로 탐험하고 해석하는 능력을 키울 수 없습니다. 가급적 작품 설명이나 미술관의 도슨트 설명은 멀리 하십시오.

그 다음에 질문하신 것처럼, 요즘 우리 미술관 안에서도 공공성이 굉장히 중요해지고 있습니다. 전에는 주로 미술적 관심에 국한시켜 작가 개인전, 기획전을 열어왔는데, 요즘은 사람들이 관심을 갖는 것에 맞춰 이슈를 만들고 그 이슈에 맞춰 작업하는 작가를 불러들여 전시회를 여는 사례가 늘고 있습니다. 이런 움직임들은 문화사회의 진전에 따라 더욱 활성화될 것이고, 미술관이 미술의 관심만 반영하는 것이 아니라 삶과 미술의 관심을 아울러 반영하는 공간이 될 것입니다. 지금껏 미술관은 미술적으로 폐쇄된 미학의 공간이었다면, 앞으로는 삶과 미술이 공존하는 생활의 공간이 된다는 말씀입니다. 그러면 여러분도 자연스럽게 미술관에 가서 쉬고 놀면서 파티도 할 수 있는, 외국과 같은 상황이 올 겁니다. 다만 이런 부분에 유의해야 할 것 같습니다.

예술은 끊임없이 세계를 탈출하는 존재입니다. 탈주의 존재입니다. 탈주했다 세상으로 돌아오면 새로운 세상이 울려나오지만, 순수와 내면에 치우쳐 돌아오지 않는 경우도 있습니다. 만약 후자의 경우라면 예술도 빈약해지고 사회도 거칠어질 겁니다. 예술가는 탈출할 수 있는 권리를 가집니다. 그런 예술가의 권리에 대해 우리는 사용할 수 있는 권리를 이야기해야 합니다. 이 두 권리가 상호 존중된다면, 끊임없이 새로운 세상으로 탈주하는 예술과 그 예술을 통해 사회적 필요를 늘 새롭게 만들어내는 문화적 사회가 가능할 것입니다.

그런 문화사회는 예술이 자유롭고 사회도 자유로운 살 만한 사회일 것입니다. 그래서 서로 차이 나는 예술과 일상은 서로를 존중하고 아끼고 사랑해야 합니다. 어느 한쪽에게 강요될 수 있는 존중과 사랑이 아닙니다. 그렇다면 미술은 끊임없이 탈출했다가 삶 속으로 귀환하는 노력이 필요하고, 일상 속의 여러분의 역할은 그런 미술에, 문화에 참여하는 노력이 필요할 것입니다. 미술이 사회의 당당한 주인으로 참여하고 일상이 미술의 주인으로 당당히 향유할 수 있는 문화 민주주의입니다. 그래서 여러분의 역할에 대해 유의해주시길 바랍니다.

그런 예술에 대한 참여는 생활문화에 대한 적극적인 참여로 이어질 것입니다. 길거리를 지나다가 벽이나 공공기물의 색깔이나 모양새가 이상하다 싶으면 민원을 넣으세요. 내가 원하는 모양새와 색깔이 나오도록 생활문화의 권리로서 당당히 요구해야 합니다.

우리는 다리를 만들 때 항상 뻔하게 만들지 않습니까. 외국에서는 다리를 만들 때 1퍼센트를 예술에 할당합니다. 우리는 다리라고 하면 차가 다니는 곳으로 쉽게 양보해버리지만, 1퍼센트의 예술을 심는 곳에서는 다리가 오작교처럼 연인이 만나고 즐기는 문화적 공간으로서의 최대 가능성을 열기 위해 그렇게 합니다. 다리의 주인은 차가 아니라 사람, 그것도 사랑과 영혼을 꿈꾸는 사람들입니다. 우리가 그런 요구들을 자꾸 해야 세상이 살 만한 곳으로 바뀔 수 있습니다. 미술이 살 만한 세상을 꿈꾼다는 취지가 그런 데에 있습니다.

여러분이 미술을 통해 아름다움을 기억하고 서술하고 꿈꿀 때 이 세상은 살 만한 곳으로 바뀐다는 말씀을 다시 한번 드리면서 말을 맺겠습니다.

사회자 세 시간이 지났죠. 이제 제가 여러분하고 선생님께 드리는 이야기를 하면서 정리하겠습니다. 같이 어우러져서 고민할 수 있었고, 와닿았던 것은 '공공성'이라는 부분이었다고 생각합니다. 청소년들이 잡지를 준비 중인데, 고3 학생들도 회의를 한다고 밤늦게까지 남아 있곤 합니다. 참 대견하게 느껴져요. 잡지를 만들면 논술에 도움이 된다거나 하는 것과는 상관이 없거든요. 사실 당장 내일 기말고사 시험이 있는데 시험 범위를 조금이라도 더 공부해야 하는 것 아닌가 걱정도 합니다. 하지만 자아에 대해서 계속 고민하고 더불어 살아감에 대해서 고민하는 것들이 지금 당장 시험문제를 잘 풀거나 등수를 올리는 것보다 중요하다고 믿습니다. 지금 청소년들은 내면에서 자기 자신과의 싸움을 지속적으로 하고 있는 시기이거든요. 이런 시기에 건강한 고민을 할 수 있는 친구들이 있다는 것, 이것을 선생님께서 생각해주셔서 이들이 좀 더 많이 느끼고, 누릴 수 있는 공공미술들을 만들어주셨으면 좋겠습니다. 그리고 우리들도 이런 공공미술들이 발전할 수 있도록 사용자로서의 권리와 의무에 대한 질문들을 만들었으면 합니다. 오늘 좋은 말씀 해주신 박삼철 선생님께 정말 감사드립니다.

박삼철 저는 간간이 자전거를 타고 작품이 있는 서울 도심을 여행합니다. 여러분도 짬이 나시면 그렇게 여행해보시라고 권하고 싶습니다. 수확은 의외로 많습니다. 가장 큰 수확은 주인으로 도시를 누릴 수 있다는 겁니다. 작품도 보면서 말입니다. 그 작품들은 좋은 친구로 내 곁에 항상 있을 겁니다. 뭉크의 〈절규〉를 이야기했는데, 그것처럼 나의 삶을 반려하는 친구가 되어줍니다. 내 삶의 주인으로 거듭나고 미술의 친구로 거듭나고……. 그런 인생의 여행을 많이 만들었으면 좋겠습니다.

어쨌든 여전히 너무 과한 관심에, 환대에 몸둘 바를 모르겠습니다. 앞에서 말씀드린 것처럼 저는 제 일을 잘 설명하기 위해서 책 한 권 쓴 거였는데, 이렇게 먼곳에서까지 많은 관심을 보여주시니 정말 너무나 뻔한 이야기지만, 열심히 하라는 채찍질로 알겠습니다. 고맙습니다.

20회

성석제

『내 인생의 마지막 4.5초』

2006년 8월 27일 오후 4시

수많은 개인들의 역사를
보여주는 게 문학이고
소설이다.

사회자 20회 주제와 변주 사회를 맡은 이정석이라고 합니다. 이번 주제와 변주에서는 특별히 주제와 변주라는 기존의 주제에 '문학의 밤'이라는 새로운 변주를 달았습니다. 물론 아직 해가 떠 있어서 '밤'이라고 하기는 그렇지만요. 이제까지 주제와 변주를 다녀가신 몇몇 선생님들께서 보통 강연 형식, 그러니까 혼자 말하고 대답하는 형식이 가장 아쉽다고 하셨는데요. 오늘은 주제와 변주 본연의 목적에 부합되게 진정으로 대화하고 토론할 수 있는 그런 솔직함과 진솔함이 있는 시간이 되었으면 좋겠습니다.

이번 주제와 변주에 모신 분은 소설가이자 시인인 성석제 선생님이십니다. 사실 저희는 선생님의 글을 소설 낭독의 밤이나 수업시간에 많이 읽었습니다. 성석제 선생님은 1986년 월간 《문학사상》에 〈유리 닦는 사람〉 외 네 편을 발표해서 시로 등단하셨고, 1995년 계간 《문학동네》에 〈내 인생의 마지막 4.5초〉를 발표하여 소설을 쓰기 시작하셨습니다.

선생님께서는 특유의 유머와 날렵한 비유로 흥미 있는 작품세계를 펼치셨다는 평가를 받고 계신데요. 사실 제가 이 주제와 변주를 준비하면서 선생님에 대해 조사를 했거든요. 조사하다가 발견한 글이 있어요. 그런데 이 글이 어떤 소개보다 선생님의 문학에 대해 많은 것을 얘기해 주는 것 같아서, 일부를 읽어드리겠습니다. 선생님께서 한국일보에 게재하신 글인데요. 주제는 '나는 왜 문학을 하는가'이고 제목은 〈호랑이 발자국〉입니다.

어느날 나는 호랑이 발자국을 보았다.

엉덩이를 돌려대고 발자국을 찍는 호랑이를 직접 본 건 아니지만 그 발자국은 호랑이가 남긴 것이었다. 스무 살의 싱싱한 직감과 생생한 정황에 의한 명백한 결론이었다. 그래서 그 뒤부터 나는 사람들에게 호랑이, 또는 호랑이 발자국을 본 적이 있다고 말했다. 그런데 아무도 내 말을 믿어주지 않는 것이었다. 어느 때는 나마저도 남한에서 호랑이가 사라진 지 오래되었다는둥 호랑이가 왜 발자국 하나만 남기고 주변에는 아무 흔적도 남기지 않았겠느냐는둥 호랑이의 세력권이 천 리인데 왜 천 리 사방에 그런 이야기가 없느냐는둥 해가며 그때의 그 발자국을 부정하는 대열에 합류하려고 했다. 이처럼 나는 내가 보고 겪은 것, 만난 사람과 그때의 느낌을 남은 물론이고 스스로 믿을 만한 것으로 여기게 하기 위해 소설을 쓰게 되었는지도 모른다.

이제 성석제 선생님의 인사말과 함께 제20회 주제와 변주를 본격적으로 시작하도록 하겠습니다.

성석제 강연을 하러 여러 군데 다니긴 했지만 오늘처럼 이렇게 평등한 자리에서, 연단에서 내려다보지 않고 대등하게 눈을 맞추어가며 대화를 하게 된 건 처음인 것 같습니다. 그동안 말만 대화라고 해놓고 일방적으로 내가 할 말을 늘어놓고 나서는 무슨 대통령 기자회견하듯 질문을 받고 대답하고 하는 게 관행이 되어버렸습니다. 저 역시 원치 않았음에도 불구하고 결국 그런 방식에 익숙해져서 사실 지금 이 자리가 조금 어색합니다. 빨리 이런 어색한 느낌을 풀고 자연스럽게 오랫동안 알아온 사이처럼 속에 있는 얘기를 할 수 있게 되길 바랍니다.

사회자 선생님께서 차를 타고 오시면서 말하는 건 잘 못한다고 하시더라구요. 그래서 저희의 역할이 아무래도 상대적으로 커질 것 같습니다.(웃음) 예, 그럼 제가 먼저 출발하도록 하겠습니다. 선생님 작품 중에 〈나는 호랑이를 보았다〉가 있는데, 혹시 그 소설을 쓰시게 된 배경이 위의 글과 관련이 있는지요?

성석제 아, 그건 〈호랑이를 봤다〉입니다. '나는'이 없고 '보았다'는 '봤다'로 글자가 하나 적지요. 그 소설을 쓴 건 1997년경이고, 지금 사회자가 읽은 글은 한 2, 3년 전 쯤에 쓴 글인 것 같습니다. 시간적으로나 장르상으로 차이가 있지만 결국 제가 썼기 때문에 비슷할 수도 있겠습니다.

〈호랑이를 봤다〉에는 제목 그대로 호랑이를 만난 사람 이야기가 나옵니다. 소설의 마지막 부분에 나그네가 산길을 가는 장면이 있습니다. 밤중에 산길을 가다가 외롭고 무섭고 해서 노래를 부르면서 숲을 헤치고 갑니다. 무엇인가 이 사람한테는 밤중에 산길을 가야 할 만한 이유가 있습니다. 소설에서는 명확하게 나와 있진 않지요. 나그네는 호랑이가 나올 수도 있다는 두려움 속에 산길을 가고 있는 겁니다. 그 두려움을 이기려고 노래도 부릅니다.

원래 호랑이가 나타나면 바람이 분다고 그러죠. 갑자기 비릿한 바람이 불어오고, 짐승 수컷의 냄새가 나고, 또 무엇인가 소리가 들려옵니다. 나그네는 머리끝이 쭈뼛 서도록 공포에 질려서 가다가 발을 헛디뎌서 벼랑에서 구르게 됩니다. 데굴 데굴 데굴 데굴 데굴 떼데굴 데굴 데굴…… 수백 바퀴를 구르다 보니까 정신도 아득해지고, 호랑이가 쫓아오는 건지 안 쫓아오는지, 호랑이한테 죽을지 구르다 떨어져 죽을지 알 수 없게 됩니다. 그런데 마지막 한 바퀴를 구르고 멈췄을 때 보니까 어떤 사람이 나타나서 자신을 바라다보고 있습니다. 나그네는 사람이 반갑기도 하고 이제 살았다는 안도감도 들고 해서 울기 시작합니다. 나타난 사람은 백발이 성성한, 눈 속에 한량없는 지혜를 가지고 있는 듯한 노인인데 나그네를 가만히 지켜보고 있을 뿐입니다. 울고 또 울다 보니 나그네는 마음이 안정됩니다. 울음을 그치고 평온한 상태가 된 나그네에게 노인이 말합니다. "자네, 호랑이를 봤구만."

거기서 이 소설의 제목이 나왔지요. 호랑이가 실제로 이 사람한테 나타났는지도 모르고, 나타났다 하더라도 이 사람을 잡아먹으려고 쫓아왔는지도 모르고, 그게 호랑이가 아니고 표범일 수도 있고, 공룡일 수도 있고, 고양이일 수도 있고, 개미였을 수도 있습니다. 호랑이가 나타났다는 건 이 소설에서 중요하지 않습니다. 그렇게 생각하고 쫓기고 구르고

그렇다면 도대체 뭐란 말이냐. 호랑이일 수도 있고 아닐 수도 있고, 쫓아왔을 수도 있고, 안 쫓아왔을 수도 있고, 이런 게 뭐란 말이냐. 이렇게 생각할 수도 있습니다. 사실과 우리가 알고 싶어하는 어떤 것. 그리고 우리의 상상. 이런 것들이 나무나 풀이나 꽃처럼 이리저리 흩어져 있는 그런 시공간이 아마 소설이 아닌가. 막연하지만 지금 생각하면 그렇습니다.

그에 관해 어떤 말을 한 것이 중요한 거지요. 그런 내용입니다.

제가 소설을 쓰기 시작한 게 1995년쯤이고 나이는 서른다섯 살 정도 였습니다. 그 소설은 소설을 쓰기 시작한 지 얼마 안 되어 써서 그런지 내가 소설을 썼다기보다는 소설이 나를 붙들고 쓰는 것 같은 느낌이 강 합니다. 처음 소설을 쓰게 되면 대부분 비슷한 경험을 한다고 합니다. 소설이 마구 쏟아져서 내가 쓴 소설인지 저절로 쓰인 소설인지, 소설이 나를 붙들고 놀았던 결과물인지 모르겠는데, 그래서 소설이 서툴게 보 일 수도 있고 무슨 내용인지 잘 모를 수도 있고 어쩌면 앞으로 내가 어 떤 소설을 쓸 것인가를 암시해주는 그런 경우일 수도 있습니다. 지금 보 니 그 모두에 해당된다고 생각되는군요. 서툴지만, 어떤 것을 말하는지 알기 어렵지만 내가 앞으로 쓸 소설이 어떤 것인가 하는 것을 보여주는 내용이 아닌가.

그렇다면 도대체 뭐란 말이냐. 호랑이일 수도 있고 아닐 수도 있고, 쫓아왔을 수도 있고, 안 쫓아왔을 수도 있고, 이런 게 뭐란 말이냐. 이렇 게 생각할 수도 있습니다. 사실과 우리가 알고 싶어하는 어떤 것. 그리 고 우리의 상상. 이런 것들이 나무나 풀이나 꽃처럼 이리저리 흩어져 있 는 그런 시공간이 아마 소설이 아닌가. 막연하지만 지금 생각하면 그렇 습니다.

유진재 선생님을 이 자리에 모시게 된 계기가 됐던 책이 『옛 우물에서의 은어 낚시』라는 책입니다. 이 책에서 〈고수〉라는 단편 소설을 아주 재밌게 읽 었는데요, 모르시는 분들과 기억이 잘 안 나시는 분들을 위해서 간단하 게 내용을 소개하겠습니다.

여기서 나오는 그는 바둑의 고수입니다. 그의 실력은 쟁쟁한 프로기 사와 비슷하죠. 프로기사에 입단하지 않고 그는 내기 바둑에 빠져들게 됩니다. 내기 바둑의 세계에서도 그는 매우 유명해졌고 한마디로 잘 나 갔습니다. 그러다가 아주 큰 판을 한번 벌이게 됩니다. 그리고 그 큰 판에서 내기 바둑을 두기 시작하면서 목적했던 큰 돈을 따게 됩니다. 목적을 달성한 순간, 그는 그 돈을 카드와 화투, 마작 같은 도박으로 몽땅 잃게 됩니다. 다시 그는 기원을 전전하며 근근히 살아가는 내기바둑꾼으로 돌아갑니다. 이 소설을 쓰신 성석제 선생님께서 생각하시는 진정한 바둑의 고수 또는 삶의 고수는 어떤 사람인지 매우 궁금합니다.

성석제 제가 어떻게 하다가 프로 기사들하고 좀 알게 된 적이 있었습니다. 1980년대 말에서 90년대 초까지 직장생활을 했는데, 그 직장에서 세계 바둑대회를 개최하는 그런 업무와 연관이 되어서, 프로기사들을 접촉하게 되었지요. 그때 만난 사람이 조훈현, 이창호 등인데 확실히 바둑의 고수란 이런 사람들이구나 하는 걸 깨닫게 되었습니다.

제가 만난 프로기사들은 바둑을 잘 둘 뿐 아니라 뭐랄까 그 사람 곁에 있으면 기분이 좋아지고 저절로 존경심이 들었어요. 나이가 많고 적고는 문제가 되지 않았습니다. 그들에게서는 무엇보다 인간적인 체취를 강하게 느낄 수가 있었습니다. 하늘 위에서 구름을 타고 노는 그런 초월적인 존재가 아니었던 거지요. 바둑이라는 것은 승부이기 때문에, 특히 직업적으로 거기에 종사하는 사람들은 늘 이기고 지는 인간사의 희로애락을 겪을 수밖에 없습니다. 경쟁이 치열한 건 말할 필요도 없지요. 그런 사람들 사이에서 문득 저는 도대체 어떤 사람이 자기 인생, 한 분야의 정점에 올라갔을 때, 원하는 모든 것을 다 성취했을 때 어떤 심정이 될까 하는 생각을 했습니다.

이 소설에서 나오는 내기 바둑의 목적은 물론 돈입니다. 그것도 큰 돈을 따서 어머니한테 내복을 사드리려고 하는 그런 청년이 주인공인데 결국 승리를 해서 자신이 바란 대로 큰 돈을 땁니다. 우리 인생에 그런 순간이 누구나 한두 번 쯤은 있을 겁니다. 그런데 그 순간에 이 사람은 어떻게 했느냐. 내복을 사러 가게로 달려간 게 아니라, 돈 가방을 들고 내기 바둑을 둔 여관이 있는 골목 입구에, 그 추운 겨울에 입김을 뿜

으며 혼자 서 있습니다. 모든 걸 다 이뤘는데, 자기가 필요한 무엇인가가 결핍이 되어 있는 것 같고, 뭔가 모자라는 것 같은 심정에 빠지게 됩니다. 그래서 이 사람은 남들이 보면 어처구니없게도 그토록 재능과 노력을 다해서 모험과 불법을 무릅쓰고 딴 돈을, 자기가 잘 모르고 모르니까 딸 수가 없는 마작, 카드 이런 도박판으로 가서 다 잃고 맙니다. 그리고는 집에 돌아와서 내복도 없는 어머니 곁에서 잠이 드는 거죠.

제목을 '고수'라고 한 것은 그런 어떤 인간적인 정황을 겪고 나서 그 사람이 비로소 인간으로서 한 단계 더 성숙하지 않았을까, 그 경험이 너무도 절실하고 일생에 한 번 있을까 말까 한 그런 종류의 것이어서 삶에서도 고수가 되는 길에 들어선 것이 아닌가 해서였어요. 조훈현이나 이창호 같은 위대한 천재에게도 그 천재성에 비례하는, 엄청난 좌절의 순간이 있었을 겁니다. 혹은 정점의 순간에 가진 모든 것을 아무데나 던져버리는 어처구니 없는 행동을 했을 수도 있습니다. 그런 곡절을 겪고 인간으로서 완성되고 그 향기가 다른 사람들로 하여금 존경스러운 마음을 가지게 하는 것이 아닐까요.

그 후에도 다른 분야의 고수들을 만났습니다. 가령 어떤 도둑을 만났는데 참 존경하고픈 마음이 들고 조직폭력배를 봤는데 역시 대단히 존경스럽고, 제비를 만나도 그렇고, 여러 상황에서 많은 사람들을 만났습니다. 제가 워낙 사람을 좋아하고 그 사람들한테 이야기 듣는 것을 좋아하는 편입니다. 그래서 한동안 제 소설은 대부분 그런 사람들에 대한 이야기, 만났던 사람, 이런 사람이면 좋겠다고 상상한 사람들에 대한 이야기로 채워졌습니다. 제가 지금 한 10년 정도 소설을 썼는데 절반 이상은 그러한 사람들에 대한 이야기가 아닌가 싶네요.

학생1 질문에서 나온 진정한 고수의 모습은 어떤 건지요?

성석제 삶의 고수요? 그러니까 그런 고난 또는 자기의 인생에서 절정의 시기에 잘못을 저지르거나 허무를 경험하고 거기서 끝나는 게 아니라 다시 일상으로 돌아온 사람들, 일상으로 돌아와서 우리 앞에 어슬렁거리고, 보통 사람처럼 살아가는 사람들이 삶의 고수가 아닐까. 난 그렇게 생각합니다.

학생2 저는 〈내 인생의 마지막 4.5초〉라는 단편 소설을 읽었는데요. 여기서는 우리가 영화에서 많이 보던 조직폭력배에 대한 얘기가 나옵니다. 여기 나오는 주인공에게 어릴 때 마사오라는 사람이 우상이었죠. 그런데 나중에는 그 마사오의 팔을 잘라버림으로써 그를 제거합니다. 저는 이해가 잘 안 갔습니다. 왜 자기의 어린 시절 우상인 사람을 그렇게 대하는지요? 이 소설이 우리 삶에 주는 교훈이 무엇인가요?

성석제 간단히 말해 이 소설이 우리의 삶에 주는 교훈은 없습니다. 이 소설을 쓰면서 저는 아무런 교훈도 주지 말자고 생각했습니다.

저는 경상북도 상주라는 소도시의 농촌 마을, 농가에서 성장했습니다. 그 집에는 언제부터 있었는지는 몰라도 식구들이 밥을 먹는 안방 한쪽 벽에 『주자십회』라는, 중국 송나라의 주희가 말한 열 가지 경계해야 될 교훈이 한자로 적힌 액자가 있었습니다. 그 중 기억나는 건 술 마시고 헛소리하면 깨고 나서 후회한다는 내용입니다. 그런데 어린 저로서는 왜 그런 교훈이 밥상머리에 있어서 읽을 때마다 밥맛이 떨어지게 만드는지 알 수가 없었어요. 그래서인지 모르지만 저는 '교훈'이라면 일단 싫어하게 됐습니다.

학교에서는 소설을 두고 이 글은 주제가 어떻고 소재는 뭐고 작자의 의도는 뭐고 교훈은 이렇고, 하는 식으로 가르치잖아요? 제 소설을 읽은 독자들이 뭔가 얘기하고 싶은 교훈이 있을 것 같은데 그게 뭐냐고 물어보는 경우가 있어요. 아무리 찾아봐도 잘 모르겠다고 얘기합니다. 그게 잘못된 건 아니죠. 제 소설에는 교훈이 없으니까요. 굳이 교훈을 얘기하자면, '내가 쓰는 소설에서 밥맛 없는 교훈 따위는 없애자'라는 게 교훈입니다.

소설이라는 것은 문학에 속해 있죠. 글월 문(文)이라는 것도 우리 전통에서는 대단히 엄숙한 것인데, 학(學)까지 들어가 있으니 자칫하면 문학은 항상 진지하고 심각하다는 느낌을 주게 됩니다. 그런데 소설은 언어와 문자로 만들어진 예술 중에서 가장 재미있고 진화된 형태의 예술입니다. 이 소설이 교훈이나 한 보따리 안겨주고 독자를 몽매한 사람으로 전제하고 가르치는 데 동원된다면 곤란하지 않을까요?

내가 생각하는 소설의 본질은 교훈이나 주제가 아니고 재미입니다. 최소한 소설을 쓰는 나라도 재미있자, 이게 일차적인 목표이고, 두 번째는 기왕 이렇게 소설을 쓰게 됐으니까 독자와 같이 대화하고 공감하는 재미있는 장을 만들어보자는 게 희망입니다.

김지현 고수라고 하면 바둑 고수뿐만 아니라 각 직업에서 고수인 사람들이 많잖아요. 전문직에 종사하는 사람뿐만 아니라 자기 직종에서 최고가 된 사람은 고수라고 할 수 있을 것 같습니다. 저희도 학생으로서 앞으로 각 직업 분야에서 고수가 되려고 노력하는 과정에 있잖아요. 그런데 저는 이 책에 나오는 바둑 고수 모습을 보고 과연 이 사람이 진짜 삶에 있어서 고수인가라는 생각이 들면서 조금 실망했습니다. 이 사람은 자기가 바둑을 너무 좋아해서 바둑을 삶의 목적으로 삼고 바둑만 두면서 살아왔잖아요.

그러면 그 사람이 바둑을 둘 때, 자기 앞에 있는 사람이랑 같이 말을 한다든지 해서 다른 사람들과 관계를 맺으면서 좀 더 행복하게 살아갈 수도 있었을 텐데 왜 바둑 두는 것에만 목표를 두고 살아왔는가에 대한 아쉬움이 남거든요. 저는 자기 목표를 이루기 위해서 그런 것을 노력함과 동시에 주변에 있는 다른 사람과도 함께 관계를 맺으면서 살아가는 게 참 중요하다는 것을 선생님 소설을 통해서 깨달았어요. 저희는 학생이고, 고수가 되기 위해서 노력하는 과정에 있는데 그 과정에서 저희가 어떻게 하면 좋을지 조언을 해주세요.

성석제 예, 그런데 아까와 마찬가지로 말씀드릴 게 별로 없는 것 같아서 좀 미안합니다. 사실은 아주 애매한 부분이기도 하지요. 우리가 상식적으로 생각하기에 사람들이 각자 자기 분야에서 열심히 하고 좋은 인간관계를 맺으면 언젠가는 노력의 대가를 받게 됩니다. 그런데 바둑처럼 특수한 분야에서 고수가 되려면 보통 사람들처럼 열심히 하고 좋은 사람이 되어서는 성공하기가 쉽지 않고, 하더라도 시간이 상당히 걸릴 겁니다.

결국 재능과 운처럼 인간이 선택할 수 없고 노력한다고 얻어지는 게 아닌, 하늘에 달린 요소가 개입하지요. 제가 〈고수〉에서 바둑의 고수, 정상적인 경로를 통해서 프로기사가 되고 프로기사들과의 경쟁에서 이기고, 정상에 근접한 사람의 이야기가 아니고 중간에 미끄러져 자빠진, 뒷골목에 있는 내기 바둑꾼의 이야기를 다룬 것은 세상에 그런 사람, 그런 정황도 있고 그게 인간의 면모 가운데 소설로 다룰 만한 것이기 때문입니다. 거기서 우리 인간의 모습, 추하면 추한 대로, 서러우면 서러운 대로, 우스꽝스럽고 광기에 가깝고 어처구니없는 모습이 극적으로 드러나게 되는 겁니다.

이 소설에서 '나'라는 사람이 고수와 이야기를 하고 헤어진 뒤에 나중에 생각이 나서 정말 그런 사람이 바둑계에 있었는가 해서 실제로 찾아보지요. 막상 찾아보니까 없었다는 거죠. 그 얘길 들었을 때만 해도 진짜 같았고 어머니의 내복이라든가 어머니가 밀가루 풀에 간장을 타서 식사 대용으로 한다든가 하는 절절한 얘기에 나름대로 약간 찡하기도 하고 공감하기도 했었는데 말이지요.

이런 소설 같은 이야기를 쓴 소설에 삶의 고수가 되는 비결 같은 게 있을 수가 없겠지요. 삶의 고수가 되는 길, 이런 건 저도 솔직히 잘 모르겠습니다. 어쩌면 삶이라는 것은 어떻게 하면 잘산다, 어떻게 하면 잘된다 하는 비결이 없기 때문에 혹은 있다면 누구나 각자 가지고 있는 것이기 때문에 일반화할 수 없을지 않을까. 그래서 사는 게 재미있고, 그 재미있는 삶과 사람들에 관해 소설을 쓰고, 또 그 소설이 재미있게 되고. 이런 게 아닌가 하는 생각이 듭니다.

이은영 〈내 인생의 마지막 4.5초〉에 보면 차가 추락하는 그 짧은 시간 동안 정말 많은 생각을 하잖아요. 저도 예전에 교통사고로 죽을 뻔하다 살아난 선생님한테 이야기를 들은 적이 있습니다. 진짜로 그 짧은 시간 안에 인생이 파노라마처럼 지나간다고 하시더라구요. 그럼 선생님은 인생의 마지막 4.5초가 되었을 때 어떤 생각이 들 것 같으세요?

성석제 되도록 그런 일이 없기를 바랍니다. 그런데 저에게 그 비슷한 일이 한두번 있었습니다. 대학을 다닐 땐데 오늘처럼 이렇게 비가 오는 날이었어요. 아침에 강의를 들으러 학교를 갈 때였죠. 그때 제가 우산을 안 갖고 왔습니다. 버스정류장에서 내려서 걸어갔죠. 강의실이 걸어서 20분쯤 걸리는 길이니 꽤 멀었습니다. 우산이 없으니 그 비를 맞으면서 한 70퍼센트쯤 가다가 생각이 바뀌었습니다. 이렇게 고생을 하면서 공부를 하다니. 이렇게 고생을 했으면 뭔가 더 좋은 일을 해야지, 하고.

그래서 학교를 안 가고 가까운 데 멈춘 버스를 탔어요. 그리고는 종점까지 그냥 아무 생각 없이 앉아서 갔지요. 종점이 산 바로 밑이더라구요. 비는 그쳤더군요. 또 아무 생각 없이 산이 있으니까, 간다는 심정으로 책가방을 들고 구두를 신은 채 올라갔습니다.

바위가 많은 산을 올라가고 올라가다가 또 70퍼센트쯤 가니까 정신이 들었죠. 내가 왜 여기 왔나 싶고, 배도 고프고요. 그래서 다시 내려오기 시작했습니다. 올라갈 땐 몰랐는데 내려올 때는 길이 상당히 가파르더라구요. 배도 고프고 하니까 빨리 내려가려는 마음에 지름길을 자꾸 찾게 되더군요.

일단 그 길을 따라 내려갔는데 막상 가보니까 사람 다니는 길이 아니라 물길이었던 거예요. 그러니까 내려올 땐 어떻게 내려왔지만 다시 올라갈 수가 없었습니다. 책가방도 있어 짐스러웠죠. 이거 어떻게 하나,

어떤 소설을 썼는데 내가 그걸 나중에 읽어봤을 때 거기에 내 있는 힘껏 모든 걸 다하려는 절실함이 있는가. 혹은 거기 표현된 것에 진정함, 진정성 같은 게 느껴지는가가 저한텐 중요한 기준이 됩니다. 다른 작가의 소설을 읽으면서 얻는 교훈이 제 소설에 없는 대신 진정성, 절실함이라도 공유해야 할 게 아닌가 하는 생각입니다.

하면서 보니까 옆에 길이 있는 것 같았어요. 그리로 발걸음을 옮기는데 한순간 쭉, 미끄러졌습니다. 10미터가 훨씬 넘는 그런 낭떠러지 위에서 미끄러지기 시작했습니다. 소설에도 나와 있지만 천천히 떨어지면 사람이 살 수도 있어요. 그런데 그게 어디 내 맘대로 되나요. 미끄러지다가 어느 정도 빨라지면 그때부터 추락을 하게 되고 밑에는 뾰죽뾰죽 창날 같은 고사목들이 기다리고 있었어요.

그래서 아, 아침부터 비 맞으면서 학교 가다가 여기 왜 있게 된 건가 하는 후회도 들고 요즘처럼 핸드폰이 있어서 누구한테 구조요청을 할 수도 없고 해봐야 구조대가 오기 전에 떨어져 죽을 것이고, 유언을 할 수 있는 것도 아니고요. 이렇게 잠깐 미끄러지면서 온갖 생각이 다 드는 거예요. 거기서 내 생을 마감한다는 게 억울하기도 하고요.

도스토예프스키라는 러시아 소설가가 있죠. 그 소설가가 친구들하고 반란을 획책하다가 실제로 체포되어 사형선고를 받은 모양인데, 아마 조금 더 누가 극적으로 표현하기 위해서 만든 이야기겠지만, 사형대에 서서 눈을 가리고 총을 쏘기만을 기다리고 있었답니다. 그런데 그 순간 사형수의 뇌리에 온갖 생각이, 이때까지 살아오면서 겪었던, 만났던 사람들에 관한 기억과 추억이 그야말로 파노라마처럼 지나가더라는 겁니다. 그러다가 황제의 사면 명령을 가지고 달려온 사람 덕분에 극적으로 사형을 면하고 시베리아로 유형을 가게 됩니다.

낭떠러지에서 미끄러지면서 어디에서 읽은 그런 내용이 생각난 거예요. 자칫하면 남이 그런 걸 겪었다는 것을 읽은 기억이나 하면서 〈내 인생의 마지막 4.5초〉를 써버릴 뻔했지요. 일단 가방을 던지고 구두를 벗어버리고 어떻게 어떻게 하다보니 나도 모르게 초인적인 능력을 발휘해서 옆으로 뛰어가지고 살게 됐습니다. 밑에 가서 신발과 찢어진 가방을 찾아가지고 내려오는데 하루종일 가슴이 좀처럼 진정이 되질 않았습니다. 가슴도 얼마나 놀랐겠습니까?

성석제

아마 이 소설을 쓸 때 그런 경험을 원용하게 된 것 같아요. 똑같은 건 아니죠. 같을 수도 없어요. 내 인생의 마지막 순간에 무슨 생각을 하겠느냐 하면 아마 이럴 수도 있을 것 같네요. 오늘 도스토예프스키의 최후를 생각한 순간을 이야기한 것을 떠올리면서 미리 내 마지막 순간을 생각해본 적도 있었지만, 그게 지금 여기의 진실과 같은가, 다른가.

학생3 아까 선생님이 시를 쓰시다가 소설을 쓰시게 됐다고 하셨는데요. 그 얘기를 들으면서 『황만근은 이렇게 말했다』에 있는 〈책〉이라는 소설이 생각이 났어요. 어떤 아저씨가 책을 진짜 좋아해서 계속 책을 사서 읽고, 이사를 갈 때도 트럭 안에서 책을 읽는다는 그런 내용이에요. 그런데 제가 책을 그렇게 좋아하지 않아서 그런지, 왜 저렇게 책을 많이 읽나 하는 생각이 들고. 선생님의 소설 중에 〈소설 쓰는 인간〉이라는 걸 보면 제비 아저씨 나오는 얘기가 있잖아요. 그 왕제비 아저씨는 그래도 돈이라도 많이 벌었는데 책 읽는 아저씨는 계속 책만 읽다가 안 좋은 일만 일어나잖아요. 선생님은 왜 그런 것을 글로 쓰셨는지, 의도가 궁금합니다.

성석제 저도 어릴 때 제 친구들, 농촌에서 나고 자란 친구들보다 상대적으로 책을 많이 읽긴 했지만 소설의 주인공처럼 그렇게까지 지독하게 읽고 빠지지는 않았던 것 같아요. 어릴 때의 자그마한 사건이, 어릴 때의 경험이 나중에 커서 아주 많은 걸 좌우하는, 심지어 인생 전체를 좌우하는 경우가 있지요. 그런 식으로 사람마다 각자의 특이하고 잊을 수 없는 경험이 있고, 그것이 그 사람의 일생을 바꿀 수도 있고, 좌우할 수도 있고, 중요한 키워드가 될 수도 있습니다.

　이 소설에서 책의 주인은 책을 읽는다기보다는 책을 모으는 사람이죠. 책 없이는 못 사는 사람이고, 죽으라고 책을 모아들이는 사람이고, 바로 그 책 때문에 사는 게 어려워지기까지 합니다. 우선 집에 책을 쌓아 놓을 데가 없죠, 몇만 권이나 되니까. 아까 인디고 서원에 있는 책이

3천 권이라고 했는데 제가 알기로는 그 소설 속의 책은 3만 권쯤 됩니다. 3만 권이면 아마 상상이 잘 안 갈 거예요. 그게 일반 가정에 있으면 책 냄새도 무척 날 거예요. 벌레나 먼지도 나올 거고, 몸에도 안 좋을 겁니다. 저도 책이 가득한 방에 여러 번 자봤는데, 잠이 깊게 들지 않고 자고 나도 어딘가 근지럽고 하여간 상당히 불편했습니다.

그럼에도 불구하고 그 사람은 끊임없이 책을 모으는 것 말고는 관심이 없습니다. 인생이 파탄나더라도 그렇게 합니다. 자기 의지로 하는 게 아니라 그렇게 된 겁니다. 그러니까 그 역시 인생의 한 국면이죠. 저는 사람의 그런 면이 참 흥미롭습니다. 아마 한 번뿐인 내 인생이 아니라서 무책임하고 상관없고 그래서 재미있는지도 모르겠습니다. 소설은 다른 사람의 인생을 전혀 위험하지 않게 느끼게 해주고 알게 해주고 공감하게 해주는 예술이죠. 소설에서는 제비든, 알콜 중독자든 도둑이든 조폭이든 뭐든지 다 다룰 수 있어요. 그게 또 소설의 경쟁력이기도 합니다.

이인재 선생님의 『내 인생의 마지막 4.5초』라는 책을 읽었는데요. 그 중에서도 〈내 인생의 마지막 4.5초〉와 〈첫사랑〉을 감명 깊게 읽었습니다. 저는 이 두 작품을 읽고 정말 머릿속이 혼란스러웠어요. 대체 이 작가가 무엇을 이야기하고자 한 건가. 이해하려고 해도 무엇을 말씀하신 건지 몰랐습니다. 그런데 오늘 소설에 교훈을 일부러 안 담으시고, 싫어하신다는 말씀을 들으니 이해가 조금 되는 것 같습니다.

그런데 저는 대체 무엇을 말하고자 하는 건지 모를 작품들을 읽고 나서 좀 모순적이게도 '읽었다'는 느낌을 받거든요. 교훈이 담겨 있는 작품을 보고서도 그것을 '읽었다'는 느낌을 받지 않는 작품들이 있는 반면, 선생님 작품처럼 대체 무엇을 말하고자 하는 건지는 잘 모르겠지만 읽고 나면 그것이 기억에 강하게 박혀서 읽었다는 느낌이 드는 작품이 있습니다. 그래서 제가 여쭙고 싶은 것은 선생님께서 교훈 말고……

성석제 급훈?(웃음)

이인재 교훈 말고 다른 뭔가가 담겨 있는 것 같다는 겁니다. 저 혼자만의 착각인지는 모르겠지만요. 교훈 말고 뭔가 중요한 것 같은데 제가 감을 못 잡겠는, 무엇인가가 담겨 있는 것 같습니다. 또 한 가지는 이 글을 읽으면서 묘사나 그 외 요소들이 정말 가슴에 와닿습니다. 전체적인 줄거리를 놓고 보면 무슨 말인지는 모르겠지만 하나하나를 볼 때는 와닿았거든요. 그런 것을 혹시 경험하시고 자전적 소설로 이렇게 쓰신 것인지 궁금합니다.

성석제 알겠습니다. 말씀하신 모든 질문에 답을 다 할 수는 없겠습니다. 할 수 있다면, 그렇게 전지전능하다면 내가 소설 쓰는 사람이 아니겠지요. 어떤 의도로 소설을 쓰고 나서도 시일이 지나면 정말 그런 의도가 있었는가 할 때가 있습니다. 그런데 어떤 사람이 그 소설을 읽었다고 하면서 자기는 전혀 의도하고 생각을 한 적이 없는 걸 얘길 해줄 때, 소설가는 좀 당황스럽긴 해도 뭔가 무의식적으로 작용한 게 있겠거니 합니다. 소설을 쓰면 그런 덤 같은 것도 있습니다.

교훈 같은 건 없다고 했지만 윤리 같은 건 있죠. 어떤 소설을 쓸 때 '어떤 것을 어떻게 써야 되겠다' '어떤 것에 충실해야 되겠다' 하는 측면이 있습니다. 그게 없으면 나는 '소설을 안 쓴 거나 마찬가지다, 이 소설은 딴 사람에게는 몰라도 나에게는 나쁜 작품이다' 라는 그런 윤리가 나한테도 물론 있지요. 그게 좀 막연하게 얘기를 하자면 저한테는 그게 절실함이랄까 진정성이라 할 수 있습니다. 어떤 소설을 썼는데 내가 그걸 나중에 읽어봤을 때 거기에 내 있는 힘껏 모든 걸 다하려는 절실함이 있는가. 혹은 거기 표현된 것에 진정함, 진정성 같은 게 느껴지는가가 저한텐 중요한 기준이 됩니다. 다른 작가의 소설을 읽으면서 얻는 교훈이 제 소설에 없는 대신 진정성, 절실함이라도 공유해야 할 게 아닌가 하는 생각입니다.

〈첫사랑〉 같은 경우는, 성장기의 성적인 정체성이나 성적 대상 때문에 혼란스러워하는 청소년들이 나옵니다. 중학생에서 고등학생 나이대에 해당하는 나이들이지요. 내가 청소년 성적 정체성에 대해서 관심이 있었던 건 아닙니다. 제가 그리고자 했던 건 일단 소설의 배경이 되는 무대였습니다. 나는 중학교 1학년까지 농촌 마을에서 성장했고 중학교 2학년 때 서울 변두리로 전학을 갔습니다. 이 소설의 배경이 되는 곳인 구로공단 배후지로 갔습니다. 포장이 안 된 도로와 먼지와 그리고 줄지어 다니는 사람들, 공원들, 무표정한 사람들, 끊임없이 어디선가 피어오르는 연기와 쓰러져 있는 사람들. 이런 분위기를 되살려봐야겠다, 비슷한 환경을 겪었던 사람은 누구나 '아, 이런 게 있었지'라고 한 번 생각할 수 있도록 최선을 다하려고 했습니다. 또 하나는 그 환경 속에서 자라나는 소년들입니다. 제가 그때 그 시기를 보냈기 때문에 그때 그 아이들이 겪었을 법한 일에는 어떤 것이 있었고 또 어떤 생각을 했는가가 중요했습니다.

하여튼 두 가지입니다. 그 소설에서 보여주고자 했던 것은 한 인간, 그리고 그 인간을 둘러싼 인간들의 꾸밈없는 모습입니다. 그리고 언젠가 그런 환경, 그런 곳이 있었고, 그 안에 사람이 살고 있었다, 이 두 가지를 보여주려고 했던 겁니다.

문영석 저도 첫사랑에 대해서 질문이 있습니다.

성석제 어, 중3 선생님 아니시고요? 워낙 성숙해 보여서.(웃음)

문영석 중간에 보면, '나'가 처녀와 사랑에 빠졌다고 하고, 뒤에는 나하고 너하고 사랑한다고 주고받는 말이 나오는데. 누가 첫사랑인 것이고, 누가 왜 첫사랑인지 그게 궁금했거든. 계속 읽다 보니까 이해가 안 되어서요.

성석제 글쎄. 주인공의 첫사랑은 아마 그 여성이 아닐까, 그러니까 빵집에 있는 사람이 아닐까 싶어요. 그럼 그 주인공 친구의 첫사랑은 이 주인공이 아닐까. 그러면 그 빵집의 여성의 첫사랑은 누군가 하면 이 주인공의 친구가 아닐까. 그런데 빵집의 여성과 주인공 친구가 사랑을 하는 걸 주인공이 보게 되는 장면이 있죠.

흔히 첫사랑은 잘 이루어지지 않는다고 하죠. 서로가 서로에게 미끄러지는 거죠. 아마 그런 식으로 상정을 했던 것 같아요. 이게 중요하다고 생각한 것 같지는 않습니다. 누가 첫사랑이고 누가 아니고 이런 게 중요한 게 아니고, 첫사랑이라고 생각할 수 있는 어떤 정황, 첫사랑의 무대, 첫사랑의 심리 등이 중요하다고 생각해서 쓴 것 같아요.

사회자 소설가이신 선생님께서 말씀하셨던 것처럼 소설이라는 것이 객관적이고, 삶의 다양한 경험 등을 통해서 만들어지는 것이지 않습니까? 그러니까 사실 저희가 이런 기회가 흔하지 않지만, 소설가야말로 저희한테 가장 맞는 삶의 이야기를 해줄 수 있는 분이라고 생각합니다. 삶의 이야기라 하면 또 첫사랑 이야기 아니겠습니까. 선생님의 첫사랑 이야기를 좀 해주십시오.

성석제 아, 여기저기에 원고로 다 썼는데. 사실 소설가들은 말을 잘 못하는 경우도 많지만, 말을 하기 싫어하는 경우도 있습니다. 왜냐하면 말에는 원고료가 없기 때문이죠. 또 개인적인 경험이라는 것은 누구나 다 한계가 있지요. 그래서 그걸 가지고 소설로 쓰려고 하면 금방 바닥이 나버립니다. 그렇지만 저는 상관없습니다. 어차피 글로 썼고 원고료는 이미 받았기 때문이죠.(웃음) 저는 공식적으로 만 일곱 살에 첫사랑을 경험했습니다.(웃음) 그 밀도는, 나이에 상관없이 아마 다 비슷할 것 같아요. 일곱 살 때까지 첫사랑을 안 겪은 사람 있습니까? 손 들어보세요. 다 겪었네요.

저는 첫사랑이 거의 동시에 이루어졌는데. 한 사람은 흔하디흔한 학교 선생님이고 한 사람은 동네에 있는 제 또래였습니다. 학교 선생님은 당연히 인간이고, 동네에 있는 제 또래는 인간이 아니고 동물이었습니다. 그때 겪었던 두 종류의 시련이었어요. 첫사랑의 그 선생님은 거의 일년 가까이 사모했지만 한마디 말도 없이 결혼을 해버렸습니다. 12월에 결근을 하셨는데 그날 결혼을 하신다는 거였어요. 그때 울면서 집으로 돌아왔던 기억이 있어요.

또 하나는 집에 키우던 아주 큰 개였어요. 동생이 눈 때문에 치료를 받으러 기차를 타고 한 100리 쯤 떨어진 도시에 있는 안과를 다녔습니다. 그래서 제가 어린 마음에, 기차를 탄다는 게 너무 부러워서 아프지도 않았는데도 막 떼를 썼거든요. 그래서 어머니가 할 수 없이 데려가 준다고 해서 기차를 타게 됐어요. 그런데 집에 키우던 개가 덩치는 저보다 더 커서 말처럼 탈 수도 있었고 위엄이 있어서 그 개 앞에서는 어떤 개도 고개를 못 들었습니다. 식구들 가운데서도 저와 가장 친했지요.

그런데 병원을 갈 때, 그 개가 읍에 있는 기차역까지 따라왔습니다. 그래서 제가 집을 나서면서부터 계속 오지 말라고 쫓았는데 기어이 따라와서는 돌까지 던졌어요. 그래서 집에 간 줄 알았죠. 기차가 출발하고 보니 그 개가 기차를 따라서 달리는 거였습니다. 집에 가라고 기차 안에서 목이 쉬도록 소리를 질렀지요. 그런데 나중에 집에 오니까, 그 개가 안 왔습니다. 며칠 거의 식음을 전폐하고 굉장히 슬프게 지낸 적이 있습니다.

이해미 저는 첫사랑이라고 하면 떠오르는 세 가지 기억이 있습니다. 첫 번째는 같은 반 짝이었어요. 그 짝을 보고서 처음부터 좋아하는 감정이 있었던 건 아니었습니다. 그런데 어느 날, 수업을 듣는데 정말 너무 지루한 거예요. 지루해하면서 고개를 딱 돌렸는데 그날 마침 밖에 비가 오더라구요. 아이들이 막 웅성거리니까 선생님께서 문을 열어놨었는데, 그 문 열린 복도 저편으로 비 오는 게 보이고 거기에 목련이 탁 피어 있었어요. 목련나무를 보느라 이렇게 옆으로 쳐다보니까 짝의 속눈썹이 길더라구요. 그 짝의 속눈썹이랑 빗물이랑 목련이랑 이렇게 세 개가 탁 어우러지는데 순간 너무 설레더라구요. 그게 제 첫사랑이었어요.

두 번째는 고1 벚꽃 막 흩날리던 때였어요. 학교식당에 가서 앉았는

그런데 어느 날, 수업을 듣는데 정말 너무 지루한 거예요. 지루해하면서 고개를 딱 돌렸는데 그날 마침 밖에 비가 오더라구요. 아이들이 막 웅성거리니까 선생님께서 문을 열어놨었는데, 그 문 열린 복도 저편으로 비 오는 게 보이고 거기에 목련이 탁 피어 있었어요. 목련나무를 보느라 이렇게 옆으로 딱 쳐다보니까 짝의 속눈썹이 길더라구요. 그 짝의 속눈썹이랑 빗물이랑 목련이랑 이렇게 세 개가 탁 어우러지는데 순간 너무 설레더라구요. 그게 제 첫사랑이었어요.

데, 맞은편에 어떤 눈이 큼지막한 남자 분이 앉아 있는데 순간 시간이 진짜 느리게 흘러가는 거예요. 그걸 저는 그때 처음 경험했어요. 그러니까 왜 파노라마처럼. 갑자기 그 사람이 눈을 한번 껌뻑거리는 게 한 5초 걸리는 것 같은. 순간 무슨 영상을 보는 것 같았어요.

세 번째로, 대학 왔을 때 누군가가 이렇게 고백을 하더라구요. "해미, 내가 해미 남자친구가 되면 안 되겠니." 이러는데 그 말과 동시에 떨리는 미간이 보이더라구요. 순간 그 떨리는 미간 때문에 입을 탁 막았어요. 그 사람과 지금까지 사귀고 있어요. 정말 저는 그렇게 세 번의 어떤 소설 같은 장면이 있거든요. 우리가 살고 있는 이 현실이 척박하기 때문에 그런 순간이 소설 같다고 저는 생각되는데 선생님은 어떻게 생각하시는지요?

성석제 예, 아무리 좋은 소설이라도 그 사람의 각자 인생만큼 중요하거나 재미있지는 못합니다. 당연히 그럴 수밖에 없어요. 이런 생각을 해봅니다. 그러니까 정말 사람 사이, 사람 간의 관계가 가깝다는 건 뭔가, 친하다는 건 뭔가. 아마 어느 정도는 서로 좀 관여를 해야 되고 침입하고 감염시키고 상처를 주는 게 아닌가 하고 말입니다. 저한테는 여러 종류의 친구가 있습니다. 시골친구들은 서로 치고받으며 어린 시절을 같이 보냈던 사람들이죠. 문학을 하면서 만나게 된 사람들, 혹은 대학 친구들, 고등학교 친구들. 그런데 어떤 친구가 더 좋고 나쁘고 이런 건 없습니다. 이런 친구도 있고, 저런 친구도 있어요.

저는 산에 자주 갑니다. 어릴 때 친구들하고 같이 갈 때도 있고, 나중에 만난 사람들하고 같이 갈 때도 있어요. 산을 가보면 알겠지만 고비가 있지요. 인간의 육체라는 게 어느 정도 가다보면 땀도 나고 숨도 차고 근육도 피로해지고 힘듭니다. 심지어 다칠 때도 있고, 더 심하게는 조난을 당할 수도 있고, 죽을 수도 있습니다. 저도 조난까지 당해봤는데 그렇게 되면, 즉 그런 고난을 겪으면서 최소한 땀을 같이 흘리는 사이가 되면 땀을 흘리기 전까지와는 조금 다른 감정을 느끼게 됩니다. 그리고 피를 나눈 사이다. 가령 누가 피가 부족해서 수혈을 하면 조금 더 친하게 될 거고요. 시련을 같이 겪었다 하면 더 친하게 될 거고. 그래서 저는 별로 안 좋아하는 사람하고는 산에 안 가려고 합니다. 괜히 같이 땀 흘렸다고 친하게 되면 어떻게 하나 해서요.(웃음)

어떤 소설이라도 그 소설을 읽는 개개인의 심금을 흔드는 요소가 있어야 합니다. 심금, 마음의 현을 울리는 데는 기실 기쁘고 즐겁고 좋은 것보다는 슬프고 아련하고 고즈넉한 것이 공명을 자아내기 쉽습니다. 어렵고 춥고 배고프고 고통스러운 것의 설득력이 높다는 말이지요. 이런 데서 재미가 나온다면 그건 상당히 고급스러운, 깊고 오래가는 재미가 될 겁니다.

학생4 안녕하세요. 저는 선생님께 소설이란 분야에 대해서 여쭤보고 싶은 게 있습니다. 학교에서 소설에 대해 배울 때 항상 소설의 허구성이라는 말을 듣습니다. 모의고사를 보면 '위 글에 관해 알맞은 것은? 하면서 허구를 바탕으로 쓰여진 글'이라는 문제가 나와 있습니다.

제 생각에는 소설이 겉으로 보이는 것은, 소설가가 써낸 허구의 이야기이기 때문에 허구성이 있을지는 몰라도 좀 더 자세히 들어가 보면 다 우리 이웃의 이야기고 사람들이 살면서 겪는 이야기입니다. 그렇기 때문에 우리가 공감을 하고, 감동을 받는 거라고 생각합니다. 제 생각에는 수필이나 시 같은 다른 분야보다 사람들이 소설을 읽고 제일 공감하고 감동을 받는다고 생각합니다. 그 이유가 그 소설 안에 있는 진실성을 보고 공감하기 때문입니다. 소설이 진실하다고 생각하시는지 아니면 허구라고 생각하시는지 아니면 둘 다라고 생각하시는지요?

성석제 질문에 이미 답이 들어 있는 것 같습니다. 거의 정확한 소설의 정의가 아닌가 싶은데요. 소설은 겉은 허구이지만 안에는 우리 삶의 어떤 진실을 담고 있는 장르예요. 하나 더 말하자면 재미있다는 겁니다.

중동의 메소포타미아에 나오는 점토판까지 포함한다면 문자로 된 이야기 중 가장 오래된 것은 기원전 6천 년에서 8천 년 정도까지 거슬러 올라갈 겁니다. 그런데 소설이 하나의 문학장르로 성립한 게 몇백 년 안 됐습니다. 그리고 소설가라는 직업이 출현하게 된 것은 그것보다 더 짧습니다. 소설가라는 직업을 정의하자면 소설을 써서 먹고 살 수 있는 사람입니다. 이제까지 문학의 어떤 장르도 작품을 써서 먹고 살 수 있는 직업인을 배출한 적이 없습니다. 소설가 이전에 유명한 시인도 있었고 셰익스피어 같은 희곡 작가도 있었지만 시와 희곡을 써서 먹고 살았다는 증거는 없습니다. 이건 문학에만 국한되는 게 아니라 대부분의 예술이 그렇습니다. 가령 음악에도 연주자 말고는 작곡만 해가지고 먹고 산 사람은 극소수입니다. 베르디나 로시니, 요한 스트라우스처럼 당시에는 통속 음악을 했다는 말을 들었던 사람들 몇몇밖에 없는 거죠.

다시 문학을 생각하면 발자크나 도스토예프스키 같은 사람 때부터 소설을 써서 먹고 살았다고 해도 200년도 안 됩니다. 이때부터 소설가들이 먹고 살게 해주는 데 대한 감사의 표시로 그러했는지는 모르지만 헌신적으로 소설 문학을 발전시켰습니다. 사람들이 안 보면 안 되도록 흥미진진하고 아름답고, 읽지 않으면 세상 흐름도 모르고 이야기에 낄 수도 없게 말이지요.

그렇지만 소설에서 아무리 세월이 가도 바뀌지 않는 것이 있습니다. 소설에는 재미와 흥미라는 맛있는 과육 안에 진실이라는 씨앗이 들어 있다는 겁니다. 씨 없는 수박은 있지만 진실이 없는 소설은 없어요. 그런데 사람들은 진실만 얘기하는 것은 좋아하지 않습니다. 허구라는 잘 진화된, 발달된 틀에다 진실을 넣는 겁니다. 진실은 많을 필요도 없고, 1퍼센트에서 0.01퍼센트 정도라고 할지, 2만 자짜리 소설에서 스무 자 정도의 진실만 있어도 충분합니다. 어쨌든 소설이라는 것은 99.99퍼센트의 허구와 그 허구가 둘러싼 진실, 그 두 가지 복합물이라고 말할 수 있습니다.

사회자 문학의 핵심은 진실이라고 말씀을 해주셨습니다. 계속해서 다음 이야기를 이어가실 분.

학생5 굉장히 간단한 질문인데요. 선생님께서 소설을 쓰실 때 플롯을 구상하시고 소설을 쓰시는지 아니면 붓 가는 대로 쓰시는지 궁금합니다.

성석제 이럴 때도 있고 저럴 때도 있는 것 같아요. 어떤 것은 아주 처음부터 조밀하게 짜놓고 시작하는 경우도 있고, 어떤 때는 알아서 흘러가도록 내버려두자는 심정이 될 때도 있습니다. 근데 어느 때 어느 게 옳은 건지 어느 쪽 비율이 높은지는 잘 모르겠습니다. 제가 시로 출발해서 그런지도 모르겠습니다. 소설이 자연발생적으로 솟아올라서 자기가 길을 찾고 문장이 다음 문장을 불러들이고, 길을 내고 다른 상황을 만드는 경우가 소설을 쓰던 초창기에는 많았는데 요즘은 쓰기 전에 설정을 하고 생각을 많이 하는 편입니다.

제가 시를 배울 때는 그런 얘기를 들었습니다. 일단 다른 사람이 쓴 시를 많이 읽을 것. 읽고 난 다음에 그리고 자기만의 어떤 무엇인가가 만들어져서 안에서 끓어오를 때 그것을 한꺼번에 쏟아버리지 말고 간지러워도 가만히 참고 있어라, 그래서 그것이 끓어오르고 넘쳐 흘러내릴 때 그것을 잉크로 받아서 쓰라는 충고였지요. 그것이 소설을 쓰면서도 적용되었던 것 같아요. 내가 안에 있는 걸 긁거나 퍼올리려고 하기보다는 안에서 무엇인가 발효되고 익어서 솟아날 때 그것을 받아 적는 방법을 선호했던 적이 있었던 것 같습니다.

윤한결 '인디고 위크' 하면서 〈별이 된 소년〉이란 영화를 봤습니다. 저는 그걸 보고 감동을 많이 받았거든요. 영화라는 것은 소설을 바탕으로 그것을 영상화하고 음악과 함께 구성한 거라고 생각합니다. 사물을 표현할 때, 아무리 글로 멋있게 써도 직접 영상으로 보여주는 것보다 아름답게 쓰지는 못한다고 생각하거든요. 그렇게 좋은 영화가 많이 나오는 요즘 시

어떤 소설이라도 그 소설을 읽는 개개인 사람들의 심금을 흔드는 그런 게 있어야 합니다. 심금, 마음의 현을 울리는 데는 기실 기쁘고 즐겁고 좋은 것보다는 슬프고 아련하고 고즈넉한 것이 공명을 자아내기 쉽습니다. 어렵고 춥고 배고프고 고통스러운 것의 설득력이 높다는 말이지요. 이런 데서 재미가 나온다면 그건 상당히 고급스러운, 깊고 오래가는 재미가 될 겁니다.

대에 말입니다. 청소년들이 소설을 읽는 것보다 더 좋은 영화를 골라 보는 게 더 유익하지 않을까 하는데 어떻게 생각하시는지요?

성석제 예, 맞는 말입니다. 그런데 좋은 영화가 많이 없으면 어떻게 하죠? 저는 어릴 때 글을 통해서 배웠고 느꼈고 공부했고 소설에서 재미를 느꼈습니다. 그러니까 그렇게 빚진 부분을 돌려줘야 한다는 생각도 있습니다. 저는 초등학교 4학년 때부터 무협지를 읽기 시작해서 중학교 2학년 때 국내에 나온 거의 모든 무협지를 다 읽었습니다. 근데 그것이 지금 내가 쓰는 소설하고 아무 상관도 없을 것 같은데 이야기에 대한 어떤 감수성이랄까 이야기를 만들어나가는 방식에 대한 무의식적인 훈련들이 조금이라도 되지 않았을까 생각합니다. 저는 무협지든 순수문학이든 우열이 있다고 생각하지 않습니다. 다른 사람들은 그 사람들 나름대로 생각하겠지요. 그러니까 나한테 좋으면 좋은 거죠. 어떤 소설이 내 인생을 바꿨다면 그건 나한테 중요한 소설입니다. 또 그것이 소설이든 영화든 연극이든 간에 마찬가지인 거죠.

지금 세대는 초등학교 4학년 때부터 무협지를 읽어볼 생각을 하지 않을 것 같군요. 영상이나 인터넷에 훨씬 더 익숙하고 그걸 통해 배우고 생각하고 느낌을 교환할 것 같아요. 이런 사람들한테 소설이 중요하고 좋은 거니까 읽어야 된다, 그걸 통해서 인식의 지평을 넓히고 세상을 살아가는 법을 배우라고 강요할 수도 없지요. 그렇게 해봐야 소용없다는 게 제 생각입니다. 그리고 시간도 없어요. 학교, 학원, 자율학습 등으로 바빠서요. 지금은 논술시험이나 교과서에 문학작품이 나오기 때문에 근근이 문학의 생명력이 연장되고 있는 측면도 있습니다.

50년대 후반부터 60년대 초반까지 태어난 사람이 우리 인구에서 상당 부분을 차지합니다. 이 사람들은 어릴 때부터 책을 읽고 책을 통해서 세상을 배우고 알아온 사람들이고, 앞으로도 책을 읽다가 죽을 사람들입니다. 영화도 물론 보고, 음악도 듣고, 다른 것도 하긴 하겠지만 어쨌든 어릴 때부터 인식의 도구가 책이었기 때문에 이 사람들은 계속 책하고 갈 겁니다. 쉽게 생각하면 이 사람들만을 독자로 상정하고 그 입맛에 맞는 소설을 쓰면 되지 않을까. 그럴 수도 있습니다. 그런데 저는 그런 방식이 마음에 들지 않습니다. 문학, 특히 소설은 아까 말한 대로 가장 진화된 형태의 문학 장르인데 이걸 우리 세대에서 우리끼리만 즐기다가 끝내버린다, 그런다면 하늘나라의 선배들이 가만히 있지 않을 것 같습니다. 그러니까 모험이든 발악이든 뭐든 해서 단 한 명이라도 새로운 세대의 독자를 만들고 싶다는 욕망이 있습니다. 그러려면 저는 제 나름대로 잘할 수 있는 방법을 찾아서 해야 할 겁니다.

그리고 독서 캠페인을 하는 분들이나 학부모들에게 하고 싶은 말이 있습니다. 책을 안 읽은 세대에게 억지로 안 하면 안 된다는 식으로 강요할 게 아니라 자기 발로 찾아와서 읽는 환경을 만들어주어야 합니다. 그 첫걸음이 자신이 고른 책을 제 돈 주고 사는 분위기를 만들고 그렇게 하도록 해주는 것이 진정한 독서 교육이고 캠페인입니다. 사람은 남녀노소를 불문하고 자신에게 이익이 되는 방향으로 움직이게 되어 있죠. 뒤집어서 말하면 손해 보는 짓을 안 하려고 하는 게 인간입니다. 독서 캠페인을 하는 사회에서 공짜로 책을 주고 학부형이 이 책 좋으니까 읽으라고 사서 주면 보기에는 그럴 듯합니다만 당사자들은 이익도 손해도 없으니 읽거나 말거나 합니다. 소설을 자신이 직접 고르고, 자기 용돈으로 사서 읽다 보면 열심히 읽고 이해하려고 노력하게 됩니다.

저는 영화나 연극에서 그런 경험을 했습니다. 공짜표를 얻어서 간 영화나 연극은 별 재미도 없었는데 내가 줄을 서서 표를 사가지고 간 영화, 연극은 평생 동안 따라다니는 감동을 주었습니다. 제가 처음으로 제 돈을 내고 영화나 연극을 보았을 때 두 분야의 관객들은 그다지 많지 않았습니다. 지금은 영화와 뮤지컬이 소설보다 대중적으로 훨씬 영향력이 큰 것처럼 보이니까 지금 어린 독자들에게 소설에서와 비슷한 경험이 가능하다고 생각합니다.

영화를 볼 거면 좋은 영화를 보시고 또 책을 읽을 거라면 좋은 책을 보십시오. 흥미도 없고 억지스럽게 읽어야 하는 책은 읽지 않아도 됩니다. 중요한 것은 자발성입니다.

유진재 선생님 말씀을 듣다가 매우 친근한 생각이 드는 게, 선생님이 초등학교 4학년 때부터 무협지를 보셨다고 했는데 제가 그랬거든요. 제가 작년까지만 해도 무협지, 요즘은 신무협소설이나 판타지 소설을 엄청 많이 읽었거든요.

선생님께서 소설을 읽으시면서 인식의 변화가 생겼다고 하셨잖아요. 지금 공부한다고 바쁘고 힘들지만 한 번쯤은 모두가 그런 변화를 경험하고 싶어하잖아요. 선생님께서 경험하셨던 사건이나 계기가 된 책에 대해 얘기해주시면 큰 힘이 될 것 같습니다.

성석제 역시 돈 내고 본 연극이 여기에 해당될 겁니다. 제가 최초로 돈을 내고 본 연극이 〈티타임의 정사〉라는 것입니다. 대학 1학년 때 미팅을 하고 나서 걷다가 들어간 극장에서 상연한 연극이었지요. 표값이 꽤 비쌌어요. 차비까지 보태서 표를 사는 바람에 나중에는 걸어가야 했습니다. 정말 감동적이었습니다. 부조리극 비슷한 내용이라 이해도 잘 안 될 뿐 아니라 기억도 안 나는데 돈을 냈기 때문에 필사적으로 감동하려고 했던 기억이 있습니다. 그때부터 연극에 대해서 상당히 관심을 가지게 됐고, 부조리한 현대연극에 대해 관심을 더 가지게 됐습니다.

앙드레 뤼에라는 연주가가 있습니다. 벨기에 출신 바이올리니스트인데 악단과 함께 세계 각지를 다니면서 연주를 합니다. 어떤 나라에 가면 그 나라의 민요나 그 나라 특유의 음악을 자기 나름대로 편곡해서 공연하지요. 제가 미국에 갔을 땐데 호텔에서 우연히 앙드레 뤼에의 아일랜드 공연실황을 보게 되었습니다. 영국 옆에 있는 아일랜드는 민요가 발달한 나라죠. 저는 그때는 그가 누군지 몰랐기 때문에 아, 저 사람이 아

영화를 볼 거면 좋은 영화를 보시고 또 책을 읽을 거라면 좋은 책을 보십시오. 흥미도 없고 억지스럽게 읽어야 하는 책은 읽지 않아도 됩니다. 중요한 것은 자발성입니다.

일랜드 사람이구나, 연말연시에 자기 국민들 앞에서 공연을 하는구나, 그러니까 관중들이 노래와 연주를 들으면서 눈물을 흘릴 정도로 감동을 하고 환호를 하는구나 싶었습니다.

그리고는 저 나라 사람들은 정말 행복하구나, 저런 연주자가 있으니 얼마나 좋을까, 얼마나 행복할까 생각했는데 알고 보니 앙드레 뤼에가 아일랜드의 노래를 편곡해서 연주를 한 것이었습니다. 아일랜드와 전혀 관계없는 저 같은 사람도 큰 감동을 받았으니 아일랜드 사람들은 말할 것도 없겠지요. 앙드레 뤼에가 한국에도 왔는데 티켓을 사는 데 돈이 하나도 아깝지 않았습니다. 다시 한 번 말씀드립니다만 인생을 바꾸게 된 어떤 공연이라든가 음악, 혹은 연극 등을 내가 자발적으로 참여해서 고르고 내 돈을 내고 본전을 찾으려고 할 때 그 값을 하게 되는 게 아닌가 싶습니다.

허아람 선생님 저는 작년에 프랑크푸르트 도서전에 가서 한국에서도 한 번도 본 적 없는 스무 명이 넘는 소설가들을 뵌 적이 있어요. 혹시 가셨었나요?

성석제 네, 갔어요.

허아람 근데 못 만났군요. 다행이라고 생각해요. 왜냐하면 그 도시에서 그 공간에서 만났던 소설가들에 대한 서운함을 지울 수가 없는 이야기를 제가 짧은 시 한 편을 통해서 이야기하고 싶은데요.

꼭 소설을 시험 때문에 읽지만은 않는 아이들이 이 땅에 참 많이 있을 겁니다. 또 그런 아이들에 대해서 당대의 소설가들은 자신의 삶을 보여주는 작품 외에도 이 시대를 낱낱이 섬세하게 들여다보는 작품들을 남겨줘야 된다는 생각을 합니다. 저도 비행기값 만만치 않게 들이면서 먼 거리를 날아가서 거기에서 한국에서 온 많은 소설가들을 보면서 우리말을 알아듣지도 못하는 외국인들 앞에서 그렇게 우리의 소설 한 편을 낭독하는 모습을 보면서, 한국에서 각 도시들을 찾아가는 비용은 아마 프랑크푸르트를 다녀오는 것보다 훨씬 적게 들 거고, 또 그런 자리들에 더 공감을 잘 하고, 더 감동할 수 있는 고국의 아름다운 청소년들이 있음에도 불구하고, 그때 제가 만났던 많은 소설가들은 타지에서 한국 문학이, 한국 소설이 그렇게 사람들에게 알려진다는 그 사실에만 기뻐하셨지, 제가 몇몇 만났던 소설가들은 제가 한국에서 조그마한 서점을 하는데, 그곳에서 소설낭독회를 하거든요, 오실 수 있느냐는 질문에 진지하게 답변해주시는 소설가는 많이 만나지 못했어요. 다행히 선생님은 그 자리에 안 계셨어요.

성석제 저는 그때 술집에 있었겠지요.(웃음)

허아람 작가들은 작품으로만 만나길 원하는 분들이 많이 계시거든요. 특히 연극하시는 분들이나 음악하시는 분들은 이 자리에 모실 때 그런 이야기를 많이 해요. 나는 연극으로만 무대에 서서 사람들을 만나겠다. 나는 음악으로만 연주회에서 사람들과 만나겠다. 그래서 정중히 거절하시는 경우들이 있더라구요. 그런데 결국은 그 모든 것이 인간과 인간이 서로 마음을 만나기 위해서 선택한 장르들이잖아요. 저는 선생이기 때문에 가르치고 배우는 일로 사람을 만나고 또 마음을 움직이는 일을 하죠.

저도 그런 의미에서 예술가라고 생각을 하거든요. 그런데 선생님께 왜 이런 이야기를 하냐하면, 이번에 90년대 소설들을 아이들과 읽었는데, 90년대면 애들이 이제 초등학교나 중학교쯤 들어갔을 때입니다. 우리가 잘 이해하지 못하는 막연한 90년대일 수도 있지만 그 시대가 보여준 많은 소설들이 더 이상 혁명을 원하거나 또 삶에 희망을 주거나 행복과 기쁨을 나누는 그런 이야기들이라기보다 다 절망하고 소외되고 해체되고 머뭇거리며 방황하는 사람들의 모습들이 너무 많이 나와 있었다는 얘기죠.

그렇다면 여전히 2000년대에 2000년대를 그려야 하는 소설가들도 우리 시대를 그렇게만 그려낸다면 어쩌면 희망이 없는 세대로 이 친구들이 남을 수 있다는 생각을 하거든요. 그렇다면 결국 절절한 이 시대의 이야기들은 이 아이들이 써야 한다는 생각을 하게 됩니다. 또 한편으로는 이 아이들을 이해하는, 더 마음 넓은 어른들이 이런 아주 중요한 삶의 문제에 대해서 반드시 잠복된 그 문제를 건드려주는 작품을 써주셔야 한다는 것이 저의 바람입니다.

그런데 그런 것들이 과연 제가 당대의 작가들에게 요구할 만한 일인지 걱정스러워집니다. 저는 아직도 제가 체 게바라가 될 수 있다면 되고 싶고, 혁명이 이루어져서 이 세상이 뭔가 변화할 수 있다면 이 친구들이 이런 암울한 현실이 아닌, 정말 몇백 권의 소설을 청소년 시절에 마음껏 읽을 수 있는 그런 시대와 시간을 만날 수 있다면 다시 한 번 그런 혁명이 일어났으면 좋겠다고 늘 꿈꿉니다.

그렇다면 저는 제 방식대로 혁명을 하고 있을 겁니다. 그렇다면 앞으로도 당대의 많은 사람들의 마음을 읽어내시고 그걸 공감할 수 있는 역량을 가진 작가, 소설가들도 그런 우리 시대의 문제에 대해 바로 만날 수 있는 그런 작품을 써주셔야 하지 않을까 싶습니다. 그러니까 우리가 가지고 있는 문제들을 안개 속에 풀어놓지 않고 어떤 방식으로든 그 문제를 이야기할 수 있는 또는 그 마음을 전달할 수 있는 작품들을 이 친구들이 썼으면 좋겠고, 어른들이 그런 것들을 이끌어내줬으면 좋겠고, 그런 가운데서 소설가들도 그런 자리에 마음을 좀 깊이 열어줬으면 하는 바람이 있습니다. 제가 시를 한 편 읽겠습니다. 제목은 〈차가 막힌다고 함은〉입니다.

차가 막힌다고 함은, 도로에 차가 많아서, 아니다, 도로의 수용능력보다 차의 대수가 많아서, 아니다, 도로의 표면적보다 차의 표면적이 많아서, 이제는 분명하다, 일정한 구간에서 차들의 표면적의 합이 도로의 표면적의 합에 가까이 도달하여, 더욱 분명해진다, 차들의 표면

적의 합과 차가 원활하게 움직일 수 있는 필수 여유 공간의 합이 도
로의 표면적의 합을 초과할 때를 말하는 것이다. 그러나,

사랑하는 이여, 내가 너를 사랑한다고 말할 때에 그것은 내가 너를
사랑한다는 말이다

가 이 시의 전부거든요. 그러니까 이 앞에 차가 막히는 이야기 있잖아
요. 그 차가 이런 소설 말구요. 내가 너를 사랑한다고 말할 때 그것은,
내가 너를 사랑한다는 말이다, 라고 말할 수 있는 소설.

성석제 무슨 말씀인지 알겠습니다.

허아람 네, 그런 것을 기대하는 저의 바람은 선생님께 곧 닿길 바라고 또 닿았
다면 앞으로 이 친구들에게 큰 희망이 될 거라는 생각을 합니다.

성석제 말씀하신 대로 충분히 이해하고 공감합니다. 저는 문학을 통해서 많은
걸 얻었고, 배웠고, 또 문학을 업으로 삼고 살고 있습니다. 그러니 이 은
덕을 갚지 않을 수가 없지요. 문학은 물론 인격체가 아니기 때문에 제가
받은 것을 돈으로 환산해서 돌려줄 수는 없는 노릇입니다만, 다른 향수
자들, 새로운 문학 독자에게 문학의 아름다움과 힘을 느끼게 해주는 것
이 책무라고 생각하는 거지요. 말씀하신 대로 이 시대의 독자한테는 이
시대의 독자들이 공감하고 좋아하고 재밌어하고 또 어떤 에너지를 얻을
수 있는 그런 작품으로 보답을 해야 하고, 같은 일을 하는 동료나 또 평
론하는 사람들이나 문학이 담을 수 있는 삶을 살아가는 모든 사람들에
게 어떤 식으로든 보답을 해야 하는 것이 의무이고 책임입니다.

소설이라는 건 근본적으로 개인적인 캠페인입니다. 무슨 말이냐 하
면, 소설은 정치가 아니고 또 확성기가 아니기 때문에 사람들한테 이게
옳으니 지지해달라고 요구하는 게 아니라는 겁니다. 분명히 존재했지만
잊혀져 가는 것들, 이 사회를 구성하는 수많은 개인들의 역사, 역사의

소설이라는 건 근본적으로 개인적인 캠페인입니다. 무슨 말이냐 하면, 소설은 정치가 아니고 또 확성기가 아니기 때문에 사람들한테 이게 옳으니 지지해 달라고 요구하는 게 아니라는 겁니다. 분명히 존재했지만 잊혀져가고 있는 것들, 이 사회를 구성하는 수많은 개인들의 역사, 역사의 큰 무대에서는 보이지 않는 아주 작지만 각자에게 중요한, 우리 개개인이 서로 공감할 수 있도록 중요하고 감동적인 것들을 보여주는 게 문학이고 소설입니다. 소설가로서 이런 의무에 충실하려고 노력할 겁니다.

큰 무대에서는 보이지 않는 각자에게 중요한, 우리 개개인이 서로 공감할 수 있도록 중요하고 감동적인 것들을 보여주는 게 문학이고 소설입니다. 소설가로서 이런 의무에 충실하려고 노력할 겁니다.

이제까지는 소설의 어떤 공적·사회적인 기능이나 권능에 대해서 그다지 생각을 못 했던 게 사실입니다. 거기까지 생각이 미칠 수가 없이 나 자신의 어떤 내적인 요구에 응하고, 나에게라도 만족스럽고 좋은 소설을 써야 되겠다는 생각으로 바빴지요.

소설이라는 것은 어차피 당대의 풍속을 담게 되어 있습니다. 당대의 작가가 당대의 풍속을 담는 거지 전대의 작가가 미래를 담을 수는 없는 거죠. 지금 이 시대를 사는 사람들이 이 시대에 대해서 쓰는 게 당연합니다. 저도 제가 살던 때, 시대에 대한 이야기를 계속해왔습니다. 그리고 지금은 옛날이 되어버린 시대에 대해서도 얘기를 할 겁니다. 그 옛날이 현재에도 의미가 있는 한은.

농담 삼아 얘기를 했지만 작가들이 원고료가 안 생겨서 말하는 자리에 나오기를 꺼려한다기보다 사실은 익숙하지 않아서 못하는 경우가 많습니다. 글로 표현하는 데는 전문가지만 말은 글과 달라서 어려워요. 아마 원고 마감처럼 충분히 시간의 여유를 가지고 부탁을 하면 성의를 가지고 준비를 해서 충실한 대화를 할 수 있을 것으로 생각합니다. 아니면 글을 부탁해서 같은 효과를 낼 수 있는 방법을 찾는 게 좋겠지요.

제가 알기로는 두 종류의 사람들이 있는데, 한 종류는 책이나 눈으로 관찰한 것을 바탕으로 소설을 쓰는 사람들입니다. 관찰하고 지켜보고 읽는 사람들이지요. 또 한 종류의 사람들은 이야기를 하면서 실마리를 잡고 소설을 구성합니다. 이런 분들은 전화료가 많이 나오지요. 소설을 봐도 이야기 스타일이 많습니다. 전자는 역시 묘사가 충실하고 뛰어나죠. 저는 이야기를 먼저 하기보다는 많이 듣는 편입니다. 그리고 그것들이 모이고 쌓여서 발효가 되고 발효의 결과물들이 축적되고 하는 식으

성
석
제

로 한참 후에야 글로 나오는 스타일입니다. 그러니까 이런 데 와서 말을 하는 것이 생각보다 굉장히 에너지가 많이 든다는 것을 느낍니다. 그런데 오늘은 젊은 기운, 뭔가 희망이 있는 사람들의 기운이 느껴져서 좋습니다. 무엇보다 자발적으로 온 분들이 많아서 이야기가 풍성해진 것 같습니다.

사회자 시간이 다 되어서 이만 마무리하겠습니다. 오늘 선생님께서는 어떠셨는지요?

성석제 사실 조금 더울 정도였습니다. 열기가 고조되어서 그랬나요. 너무 바짝 붙어 앉아서 그랬는지도 모르겠네요. 여러분 하나하나의 얼굴이나 이름을 다 기억하지는 못하겠지만 오늘의 이 기분 좋은 느낌은 오래도록, 어쩌면 '내 인생의 마지막 4.5초'가 되는 날까지 내 몸 속 어딘가에 남아 있을 것 같습니다. 감사합니다.

주제와 변주를 돌아보며

책을 읽으며
진정한 축제의 문화를
만들어가다

이슬아 오늘 우리는 어느덧 스무 번째 주제와 변주를 마치고 두 번째 책을 내는 시점에서 그 동안의 주제와 변주는 어떠했고, 또 앞으로 어떻게 나아갈 지에 대해 간단히 토론하기 위해 모였습니다. 다들 좋은 점이 물론 많았 겠지만 '이런 점은 아쉽다 또는 고쳐야겠다' 고 생각한 점도 많았을 거 라 생각합니다. 먼저 주제와 변주의 형식에 대해 전반적인 얘기를 나눠 봤으면 합니다. 예를 들어 참석자가 너무 많은 바람에 과연 효과적인 토 론의 자리를 마련할 수 있었는지에 대한 비판도 좋고, 선생님의 이야기 는 잘 전달되었는지, 또 듣는 사람들의 태도는 어땠는지 등에 대해 우선 얘기를 했으면 합니다.

김나리 저는 주제와 변주가 맨 처음 시작할 때에는 조금 경직된 분위기였던 것 같습니다. 곧장 적극적인 참여로 이루어진다는 느낌을 가지지 못했어 요. 시간이 조금씩 지나면서 일부 선생님들께서는 토론을 잘 이끌어내 시지 못한 경우도 있긴 했지만 우리에게 정말 감명을 주셨던 분들도 계 셨어요. 넓은 공간에 많은 사람들이 모였지만 충분히 공감을 이끌어낼 수 있는 그런 형식이었다고 생각합니다. 그리고 주제와 변주에서 가장 중요한 것은 한 사람이 말을 할 때 모두가 그 사람의 이야기를 귀기울여 들어주고 또 다함께 대화하고 소통하는 과정이라고 생각합니다.

사회자 시작할 때는 조금 서먹서먹하고 어색한 분위기였지만 갈수록 같은 공간 에서 일체감을 가질 수 있었다는 얘기였는데, 다른 분은 어떻게 생각하 는지요? 이렇게 하나라는 느낌을 갖게 되고, 또 다함께 공감하고 있다 는 생각을 하게 된 것이 오신 선생님들께서 유도하셔서 그런 분위기가 만들어진 건지 아니면 이 자리에 모인 모두가 자연스럽게 어느 순간 하 나가 될 수 있었는지에 대해서도 얘기해봤으면 합니다. 예를 들어 제10 회 주제와 변주 김선우 선생님 같은 경우에는 '우리 같이 꿈에 대해서 말해볼까요?' 하면서 한 사람 한 사람의 꿈을 이야기하면서 '아, 이제 우리가 좀 소통하고 있구나' 라는 느낌을 받았던 기억이 있는데요. 어떻게 과연 그런 분위기들을 만들어낼 수 있었던 걸까요?

김나리 아무리 선생님들께서 '이런 주제들을 이렇게 이야기해보자' 라고 해도 개개인이 소통하려 하지 않았다면 하나의 공감대가 형성되지 않았을 거라 생각합니다. 그러니까 참여하는 개개인이 각각 노력하면서 능동적인 에너지를 만들어내야 그 에너지가 함께 모이면서 하나의 공간 전체에 퍼져 나갈 수 있었던 아닐까요?

이윤영 사실 주제와 변주에 참여할 때 처음에는 제대로 공감대를 형성하지 못해서인지 어색한 분위기에서 시작한 경우가 많았습니다. 그래서 질문을 하려고 해도 '아, 내가 이 질문을 해도 될까?' 라는 의구심 또는 '이 질문은 바보 같지 않을까?' 라는 생각이 은연중에 들었습니다. 그래서 안하게 되는 경우가 많은데 제가 주제와 변주에 참여하면서 느꼈던 것은 고학년 학생일수록 발표를 많이 한다는 것이었어요. 고학년이 먼저 질문을 던지면 저학년의 기준으로 봐서는 질문이나 답변의 내용이 다소 어려울 수 있었단 말이죠. 그래서 저학년은 더욱 참여를 할 수 없을 것 같은 분위기가 되어버린 경우가 있었다고 생각해요. 이를 보완하기 위해서 주제와 변주에 선생님을 모시기 전에 전반적으로 한 번 더 주제나 질문에 대해서 짚어보는 기회가 있다면 저학년들도 확신에 차서 질문할 수 있지 않을까 생각했었습니다.

사회자 네, 그러니까 질문의 수준에 압도당해서 자유롭게 발언하기 힘들었다는 말씀이군요. 참석한 사람들은 초등학교 6학년부터 고등학생, 대학생 또는 어른들까지 다양하지만 질문하는 사람들은 고등학교 1, 2학년이 대부분입니다. 그러니까 중학생들은 끝나고 나서 되게 어려웠다고 소감을 밝히더라구요. 그 친구들이 준비해온 것들을 발표하고, 더 많은 것을 얻어 갈 수 있게 하는 방법에 대해서도 보완이 필요할 것 같습니다.

그리고 주제와 변주의 형식은 기본적으로 '토론' 이잖아요. 우리가 늘 강조하듯이 선생님의 일방적인 얘기가 아닌 같이 옆에 앉아서 함께 의견을 주고받는 형식이어야 하는데, 그동안 일방적으로 한쪽이 이야기하고 또 받아들이지는 않았는지, 생각해보면 선생님이 말씀하시는 시간이 훨씬 길었다든지, 또 길어도 질문에 대한 답변의 내용이 잘 담겨 있으면 괜찮은데, 일방적으로 오신 선생님의 이야기를 했던 적은 없었는지에 대해서도 반성해봐야 한다고 생각합니다.

이윤영 솔직히 말해서 그런 경우가 대부분이었다고 생각합니다. 그 이유가 우리가 질문을 하면 선생님께서 대답을 해주시는데 답변을 다 듣고 나서 보면 그 답변이 질문에서 좀 벗어났다가 다시 돌아오는 경우가 많았습니다. '아, 질문이 뭐였죠?' 라면서 돌아오는 경우가 많은데 그렇게 길게 설명을 듣고 나서, 질문했던 학생은 그냥 앉아버린다는 거죠. 설명 자체를 완벽하게 받아들이지 못했다면 반론을 제기해야 하는데 말이죠. 그러니까 대답이 너무 길거나, 아니면 어렵거나, 또는 주제를 벗어났을 경우에 질문을 한 것에 대해 충분한 대답이 되지 못했으면 적극적으로 토론에 나서야 하는데 그냥 '네 감사합니다' 하고 그냥 앉아버리는 경우가 많았다고 생각해요.

김나리 주제와 변주가 청소년과 이 시대의 어른이 함께 공동의 사유의 장을 가진다는 점에서 그 의미가 있는 것인데, 오시는 선생님들께서 마치 어른과 어른이 사유한다는 생각을 가지고 청중이 청소년임에도 불구하고 어른들이 가질 수 있는 사유의 크기를 우리에게 그냥 던져준 경우도 있지 않았나 생각합니다. 그래서 청소년들이 제대로 받아들이지 못하는 경우도 있었습니다.

사회자 1회부터 10회까지에서는 그런 게 거의 없지 않았나요? 여러분이 힘들었던 경우가 있다면, 예를 들어서 이야기해보죠. 20회 중 가장 좋았던 주제와 변주는 언제였는지 말해보는 것도 좋을 듯합니다. 물론 각자가 사회를 맡았던 회가 가장 좋았다고 주장하겠지만.(웃음) 그러지 말고 모두가 참 좋았다고 말할 수 있을 만한 주제와 변주를 먼저 얘기한 뒤에 반대로 이런저런 점에서 힘들었던 주제와 변주에 대해서 얘기하는 시간을 가지면 좋겠군요.

이인재 제가 생각할 때 내용 면에서는 모두 훌륭했다고 봅니다. 대한민국의 어느 청소년들이 그렇게 한 자리에 모여 진지하게 책의 저자와 자발적으로 토론할 수 있을까요? 얼마 전 오셨던 성석제 선생님의 말씀처럼 가장 중요한 것은 자발성이라고 생각합니다. 그런 자발성을 가지고 참여하게 된 사람들은 대부분이 진정으로 참여하고자 하는 의식이 있습니다. 그런 식으로 자발성을 가진 사람들이 하나 둘 모여서 열정적인 분위기를 만들어갈 때 정말 알찬 주제와 변주가 될 수 있다고 생각합니다.

윤수민 네, 자발성과 관련해서 저는 작년 지난 4월에 했던 박정대 시인과 함께 한 주제와 변주가 참 좋았습니다. 뭐랄까 다른 주제와 변주에서는 느끼지 못했던, 모두가 다 함께 하고 있다는 기분을 충분히 느낄 수가 있었습니다. 다들 먼저 나서서 얘기하고 싶어하는 느낌을 많이 받았거든요. 그날은 발표를 다 못할 만큼 정말 시간이 부족했지만 참 행복하고 좋은 느낌을 받았어요.

손주완 저는 매번 참 좋았습니다. 그러나 힘들었던 점, 아니, 힘들었다기보다는 개인적으로 주제와 변주를 진행하면서 굉장히 답답했던 것이 질문하는 사람과 질문 받은 사람이 이야기를 하다보면 점점 둘만의 이야기가 되어버리기도 하고 때로는 감정싸움이 일어나는 경우도 있었거든. 이름 자체가 주제와 변주니까 한 주제를 두고 너나할 것 없이 모두가 변주를 하면서 자신의 의견을 자유롭게 말하는 그런 분위기가 형성되지 못했던 것 같아요. 또 늘 질문을 하는 몇몇 사람 빼고는 잘 하지 않기도 하고요. 정말 말 그대로 변주는 더 많이 이루어질수록 좋은 거니까, 형식을 새롭게 바꿔서 야외로 나가서 한다거나 아니면 직접 우리가 그 선생님께 찾아가서 이런 새로운 방식들이 계속 시도되면 좋겠습니다.

사회자 사실 아까도 말씀하셨다시피 질문 하나가 나오고 답변이 이어질 때, 그 다음에 자연스럽게 연결되는 것이 없잖아요. '그 부분에 대해서 저는 이렇게 생각합니다. 방금 선생님께서 말씀하신 것과 관련해서 비슷한 이런 예가 있습니다' 라든지 '저는 그렇게 생각하지 않습니다' 라든지, 이런 소통되고 토론하는 내용이 없이 바로 그 다음 질문으로 넘어가는 경우가 많았죠. 그래서 그런 부분을 보충하기 위해서 우리가 한 주제에 관해서 어느 정도 생각을 하고 정말 다같이 그 주제에 대해서 이야기를 해본다든지 아니면 주제와 변주를 시작하기 전에 '이번에는 어떤 선생님이 오시니까 오늘은 여기에 대해서 주로 토론했으면 합니다' 라고 몇 가지 주제를 설정해놓고 질문을 받는다든지 그런 선행작업 있었으면 좋겠습니다. 각자 자기가 가지고 온 질문에 대해서만 답을 얻고 가는 게 아니라, 공통된 주제에 대해서 얘기하는 시간이 필요할 것 같아요.

이윤영 저는 이 자리에 오신 선생님의 역할도 굉장히 크다고 생각해요. 제가 윤정은 선생님 때 사회를 맡았는데, 선생님이 전쟁 현장에 가서 기자 일을 하셨고 또 글 적어놓은 것만 보면 되게 강할 것 같은 느낌을 많이 받았는데 만나고 보니 굉장히 조용하신 거예요. 그래서 그분이 오셨을 때는 전체적인 분위기가 참 조용했어요. 선생님도 묻는 질문에 조근조근 말씀을 하셨고요. 그러니까 주제와 변주에 오신 선생님의 분위기와 말투 또는 태도에 영향을 많이 받는다고 생각해요. 사실 참여자는 거의 비슷 비슷하니까요. 김선우 선생님같이 수필, 시를 쓰는 작가인 경우에는 감성적으로 얘기한다고 할까요? 그런 따뜻한 분위기가 사실 자연스럽게 이끌어지는데, 철학이나 역사·사회 분야를 이야기할 때는 분위기기 다소 딱딱해지잖아요. 그리고 김상봉 선생님께서 오셨을 때는 정말 우리 현실 이야기니까, 교육 이야기니까 서로 참여하는 비율이 굉장히 높았다고 생각해요. 얘기할 것도 많았고, 들을 것도 많았고, 비판할 것도 많았고요.

박용준 우리가 개선할 점은 없을까요?

이윤영 저는 도정일 선생님이 오셨을 때 주제도 좀 어려운 면도 있었지만 일부 학생들이 『대담』을 쓰신 유명한 도정일 선생님이 오신 자리에 참석했다 는 데 의의를 두고 그냥 자리만 채우고 앉아 있는 모습의 학생들을 많이 볼 수가 있었어요. 그러니까 각 주제와 변주가 좋다 나쁘다를 따지기보다 일부 학생들의 불성실한 태도가 그날의 분위기를 흐리지 않았나 하는 생각이 들어요.

허아람 사실은 2년 전 인디고 서원이 생기기도 전에, 3년 전에 우리끼리 다 같이 모여서 토론하는 자리를 만들어봤잖아요. 그 소박한 자리에서 출발해서 인디고 서원이 생기고, 선생님들을 모시게 되고, 또 '이번에는 어떤 선생님이 오실까? 메일을 읽으실까?' 그렇게 설레면서 선생님들을 초대했던, 정말 행복과 기대감에 설레였던 자리를 스무 번이나 가지게 되었던 것에 비하면 지금 여러분의 반응은 사실 굉장히 의미가 적은, 또 별로 훌륭하지도 못했던 그런 주제와 변주였나, 하는 의구심이 들 만큼 소극적인 것 같습니다.

이렇게 여러분이 주제와 변주 20회를 돌아본다는 입장에서 의미들을 찾아보면 참 좋을 것 같다는 생각이 들거든요. 내 입장에서는 이 시대의 참 좋은 어른이라고 불리는 스무 명의 선생님들을 여러분과 함께 만날 수 있어서 그것만으로도 굉장히 훌륭한 교육의 장이었다고 생각하고, 또 그것이 이 작은 서점에서 학생들이 자발적으로 움직여 이루어졌다는 것만 해도 지금 우리 현실에서 새로운 문화를 이끌어낸 좋은 실례가 될 수 있다는 자긍심을 갖고 있습니다. 그런데 여러분은 실제로 스무 번을 매번 참여하다 보니까 우리의 행사를 너무 좁은 의미에서만 평가하지 않나 하는 생각이 들거든요. 그러니까 어찌보면 여러분이 가장 중요한 시기에 그런 선생님들을 만나 뵈었던 것이 얼마나 크고 깊은 영향을 미치는지, 그런 만큼 기억에 남는 중요하고도 결정적인 자리도 분명히 있었을 거라고 생각합니다. 어떻게 생각합니까?

박용준 거꾸로 우리가 이렇게 매너리즘에 빠졌다고 하는 이유는 다른 게 아니라, 저 같은 경우는 솔직히 첫 번째 이왕주 선생님이 오셨을 때부터 20회까지 한번도 빠지지 않고 다 왔는데 매번 좋았거든요. 그런데 그렇게 매번 좋았던 이유는 물론 저 혼자는 모시기 힘든 선생님들을 인디고 서원이라는 이름으로 모셔주고 또 만나서 대화를 할 수 있는 기회를 만들어주는 이유도 있었겠죠. 저의 개인적 수고를 대신해주는 것에 대한 감사함이랄까요? 근데 그건 둘째 치고 지금의 우리는 모두 꿈을 꾸지만 그것이 도대체 무엇인지 실체를 모르잖아요. 내가 진정으로 무엇을 하고 싶은지, 내가 환경운동가가 되고 싶은지, 대학교수가 되고 싶은지 또는 글을 쓰는 소설가가 되고 싶은지. 막상 이런 막연한 꿈을 꿔도 실질적으로 우리가 그게 무엇인지, 어떻게 해야 하는지, 무엇을 하면 그런 사람이 될 수 있을 것인지에 대해서는 어디에서도 교육받은 적이 없단 말이죠. 그렇게 늘 꿈꾸는 우리에게 마치 뜬구름 같았던 그 꿈의 밑그림을 그려주는 자리였기 때문에 소중한 시간이었다고 생각합니다. 또 책을 읽고 늘 하고 싶었던 의문을 풀어줄 배출구가 필요했는데, 그것을 통쾌하게 풀어주는 자리가 바로 이 자리였다는 거죠. 그렇게 감사하고 소중한 자리였음에도 불구하고 이 자리가 충분히 생산적이지 못했다고 하는 것은 거꾸로 우리 학생들이 꿈을 덜 꾼다거나 또는 그런 것에 대해서 관심을 가지지 못하는 교육제도에 문제가 있다거나, 물론 그 교육제도를 탓하기 이전에 우리 스스로가 보다 적극적이고 능동적으로 추구하고 무엇이라도 배워가려고 하는 의지가 강하지 않기 때문에 그 자리에서 느끼는 게 덜하지 않았을까 생각해요. 왜 아는 만큼 사랑하게 되고 또 사랑하는 만큼 보이는 거잖아요. 우리가 보다 더 절실했다면 더 많이 느꼈을 텐데 그렇지 못했다는 것이 역으로 반증되는 것이라는 생각이 듭니다.

사회자 물론 내용면으로 볼 때는 좋았다 나빴다고 말할 수 있는 게 있었지만 그

래도 끝난 후 가만히 생각해보면 이때까지 스무 번씩이나 당대의 지식인들을 만난 것이 내 안에서 많은 것을 발견하고 또 얻게 해준 기회였다고 생각해요. 왜냐하면 우리가 하나의 주제나 분야에 대해서 두 시간이나 진지하게 그 방면의 저자와 함께 이야기를 할 수 있다는 것 자체가 그 질문에 대해서 대답이 적절했다 그렇지 못했다의 문제를 떠나서 참 대단한 일이었다고 생각하거든요. 아까도 말씀하셨다시피 사실 다수가 잘 모르는 상태에서 하나씩 하나씩 늘 가슴에 품고 있었던 질문들을 해나가고 또 대답을 듣고⋯⋯사실 선생님들은 우리가 어떤 질문을 던질지 전혀 모르는 상황에서도 30초, 1분 내에 바로 대답을 해주시는 모습을 보면 10, 20년 아니면 더 많은 세월을 자신의 분야에서 그만큼 노력했기 때문에 가능하지 않았나 싶어 감동을 받게 됩니다. '과연 내가 30, 40대가 되었을 때는 내 분야에 대해 전혀 모르는 누군가가 이런 질문들을 하면 대답해줄 수 있을까? 그냥 모르겠다고 하지 않을까? 아무리 엉뚱한 질문이라도 대답해줄 수 있을까?' 이런 생각이 많이 들더라고요.

허아람 그런 것에 나도 감동을 받은 경우가 바로 어젯밤이었는데, 어제 MBC에서 광복특집 '미래는 누가 이끄는가?'라는 제목으로 우리 주제와 변주 형식과 거의 유사한 토론회가 있었습니다. 손석희 아나운서가 사회를 보고 1부에는 이어령 선생님과 김영세 선생님이 나오셔서 각자의 삶에서 중요한 의미들을 풀어내셨는데 이어령 선생님은 '디지로그'라고 하는 최근의 개념을 설명하셨고, 김영세 선생님은 실리콘 밸리에서 '이노 디자인 그룹'을 만드셔서 전 세계적으로 가장 유명한 산업디자인의 선두주자가 된 분이십니다. 여러분, 김영세 선생님에 대해서는 잘 몰랐죠? 네, 저도 자세히는 몰랐지만 어제 그분의 말씀을 듣고 나니 잠이 안 오는 거예요. 너무 좋은 강연을 들었기 때문이죠. 그걸 보고 나서 '나는 과연 어떻게 살아야 될까'에 대해 생각하면서 너무 많은 흥분과 들뜸을 감출 수가 없었던 거죠.

어떤 내용이었는지에 대해 잠시 이야기해보면 이어령 선생님께서는 학생들이 질문하는 것에 대한 답변에 전부 다 하나씩 실례를 들어서 설명해주셨어요. 그림을 준비해 오든 시계를 하나 준비해 오든 또는 비빔밥 사진이라도 가지고 오든. 어떠한 질문에도 자신의 오랜 삶의 경험과 지식을 바탕으로 그런 구체적인 실례를 들어 답변을 할 수 있는 그런 능력, 이 시대의 지식인이 가져야 되는 힘 그리고 지식인으로서 젊은 세대에게 물려줘야 되는 그런 자산을 가장 잘 넘겨주고 있다는 느낌을 받았어요. 정말 닮고 싶은 그런 지식인의 모습이었는데, 제일 중요하게 생각해야 되는 것이 우리의 주제와 변주의 모습도 그렇게 MBC에서 광복특집으로 준비한 그 두 시간과 별반 다르지 않다는 것입니다. 거기의 그 방청객이 모두 『디지로그』를 읽었는지는 잘 모르겠지만, 우리는 적어도 백 명이 오면 백 명의 학생 모두가 그 저자의 책을 한 권 이상은 읽고 만난다는 것. 그래서 그 책에 대해서 고민할 수 있는 매개체를 가지고 선생님을 만난다는 점이 훨씬 더 우리가 준비된 만남을 하는 게 아닌가 하는 생각이 들었거든요.

만약에 그 정도의 강연을 들을 수 있는 기회가 있다면 서울에 사는 모든 대학생들이 구름같이 몰려가서 그 장소보다 훨씬 더 큰 곳에서 그런 강연이 이루어졌어야 한다고 생각해요. 그날 그 자리에 없었던 대부분의 이 땅의 청년들은 TV를 통해서 그들을 만나고 있었는지는 잘 모르겠지만. 또 그것이 그냥 몇몇 사람들만 우연히 보고 지나치는 일회적인 것이 아니라 미래를 누가 이끄는가와 같은 전 국민적인 관심사가 될 만한 주제에 대해서 미래를 짊어질 청년들에게 좋은 이야기를 들려줄 수 있는 자리가 더 많아야 할 것 같아요. 방송에서 늘 하는 다른 프로그램과 비슷하다고 해서 단순히 지나칠 것이 아니라, 뭐랄까, 주제와 변주의 또 다른 변주와도 같은 그런 자리를 통해서 많은 것을 배울 수 있는 좋은 기회였습니다.

근데 만약 내가 그 방송을 어젯밤에 우연히 본 게 아니라 미리 알고 있었다면 아마 인디고 서원을 아는 모든 사람들에게 그걸 동시에 어딘가에 틀어서 우리가 마치 3차원 토론을 하는 것처럼 그렇게 같이 보고, 공감하고, 질문할 수 있는 자리를 만들었을 것 같아요. 그 이유가 우리의 주제와 변주는 사실 지역적인 한계가 있잖아요. 참여하는 1백 명 이내의 사람들만 공유하는 것이고, 다행히 어제 그 자리는 방송에 나왔으니까 전국에 있는 많은 사람들이 공유할 수 있었겠죠. 그런 자리가 많아져야 되는 절대적인 이유는 우리가 그런 좋은 이야기를 아무데서나 쉽게 여느 어른으로부터 늘 접할 수 있는 얘기가 아니라는 거죠. 저 역시도 그걸 보면서 너무 많이 감동하고 배웠어요. 저런 자리가 일 년 내내 이 땅에서 벌어지고 있다면 얼마나 살아가는 일이 희망일까. 또 얼마나 교육적으로 아이들이 많은 감동과 자극을 받아서 자신들의 문제를 주체적으로 이끌어갈 수 있을까.

난 사실 그런 생각을 굉장히 많이 했는데, 어제 여러분 중에 본 사람 있어요? 그러니까 '우리의 자리만 독보적이고 진실한 청소년들이 모여서 하는 훌륭한 토론이구나.' 그렇게 생각하지 않아요. 주제와 변주를 모르는 이 땅의 많은 청소년들이 있는 것처럼 각자의 지역에서 각자의 삶의 공간에서 충분히 다른 형태들로 이런 자리들이 벌어지고 있겠지요. 그런데 그런 것들이 점점 이렇게 커지고 많아지고 서로 공유할 수 있고, 네트워크 할 수 있는 그런 장(場)들이 더 많이 늘어나야 하고 또 많아지고 있는 상황에서 우리는 우리의 지역에서 이러한 것들을 지속적으로 이끌어내는 것은 굉장히 중요한 일이라는 거죠. 만약에 내가 어제 느꼈던 감동만큼 스무 번의 주제와 변주에 참여했던 학생들이 그렇게 감동을 느꼈다면 아마 미래는 정말 밝아지고, 자신의 꿈을 이룰 수 있는 사회가 될 것이라는 희망이 생기던데, 과연 우리의 주제와 변주가 20회까지 오는 동안 여러분도 그렇게 느꼈는지는 잘 모르겠어요.

사실 저도 개인적으로 비판하고 싶었던 자리도 있었고, 굉장히 실망스러운 자리도 있었음에도 불구하고 무엇보다도 멀리서 이 자리까지 오신 선생님들에 대한 기본적인 감사함, 존경심, 또 그런 자리에서 어떤 식으로든 배울 점이 많았던 것에 대해서 굉장히 의미가 크다고 생각합니다. 무엇보다 그것을 준비하는 모든 과정에 여러분 선배들과 여러분이 함께 아주 작은 것에서부터 큰 것까지, 자리를 만들고 정리하고 선생님을 배웅하는 일까지도 학생들이 주체적으로 자발적으로 했다는 그 자체가 사실은 인디고 서원이 할 수 있었던 일 중 가장 훌륭한 일이 아니었나 생각하거든요. 말이 좀 길어졌는데 그냥 유명 인사를 만나는 자리가 아니라 책을 함께 읽고 만났기 때문에 좋았던 자리였다면 그런 의미는 어떻게 찾을 수 있을까요?

박용준 굉장히 중요한 얘기라고 생각합니다. 어제 이어령 선생님이 TV에 나온 것을 봤을 때, 거기 있는 학생들이 만약 책을 읽지 않고 그 자리에 참석했다면 그게 그 자리로 끝이 나지 않았을까 생각해요. 아무래도 이야기의 생명력이 떨어질 것 같기도 하구요. 그러니 감동은 덜 받을 수밖에 없겠죠. 왜냐하면 소통의 문제는 굉장히 많은 시간을 필요로 한다고 생각하거든요. 특히 타인과의 만남이라고 하는 것은 단번에 이루어지지 않잖아요. 그렇지만 우리는 책을 통해서 직접 얘기하지는 않았지만 저자와 늘 관계를 맺어왔고, 꽤 오랫동안 책을 통한 만남을 규칙적으로 해왔기 때문에 주제와 변주라는 자리에서는 마치 오래 만났던 친구처럼 쉽게 소통할 수 있지 않았나 생각해요. 그런 소통이 책이라는 매개의 도움을 참 많이 받는 것 같아요. 책의 유용성이라고 할까? 그런 것들도 잠깐 얘기하면 좋을 것 같은데요. 책이라고 하는 것이 어떠한 의미를 지녔는지, 또 책이 없었다면 얼마나 공허한 또는 힘든 만남을 했어야 했을지 등을 생각해보면 좋겠습니다.

손주완 책이 매개가 되어 토론할 수 있었던 것은 굉장히 좋았던 일이라는 이야기에 동의합니다. 그런데 여기에는 책을 잘 활용해야 한다는 전제가 있어야 그것이 빛을 발할 수 있는 것 같아요. 우리가 주제와 변주를 준비하면서 느꼈던 설렘이나 기대감들은 결국 책을 읽을 때 어떤 마음가짐을 갖느냐에 따라서 생기는 것 같거든요. 사실 책과 친해지는 것은 참 쉽지 않잖아요. 그런데다가 이 책의 저자를 꼭 만날 것이고 또 만나서 이런 이야기들을 하고 싶다는 의욕이 없으면 진짜 잘 안 읽히는 게 책이라고 생각해요. 그러다가 그냥 책을 읽고 그것으로 끝나버리는 거죠. 저자와 진정으로 소통하고 또 생산적인 담론을 이끌어내지도 못한 채. 그러니까 주제와 변주를 준비하면서 책을 읽으면 책이 바로 그 선생님이라고 생각하고 진짜 적극적으로 책을 읽게 되는데 만약 그렇지 않다거나 설사 주제와 변주가 없다고 하더라도 적극적으로 책을 매개로 활용하려는 의지가 없으면 그냥 그렇게 끝나는 게 책 읽기 같아요. 적극적인 상호작용이 부족하다고 해야 하나? 그러니까 책이 매개가 되면 굉장히 효과적이고 효율적인 소통이 되는데 그건 그 책을 어떻게 활용하고 의지를 가지느냐의 문제가 선행되어야 한다는 거죠.

이윤영 거기에 덧붙이자면 책이라는 매개체는 미리 그 선생님에 대해 알 수 있는 방법이기도 하잖아요. 그 역할이 참 크다고 생각합니다. 책을 보고 그 선생님과 직접 만나고, 또 선생님께 질문하고, 책에서도 부족했던 부분을 그 대화의 공간에서 풀어나간다고 생각합니다. 근데 아주 조금은 학생들이 책에 얽매인다는 생각이 들어요. 그러니까 책에 나와 있는 이상으로는 선생님에게 접근하려고 하지 않는 것 같은 느낌. 저는 그런 부분이 아쉬웠어요.

김나리 반복하는 것처럼 들릴 수도 있지만 윤영이 말을 좀 더 확장해서 말해보면, 선생님과 우리가 소통할 수 있는 길은 여러 가지가 있는데 책이 그 길을 안내해주는 역할도 하지만, 동시에 길이 이것밖에 없다고 한정지어버리는 경향도 있는 것 같습니다. 그러니까 그 선생님의 전문 분야가 있는 건 맞지만 그 분야에만 너무 치중해서 질문을 하다 보니까 내용도 조금 지엽적으로 흐르고 그게 또 자연스럽게 토론식이 되기보다는 강연식으로 변해간다는 느낌도 들었어요. 아마 너무 책에 한정되어 접근을 했기 때문에 그렇지 않았나 하는 생각이 들어요.

사회자 네 그렇다면 선생님께서 주제와 변주에 오신다고 해서 책을 읽는 것은 일종의 확고한 목적성이 있는 독서잖아요. 근데 그게 아니라 우리 개인적으로는 책에서 어떻게 뭘 얻고 또 여러분은 지금 어떤 독서를 하고 계신지 한 번 이야기해볼까요?

이인재 저는 개인적으로 소설에 관심이 많습니다. 그래서 어릴 적부터 지금까지 꾸준히 소설을 읽어오고 있습니다. 사실 시간이 많이 나지는 않지만 틈나는 대로 조금씩 읽습니다. 또한 이것이 답이 될지는 모르겠는데 저는 종종 소설을 쓰기도 합니다. 소설 쓰기는 소설을 읽는 것의 연장선에 있다고 생각하거든요. 소설을 써본 사람은 소설을 안 써본 사람보다 어떤 소설을 읽을 때 더 잘 감상할 수 있다고 생각합니다. 물론 이것 역시 제 개인적인 경험일 수도 있지만 소설을 써본 사람이라면 작가분의 필체라거나 세상을 묘사하는 방식 같은 것이 눈에 더 잘 띄더라고요. 더 많은 걸 발견하고 느끼게 된다고 할 수도 있겠습니다.

사회자 네, 그렇게 책을 읽으면서 어떤 선생님을 꼭 모시고 싶다고 마음먹을 때 어떤 기준으로 그런 마음이 드는 건지, '그냥 한 번 만나보고 싶다'고 해서 아무렇게나 초대하자고 의견을 내는 건 아니잖아요. 어떤 마음의 동요랄까? 감동이랄까? 그런 것이 있었기 때문에 초대하고 싶고 뵙고 싶은 마음이 일었다고 생각하는데요.

허아람 그렇다면 좀 더 쉽게. 21회부터는 어떤 어른을 모셨으면 좋겠어요? 책을 안 쓴 어른도 만나고 싶어요? 그건 말이 안 되나요? 저자가 아니니까? 그러니까 인디고 서원의 주제와 변주는 계속 책을 쓰신 저자만 초청하는 것에는 모두 합의하시나요? 왜 책을 쓴 저자에만 한정해서 초청하는 걸로 기준을 정하게 됐죠? 하기야 만날 수 있는 방법이 그것밖에 없으니까. 그렇다면 앞으로도 계속 그런 방식이 유지되어야 할까요? 스무 번은 결코 적은 횟수가 아닙니다. 그렇게 자기 분야에서 열심히 공부하시고 또 활동하시는 좋은 어른들을 그것도 각기 다른 분야의 스무 분을 한 자리에서 만난다는 것. 그것도 아주 진지하게 토론하고 대화했다는 것. 시간으로 따지면 세 시간씩 총 60시간을 토론한 게 되는데 그런 것이 여러분의 청소년 시절에 얼마나 큰 영향을 미칠지 지금 그걸 못 느끼고 있다면 좀 잘못된 거라고 생각해요. 그래서 앞으로의 주제와 변주를 열어갈 때 형식을 바꾼다든지 범주를 달리한다든지 등에 대해서도 긴밀하게 토론해야 하지 않을까요?

사실 선생님들을 섭외하기가 쉽지가 않아요. 왜냐하면 책은 좋지만 또 그 저자가 좋은 분인 것은 알 수가 없는 일이고, 또한 좋은 책이고 좋은 저자인 줄 알고 모셨는데 실제로 뵈었을 때 느끼는 감동이 덜 했던 경우도 있었고 또 그랬을 때 여러분이 실망하는 것을 역력히 보았기 때문에 좋은 선생님을 모신다는 것이 참 어렵다는 걸 느껴요. 그렇다면 우리 시대의 좋은 어른들이 사실 세상 밖으로 나오셔서 '여기요, 나도 좀 불러봐요. 나도 좀 초대해줘요. 초대해서 우리랑 이야기 좀 같이 해요' 라고 이야기하시는 좋은 어른들이 많았으면 좋겠는데 사실 많은 분들이 꼭꼭 숨어 계셔서 우리는 TV에서 맨날 보는 유명한 분들 외에는 어디에 어느 분들이 훌륭한지도 잘 모르죠. 그나마 우리는 책에서라도 열심히 읽어가지고 그 안에서 좋은 저자를 찾아내는 경우인거죠. 그 동안 스무 분 찾은 것도 참 많이 찾았다는 생각을 하는데 앞으로 새 책이 계속 나온다고 하더라도 주제와 변주에 모셔서 얘기하는 것이 지금까지처럼 쉬울 것 같지는 않아요. 물론 지금까지도 쉽진 않았지만……

이윤영 사실 20회를 제외한 그 전의 주제와 변주는 알게 모르게 선정되는 선생님도 많았어요. 왜 선정됐는지 이유도 모른 채 참석한 경우도 있었거든요. 또 그러니까 책을 못 읽었던 적도 사실 있어요. 책에서조차 만나보지 못했던 선생님에게 다가가긴 좀 힘들다고 생각해요. 그런 안일한 마음이 이전의 주제와 변주에서는 있었다고 생각하는데, 이번 20회 때는 학생들이 직접 선정해 메일을 보내고, 그리고 오신다는 확답을 받고는 또 마음가짐이 이전의 경우와는 또 조금 달랐다고 생각해요. 그렇게 됨으로써 좀 더 참여적이게 되고 보다 활발하게 되지 않을까 생각해요.

허아람 그 동안 알게 모르게 선정이 된 것은 주제와 변주 선정하는 모임에서 그렇게 정해진 거니까 인디고 서원의 모든 학생들에게 의견을 물을 수는 없는 거였거든요. 그건 양해를 하기 바라고 앞으로는 그런 선정 위원들이 폭이 좀 넓어져서 다양한 의견들을 많이 받아서 정기적으로 하는 행사에 정기적인 회의를 하는 것도 참 좋을 것 같다는 생각이 듭니다. 제 개인적으로 여러분은 다 사회자 경험이 있지만 사실 사회자를 해보니까 토론을 이끌어간다는 게 굉장히 힘들다는 느낌들을 받았을 거예요. 그 다음에 사회자의 한계 때문에 토론이 잘 진행되지 않았던 적도 있는 것 같아요. 그러니까 질문을 대신 전달해주는 이런 역할만을 사회자가 하는 게 아니거든요. 사회자의 역할은 그 이상이어야 한다고 생각합니다. 좋은 질문을 이끌어내는 데 가장 주도적인 역할을 해내고, 또 많은 사람들이 참여하게 하는 것도 사회자가 해야 될 역할이라고 생각하는데 여러분은 경험이 있으니까 각자가 자신의 경험들을 얘기해보고, 또 그 경험을 통해서 앞으로는 어떤 방식으로 토론이 진행되었으면 좋겠는지도 얘기해보죠. 제일 먼저 했던 사회자가 이슬아 양이죠?

이슬아 저는 그때 지금보다 더 어렸고, 겨우 세 번째여서 정신이 없었어요. 처음으로 행사 공간을 늘려서 사람도 되게 많이 왔거든요. 혹시 성공이냐 실패냐 물으시면 제 개인적으로는 실패였다고 말하고 싶어요. 제가 모범적으로 본 사례는 옆에 있는 주완이도 괜찮았고, 또 김선우 시인 때 조주영 님도 사회를 참 잘 하신 것 같아요. 사회자들이 준비하기가 굉장히 어렵거든요. 어떤 질문이 나올지, 또 질문이 나왔을 때 어떻게 대처해야 할지도 잘 모르고요. 그리고 사실 너무 많은 사람이 질문을 하려고 여기저기서 움직이는데 내가 말을 길게 할 수도 없는 곤란한 입장이었는데 주완이 같은 경우는 박홍규 선생님 때 그 질문자의 질문을 한 번 더 정리해서 참여자에게 환기시켜주기도 하고, 또 김선우 시인 오셨을 때의 사회자께서는 시작 멘트도 굉장히 심혈을 기울여서 쓴 것 같았어요. 그때 김선우 시인의 『물밑에 달이 열릴 때』 일정 대목을 인용하면서 시작했고, 또 먼저 노래도 불러주시고, 분위기를 잘 유도하셨거든요. 그런데 앞으로의 사회자에게 부탁하고 싶은 말은 일단 사회자로서의 마음가짐부터 달라져야 할 것 같습니다. 본인이 이 시간을 잘 이끌어야 한다는 책임감을 가졌으면 좋겠거든요. 그러니까 오시는 선생님의 대화 방식이나 애정이 조금이라도 부족하다고 느껴지더라도 동요하지 말고 그때를 대비해서 여러 가지 주제를 선정해 온다든지 논의를 보다 깊게 이끌어간다든지 하는 지혜가 필요한 것 같아요. 그리고 별거 아니지만 계속적으로 청중에게 질문을 함으로써 말하고 싶었던 사람이 자꾸 말할 수 있게 이끌어내는 것도 참 중요한 것 같아요.

손주완 제가 사회를 본 주제와 변주를 시작할 때 했던 말이, 주제와 변주가 진행되면서 혹시 자기를 둘러싸고 있는 벽이 있어서 그 벽 때문에 말을 못하겠다면 손을 들고 얘기하면 제가 도와준다고 했거든요. 그런데 그렇게 말을 하고도 논의가 진행되면서 그걸 점점 잊어버린 것 같아요. 그냥 가만히 있어도 박홍규 선생님의 답변이 끝나면 이쪽에서 손들고 질문하고 또 선생님이 답변해주시니까 사회자는 뒷전으로 조금씩 밀리는 거예요. 그러니까 제 역할이 점점 줄어드는 것처럼 느껴졌는데 주제와 변주가 사실 어떤 주제에 대해서 공감대가 형성되고 또 모든 사람들이 그 이야기에 뛰어들어서 감동받고 하는 과정이 이어지는 거잖아요. 근데 저같은 경우에는 한 사람이 말한 것을 다른 사람한테 전달을 잘 못 해준 것 같아요. 그게 제 개인적으로 아쉬운 부분입니다.

이윤영 저는 변명일지도 모르겠지만 학교 시험이 끝나고 이틀 뒤엔가 사회를 봤어요. 책도 다시 읽기에 바빴고요. 시작 멘트도 급하게 적느라 애썼던 기억이 납니다. 아쉬웠던 점은 제가 너무 떨어서 그런지 모르겠는데, 처음에 사회자의 역할로서 정리도 해주고 다음 질문을 이어가는 게 중요하잖아요. 그래서 그런 역할도 잘 수행하고 또 제 욕심이 '이번에는 강의형식이 아닌 토론형식으로 만들자' 하는 욕심이 있었는데 그 욕심이 너무 커서 그랬는지 발표자의 발표를 듣는다고 너무 심혈을 기울이다 나중엔 지치더라구요. 이야기 내용이 안 들려요. 무슨 발표를 했는지도 제가 모르니까 정리도 못 해주고, 그냥 '다음 분 발표해주세요' 라고 말하는 경우가 많아졌단 말이에요. 그래서 저는 최소한 사회자만이라도 오시는 선생님과 행사가 있기 전에 만남이 좀 있었으면 좋겠어요. 어떤 얘기를 할 것인지, 주제는 어떤 걸 잡으면 좋을지, 선생님에 대해 파악도 하고 얘기를 좀 나누고 나서 하면 훨씬 더 편한 분위기를 만들 수 있고 보다 꽉 찬 주제와 변주들을 만들어갈 수 있을 거라고 생각했습니다.

주성완 저도 마무리할 겸 꼭 한 말씀 드리고 싶습니다. 오늘 우리가 이렇게 지난 시간들을 돌아보며 반성하고 또 미래를 기약한 것처럼, 여러 친구들과 함께 좋은 의견을 많이 모아 더욱더 알찬 주제와 변주를 정말 영원히 만들어갔으면 좋겠습니다. 사람들이 '소통' 하며 좀 더 행복한 시간을 많이 가지는 건 정말 행복한 일이니까요. 진정한 놀이문화나 축제의 문화도 '소통' 을 할 줄 아는 주체들이 만들어가는 것 아닐까요? 주제와 변주가 정말이지 자랑스럽고 또 제가 함께 참여했단 것에 보람과 자부심을 느낍니다. 앞으로도 함께 힘쓰며 노력할 것을 약속하고 싶고요. 더 많은 친구들의 참여를 항상 기다립니다. 감사합니다.

주제와 변주 2

1판 1쇄 펴냄 2006년 12월 22일
1판 4쇄 펴냄 2008년 12월 29일

엮은이 인디고 서원

편집주간 김현숙
편집 변효현, 김주희
디자인 이현정, 전미혜
영업 백국현, 도진호
관리 김옥연

펴낸곳 궁리출판
펴낸이 이갑수

등록 1999. 3. 29. 제300-2004-162호
주소 110-043 서울특별시 종로구 통인동 31-4 우남빌딩 2층
전화 02-734-6591~3
팩스 02-734-6554
E-mail kungree@chol.com
홈페이지 www.kungree.com

ISBN 978-89-5820-076-5   03300

값 15,000원